食品工业发展报告

（2017 年度）

工业和信息化部消费品工业司 组织编写

2018·7 中国·北京

中国轻工业出版社

图书在版编目（CIP）数据

食品工业发展报告. 2017年度/工业和信息化部消费品工业司组织编写. —北京：中国轻工业出版社，2018. 7

ISBN 978-7-5184-2077-3

Ⅰ. ①食…　Ⅱ. ①工…　Ⅲ. ①食品工业—工业发展—研究报告—中国—2017　Ⅳ. ①F426. 82

中国版本图书馆CIP数据核字（2018）第191422号

责任编辑：伊双双　钟　雨　罗晓航
策划编辑：伊双双　　责任终审：劳国强　　封面设计：锋尚设计
版式设计：王超男　　责任校对：晋　洁　　责任监印：张　可

出版发行：中国轻工业出版社（北京东长安街6号，邮编：100740）
印　　刷：北京君升印刷有限公司
经　　销：各地新华书店
版　　次：2018年7月第1版第1次印刷
开　　本：889×1194　1/16　印张：18. 25
字　　数：300千字
书　　号：ISBN 978-7-5184-2077-3　　定价：100. 00元
邮购电话：010-65241695
发行电话：010-85119835　传真：85113293
网　　址：http://www. chlip. com. cn
Email：club@ chlip. com. cn
如发现图书残缺请与我社邮购联系调换
180956K1X101ZBW

编　委　会

参 加 单 位

组织单位

工业和信息化部消费品工业司

主要牵头单位

中国食品科学技术学会

中轻食品工业管理中心

中国食品工业协会

中国食品发酵工业研究院

中国电子信息产业发展研究院

参与单位

中国肉类协会

中国乳制品工业协会

中国水产流通与加工协会

中国饮料工业协会

中国糖业协会

中国生物发酵产业协会

中国酒业协会

中国食品添加剂和配料协会

中国保健协会

中国罐头工业协会

中国焙烤食品糖制品工业协会

中国调味品协会

中国茶叶流通协会

中国淀粉工业协会

中国食品和包装机械工业协会

中国轻工机械协会

前　言

食品工业既是传统民生产业，更是国民经济的支柱产业，已成为我国经济中高速增长的重要驱动力，在实施制造强国战略和推进健康中国建设中具有重要地位。2017年，是实施“十三五”规划的重要一年，是供给侧结构性改革的深化之年，在党中央、国务院的关怀下，在社会各界大力支持和行业上下的共同努力下，食品工业加强供给侧结构性改革，深入实施创新驱动发展战略，加快转型升级，着力提高供给质量和效率，继续保持平稳健康发展。

当前，全球经济增长放缓、不确定因素增加，我国经济已由高速增长阶段转向高质量发展阶段，正处在转变发展方式、优化经济结构、转换增长动力的攻关期，我国食品工业发展面临着新的机遇和挑战。新形势下，食品工业必将继续发挥国民经济支柱产业的作用，深入贯彻“创新、协调、绿色、开放、共享”发展理念，加快实施“增品种、提品质、创品牌”战略，不断改善供给结构，提高供给质量，进一步满足城乡居民安全、多样、健康、营养、方便的食品消费需求。

工业和信息化部作为食品工业行业主管部门，始终坚持安全为先，把保障食品质量安全作为促发展、惠民生工作的重点。通过制定和实施发展规划、产业政策和行业标准，推动食品工业优化结构和转型升级，不断提升产业发展质量；通过引导和支持食品生产企业实施技术改造，加快提升食品质量安全保障能力和智能化水平；通过推进食品工业企业诚信体系建设，督促企业树立诚信理念，完善诚信管理制度，落实主体责任，推动建立质量安全长效机制，促进食品工业持续健康发展。

为全面总结、客观评价食品工业年度发展状况，展示发展成果，探寻发展方向，我司组织有关单位编写了《食品工业发展报告（2017年度）》。本报告由综合篇、行业篇和附录三部分组成。综合篇对我国2017年食品工业发展的总体状况、基本特征等进行分析；行业篇对我国2017年食品工业的16个重点行业进行分析；附录汇总了2017年我国有关食品行业重大法律法规和管理文件、标准技术规范，以及参与编写单位简介等。

本报告的完成，得益于各参与单位的高度重视和精心准备，得益于行业专家的热心支持，在此一并致谢。

由于编写时间仓促和经验所限，本报告难免有不足之处，欢迎读者批评指正。

工业和信息化部消费品工业司

2018年7月

目　　录

综合篇

行业篇

附录

綜合篇

2017 年食品工业发展回顾与 2018 年形势分析

2017 年，伴随着供给侧结构性改革的深入推进，我国食品工业加快了结构调整和转型升级的步伐，总体呈现出增速稳步回升、质量效益持续改善的态势，在保障民生、拉动内需、促进经济社会发展等方面发挥了重要作用。2017 年食品工业主要指标完成情况见表 1①。

表 1　2017 年食品工业经济效益指标和投资情况

行业	主营业务收入/亿元	同比增长/%	利润总额/亿元	同比增长/%	主营业务收入利润率/%	成本费用利润率/%	完成投资/亿元	同比增长/%
食品工业总计	105204.6	6.6	7015.6	8.5	6.7	7.2	21662.7	1.3
农副食品加工业	64449.4	5.8	3147.0	4.5	4.9	5.1	11986.0	3.6
食品制造业	23118.1	8.3	1851.1	6.7	8.0	8.7	5842.8	1.7
酒、饮料和精制茶制造业	17637.0	7.7	2017.5	17.5	11.4	13.3	3833.9	-5.9

一、发展状况

（一）生产增长加快，增速保持回升

2017 年，规模以上食品工业增加值按可比价格计算同比增长 7.9%，高于全国工业增速 1.3 个百分点，比 2016 年同期加快了 0.7 个百分点。三大行业中，农副食品加工业增长 6.8%，食品制造业增长 9.1%，酒、饮料和精制茶制造业增长 9.1%，分别比 2016 年同期提高 0.7、0.3、1.1 个百分点。

（二）效益平稳较快增长，利润增速有所回升

2017 年，全国食品工业经济效益保持了平稳较快增长，42830 家规模以上食品工业企业实现主营业务收入 10.5 万亿元，同比增长 6.6%（表 2），比全部工业低 4.5 个百分点，比 2016 年提高 0.1 个百分点；实现利润总额 7015.6 亿元，同比增长 8.5%，低于全部工业 12.5 个百分点，比 2016 年提高 2.4 个百分点。每百元主营业务收入的成本为 85.0 元，比 2016 年降低 0.2 元；主营业务收入利润率为 6.7%（表3），比 2016 年提高 0.2 个百分点。

① 除特别说明，本报告所有数据均来源于国家统计局，涉及食品工业的数据均不含烟草制品业。

表 2　2017 年食品工业经济效益指标

行业	主营业务收入/亿元	同比增长/%	利润总额/亿元	同比增长/%
食品工业总计	105204.6	6.6	7015.6	8.5
农副食品加工业	64449.4	5.8	3147.0	4.5
食品制造业	23118.1	8.3	1851.1	6.7
酒、饮料和精制茶制造业	17637.0	7.7	2017.5	17.5

表 3　2017 年食品工业盈利能力变化情况　　单位:%

行业	2017 年		2016 年	
	主营收入利润率	成本费用利润率	主营业务利润率	成本费用利润率
全部工业平均水平	6.5	7.0	6.0	7.0
食品工业总计	6.7	7.2	6.5	7.7
农副食品加工业	4.9	5.1	5.0	5.5
食品制造业	8.0	8.7	8.5	10.6
酒、饮料和精制茶制造业	11.4	13.3	9.9	13.1

（三）投资保持增长，增速明显降低

2017 年，规模以上食品工业完成固定资产投资 21662.7 亿元，同比增长 1.3%（表 4），比制造业低 3.5 个百分点。投资额占全国固定资产投资额的 3.4%，比 2016 年下降 0.3 个百分点。投资增速较 2016 年（8.9%）、2015 年（8.6%）明显降低。

表 4　2017 年食品工业固定资产投资情况

行业	完成投资/亿元	同比增长/%	占比/%
规模以上食品工业	21662.7	1.3	100.0
农副食品加工业	11986.0	3.6	55.3
食品制造业	5842.8	1.7	27.0
酒、饮料和精制茶制造业	3833.9	−5.9	17.7

（四）产销衔接基本稳定，价格低位运行

2017 年，食品工业产销率为 97.7%，其中农副食品加工业、食品制造业及酒、饮料和精制茶制造业的产销率分别为 98.0%、97.6% 和 96.8%，与 2016 年相比分别持平、下降 0.6 个百分点和增长 0.1 个百分点。食品生产供应稳定充足，主要产品产量有不同程度的增长（表 5）。

表 5　2017 年食品工业主要产品产量

产品	全年产量	同比增长/%
小麦粉/万 t	13801.44	1.77
大米/万 t	12583.92	4.25
精制食用植物油/万 t	6071.82	2.00
成品糖/万 t	1463.73	3.28
鲜、冷藏肉/万 t	3254.88	5.06
冷冻水产品/万 t	863.11	6.70
糖果/万 t	331.37	0.74
速冻米面食品/万 t	568.16	5.90
方便面/万 t	1103.20	3.31
乳制品/万 t	2935.04	4.17

续表

产品	全年产量	同比增长/%
其中：液体乳/万 t	2691.66	4.53
乳粉/万 t	120.72	1.04
罐头/万 t	1239.56	3.75
酱油/万 t	856.68	-3.72
冷冻饮品/万 t	378.33	7.24
食品添加剂/万 t	851.39	2.12
发酵酒精/万 t	1027.29	19.63
白酒（折 65 度，商品量）/万 kL	1198.06	6.86
啤酒/万 kL	4401.49	-0.66
葡萄酒/万 t	100.11	-5.25
软饮料/万 t	18051.23	4.59
其中：碳酸饮料类（汽水）/万 t	1744.41	6.07
包装饮用水类/万 t	9535.73	3.20
果汁和蔬菜汁饮料类/万 t	2228.50	4.06
精制茶/万 t	246.03	4.31

2017 年，全国居民消费价格上涨 1.6%，涨幅比 2016 年回落 0.4 个百分点。其中食品价格下降 1.4%，影响 CPI 下降约 0.3 个百分点。全年食品价格下降是 CPI 涨幅回落的主要原因，也是 2003 年以来首次出现下降。全年食品出厂价格同比上涨 0.6%，其中，农副食品加工业上涨 0.6%，食品制造业下降 1.2%，酒、饮料和精制茶制造业下降 0.3%。

（五）进口增长较快，贸易逆差扩大

据海关统计，2017 年，我国进出口食品 1.2 万亿人民币，同比增长 11.9%。其中，出口 4479.9 亿元，增长 5.9%；进口 7412 亿元，增长 15.8%；逆差 2932.1 亿元，扩大 35.1%。

就进出口产品种类看，水海产品、蔬菜和鲜、干水果及坚果为主要出口食品，粮食、肉及杂碎、乳品为主要进口食品。2017 年，我国出口水海产品 1381.9 亿元，增长 4.7%，占同期我国食品出口值的 30.8%；蔬菜 891 亿元，增长 9.7%，占 19.9%；鲜、干水果及坚果 341.1 亿元，下降 1.5%，占 7.6%。此外，出口茶叶 109 亿元，增长 11.3%。同期，我国进口粮食 3258.6 亿元（其中，大豆占 8 成），增长 18.9%，占同期我国食品进口值的 44%；肉及杂碎 666 亿元，下降 4.8%，占 9%；乳品 627.6 亿元，增长 39.5%，占 8.5%。进口水海产品 560 亿元，增长 19.7%；进口酒类 319.8 亿元（其中，葡萄酒占近 8 成），增长 11.4%。

就进出口市场分布看，东盟继续成为我国最大食品贸易伙伴。2017 年，我国与东盟食品进出口 2011.7 亿元，增长 9.8%，占食品进出口总额的 16.9%；主要对东盟出口蔬菜，鲜、干水果及坚果和水海产品，自东盟主要进口粮食，鲜、干水果及坚果和食用植物油。与美国食品进出口 1846.9 亿元，增长 4%，占 15.5%；与巴西进出口 1656.4 亿元，增长 29.5%，占 13.9%。对美国、巴西均主要出口水海产品，进口大豆。

（六）保障能力建设持续加强，质量安全水平稳中向好

十九大报告提出“实施食品安全战略，让人民吃得放心”，把食品安全提升到国家战略的高度。在各地区各部门的共同努力下，食品安全状况持续稳中向好，原国家食品药品监督管理总局在全国范围内共组织抽检 23.33 万批次样品，总体平均抽检合格率为 97.6%，比 2016 年提高 0.8 个百分点。

工业和信息化部认真履行职责，通过引导和支持食品生产企业实施技术改造，完善质量安全检（监）测体系、追溯体系和诚信体系建设，加快提升行业质量安全保障能力。一是加强行业质量安全检测能力建设。2017 年确定了第四批（6 家）“食品企业质量安全检测技术示范中心（以下简称‘示范中心’）”。全年组织了四批 20 家“示范中心”

为4100余家食品生产企业提供人员培训，为1万家食品企业提供委托检测服务，共检测食品产品13.4万批次，为提升全行业质量安全保障水平发挥了积极作用。二是进一步完善伊利等6家婴幼儿配方乳粉企业质量安全追溯体系建设试点，新增贝因美、西安银桥、澳优等3家试点企业。截至2017年底，9家试点企业向食品工业企业质量安全追溯平台上传5.1亿条产品数据，实现了消费者通过智能手机、平台网站对试点企业婴幼儿配方乳粉产品相关信息的实时追溯和查询，试点企业产品影响力和竞争力进一步增强。三是深入推进食品工业企业诚信体系建设。组织指导企业实施《食品工业企业诚信管理体系》（GB/T 33300—2016）；稳步推进诚信管理体系评价工作，截至2017年底，共有837家生产企业通过诚信管理体系评价。同时，将《食品工业企业诚信管理体系》国家标准宣贯培训工作及推动开展诚信管理体系评价纳入国务院食品安全办对各省市食品安全工作的评价考核内容。

（七）研发投入持续加大，科技创新成果突出

近年来，财政科技投入加大，发挥了政府资金对全社会研发经费的引导和拉动作用。“十三五”起，部署实施国家重点研发计划。2017年，“食品安全关键技术研发”重点专项启动，公示立项20项，国拨经费达4.3亿元；继2016年启动之后，2017年继续部署“现代食品加工及粮食收储运技术与装备”重点专项，两年共启动实施30项。国家自然科学基金食品科学领域资助费用增长，2017年度资助面上项目209项12268万元，地区科学基金项目66项2507万元，青年科学基金项目216项5172万元，“面地青”三类项目资助直接费用总额近2亿元。

处于研发主体地位的食品工业企业研发投入加大。2016年①，规模以上食品工业企业研发经费503.1亿元，研发经费投入强度为0.45%。其中，农副食品加工业，食品制造业，酒、饮料和精制茶制造业分别为249.7亿元、152.8亿元、100.6亿元，研发经费投入强度分别为0.36%、0.64%、0.54%。

一批食品科研项目实现关键技术产业化的重大突破，获得国家科技奖励。“生鲜肉品质无损高通量实时光学检测关键技术及应用”“优质蜂产品安全生产加工及质量控制技术”“黄酒绿色酿造关键技术与智能化装备的创制及应用”等成果获国家技术发明奖二等奖；“干坚果贮藏与加工保质关键技术及产业化”“食品和饮水安全快速检测、评估和控制技术创新及应用”“鱿鱼贮藏加工与质量安全控制关键技术及应用”“两百种重要危害因子单克隆抗体制备及食品安全快速检测技术与应用”“番茄加工产业化关键技术创新与应用”等成果获国家科技进步二等奖。

（八）“三品”战略深入实施，促进行业转型升级

2017年，食品工业围绕贯彻落实《国务院办公厅关于开展消费品工业“三品”专项行动，营造良好市场环境的若干意见》（国办发〔2016〕40号），把增品种、提品质、创品牌与加快传统产业转型升级紧密结合，深入推进“三品”战略实施，并取得积极进展。

增品种方面，以满足人民群众日益增长和不断升级的安全、多样、健康、营养、方便的食品消费需求为目标，加大产品创新，提升供给能力和水平。一是增加中高端食品供给。组织中国轻工业联合会编制了第二批、第三批《升级和创新消费品指南》，6个食品

① 2017年数据尚未公布。

行业产品入选升级消费品名单，15 个食品行业产品入选创新消费品名单，涵盖乳粉、发酵乳、乳饮料、液体乳等领域。婴幼儿配方乳粉企业加快申请配方注册，截至 2017 年底，已有 919 个婴幼儿配方乳粉产品配方获得原国家食品药品监督管理总局注册批准。部分婴幼儿配方乳粉企业产品配方进一步创新，在强制性标准外，增加了更多有益的、可选择的添加成分，提升了产品的营养价值。二是大力发展营养与健康食品。食品企业积极研发面向不同人群的营养功能性食品以及新功能保健食品。2017 年原国家食品药品监督管理总局共批准保健食品初次注册申请 797 件，变更注册申请 1101 件，延续注册申请 348 件，包含辅助改善记忆，补充多种维生素及铁、锌、钙，增强免疫力，增加骨密度，通便等保健功能。三是深入发展传统特色食品。积极推进传统主食及中式菜肴工业化、规模化生产，深入发掘地方特色食品和中华传统食品，满足了消费者不断升级的消费需求。

提品质方面，通过标准引领，支持企业加强技术改造和原料基地建设，提升行业质量安全保障能力，促进产业转型升级和健康发展。一是加强质量标准化工作。在食品标准制（修）订工作中，工业和信息化部完成食品领域行业标准立项 23 项，审核发布 19 项；行业标准清理工作中，废止强制性行业标准 33 项、行业标准 3 项。二是支持食品企业开展质量安全保障能力升级改造，促进生产过程全程机械化、自动化、智能化水平的提升。2017 年，石家庄君乐宝、衡水老白干、安徽迎驾贡酒、江苏恒顺醋业、安徽詹氏食品等 5 家企业列为工业和信息化部 2017 年智能制造试点示范单位。三是保障优质原料供应。一部分婴幼儿配方乳粉企业通过自建、参建规模化奶牛场、奶牛养殖小区，加强自有奶源基地建设，提高企业稳定可控奶源比例，实现奶源基地建设和乳制品生产协调发展。

创品牌方面，引导企业不断增强品牌培育意识，夯实品牌发展基础，创新营销发展方式，提升产品附加值和软实力。一是提高品牌竞争力。中国食品工业协会开展《品牌培育管理体系实施指南　食品行业》标准制定工作，成立“消费者大数据中心”，开展了 2017 全国消费者喜爱食品品牌调查活动；中国水产流通与加工协会举办 2017 年最具影响力水产品企业品牌评选；中国酒业协会开展了 2016 年度“青酌奖”酒类新品评选与发布活动。二是培育知名品牌。引导企业不断完善品牌发展战略，积极培育品牌，提升品牌价值和影响力。三是完善品牌服务体系。工业和信息化部消费品工业司 2016 年 12 月正式上线“中国消费品三品战略”平台。截至 2017 年底，平台共发布消费品“三品”信息 2200 余条。各行业协会充分发挥在品牌宣传、推广、服务方面的积极作用，中国乳制品工业协会召开了“中国乳业国家品牌建设论坛”；中国水产流通与加工协会召开了“2017 年度中国水产品牌大会”；中国食品工业协会举办了品牌经理培训和全国食品行业品牌培育宣贯活动等。四是推进品牌国际化。鼓励优势品牌企业开展国际交流合作，建设海外研发设计机构及营销渠道，促进食品企业品牌影响力和国际化水平进一步提升。

二、产业地位与构成

（一）产业地位

2017 年，食品工业资产占全国工业的 6.0%，主营业务收入占 9.0%（表 6），利润总额占 9.3%，同比分别降低 0.1、0.6、1.2 个百分点。经行业协会测算，2017 年，食品工业完成工业增加值占全国工业增加值的比重达到 8.6%，同比降低 0.7 个百分点；对全国工业增长贡献率为 10.5%，同比降低 0.2 个百分点；拉动全国工业增长 0.7 个百分点，同比增加 0.1 个百分点。

表6　2017年食品工业主营业务收入及其地位与其他行业的比较

行业	主营业务收入/亿元	占比/%
总计	1164623.8	100
煤炭开采和洗选业	25444.9	2.2
石油和天然气开采业	7628.3	0.7
黑色金属矿采选业	5723.2	0.5
有色金属矿采选业	5301.1	0.5
非金属矿采选业	4696.5	0.4
开采辅助活动	1592.1	0.1
其他采矿业	39.6	0.0
食品工业	105204.5	9.0
烟草制品业	8898.2	0.8
纺织业	37976.7	3.3
纺织服装、服饰业	21903.9	1.9
皮革、毛皮、羽毛及其制品和制鞋业	14693.4	1.3
木材加工和木、竹、藤、棕、草制品业	13962.4	1.2
家具制造业	9056	0.8
造纸和纸制品业	15203	1.3
印刷和记录媒介复制业	8090	0.7
文教、工美、体育和娱乐用品制造业	16568.4	1.4
石油加工、炼焦和核燃料加工业	40763	3.5
化学原料和化学制品制造业	87109.3	7.5
医药制造业	28185.5	2.4
化学纤维制造业	7905.8	0.7
橡胶和塑料制品业	31656.9	2.7
非金属矿物制品业	61525.5	5.3
黑色金属冶炼和压延加工业	67429.6	5.8
有色金属冶炼和压延加工业	55142.4	4.7
金属制品业	37097.7	3.2
通用设备制造业	46980.7	4.0
专用设备制造业	36634.8	3.1
汽车制造业	85333.3	7.3
铁路、船舶、航空航天和其他运输设备制造业	14606.8	1.3
电气机械和器材制造业	73290.7	6.3
计算机、通信和其他电子设备制造业	105525	9.1
仪器仪表制造业	9558.4	0.8
其他制造业	2347.6	0.2
废弃资源综合利用业	4061.3	0.3

续表

行业	主营业务收入/亿元	占比/%
金属制品、机械和设备修理业	1055.3	0.1
电力、热力生产和供应业	57874.7	5.0
燃气生产和供应业	6202.6	0.5
水的生产和供应业	2354.7	0.2

（二）基本构成

从大类行业看，2017 年，农副食品加工业在主营业务收入和利润两方面占据主导地位，分别占整个食品工业主营业务收入和利润的 61.3%、44.9%。食品制造业，酒、饮料和精制茶制造业主营业务收入分别占整个食品工业主营业务收入的 22.0%、16.8%（图 1），利润总额分别占整个食品工业利润总额的 26.4%、28.8%（图 2）。

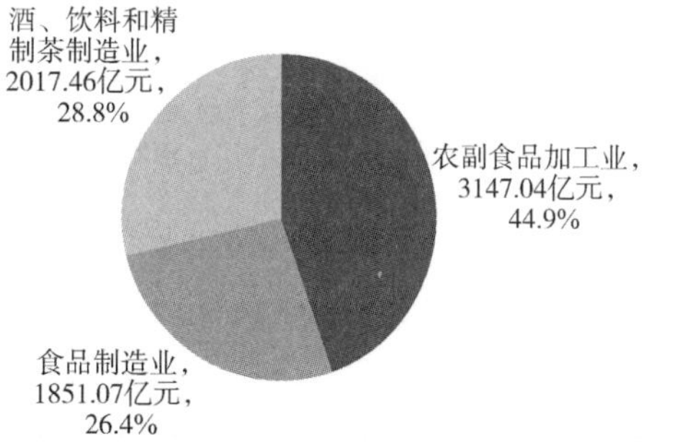

图 2　2017 年食品工业主营业务利润总额

从小类行业看，2017 年，主营业务收入排名前六位的食品行业分别为谷物磨制、饲料加工、食用植物油加工、白酒制造、牲畜屠宰、肉制品及畜产品加工，这六个小类行业主营业务收入分别占整个食品工业主营业务收入的 12.1%、10.7%、9.2%、5.4%、4.9% 和 4.5%（表 7）。

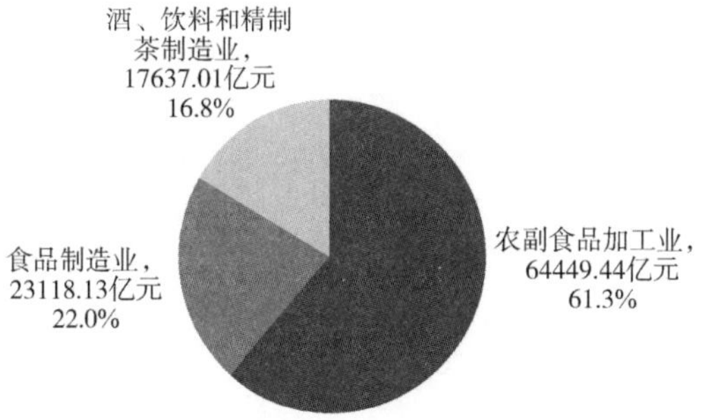

图 1　2017 年食品工业主营业务收入构成

主营业务收入层面，2017 年，农副食品加工业，食品制造业，酒、饮料和精制茶制造业主营业务收入同比增速分别为 5.8%、8.3%、7.7%；利润总额层面，农副食品加工业，食品制造业，酒、饮料和精制茶制造业利润同比增速分别为 4.5%、6.7%、17.5%，酒、饮料和精制茶制造业增速明显加快。

2017 年食品工业各行业构成情况见表 7。

表 7　2017 年食品工业各行业构成情况

行业	主营业务收入/亿元	同比增长/%	占比/%	利润总额/亿元	同比增长/%	占比/%
食品工业总计	105204.58	6.64	100.00	7015.57	8.54	100.00
农副食品加工业	64449.44	5.75	61.26	3147.04	4.46	44.86
谷物磨制	12685.70	7.25	12.06	593.36	7.942504	8.46
饲料加工	11244.17	7.24	10.69	555.31	10.08036	7.92
食用植物油加工	9630.05	7.25	9.15	313.99	−0.84382	4.48

续表

行业	主营业务收入/亿元	同比增长/%	占比/%	利润总额/亿元	同比增长/%	占比/%
非食用植物油加工	201.26	-1.13	0.19	7.69	-15.3308	0.11
制糖业	1120.06	11.65	1.06	114.55	33.09367	1.63
牲畜屠宰	5192.68	6.09	4.94	239.89	-0.22737	3.42
禽类屠宰	3163.19	3.70	3.01	118.67	-5.38145	1.69
肉制品及副产品加工	4720.01	5.03	4.49	265.05	2.901344	3.78
水产品冷冻加工	3770.11	6.47	3.58	202.45	5.903114	2.89
鱼糜制品及水产品干腌制加工	760.98	1.50	0.72	43.92	2.642923	0.63
水产饲料制造	555.91	1.08	0.53	38.57	-0.98292	0.55
鱼油提取及制品制造	41.28	25.84	0.04	1.96	54.85832	0.03
其他水产品加工	222.94	-2.33	0.21	14.73	-5.08687	0.21
蔬菜加工	3655.59	3.98	3.47	231.03	0.352044	3.29
水果和坚果加工	1928.62	5.89	1.83	124.90	3.755111	1.78
淀粉及淀粉制品制造	2674.69	7.94	2.54	118.18	22.43665	1.68
豆制品制造	948.77	11.46	0.90	54.28	9.668941	0.77
蛋品加工	334.81	11.76	0.32	18.84	0.603354	0.27
其他未列明农副食品加工	1598.65	2.53	1.52	89.65	2.085675	1.28
食品制造业	23118.13	8.35	21.97	1851.07	6.73	26.39
糕点、面包制造	1316.23	10.11	1.25	146.85	3.838076	2.09
饼干及其他焙烤食品制造	1919.55	5.30	1.82	126.23	-6.32985	1.80
糖果、巧克力制造	1394.46	6.22	1.33	120.52	6.050359	1.72
蜜饯制作	694.99	13.69	0.66	57.78	23.17722	0.82
米、面制品制造	1246.27	15.23	1.18	71.58	13.70894	1.02
速冻食品制造	1040.12	7.97	0.99	59.53	2.555565	0.85
方便面及其他方便食品制造	1634.84	8.35	1.55	97.35	8.326578	1.39
乳制品制造	3590.41	6.77	3.41	244.87	-3.26587	3.49
肉、禽类罐头制造	341.54	10.42	0.32	18.59	4.305949	0.26
水产品罐头制造	129.76	2.59	0.12	7.25	6.931176	0.10
蔬菜、水果罐头制造	1133.40	4.19	1.08	63.69	7.487577	0.91
其他罐头食品制造	149.19	7.02	0.14	10.73	4.303457	0.15
味精制造	443.56	4.65	0.42	48.45	22.28028	0.69
酱油、食醋及类似制品制造	1018.97	5.31	0.97	144.44	14.84165	2.06
其他调味品、发酵制品制造	1634.89	12.57	1.55	137.65	8.168377	1.96
营养食品制造	937.97	10.78	0.89	93.55	7.016538	1.33
保健食品制造	857.15	4.61	0.81	143.78	10.74949	2.05
冷冻饮品及食用冰制造	471.71	14.54	0.45	31.37	14.41218	0.45

续表

行业	主营业务收入/亿元	同比增长/%	占比/%	利润总额/亿元	同比增长/%	占比/%
盐加工	136.34	13.05	0.13	6.07	−21.1316	0.09
食品及饲料添加剂制造	2119.47	8.58	2.01	154.68	13.42659	2.20
其他未列明食品制造	907.31	10.54	0.86	66.11	13.80672	0.94
酒、饮料和精制茶制造业	17637.01	7.75	16.76	2017.46	17.53	28.76
酒精制造	801.16	14.98	0.76	46.94	83.29828	0.67
白酒制造	5654.42	14.42	5.37	1028.48	35.79139	14.66
啤酒制造	1766.45	2.30	1.68	129.15	−9.83006	1.84
黄酒制造	195.85	3.13	0.19	20.74	13.03819	0.30
葡萄酒制造	421.37	−9.00	0.40	42.28	−11.5501	0.60
其他酒制造	400.34	15.31	0.38	46.44	15.20275	0.66
碳酸饮料制造	766.53	0.80	0.73	59.87	46.57719	0.85
瓶（罐）装饮用水制造	1307.71	4.87	1.24	112.01	−0.93446	1.60
果菜汁及果菜汁饮料制造	1082.99	2.76	1.03	75.37	−11.4009	1.07
含乳饮料和植物蛋白饮料制造	1164.66	4.97	1.11	133.58	−12.1609	1.90
固体饮料制造	644.50	9.45	0.61	45.80	11.79492	0.65
茶饮料及其他饮料制造	1158.17	−1.62	1.10	102.86	16.44822	1.47
精制茶加工	2272.88	10.02	2.16	173.94	6.417309	2.48

三、面临形势

（一）政策保障有力，食品工业发展环境更加优化

健康中国战略和国民营养计划全面推进，以改革创新驱动营养健康与食品工业全产业链融合发展，将丰富营养健康产品供给，促进食品工业转型升级。消费品工业“三品”战略助推食品工业供给侧结构性改革，既为食品工业的高质量发展指明了方向，也为食品工业提供了新的发展机遇。国家乡村振兴战略加快推进农业供给侧结构性改革，稳定优化粮食和农产品生产，为食品工业发展提供了原料保障。随着“放管服”改革的不断深化，部分税费不断下调或取消，将激发行业内外投资食品工业的积极性，使食品工业投资保持合理水平。一批食品安全国家标准陆续实施，食品安全监管力度不断加大，以及促进消费升级的各项政策措施落实，有效增强了消费者对国产品牌的消费信心。

（二）消费结构升级，食品工业市场需求广阔

城镇化进程的持续推进和消费者可支配收入的平稳增长，将进一步扩大城乡居民的食品消费需求。国家关于农业、农村和农民的各项政策的实施，在提高农民收入水平的同时，也将稳定农村居民的消费预期，释放巨大的消费潜力。随着 80 后、90 后消费人群的崛起和活跃、“二孩”政策的全面实施以及人口老龄化趋势的加剧，高品质食品食材、婴幼童食品、保健品、健康食品的消费需求保持刚性增长。消费结构升级，消费者品牌意识增强，绿色、有机、“老字号”品牌等彰显生活品质的食品需求动力增长强劲。食品工业与旅游业、创意设计产业的融合不

断深化，定制消费蓬勃发展，食品工业的发展内涵进一步拓展。

（三）“一带一路”助推企业走出去，但国际市场不确定性仍然存在

“一带一路”战略的稳步推进为食品企业全方位、多层次开展国际经济合作搭建了崭新的平台，有助于我国食品企业更好地掌握全球食品需求动态，加强与沿线国家的交流合作，进一步开拓产业发展空间，在参与世界食品市场竞争中实现生产要素的跨区域合理化配置。随着国际贸易保护主义倾向抬头，全球贸易强度连续多年停滞不前。同时，发达国家再工业化以及部分发展中国家食品工业快速发展，加上我国食品工业生产成本上升和环境、资源制约加强，食品工业面临发达国家下压和发展中国家上挤的双重压力，食品进出口和食品企业对外投资的方向难以把握，食品工业国际化发展的不确定性有所增加。

（四）国内市场竞争加剧，企业成本压力加大

在经济和消费双重放缓的前提下，食品企业之间的竞争逐渐向品牌、品质等方面转变，产品品类生命周期明显缩短，推陈出新速度加快，食品企业特别是中小型食品企业创新压力不断加大。各地最低工资标准线逐年上调，食品工业面临的用工成本压力持续加大。大宗原料市场国际化加快，进口冲击和价格波动加剧，企业原料购进成本不确定性加大。市场竞争加剧，中小企业面临的市场开拓成本逐年攀升，利润空间日益萎缩，自我发展能力下降。大气污染、水污染等治理不断升级，对食品工业的节能、减排、降耗等提出了更高要求，企业生产及改造成本压力加大。

四、政策建议

（一）加大政策扶持力度

加快修订出台《食品安全法实施条例》。深入实施“三品”战略，促进食品工业增品种、提品质、创品牌。贯彻落实《“健康中国2030”规划纲要》和《国民营养计划（2017—2030年）》，强化营养主食、双蛋白工程等重大项目实施力度。加快实施《关于促进食品工业健康发展的指导意见》，推动特色食品加工示范基地建设，支持食品加工园区循环化改造，鼓励骨干食品企业延伸产业链条。继续推动银企合作，充分利用现有资金渠道加大对食品企业技术改造、检验检测能力建设、追溯体系建设、原料基地建设、绿色制造、智能制造、品牌建设、兼并重组等重点领域的支持力度。

（二）全面优化产业结构

依法淘汰技术、能耗、环保、质量、安全等不达标的产能，鼓励企业加强资源综合利用，实施清洁生产技术改造，逐步建立基于技术进步的清洁生产高效推行模式，围绕食品发酵等重点行业实施节水治污改造工程。加快行业智能化改造，开展食品制造智能工厂建设试点示范，提高智能化水平。紧密结合“一带一路”战略，搭建产品出口与产能国际合作平台，支持食品企业在相关国家建立研发中心、产品分销中心和境外原料与产品加工基地。支持行业领军企业开展跨地区、跨所有制的兼并重组，提高行业集中度。支持中小企业与大中型企业开展产业链上的协作配套合作，提高产业配套能力，形成大中小企业协同发展的产业组织格局。

（三）营造良好市场环境

认真贯彻落实党中央国务院的决策部署，按照简政放权、放管结合、优化服务的总体要求，进一步简化、优化行政审批流程，推进管理部门信息共享，监管互认，为企业提供优质的公共服务。推动建立黑白名单制度，激励企业诚信守法行为，加大对违法违规企业的惩处力度。加强知识产权保护，加大对专利、产品标识、商业秘密等侵权假冒行为的打击力度，降低企业的维权成本。加强市场、价格、安全等方面的监管，营造有利于

企业、行业、产业良性发展的市场环境。加大工业增长政策落实专项督查力度，切实维护企业利益，降低企业负担。

（四）发挥行业组织作用

充分发挥行业组织在加强行业自律和推进企业社会责任建设中的重要作用，引导企业加强诚信体系建设，完善食品质量安全长效机制，保障和提高食品安全水平，促进食品行业健康发展。依托行业组织指导重点企业与产业链上下游各类研发机构、市场主体组建产业联盟，在行业共性技术研究、知识产权保护、市场开拓、品牌宣传、标准制（修）订等方面开展合作。鼓励行业组织建立食品行业公共信息发布平台，定期发布食品工业经济运行、质量安全、市场供求等信息，为企业生产决策提供依据。

《食品工业发展报告（2017年度）》编委会

行 业 篇

肉类加工业

2017 年，我国肉类产量稳中有升，蛋品产量小幅下降；肉类进口减少，出口上升，市场供应充裕，结构性变化明显，价格稳中有涨。全国肉类及蛋品加工行业规模以上企业数量增加，主营业务收入稳中有增，利润基本持平，区域布局优化，供给侧结构性改革力度加大。

一、行业概况

2017 年全国肉类及蛋品加工行业规模以上企业新增 123 家。其中，规模以上屠宰及肉类加工企业 4153 家，比上年增加 107 家，增幅 2.6%；规模以上蛋品加工企业 216 家，比上年增加 16 家，增幅 8%。

（一）主要经济指标

1. 主营业务收入

本年度全国肉类及蛋品加工行业规模以上企业主营业务收入稳步增长。其中，规模以上屠宰及肉类加工企业主营业务收入 13075.9 亿元，比上年增长 5.12%；规模以上蛋品加工企业主营业务收入 334.8 亿元，比上年增长 11.7%。

2. 利润

本年度全国肉类及蛋品加工行业规模以上企业利润基本持平。其中，规模以上屠宰及肉类加工企业实现利润总额 623.6 亿元，比上年的 623.4 亿元增加 0.2 亿元，增幅 0.03%；规模以上蛋品加工企业实现利润 18.8 亿元，比上年的 18.7 亿元增加 0.1 亿元，增幅 0.53%。

（二）行业发展分析

1. 价格

据对 36 个大中城市监测，2017 年我国肉禽蛋市场价格稳中略升。

（1）猪肉价格波动下行　2017 年 1—2 月猪肉价格季节性小幅上涨；3—7 月呈下滑走势，累计下跌 8.1%；8—12 月稳中微幅波动，月环比涨跌幅度均在 0.5% 以内，其中 12 月份猪精瘦肉平均零售价格为 16.09 元/500g，环比略涨 0.5%，同比下降 5.2%。

（2）牛、羊、禽肉价格小幅波动上行　各月价格环比涨跌幅度基本在 2% 以内。12 月份牛肉（牛腩）、羊肉（新鲜带骨）、鸡肉平均零售价格分别为 33.73 元/500g、33.94 元/500g、11.37 元/500g，同比上涨 3.1%、5.9%、5.2%。

（3）鸡蛋价格先降后涨，波动幅度较大　2017 年前 5 个月受蛋鸡产能过剩和禽流感疫情影响，鸡蛋市场价格延续 2016 年 4 季度以来下行走势，累计跌幅达 22.7%。6 月份以后，在产蛋鸡存栏量明显缩减，鸡蛋供应相对不足，价格以涨为主。其中，8、9 月份鸡蛋价格环比分别上涨 21%、12%；12 月份鸡蛋零售价为 5.25 元/500g，比上月上涨 6.5%，同比上涨 19.1%，比年内价格低点上涨 54%（见表 1）。

表 1　主要肉类、禽、蛋产品集贸市场 12 月 21 日平均成交价格及升降幅度

主要肉类产品	2017 年	2016 年	2015 年	2014 年	2013 年
鲜猪肉/（元/kg）	31.72	28.25	26.77	23.06	25.22
同比增长/%	12.28	5.5	16.08	-8.6	-0.4
鲜牛肉/（元/kg）	68.70	62.93	63.43	63.91	63.01
同比增长/%	9.17	-0.8	-0.76	1.4	18.5
鲜羊肉/（元/kg）	65.26	55.32	58.35	65.16	65.12
同比增长/%	17.96	-5.2	-10.46	0.06	12.5
白条鸡/（元/kg）	21.50	19.00	18.94	18.90	17.54
同比增长/%	13.15	0.3	0.2	7.7	-0.7
鲜鸡蛋/（元/kg）	10.70	9.14	9.85	11.51	9.89
同比增长/%	17.06	-7.2	-14.5	16.4	—

数据来源：农业部。

2. 市场

2017 年我国肉禽蛋类市场供应总体上比较平稳，结构性变化明显。受猪肉生产增加的影响，猪肉进口大幅下降；受牛、羊肉需求上升的影响，在牛、羊肉增产的同时，牛、羊肉的进口继续扩大；受流感疫情影响，禽肉、禽蛋供应相对不足。

（1）肉、禽、蛋生产总量　据国家统计局公报，2017 年全国猪牛、羊、禽肉产量 8431 万 t，比上年增长 0.8%。其中，猪肉产量 5340 万 t，增长 0.8%；牛肉产量 726 万 t，增长 1.3%；羊肉产量 468 万 t，增长 1.8%；禽肉产量 1897 万 t，增长 0.5%（如果加上 180 万 t 杂畜肉，2017 年肉类总产量达 8611 万 t，比上年的 8540 万 t 增长 0.83%）。禽蛋产量 3070 万 t，比上年下降 0.8%。

（2）肉类产品结构　2017 年猪肉、禽肉、牛肉、羊肉、杂畜肉在肉类总产量中所占的比例为 62∶22∶8.4∶5.5∶2.1（见图 1）。产品大类结构保持基本稳定。

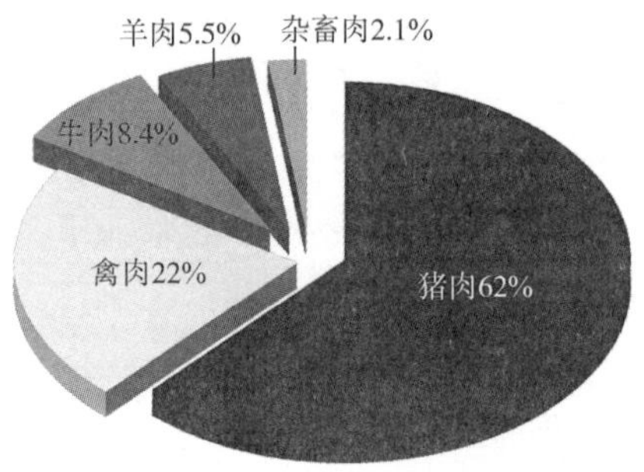

图 1　肉类产品结构

（3）肉类进口　2017 年肉类进口总量 409.9 万 t，同比减少 57.26 万 t，减幅 12.3%。分大类看，2017 年进口猪肉 249.9 万 t，同比下降 19.3%，占进口总量的 60.9%；进口禽肉 63.5 万 t，同比增长 7.1%，占进口总量的 15.5%；进口牛肉 71.6 万 t，同比增长 19.3%，占进口总量的 17.5%；进口羊肉 24.9 万 t，同比增长 13.2%，占进口总量的 6.1%。牛、羊、肉仍然是我国肉类供应的短板（见表 2）。

（4）肉类出口　2017 年我国肉类出口总量 92.53 万 t，同比增长 20.28 万 t，增幅 28.1%。其中，猪肉出口 32.22 万 t；牛肉出口 2.41 万 t；羊肉出口 0.52 万 t；禽肉出口 50.77 万 t；禽蛋出口 11.25 万 t。

表 2　2017 肉类进出口贸易逆差概览

	肉类出口/万 t	肉类进口/万 t	进出口贸易逆差/万 t	逆差增幅/%
2017 年	92.53	409.90	297.14	-24.76
2016 年	72.25	467.16	394.91	90.54
2015 年	78.65	285.90	207.25	—

数据来源：国家海关总署。

肉、禽、蛋市场供应总量：以肉类总产量+肉类净进口量（即肉类进口减去肉类出口后的数量）得到肉类的市场供应总量，也就是表观消费量。2017 年，我国肉类市场供应总量为 8928 万 t，比上年的 8935 万 t 减少 7 万 t，下降 0.1%；禽蛋市场供应总量为 3059 万 t。肉、禽、蛋市场供应总体上保持平稳。

肉类市场供应结构：2017 年我国猪肉市场供应 5557 万 t，比上年的 5597 万 t 减少 40 万 t，下降 0.7%；牛肉市场供应 795 万 t，比上年的 775 万 t 增加 20 万 t，增幅 2.5%；羊肉市场供应 492 万 t，比上年的 481 万 t 增加 11 万 t，增幅 2.3%；禽肉市场供应 1909 万 t，比上年的 1905 万 t 增加 4 万 t，增长 0.2%。总的看来，2017 年我国肉类市场供应总体情况是猪肉供应量减少，牛、羊、禽肉供应量增加。

3. 投资

2017 年全国肉类及蛋品加工行业投资继续增加。据国家统计局数据显示，2017 年全国规模以上屠宰及肉类加工企业资产总计 6733.5 亿元，比 2016 年的 6416.1 亿元增加 317.4 亿元，增幅 4.8%。

从投资增幅看，屠宰业增速较慢，肉制品加工业增速较快，蛋品加工业投资增幅最大。2017 年，牲畜屠宰企业资产 2515.7 亿元，比上年的 2401.6 亿元增加 114.1 亿元；禽类屠宰企业资产 1700.6 亿元，比上年的 1623.5 亿元增加 77.1 亿元，二者增幅都是 4.75%。肉制品及副产品加工企业资产 2517.2 亿元，比上年的 2391.0 亿元增加 126.2 亿元，增幅 5.28%。全国规模以上蛋品加工企业资产总计 172.1 亿元，同比增长 18.61%。

从投资结构看，牲畜屠宰资产比重下降，禽类屠宰和肉制品加工资产比重上升。2017 年牲畜屠宰企业资产在肉类行业的占比由上年的 39% 降至 37.4%，下降 1.6 个百分点；禽类屠宰企业资产占比 25.2%，比上年上升 0.5 个百分点；肉制品及副产品加工企业资产占比由上年的 36.4% 上升到 37.4%，上升 1 个百分点（见图 2）。

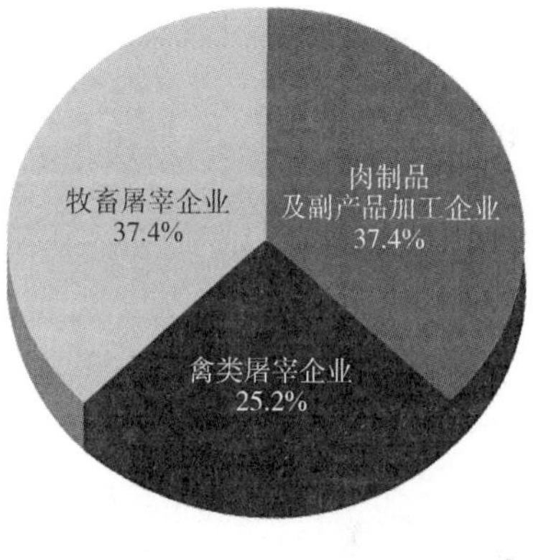

图 2　2017 年全国肉类重点行业资产分布结构

4. 区域分布与行业集中度

根据国家统计局发布的 2017 年 1—4 月全国规模以上企业鲜、冷藏肉产量的数据，对全国屠宰及肉类加工业的区域分布做了大致的分析。其主要特点如下。

一是屠宰及肉类加工业主要集中在华东和中南地区。华东地区规模以上企业鲜、冷藏肉产量占全国的 38%，中南地区占 25%——两者合计占 63%；东北、华北、西南和西北的占比总计为 37%，分别为 12%、11.6%、10.4% 和 3%（见图 3）。

二是地区之间发展速度差距很大。全国规模以上企业鲜、冷藏肉产量平均增幅为 11%。发展最快的湖北省，增幅高达 42%；

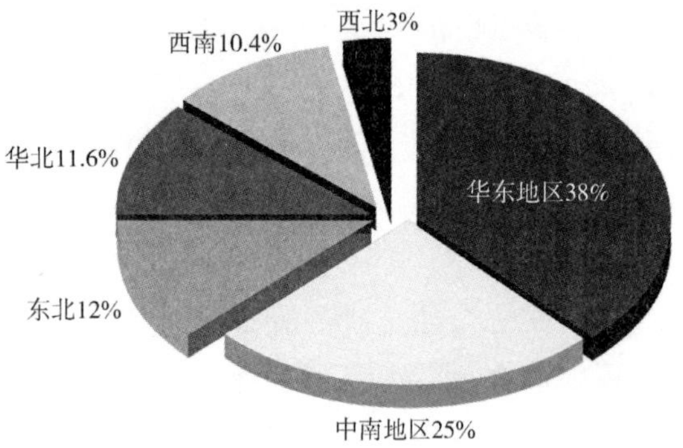

图3　2017年全国肉类行业区域分布结构

居中上的有江西、青海、云南、陕西等省，增幅分别为22.9%、22.6%、18.9%、18.2%；居中的有河北、江苏、广西、浙江等省区，增幅分别为16.9%、16.3%、16%、15%。天津、黑龙江、广东、宁夏、新疆等省区出现了负增长，下降幅度分别为6.8%、3.7%、2.4%、3.5%和20.2%。

三是屠宰及肉类加工业发达省份增长比较稳健。山东、河南、四川是屠宰及肉类加工业的主要产区，其规模以上企业鲜、冷藏肉产量占比分别为27.5%、13%和7.5%，合计占48%，比东北、华北、西南和西北四个区域的总计还多。这三个省规模以上企业鲜、冷藏肉产量增幅分别为9.9%、9.6%和9.1%，表现稳健。

四是重点产区增势喜人。内蒙古、辽宁、吉林、福建四省区规模以上企业鲜、冷藏肉产量在全国占比分别为4.26%、4.5%、4.7%和2.66，合计达16%。这四个省区的增幅分别为14.6%、11.2%、11.4%和12.3%，都超过了全国平均水平。

5. 重点行业

按照国家标准规定，屠宰及肉类加工业共分为三个重点行业。

一是牲畜屠宰业。2017年有规模以上牲畜屠宰企业1404家，比上年的1400家增加4家，增幅0.29%，占企业总数的33.8%，比上年略低。其主营业务即通常所说的“红肉”（猪肉、牛肉、羊肉等）销售收入5192.7亿元，比上年的4894.6亿元增加298.1亿元，增幅6.1%；占肉类行业主营业务收入13075.9亿元的39.7%。

二是禽类屠宰业。2017年有规模以上禽类屠宰企业778家，比上年的814家减少36家，降幅4.4%，占企业总数的18.7%，比上年的21.7%下降了3个百分点。其主营业务即通常所说的“白肉”（鸡肉、鸭肉、鹅肉等）销售收入3163.2亿元，比上年的3050.4亿元增加112.8亿元，增幅3.7%；占肉类行业主营业务收入总额的24.2%。

三是肉制品及副产品加工业。2017年有规模以上肉制品及副产品加工企业1971家，比上年的1832家增加139家，增幅7.6%，占企业总数的47.5%，比上年的45.3%上升了2.2个百分点。其主营业务收入4720.0亿元，比上年的4493.8亿元增加226.2亿元，增幅5.0%；占肉类行业主营业务收入总额的36.1%。

2017年全国规模以上蛋品加工企业216家，其主营业务收入334.8亿元，比上年的299.6亿元增加35.2亿元，增幅11.7%。

6. “三品”战略实施情况和典型案例

根据《国务院办公厅关于开展消费品工业“三品”专项行动　营造良好市场环境的若干意见》（国办发〔2016〕40号）和《工业和信息化部办公厅关于印发2017年消费品工业“三品”专项行动计划的通知》（工信厅消费〔2017〕24号）要求，本年度肉类食品工业增品种、提品质、创品牌工作取得了新进展。

在增加肉食品种方面，一是稳定猪肉生产，增加牛、羊、禽肉供应。2017年猪肉增产0.8%，牛肉增产1.3%，羊肉增产1.8%，禽肉增产0.5%。二是完善冷链物流，增加冷鲜肉供应。冷鲜肉的供应水平是肉食消费层次高低的重要标志。欧洲和美国、日本等发达国家和地区市场上流通的肉类80% 以上都是冷鲜肉。而我国由于经济水平、消费习惯、生产方式的不同，全国整个市场70% 都是热鲜肉、冷冻肉；冷鲜肉的消费量，猪肉大概能达到 30%，牛、羊肉低于 20%。2017 年，国家出台了一系列政策措施支持肉类冷链物流体系的建设与完善，为高品质、长货架期保驾护航的冰温保鲜技术得到进一步推广应用，使冷鲜肉的供应有所增加。2017 年冷鲜肉供应量同比增长了 3% 以上。三是发展精深加工，增加肉制品供应。2017年我国规模以上肉制品加工企业数量增加139 家，主营业务收入增长 5%。从品种上看，既有以双汇美式工厂生产的美式新产品为代表的经典西式肉制品，又有以江苏骥洋食品有限公司生产的以休闲零食为代表的丰富多彩的中式传统肉制品。

在提高肉食品品质方面，一是加强源头管理，规范畜禽养殖，严格控制病死畜禽进入屠宰流通环节；二是加强防疫证章标志标识管理。按照政府主管部门的有关规定，对动物防疫证章标志标识实行专人负责、专库保存、专账记录，统一发放、统一管理，做好证章标志标识的领用、保管、发放、使用、回收、销毁等工作。三是提高动物产品质量安全检验检测能力。许多企业新建或改扩建了实验室，新购置高效液相色谱仪、原子吸收分光光度计、原子荧光分光光度计等仪器，扩展了农药残留、兽药残留、重金属等定性定量检测项目，对养殖场、屠宰场开展定期抽样检测，提升了肉类产品质量安全的保障水平。

在创建肉食品牌方面，一是实施“走出去”战略，创建国际化品牌。以万洲国际、恒阳牛业、新希望六和等公司为代表的一批中国肉食企业，坚持全球化发展战略，整合全球资源，开发全球市场，2017 年为创建国际化品牌、增强中国品牌影响力做出了新成绩。二是坚持企业诚信建设，打造公信力品牌。参加“中国肉类食品安全信用体系建设示范项目”的企业，已从最初的 6 家增至2017 年的 16 家。通过履行企业对消费者的承诺，在消费者心目中打造了一批具有较强公信力的品牌。三是推进肉类行业整合，培育区域性品牌。中国肉类协会通过帮助地方政府、行业协会和肉类食品企业组织产销区对接，培育区域公用品牌。例如，内蒙古锡盟肉类协会培育的“锡林郭勒羊肉”，浙江金华火腿行业协会培育的“金华火腿”，云南宣威火腿行业协会培育的“宣威火腿”等，都多次组织召开品牌推介会，帮助企业利用区域公用品牌扩大市场销售和影响力。

7. 肉类食品的绿色制造

开展肉类绿色制造，提升肉食产业链的整体品质，是贯彻“十三五”绿色发展的重点之一。要从产品设计开发阶段就系统考虑原料选用、生产、销售、使用、回收、处理等各个环节对人类健康和资源环境造成的影响，实现产品对能源资源消耗最低化、生态环境影响最小化和社会经济生态效益最大化。

2016 年以来，我国肉类行业承担了国家“十三五”重点研发计划——“中式传统肉制品绿色制造关键技术与装备研发及示范”项目。该项目由南京雨润公司牵头，联合 24 家单位，共分为“酱卤制品”“干腌火腿”“传统腊肉制品”“传统肠类制品”和“熏烧烤肉制品”5 个课题。针对中式传统肉制品生产工艺比较落后、潜存不利健康因素和环保等方面的问题，以产学研相结合的模式，开展科技攻关，通过绿色制造，增强中式传统肉制品的营养功能、提高品质、减少资源浪费和环境污染。南京雨润公司、烟台喜旺公司、浙江华统公司、江苏长寿公司、湖南唐人神公司、嘉兴艾博公司、北京恒汇通公司、山东惠发公司等 8 家企业参与了该项目的研发。2017 年，这个项目已经取得了阶段性成果：总体任务中，新技术研发的20项任务中已经完成了8项；创制设备的12项任务中已经完成了6项；制定技术规程的40项任务中已经完成了18项；建设的5条中式生产线已经完成了4条；开发的15种新产品已经完成了10种。

与此同时，在2017年中国肉类协会制定的《中国肉类可持续发展规划（2018—2020）》中，将绿色制造理论与供应链管理技术相结合，提出供应链节点上企业要加强协调与协作，建立以资源节约、环境友好为导向的采购、生产、营销、回收及物流体系，推动上下游企业共同建立绿色供应链，提升肉食全产业链的整体品质和绩效。

8. 包装与装备

（1）包装　随着我国肉类消费升级和需求结构的变化，2017年肉类食品生产和流通对包装材料、包装产品的需求也相应升级，结构发生了明显变化。主要表现为：

①用于超市、电商、专卖店零售的冷鲜分割肉高阻氧气调包装和热缩包装快速增加。这类包装具有更长货架期、更高配送效率。

②用于高端冷鲜肉和加工肉制品的真空贴体包装开始推广使用。

③用于中央厨房、团餐、肉制品生产及进口冷鲜、冷冻肉的大包装、中转包装份额增加。

④具有更强便利性功能（例如，更便于打开、更便于重复封口、更便于加热调理、更便于保存等）的肉制品包装增加。

2017年，肉类食品产业的包装产业链继续保持良好的发展态势，随着肉类食品企业需要通过自动化的包装提高生产效率，延长产品保质期、适应产品销售渠道的需求增长，对自动化、智能化包装设备的需求呈现快速增长趋势。国内相当一部分肉类企业引进了德国、美国、日本等国家的国际品牌包装设备，进口包装设备的引进台数在200台以上。同时，国内的包装设备企业也继续加大研发投入，陆续开发出功能优良、性价比相当高的包装设备，国产的自动化的贴体包装、气调包装设备也开始被采用，少数企业还实现了设备出口，将中国制造的设备销售到发达国家和地区。包装设备与前道生产设备的集成化也得到提高，包装设备更多地参与到智能制造中来。

肉类食品所用到的包装物料行业也得到明显增长，特别是专门用于肉类食品包装的内包装材料。总的看来，2017年用于冷鲜肉的包装材料比上年增长了20%以上；用于肉制品的包装材料比上年增长了10%以上。与肉类食品包装紧密相关的功能性共挤薄膜、真空热收缩膜等，国内部分厂家已实现技术突破，降低了对外资品牌的依赖，实现了行业所需包装材料成本降低的期望，进一步推动了肉类食品包装的发展。2017年由于纸张行业受到环保政策的影响，价格上涨明显，导致肉类食品行业的纸类包装成本增加25%以上。

（2）装备　2017年以来，我国畜禽屠宰和肉类加工机械与装备的自动化、智能化技术水平有所提高。主要表现在以下四个方面。

①畜禽屠宰：国产化家禽屠宰自动掏膛技术成功应用于国内外市场，在自动掏膛等设备中嵌入各种数据采集芯片、新型数字传感元件，增加检测和测试装置，对设备运行、工艺运行、生产运行参数等数据进行实时采集、实时监控、实时分析，通过云存储、云计算、客户端预警报警、中心进行数据分析、故障诊断和维修保养等，实现了自动化生产线远程监控和故障诊断智能化服务，产能达到1.2万只/h。机器人生猪劈半机、牛扯皮机等新型设备已开始投入使用，产品质量和性能可靠性显著提高。屠宰场冷库热能回收

再利用技术为节能、减排、增效开创了新的生产模式。

②肉食加工：肉品智能等重、等厚和纵、横、斜向个性化切割技术设备已实现国产化并替代进口；传统的中式酱卤肉制品成套自动化、智能化生产线装备的技术开发取得突破并已广泛应用，生产线可通过系统控制，进行连续腌制、连续氽水（漂烫）、全自动旋拌式节能卤制等工艺，实现自动称重、自动识别产品信息、自动调配相应产品卤制工艺、自动开门进料并自动关门、自动卤煮、自动出料，整个过程智能化自动完成；烟熏炉数据采集分析系统的联合开发，通过对熏制产品各项数据如温度、湿度、流速、气压、水分、质量等的实时采集与分析，自动进行合理的参数调节，实现对烟熏制品质量的保证及工艺的优化；牛排自动生产线技术的成功开发，是“机器换人”进程中的又一突破，能有效减少人工、降低工人劳动强度、保障食品卫生安全。

③包装设备：国产化休闲肉制品智能装箱机实现了小袋休闲食品类产品的自动计数分份装箱（或罐、袋），整体自动化运行无需人工看管；火腿机器人包装生产线从自动贴标、视觉贴标检测、喷码检测、产品整理，到自动抓取、自动开箱、自动装箱、自动检重、自动封箱、自动码垛工序，实现了产品整个包装过程的完全自动化，无需人工干预。

④信息化管理：通过 RFID 技术对生产过程进行无线射频识别，从而对生产过程中的数据进行采集，最终为企业实现了制造数据管理、计划排程管理、生产调度管理、库存管理、质量管理、人力资源管理、工作中心/设备管理、工具工装管理、采购管理、成本管理、项目看板管理、生产过程控制、底层数据集成分析、上层数据集成分解等管理功能，是集生产企业的大数据、信息化、智能化于一体的生产综合管理平台。特别是许多地区在肉类联合加工厂安装智能化视频监控系统，监控入场查验、宰前检查、同步检疫检验生产线及肉品出场等 4 个环节，使整个屠宰过程在监控室通过智能化监控系统即可详细掌握，利用智能技术加强屠宰环节信息化管理，提高屠宰检疫管理水平，确保人民群众吃上“放心肉”。

二、行业发展要点

（一）政策

2017 年中央一号文件《中共中央、国务院关于深入推进农业供给侧结构性改革加快培育农业农村发展新动能的若干意见》强调指出：“农业的主要矛盾由总量不足转变为结构性矛盾，突出表现为阶段性供过于求和供给不足并存，矛盾的主要方面在供给侧。”从肉类及蛋品加工行业发展的情况看，虽然近几年在转方式、调结构、促改革等方面进行了积极探索，为进一步推进转型升级打下了一定基础，但供求结构失衡、要素配置不合理、资源环境压力大、农民收入持续增长乏力等问题仍很突出，增加产量与提升品质、成本攀升与价格低迷、小生产与大市场、国内外价格倒挂等矛盾亟待破解。

1. 推进结构优化，提质增效

2017 年我国肉类及蛋品加工行业销售增加，但利润基本持平。全国规模以上屠宰及肉类加工企业利润总额 623.6 亿元，同比增长 0.03%。其中，牲畜屠宰企业 239.89 亿元，同比下降 0.23%；禽类屠宰企业 118.67 亿元，同比下降 5.38%；肉制品及副产品加工企业 265.05 亿元，同比增长 2.9%。规模以上蛋品加工企业实现利润 18.8 亿元，比上年的 18.7 亿元增加 0.1 亿元，增幅 0.53%。

从亏损企业亏损额看，2017 年全国规模以上肉类加工企业亏损 32 亿元，同比增长 40%。其中，牲畜屠宰企业亏损 10.77 亿元，同比增长43.4%；禽类屠宰企业亏损12亿元，同比增长50.4%；肉制品及副产品加工企业亏损9.26亿元，同比增长25.5%。

从经济效益看，2017年肉类行业利润微薄，肉制品加工盈利好于生鲜肉品，屠宰企业特别是禽类屠宰亏损的问题需引起高度重视。优化肉类及蛋品产业体系，提高质量效益，是当前亟待解决的首要问题。

2. 促进产业融合，协调发展

中央要求龙头企业发展设施农业、精准农业、精深加工、现代营销，带动新型农业经营主体和农户专业化、标准化、集约化生产，推动农业全环节升级、全链条增值。从2017年肉类及蛋品加工行业规模以上企业运行情况看，除肉制品加工业略有盈利外，畜禽屠宰业整体处于利润下降、亏损大幅增加状态，企业大多无力承担推动产业全环节升级、全链条增值的任务。特别是禽类屠宰行业，2017年减少了36家规模以上企业，这在历史上从未发生过，值得警惕和关注。

中央要求大力推广"生产基地+中央厨房+餐饮门店""生产基地+加工企业+商超销售"等产销模式。这些模式实施的前提是龙头企业具有雄厚的经济实力和人才队伍。没有足够的经济和人才基础，是不可能带动产业融合协调发展的。

3. 推动布局优化、绿色环保

2017年我国一批肉类食品的龙头企业按照中央"稳定生猪生产，优化南方水网地区生猪养殖区域布局，引导产能向环境容量大的地区和玉米主产区转移"的指导方针，在发展规模高效养殖业方面采取了战略性的推进措施。其中包括：发展标准化规模养殖；推进农业清洁生产；推行高效生态循环的种养模式，加快畜禽粪便集中处理，推动规模化大型沼气健康发展；推进农业废弃物资源化利用试点；农作物秸秆综合利用；实施耕地、草原休养生息规划；实施土壤污染防治行动；农业面源污染综合治理试点，等等。这些企业的扩张，一方面将加快淘汰畜禽养殖业的落后产能；另一方面，将带来屠宰及肉类加工行业的新变化和新问题。例如，"北猪南运"如果是活体，将增加疫病传播的风险；如果是胴体或分割产品，在冷藏保鲜技术不到位的条件下，将增加冻肉的比重，不容易适应南方人的饮食习惯。

4. 促进开放发展，互惠互利

按照国家"开放发展"理念，2017年我国肉类及蛋品行业奉行互利共赢的开放战略，积极构建内外联动的利益共同体，呈现出两个基本特点：一是利用进口补齐牛羊肉供应的短板。和上年相比，2017年牛肉进口增长19.36%，羊肉进口增长13%，增幅都比较大。同期，我国牛肉出口2.4万t，进口71.62万t，贸易逆差69.22万t；羊肉出口0.52万t，进口24.87万t，贸易逆差24.35万t，贸易逆差均有所扩大。二是扩大肉类出口，提高产业经济效益。2017年，我国规模以上企业出口交货值247.73亿元，同比增长9.69%。其中，牲畜屠宰企业42.93亿元，同比下降5.7%；禽类屠宰企业94.74亿元，同比增长15.1%；肉制品及副产品加工企业110.06亿元，同比增长15.3%。如此看来，我国在禽类和肉制品市场拓展方面还具有较大空间。

5. 加强风险管理、确保安全

肉禽蛋市场上的一个突出问题是质量安全风险的控制。这是关系到人民能否共享发展成果的大事。2016年国家加大了对肉禽蛋行业各环节食品安全抽检的工作力度，全国抽检肉禽蛋食品安全合格率为98%。主要不合格原因包括：微生物超标、药残超标、食品添加剂违规使用等。据国家食药监总局报告，2017年肉禽蛋食品安全抽检合格率总体上低于上年水平。这一方面与国家深入开展农兽药残留超标特别是养殖业滥用抗生素治理，严厉打击违禁超限量使用农兽药、非法添加和超范围、超限量使用食品添加剂等行为有关，另一方面与目前肉类食品安全相关法律法规标准体系不完善、不健全有关。比如，《农产品质量安全法》《生猪屠宰管理条例》等修订工作至今尚未完成；病害猪无害化处理补贴政策落实不到位。抓紧完善相关法律法规，严格依法行政，是加强肉禽蛋质量安全风险管理的重要基础，是行业面临的重大问题。

（二）科技创新

从 2017 年我国肉类行业承担国家“十三五”重点研发计划——“中式传统肉制品绿色制造关键技术与装备研发及示范”项目进展的实践看，目前肉类行业科技创新工作亟待解决研发成果转化中面临的一些实际问题。

1. 明确知识产权归属和技术转化方式

目前，参加国家重点研发计划的单位，既包括国家级的农业大学、科研机构，也包括肉类食品生产企业、肉类加工机械装备制造企业等。为了使技术研发与企业需求更好地结合，很多技术在产业化应用过程中需要与生产企业进行合作开发，突破技术瓶颈。

经过一段时间的科研攻关，目前已经取得了一些创新突破。例如，通过对传统酱卤产品的工艺改进，研发了智能化定量卤制工艺，研创了连续式卤煮设备和连续式速冻机，生产效率提升了 50% 以上，解决了产品品质不稳定等问题，实现了传统产品的工业化、标准化生产。但是，如何确定重大标志性成果的知识产权归属？如何确定相关方利益合理分配的技术转化方式？这些都是顺利实现技术成果产业化转让必须解决的实际问题。

2. 处理好技术创新成本投入与成果推广利益分享之间的关系

承担国家重点研发计划任务的单位虽然可以获得财政资金的一部分支持，但参与研发项目的行业龙头企业也必须以公司现有的软硬件实力进行匹配，包括对厂房、设备和工艺进行技术改造，相对于行业其他企业而言，投入的成本较高。在这种情况下，参加研发的企业在向外推广自身核心技术时，往往担心面临竞争风险，不愿意在全行业范围内扩大推广。例如，在熏烧烤肉制品工业化加工技术装备创新及应用研究中，已经创制了脉冲变压腌制技术装备，实现了传统熏烧烤肉制品的标准化预处理；发明了隧道式连续化智能烤制技术装备，实现了无人化智能控温烤制；发明了定量熏制技术装备，实现了传统熏制肉制品的工业化生产，减少了污染物排放。但是，由于以上原因，目前还仅限于参与研发的集团公司内部推广应用。

3. 解决好新技术、新产品市场培育问题

新技术、新产品的市场培育进程长，消费习惯也比较难培养。以“生吃切片火腿”为例，国内火腿主要以菜肴的方式消费，市场份额较小，产量难以突破。生吃火腿主要是向主食型或零食型方向发展，必须解决国民饮食习惯的培育问题。市场没有培育起来，企业转化技术的意愿就不强烈。所以，推进科技创新，还需从技术成果转化为经济效益入手，在培育市场和消费者上下功夫，使企业获得科技创新的持久动力。

三、2018 年发展趋势分析

目前，从肉类生产、消费和进出口贸易的总量上看，中国已经成为世界第一大国。但是，现在肉类产品中冷鲜肉、肉制品的结构调整还不能适应消费需求变化的要求；肉类食品质量安全的保障水平还不如人意；企业生产成本上升、肉类食品销售价格居高不下，使城乡居民的消费压力加大；畜禽养殖、屠宰加工环节对生态环境的影响还比较严重，损害了生态系统的质量。为保障和改善民生，提高人民满意度，对于我国肉类生产加工流通中存在着的种种问题，必须通过深化供给侧结构性改革来解决。

“十九大”报告指出：“我国经济已由高速增长阶段转向高质量发展阶段，正处在转变发展方式、优化经济结构、转换增长动力的攻关期，建设现代化经济体系是跨越关口的迫切要求和我国发展的战略目标。”2018年是贯彻“十九大”方针的开局之年，从肉食产业的发展看，要了解以下政策要点，把握住未来趋势。

一是坚持质量第一、效益优先的供给侧结构性改革。肉食产业升级要瞄准国际标准，在提升质量和效益上下功夫。

二是鼓励创新。肉食产业要建立以企业为主体、市场为导向、产学研深度融合的技术创新体系，促进科技成果转化。在中高端消费、创新引领、绿色低碳、共享经济、现代供应链、人力资本服务等领域培育新增长点、形成新动能。

三是乡村振兴战略。构建现代肉食产业体系，完善支持保护制度，发展多种形式适度规模经营，培育新型经营主体，健全产业社会化服务体系，实现小农户和现代产业发展有机衔接。促进肉食一二三产业融合发展，支持和鼓励农民就业创业，拓宽增收渠道。

四是区域协调发展战略。与肉食产业相关的是重点支持革命老区、民族地区、边疆地区、贫困地区发展和资源型地区经济转型发展，推进西部大开发，加快东北振兴，推动中部崛起，实现东部地区优化发展，建立更加有效的区域协调发展新机制。

五是经济体制改革。以完善产权制度和要素市场化配置为重点，实现产权有效激励、要素自由流动、价格反应灵活、竞争公平有序、企业优胜劣汰。打破行政性垄断，防止市场垄断，完善市场监管体制。

六是全面开放。拓展对外贸易，培育贸易新业态、新模式，推进贸易强国建设。实行高水平的贸易和投资自由化便利化政策，大幅度放宽市场准入。凡是在我国境内注册的企业，都要一视同仁、平等对待。创新对外投资方式，促进国际产能合作，形成面向全球的贸易、投融资、生产、服务网络，培育国际经济合作和竞争新优势。

七是健康中国战略。人民健康是民族昌盛和国家富强的重要标志。坚持预防为主，深入开展爱国卫生运动，倡导健康文明生活方式，预防控制重大疾病。实施肉食安全战略，让人民吃得放心。

八是推进绿色发展。加快建立绿色生产和消费的法律制度和政策导向，建立健全绿色低碳循环发展的经济体系。构建市场导向的绿色技术创新体系，发展绿色金融，壮大节能环保产业、清洁生产产业、清洁能源产业。推进能源生产和消费革命，构建清洁低碳、安全高效的能源体系。推进资源全面节约和循环利用，实施国家节水行动，降低能耗、物耗，实现生产系统和生活系统循环链接。倡导简约适度、绿色低碳的生活方式，反对奢侈浪费和不合理消费。要解决突出的环境问题。加快水污染防治。强化土壤污染管控和修复，加强农业面源污染防治。加强固体废弃物和垃圾处置。提高污染排放标准。构建政府为主导、企业为主体、社会组织和公众共同参与的环境治理体系。积极参与全球环境治理，落实减排承诺。要加大生态系统保护力度，提升生态系统质量和稳定性。严格保护耕地，健全耕地草原森林河流湖泊休养生息制度，建立市场化、多元化生态补偿机制。

四、政策建议

为了在肉类及蛋品加工行业实现“十九大”提出的高质量发展要求和建设现代化经济体系目标，建议采取以下政策措施：

（一）依法规范屠宰环节，加快淘汰落后产能

抓紧完善畜禽屠宰法律法规和技术标准体系，围绕设施标准化、环境整洁化、生产

规范化、检测科学化、处理无害化、监管常态化的标准要求，建设和完善一批标准化畜禽屠宰厂；通过强化政府属地管理责任、部门间协作配合和行业自律，通过开展屠宰资格审核清理和专项整治，严厉打击各种违法违规屠宰行为，加快淘汰落后产能，进一步提升畜禽标准化规模屠宰的比重。

（二）加强管理体系建设，提升质量安全水平

通过加强管理制度建设、管理能力建设和统计监测，督促地方政府全面落实病害猪无害化处理财政补贴政策，切实减轻企业保障公共安全的负担，使企业有实力提升规模化、机械化、标准化生产水平。通过加强企业日常监管和监督检测，进一步落实企业主体责任，提升肉类蛋品的质量安全保障水平。

（三）全面深化改革开放，推动产业持续发展

为给我国肉食产业发展提供可持续的新动力，必须全面深化改革开放，通过加强国内外相关政府部门与行业协会的协同服务，为企业增加科研成果、制度规范、品牌建设、智力资源、有效信息等多方面的要素投入，帮助企业增强投资融资能力、开拓国内国际市场，逐步走上创新发展之路，实现新旧动能转换。

中国肉类协会

乳制品工业

乳是一种有着悠久食用历史的食品，有着极高的营养价值。在我国，随着人民生活水平的提高，乳制品消费不断提高，乳制品已经成为许多人日常饮食的重要部分。但与世界乳业发达国家相比，我国乳制品存在成本高、产品结构简单等问题，制约了乳制品消费的持续快速增长，目前我国乳制品消费仍处于较低水平，不到世界平均水平的三分之一、亚洲平均水平的二分之一，发展潜力仍十分巨大。

一、行业概况

2017 年，是我国乳制品行业稳定发展的一年，乳制品生产、消费取得较好成绩。特别是产品质量安全工作取得了巨大成就，乳制品、婴幼儿配方乳粉的质量安全继续保持了稳定向好的发展态势，广大消费者对国产乳制品的信心进一步增强。

（一）主要经济指标

据国家统计局数据（月报），2017 年 1—12 月，全国共有规模以上乳制品企业 611 家（上年为 627 家）；主营业务收入 3590. 41 亿元，同比增长 6. 77%（上年为 5. 76%）；利润总额 244. 87 亿元，同比增长 -3. 27%（上年为 7. 86%）；销售收入利润率为 6. 82%（上年为 7. 42%）。乳制品产量 2935. 04 万 t，同比增长 4. 17%（上年为 7. 68%）。其中，液体乳产量 2691. 66 万 t，同比增长 4. 53%（上年为 8. 53%）；乳粉产量 120. 72 万 t，同比增长 1. 04%（上年为 -0. 34%）。

2017 年，库存产成品总额 87. 85 亿元，同比增长 2. 16%（上年同期为 2. 29%）。库存产成品总额占销售总收入的 2. 45%，为正常库存量。

2017 年，企业经济效益不佳，中小企业经营困难，亏损企业亏损额较上年大幅增长，全行业亏损企业亏损额为 32. 63 亿元，同比增长 80. 94%（上年同期 -16. 80%）。行业亏损额与利润总额的比为 1∶7. 5（上年为 1∶15. 5）。

（二）行业发展分析

2017 年，行业原料乳价格变化不大，行业承受较大的成本压力，乳制品价格较上年略有增长（同期食品价格为下降），行业集中度进一步提高，乳制品进口继续增长，行业投资集中于牧场建设、新建工厂、现有工厂的升级改造，以及继续海外投资发展。

1. 价格

（1）原料价格　2017 年，国内奶源供应比较稳定，价格维持高位运行，产奶旺季价格小幅回落，旺季过后价格逐渐回升。

据农业部对河北、山西、内蒙古、辽宁、黑龙江、山东、河南、陕西、宁夏、新疆等 10 个奶牛主产省（区）生鲜乳平均价格的调查数据，2017 年 1 月平均价格 3. 54 元/kg，6 月为 3. 42 元/kg，8 月为 3. 41 元/kg，12 月为 3. 52 元/kg。2017 年 12 月全国主产区生鲜乳平均价格同比上涨了 0. 30%。

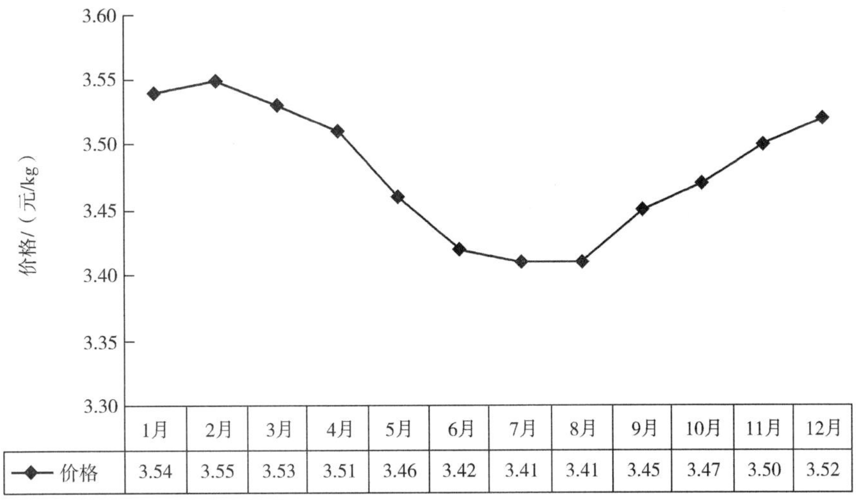

图 1　2017 年全国主产区生鲜乳平均价格变化情况

资料来源：农业部监测数据。

（2）乳制品零售价格　2017 年，乳制品价格小幅波动，全年平均价格微涨。根据国家统计局的调查数据，2017 年前三个月价格较 2016 年同期有所降低，1 月降幅最大为 -0.5%，随后乳制品价格逐步回升，12 月涨幅最大为 0.6%。全年乳制品平均价格同比上涨 0.1%，同期食品全年平均价格下降 1.4%。

2. 市场

2017 年，乳制品消费继续保持增长，消费增长空间主要由进口产品占据，进口产品的大量进口对国产乳制品，尤其是乳粉的销售仍然存在冲击。2017 年年底，行业应收账款为 380.21 亿元，同比增长 14.46%；产成品存货 87.85 亿元，同比增加 2.29%，企业库存产品总量基本保持稳定。

3. 投资

根据国家统计局月报数据，2017 年 12 月，行业资产总计为 2972.46 亿元，同比增长 6.73%（上年为 8.70%），增速同比降低 1.97 个百分点。全年乳制品投资增长较为平稳，行业投资集中于牧场建设、新建工厂、现有工厂的升级改造，以及继续海外投资发展。

4. 区域分布

分地区情况看，河南省、山东省保持了较快的乳制品增长速度。

产量上，乳制品产量居前的省区为河北、河南、内蒙古、山东和江苏，五省区乳制品总产量为 1399.91 万 t，占全国的 47.70%，占比较上年降低 1.42 个百分点（见表 1）。其中液体乳产量居前的省区为河北、河南、内蒙古、山东和江苏，五省区液体乳总产量为 1348.23 万 t，占全国的 50.09%，占比较上年降低 0.07 个百分点（见表 2）。乳粉产量居前的省区为黑龙江、陕西、内蒙古、山东和河北，五省区合计生产乳粉 87.16 万 t，占全国的 72.20%，占比较上年降低 1.62 个百分点（见表3）。

表 1　2017 年 1—12 月全国乳制品产量前五位省区情况

地区	产量/万 t	同比增长/%	占全国比例/%
全国总计	2935.04	4.17	100.00
河北	372.85	0.62	12.70
河南	351.37	14.92	11.97
内蒙古	263.41	1.93	8.97
山东	251.11	19.90	8.56
江苏	161.16	-0.19	5.49

资料来源：国家统计局月度统计。

表2　2017年1—12月全国液体乳产量前五位省区市情况

地区	产量/万t	同比增长/%	占全国比例/%
全国总计	2691.66	4.53	100.00
河北	362.03	0.50	13.45
河南	350.71	14.95	13.03
内蒙古	246.79	1.96	9.17
山东	243.30	25.95	9.04
江苏	145.40	-2.93	5.40

资料来源：国家统计局月度统计。

表3　2017年1—12月全国乳粉产量前五位省区市情况

地区	产量/万t	同比增长/%	占全国比例/%
全国总计	120.72	1.04	100.00
黑龙江	43.48	3.97	36.01
陕西	24.93	12.92	20.65
内蒙古	8.06	-1.58	6.68
山东	5.64	49.49	4.67
河北	5.05	-0.15	4.18

资料来源：国家统计局月度统计。

5. 行业集中度

2016年、2017年，行业的集中度进一步提升。根据中国乳制品工业协会统计，2016年，行业销售收入排名前15位的大型骨干企业总销售收入达2084.4亿元，占全行业销售总收入的59.5%，占比较上年提高5.6个百分点。各产品产量排名前15位的企业分产品总产量分别为：乳粉53.24万t，占全行业的38.3%，其中婴幼儿乳粉达33.7万t，占全行业的48.0%；液体乳1476.3万t，占全行业的53.9%，其中灭菌纯乳611.0万t，占全行业的57.7%；发酵乳417.6万t，占全行业的54.5%。

6. 进出口

2017年，我国乳制品进口继续较快增长。1—12月共计进口乳制品260.68万t，货值93.38亿美元，同比分别增长12.91%和37.81%；进口乳制品货值占国内行业销售收入的17.2%，较上年提高4.1个百分点。其中，乳粉、液体乳、乳清类产品、婴幼儿乳粉、干酪、奶油、乳糖进口量较大，液体乳增速放缓，发酵乳、零售婴幼儿食品（其中婴幼儿乳粉占97.8%）、乳粉继续较大幅度增长，具体进口情况见表4。

表4　2017年全国乳制品进口情况

商品名称	数量/万t	同比增长/%	金额/亿美元	同比增长/%
进口合计	260.68	12.91	93.38	37.81
液体乳①	66.76	5.28	8.79	37.46
乳粉②	71.81	18.85	21.68	46.67
炼乳	2.56	27.74	0.46	26.87
发酵乳	3.41	62.73	0.67	58.51
乳清类产品	52.96	6.49	6.66	47.37
奶油	9.16	11.89	5.00	64.99
干酪	10.80	11.14	4.97	18.63
乳糖	8.79	0.87	0.93	33.00
零售婴幼儿食品	30.25	34.29	40.72	32.60
酪蛋白	1.87	-11.48	1.45	7.45
白蛋白	2.32	18.73	2.03	57.74

注：①液体乳数据不包括发酵乳。
②乳粉数据不包括婴幼儿配方乳粉。
数据来源：中国海关。

从进口来源看，新西兰仍然是我国最大的乳制品进口来源地，其次是美国、德国、法国和澳大利亚，我国分别从这些国家进口了90.69万t、41.52万t、30.90万t、22.95万t和17.43万t乳制品，五国合计占到总进口量的80.36%（见图2）。

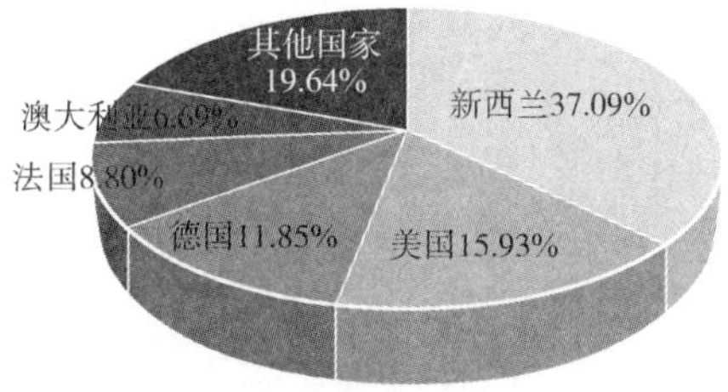

图 2 2017 年乳制品进口来源情况

资料来源：中国海关。

其中，液体乳主要来源于新西兰、德国、法国、澳大利亚和波兰，进口量分别为 21.00 万 t、19.55 万 t、9.19 万 t、7.62 万 t 和 1.83 万 t，五国合计占液体乳总进口量的 88.64%（见图 3）。

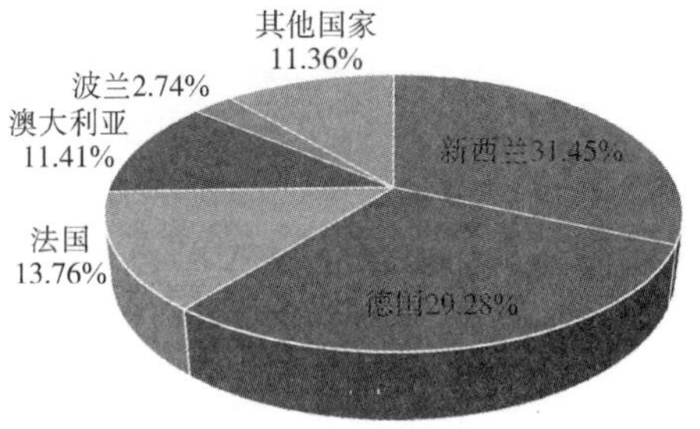

图 3 2017 年液体乳进口来源情况

资料来源：中国海关。

乳粉主要来源于新西兰、澳大利亚、美国、德国和法国，进口量分别为 54.98 万 t、4.60 万 t、3.38 万 t、2.42 万 t 和 2.22 万 t，五国合计占乳粉总进口量的 94.14%（见图 4）。

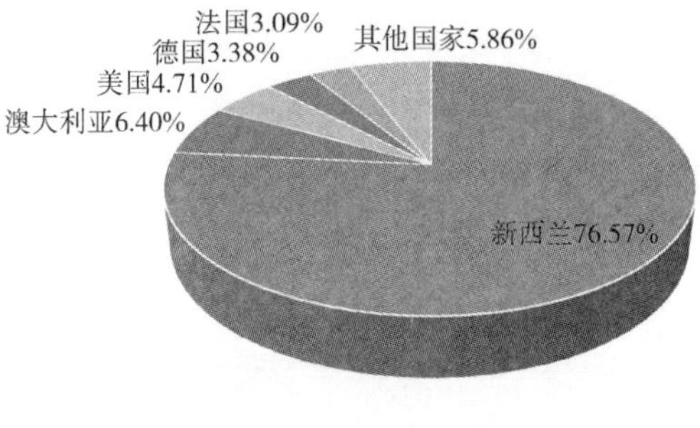

图 4 2017 年乳粉进口来源情况

资料来源：中国海关。

乳清类产品主要来自于美国、法国、荷兰、波兰和爱尔兰，进口量分别为 29.05 万 t、6.15 万 t、4.08 万 t、3.07 万 t 和 1.81 万 t，五国合计占乳清粉总进口量的 83.39%（见图 5）。

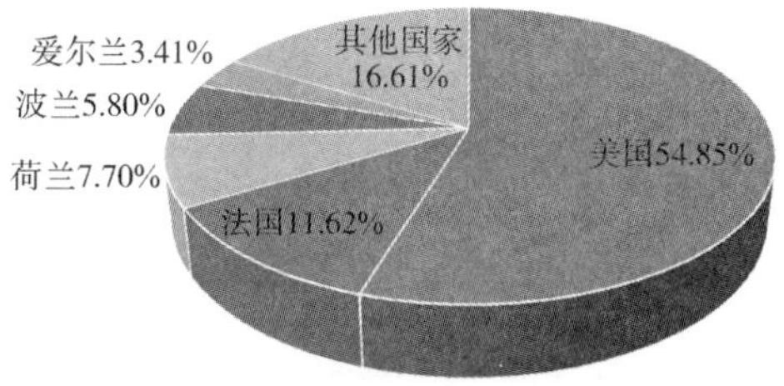

图 5 2017 年乳清类产品进口来源情况

资料来源：中国海关。

零售婴幼儿食品主要来自荷兰、新西兰、法国、爱尔兰和德国，分别进口 8.79 万 t、4.74 万 t、4.30 万 t、3.79 万 t 和 2.86 万 t，五国合计占零售婴幼儿食品进口量的 80.89%（见图 6）。

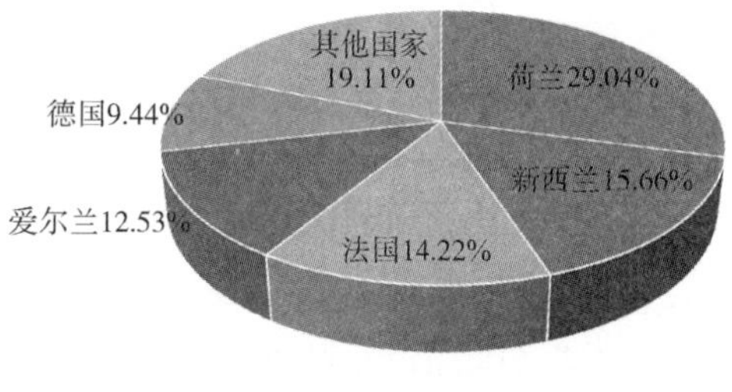

图 6 2017 年零售婴幼儿食品进口来源情况

资料来源：中国海关。

干酪主要来自于新西兰、澳大利亚、美国、丹麦和意大利，进口量分别为 5.49 万 t、2.11 万 t、1.29 万 t、0.41 万 t 和 0.33 万 t，五国合计占干酪总进口量的 89.11%（见图 7）。

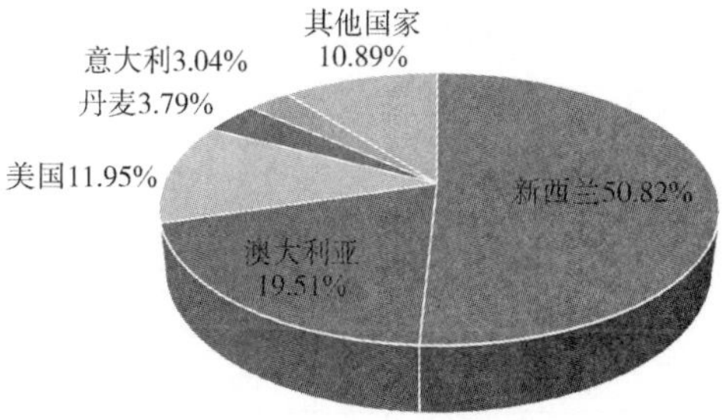

图 7 2017 年干酪制品进口来源情况

资料来源：中国海关。

乳糖主要来自于美国、德国、荷兰、波兰和新西兰，进口量分别为6.52万t、0.79万t、0.48万t、0.32万t和0.22万t，五国合计占乳糖总进口量的94.86%（见图8）。

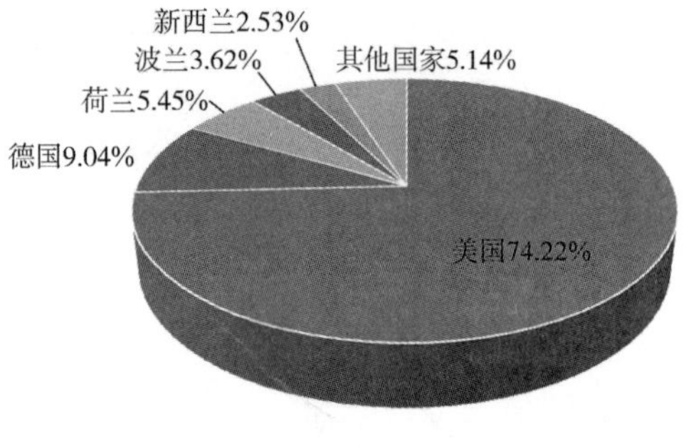

图8　2017年乳糖进口来源情况

资料来源：中国海关。

奶油主要来自于新西兰、法国、比利时、澳大利亚和荷兰，进口量分别为7.88万t、0.56万t、0.23万t、0.20万t和0.13万t，五国合计占奶油总进口量的98.30%（见图9）。

酪蛋白主要来自新西兰、荷兰、法国、美国和德国，分别进口1.21万t、0.38万t、0.11万t、0.07万t和0.03万t，五国合计占酪蛋白总进口量的96.95%（见图10）。

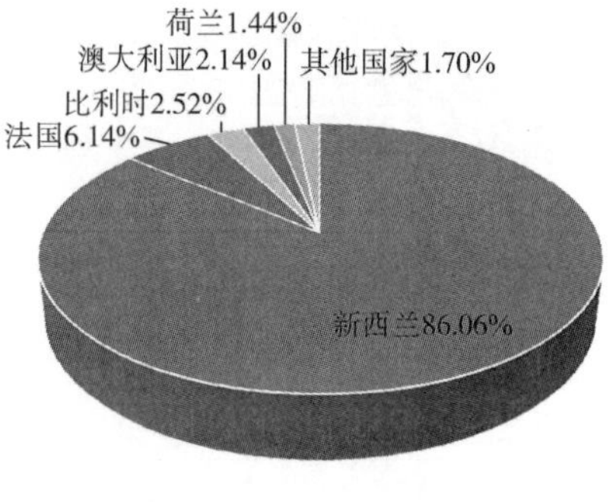

图9　2017年奶油进口来源情况

资料来源：中国海关。

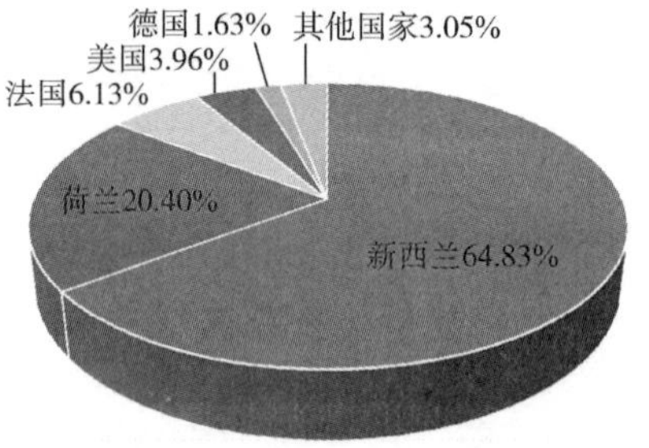

图10　2017年酪蛋白进口来源情况

资料来源：中国海关。

2017年，全球乳制品贸易供求状况逐渐得以改善，国际乳制品价格逐渐回升。具体产品进口价格情况如表5所示。

表5　2017年乳制品进口价格情况

商品名称	12月价格/（美元/t）	同比增长/%	1—12月平均价格/（美元/t）	同比增长/%
液体乳①	1458	49.11	1317	30.57
乳粉②	3247	18.15	3020	23.40
炼乳	1923	13.03	1809	-0.68
发酵乳	1946	10.58	1957	-2.59
乳清粉	1131	4.71	1258	38.39
奶油	6374	71.93	5460	47.45
干酪	4890	12.00	4606	6.74
乳糖	927	-0.16	1064	31.85
婴幼儿零售食品	12841	-5.40	13459	-1.26
酪蛋白	7962	14.91	7797	21.39
白蛋白	10847	47.16	8739	32.86

注：①液体乳数据不包括发酵乳。

②乳粉数据不包括婴幼儿配方乳粉。

数据来源：中国海关。

2017 年，我国乳制品出口有所增长。全年乳制品出口 3.86 万 t，货值 1.32 亿美元，同比分别增长 12.84% 和 51.70%。其中，液体乳、婴幼儿零售食品、乳粉、炼乳、发酵乳、奶油是出口的主要产品，具体出口情况如表 6 所示。

表 6　2017 年全国乳制品出口情况

商品名称	数量/万 t	同比增长/%	金额/亿美元	同比增长/%
出口合计	3.86	12.84	1.32	51.70
液体乳①	2.32	1.47	0.21	2.25
乳粉②	0.28	-20.40	0.09	-41.16
炼乳	0.23	-0.01	0.05	-6.65
发酵乳	0.22	156.17	0.04	175.19
乳清粉	0.02	105.53	0.00	101.99
奶油	0.17	62.98	0.08	111.99
干酪	0.02	17.55	0.01	43.20
乳糖	0.05	-30.47	0.03	11.08
婴幼儿零售食品	0.48	112.05	0.76	134.44
酪蛋白	0.08	78.65	0.04	34.52
白蛋白	0.00	668.76	0.01	-18.69

注：①液体乳数据不包括发酵乳。

②乳粉数据不包括婴幼儿配方乳粉。

数据来源：中国海关。

我国乳制品出口主要是为中国香港和澳门地区提供产品，2017 年共向中国香港和澳门地区分别出口乳制品 3.22 万 t，同比增长 7.67%，占总出口量的 83.59%。

2017 年，我国乳制品进出口数量逆差 256.82 万 t，同比增长 12.92%，金额逆差 92.05 亿美元，同比增长 37.63%。

7. 婴幼儿配方乳粉配方注册顺利实施

2017 年，国家正式对婴幼儿配方乳粉产品实施配方注册，从 2018 年 1 月 1 日起，未经注册批准的产品将不能进行生产。截至 2017 年底，国家食药总局共批准了国内外 130 个工厂的 952 个配方，其中婴儿配方 319 个，较大婴儿配方 316 个，幼儿配方 317 个。所有配方中，国内工厂 93 个，共 743 个配方；国外工厂 37 个，共 209 个配方。所有的配方中，羊乳配方 204 个，涉及工厂 35 个，其中，国内 184 个配方，涉及 29 个工厂；国外 20 个配方，涉及 6 个工厂。

8. 乳制品质量稳定可靠

根据收集到的国家监督抽检结果：2017 年，全国乳制品监督抽检共计 40203 批次，不合格批次 266 个，合格率 99.3%。其中，原国家食品药品监督管理总局抽检 1340 批次，不合格 5 批次，合格率 99.6%。抽检不合格项目主要有 1 批次进口灭菌乳商业无菌检测不合格，3 批次干酪酵母超标，1 批次酸乳脂肪含量不合格。

2017 年原国家食品药品监督管理总局对婴幼儿配方乳粉实施月月抽检制度，全年共抽检婴幼儿配方乳粉 2657 批次，合格 2650 批次，合格率 99.7%。主要不合格项目为 2

批次产品阪崎肠杆菌超标，2批次产品符合食品安全国家标准，但不符合标签标示值，2批次产品标签营养标示方式错误，1批次产品标签营养素单位错误。

在2017年国家监管部门抽检的34大类食品中，乳制品、婴幼儿配方乳粉合格率都是最高水平。

9. “三品”战略实施情况

2017年，围绕消费品工业增品种、提品质、创品牌“三品”专项行动的目标和路线图，乳制品行业企业继续在产品创新、品质提升、品牌创建上努力提升。

（1）增品种　企业根据产品销售信息和市场调查信息，利用互联网等平台，不断加强与消费者的沟通，获取消费者对现有产品的意见与最新消费需求，加强研发力度，进行产品升级和新产品品类的开发，通过与国外相关机构和企业的合作，引进新产品，完善产品结构，满足不同消费人群的不同需求。

作为研发的成果，企业专利数量不断增加。以伊利、蒙牛为例，截至目前，两家企业合计获得专利授权量为3930项，其中，发明专利授权量为684项，最近一年中增加62项，实用新型专利授权数量为794项。

（2）提品质　建立全链条质量管理体系，将食品安全和质量保证工作延伸至产业链条上的所有合作伙伴、所有关键环节。企业大力建设和发展标准化、规模化、集约化牧场，目前，伊利、蒙牛等企业奶源来源中规模化集约化的养殖场占比都达到或接近100%。企业积极进行奶业人才培养，提高合作养殖场牛奶质量，如伊利、蒙牛、雀巢、辉山等企业都开展了以奶牛养殖和牧场管理等内容为主的培训项目。为了保证奶源质量和安全，企业还把对奶牛的管理前伸到种植环节、用药环节、育种环节，如采取招标使用放心饲料，对兽药按药理成分进行归类并指导供方合规用药，实现统一准入、统一饲料、统一兽药、统一评估。加强生产过程的技术创新和信息化发展，通过智能信息系统建立产品追溯程序和智能工厂，对产品从源头到终端的各个环节进行严格管控。如通过技术对生产各个工序的关键点相关信息和检验数据进行自动获取或实时记录，利用实时数据形成数据库，通过数据监控平台实时监控与预警；通过数据库实现产品的快速追溯。加大检测投入，严把产品质量。改善产品工艺，提高产品品质，企业产品逐渐得到国际认可，伊利、蒙牛、飞鹤等很多国内企业的产品获得国际产品、品质等相关奖项。

顺应消费能力和消费需求的提升，及时进行产品升级。如伊利、蒙牛、光明、三元、新希望、完达山、圣牧、辉山、飞鹤等企业都完成有机产品认证并实现了有机产品的上市销售，有机产品占比不断提高。

（3）创品牌　行业和企业通过各种方式不断提升企业品牌形象。如中国乳制品工业协会通过每年的“世界牛奶日”和“营养宣传周”活动、捐赠活动、相关展会等，推动乳制品营养知识普及和企业品牌度的提升；越来越多的企业开展乳制品企业工业游项目，敞开工厂大门，邀请媒体、普通消费者实地参观体验，打造网上智能交互平台，让消费者更直观地感受牛奶的生产过程，增强消费信心，提升消费体验；行业企业积极开展公益活动，提升企业形象。通过不同形式的品牌活动，目前我国乳制品品牌建设取得了很大的成绩，涌现出一大批知名品牌，如伊利、蒙牛、光明、三元、完达山、飞鹤、圣元、贝因美、雅士利、君乐宝、新希望等。据协会不完全统计，截至2017年底，我国乳制品企业通过各种途径获得的全国驰名商标数量已经超过30个。

企业通过申报生态原产地保护产品，进行品牌建设和保护。截至目前，已经有伊利金典有机纯牛乳、培然婴幼儿配方乳粉、金领冠睿护婴幼儿配方乳粉、伊利“金典”牌新西兰纯牛乳、飞鹤乳粉及液态乳、“古城”牌乳粉（不含婴幼儿配方乳粉）及液态乳、“青海湖”牌牦牛纯牛乳和牦牛酸乳、“宜品爱尼可”牌婴幼儿配方乳粉、全脂乳粉、调制乳粉、“美羚”羊奶粉等被原国家质量监督检验检疫总局批准为生态原产地保护产品。

积极开拓海外市场。如蒙牛已开发了我国香港和澳门地区、蒙古、新加坡和缅甸等市场，出口产品涵盖常温、低温产品，包括纯牛乳、发酵乳、含乳饮料等，受到消费者青睐；君乐宝也在 2016 年将婴幼儿配方乳粉销往我国香港地区；近几年“走出去”的雅士利、伊利、光明、圣元、澳优等企业已经分别在大洋洲、欧洲、中东等地进行投资建厂或收购企业，利用国外的资源进行产品生产，回补国内市场的同时，以国外工厂为依托进军国际市场，企业的品牌知名度得到提升。在荷兰合作银行发布的 2017 年度“全球乳业 20 强”榜单中，伊利继续排名第八，蒙牛排名第十，是全球乳业前十中仅有的两家亚洲企业。

10. 智能制造

近年来，乳制品企业积极引进智能化技术及设施设备，通过智能工厂的建设，提升企业智能化管理、自动化运营水平，实现原料管理、研发、加工、物流、销售等全链条的高效精细管理、优化外部供应链的协同，推动整个产业链向自动化和智能化的方向发展，提高了企业质量安全保障能力和产品质量水平，降低了生产运营成本。

国内较先进的牧场，通过每头奶牛的耳标，牧场管理人员可以使用手机 APP 掌握每一头奶牛的实时情况，监测每头乳牛每天的产乳量。

越来越多的乳制品工厂通过将所有生产设备连接到管理系统，实现生产过程准确的实时监控、巡检和维护，达到实时了解设备运行状态，实现安全稳定生产。在智能化工厂中，工作人员只需要通过电脑屏幕或移动设备上显示的数据，便可了解整个生产环节的详细数据情况，同时设备运转的相关参数自动记录，便于追溯。物流自动化方面，通过 GPS 系统和信息化手段对车辆的位置和温度变化等重要指标进行适时监控。市场终端方面，产品的包装盒采用二维码技术，通过手机终端等智能工具扫码，直接获取产品信息。

质量管理方面，越来越多的企业利用信息化系统结合自动数据采集技术，通过产品赋码、读码、信息关联，形成从原料、半成品、成品到销售终端的全链条的端到端的关联关系，随时可以查询物料的走向和状态情况，实现质量报告自动生成，产品质量一键追溯，使全链条的食品安全管控实现线上控制，信息及时准确传递，杜绝人为失误。

有的企业提高了各管理系统的互联互通，实现智能分析、智能控制，提高效率和强化过程控制，降低生产风险。例如，通过收集到的牛群大数据，建立牛群产奶量预测模型，进行智慧生产管理，工厂根据牧场原奶生产数量可以合理安排产品生产计划，从而提高产品的新鲜度。

智能制造对企业内部的改变和影响。以蒙牛为例，通过实施智能制造，企业财务结账的速度提升 50%；全程数字化自动采集、监控，实现数据异常及时预警；生产线效率在线监控，生产效率提升 20%；人员效率提升 6%；系统化精细化成本管控，实现在线监控自动核算；系统化自动排产，快速响应、满足市场柔性化需求；全产业链实现质量一键追溯；质量检测实现自动化和信息化；能源管理实现智能化。

二、行业面临的问题

2017 年，乳制品行业取得成绩的同时，仍然面临着一些问题，值得行业高度关注，主要有如下几方面。

（一）我国生鲜乳价格仍明显高于国际平均价格，高成本制约行业正常发展

2017 年，我国生鲜乳价格处于小幅波动状态，价格波动幅度不大，而国际生鲜乳价格受供求关系影响，于 2016 年年中触底反弹，下半年出现较大涨幅，2017 年价格则在 2016 年底价格上下呈现波动状态，即使如此，我国生鲜乳价格仍然远高于国际平均价格（见图 11）。以 2017 年 12 月为例，据农业部对内蒙古、河北等 10 个奶牛主产省（区）生鲜乳平均价格的调查数据，12 月生鲜乳平均价格为 3. 52 元/kg，而同期世界生鲜乳平均价格为 2. 09 元/kg（IFCN 数据，美元/人民币元汇率按照 1/6. 6 计算得出），我国价格比世界平均价格仍高出 68%。高的原料价格造成我国乳制品生产成本高，市场竞争力不足，在与进口产品竞争中处于十分不利的地位，制约了行业的正常发展。

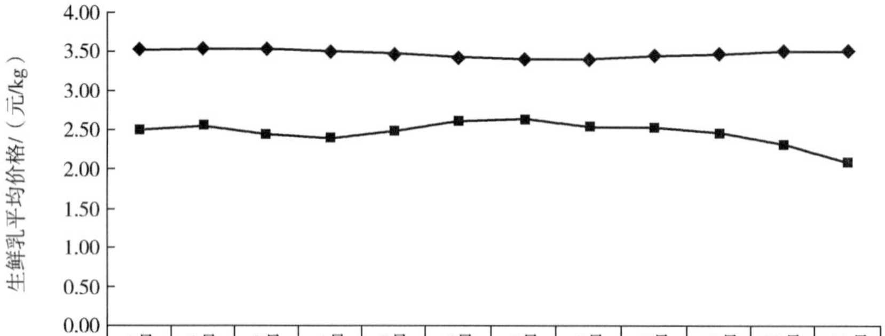

	1月	2月	3月	4月	5月	6月	7月	8月	9月	10月	11月	12月
国内	3.54	3.55	3.53	3.51	3.46	3.42	3.41	3.41	3.45	3.47	3.50	3.52
国际	2.49	2.56	2.45	2.39	2.48	2.61	2.63	2.56	2.54	2.46	2.30	2.09

图 11　2017 年我国与世界生鲜乳平均收购价格比较

资料来源：农业部监测数据，IFCN。

（二）进口产品价格低廉，对国内乳制品行业造成冲击

2009 年至今，我国乳制品进口持续高速增长，部分品类甚至成倍增长，而出口则停滞不前。2017 年我国进口乳制品 260. 68 万 t，货值 93. 38 亿美元，同比分别增长 12. 91% 和 37. 81%，进口乳制品货值占国内行业销售收入的 17. 2%，较上年提高 4. 1 个百分点。近几年，液体乳和婴幼儿配方乳粉的进口一直处于快速增长中，2017 年，进口液体乳 66. 76 万 t，同比增长 5. 28%，进口量约为国产液体乳的 2. 5%，比上年提高 0. 2 个百分点；进口婴幼儿乳粉 29. 59 万 t，同比增长 33. 71%，进口量约为国产婴幼儿乳粉的 37. 0%，较上年提高 5. 4 个百分点。进口乳制品的价格普遍低于国产产品，对国内乳制品的销售造成很大的冲击，以液体乳为例，目前许多超市中来自欧洲的灭菌乳售价仅为 8 元/L 左右，而国产产品如果卖这个价格几乎无利润甚至亏损。

受进口产品冲击，行业企业经营状况不佳，2017 年，行业利润总额 244. 87 亿元，同比增长 -3. 27%（上年为 7. 86%），销售收入利润率为 6. 82%（上年为 7. 42%）。企业亏损情况加重，全行业亏损企业 110 家，比上年增加 10 家，行业亏损企业比例达到 18. 0%，远高于食品制造业平均水平的 9. 7%。亏损企业亏损额为 32. 63 亿元，同比增长 80. 94%（上年同期 -16. 80%）。

（三）企业检测成本压力较大

按照监管部门的要求，企业对原料乳、乳制品要按照安全标准设定的项目批批进行

全项检验，原料乳检验过了，产品还要再检。比如生产巴氏乳，原料乳标准规定的项目有 14 项，加上农药残留、兽药残留，检验项目可多达几十项，经过杀菌灌装制成了产品——巴氏杀菌乳后要再检验一次，且项目一项不能少，并要有检验记录备查。这里面有许多项是重复检验，如脂肪、蛋白质、碳水化合物、环境污染物（铅、砷、汞、镉、硒）、真菌毒素、农药残留等在巴氏杀菌过程中不发生变化，特别是环境污染物、农药残留，属于较稳定的项目，一般变化不大。在食品安全标准实施之前的产品质量标准，属于定期监测项目，不进行批批检验。又比如三聚氰胺，本不属于牛奶固有成分，属人为犯罪添加。2008 年列为原料乳收购、乳制品出厂批批必检项目，这是非常时期的应急措施，是必要的。但时至今日已过 10 年，行业早已不见三聚氰胺的踪影，但其仍然是原料、成品批批检验的项目。检验已成为企业生产的主要环节，检验费占到产品成本的相当比例，检验人员占到员工总数的 15% ~20% 。

（四）产品结构还需进一步调整

目前我国乳制品还主要局限于以液体乳产品为主，产品结构单一，缺少特色产品和附加值相对较高的干酪等产品，产品同质化严重，在激烈的市场竞争下，企业吸引消费者还主要靠低价促销。

我国是婴幼儿配方乳粉的生产和消费大国，婴幼儿配方乳粉的必需原料乳清粉、乳糖等都可以通过干酪生产的副产品乳清得到，但我国由于干酪产量很小，乳清粉、乳糖基本全部需借助于进口，不利于婴幼儿配方乳粉产业的健康持续发展。

（五）海外代购、跨境电商婴幼儿配方乳粉产品存在安全隐患

2008 年以来，婴幼儿配方乳粉海外代购逐渐兴起，加之近几年发展的跨境电商，每年有大量执行国外标准的婴幼儿配方乳粉产品进入我国消费。婴幼儿配方乳粉是不能母乳喂养婴儿的主食品，其产品质量、营养素含量情况对婴儿生长发育至关重要，但有些国外产品并不符合我国标准要求，不适合我国婴幼儿营养需求；而且，海外代购、跨境电商还属于我国监管盲区，产品安全状况存在非常大的不确定性，存在安全隐患，如存在假冒伪劣、问题产品不能及时召回和售后及维权困难等问题。

三、发展趋势预测

综合目前乳业状况及发展趋势，预计 2018 年及今后一段时期，我国乳制品行业仍将进一步发展，但发展将受到一些条件的制约。

（一）企业自有奶源比例会进一步提高，规模化牧场会继续发展，生鲜乳质量会得到较大提升

生鲜乳质量直接影响着乳制品的按量安全，因此近几年乳制品生产企业不断加强自有奶源的建设，自建、合资建设、收购、投资等方式获得优质奶源，加强对奶源质量的掌控。同时由于小型奶牛养殖户牛奶质量的不稳定，难于监管，大型企业逐渐减少这部分牛奶的收购，转为依靠大型规模化牧场，规模化牧场发展迅速，国内已出现了多家大型牧业公司，且规模化牧场的投资的热度仍在，可以预见，今后一段时间内，规模化牧场将逐步取代小型奶牛养殖者，企业自有奶源比例会进一步提高，生鲜乳质量会得到较大提升。

（二）行业内兼并重组将加快进行

随着国内乳制品产业的不断发展，企业间经营状况的不断分化，兼并重组是优势企业快速获取资源，快速扩大生产销售规模的重要途径。另外，随着婴幼儿配方乳粉配方注册制度的实施，每个工厂配方数量被严格限制，企业要扩充配方数量，进行企业收购是其一种实现途径。因此，今后一段时期，

乳制品行业将进入兼并重组的活跃期。

（三）国内乳制品行业受国际乳制品供求关系影响会更加明显

近年来，我国乳制品巨大的可预期增长潜力，吸引着越来越多的乳业发达国家和地区的关注，乳制品进口量逐年快速增长。我国企业国外相继的海外投资收购或建厂，为国内进口乳制品提供更多选择，我国将更多地参与国际乳制品贸易，国际市场已经是我国乳制品供应不可或缺的一部分，国内乳制品生产和市场消费对国际市场的依赖程度进一步提升；同时，我国乳制品行业受国际乳制品供求关系的影响也会愈加明显。

（四）国内消费市场会得到进一步发展

随着全面放开二胎政策效应将逐步显现，婴幼儿配方乳粉消费量会有所增长。

我国人口基数大，发展基础低，目前人均奶类消费量仍处于世界比较低的水平，还不到亚洲人均消费量的1/2，不到世界人均消费量的1/3。特别是广大农村地区，受经济条件限制，很多人还没养成饮用乳制品的习惯，随着农村经济条件的逐步提高，可拓展市场空间非常大。伴随国家城镇化的加快推进，未来几年将有至少一亿农业人口转入城镇，也将成为乳制品消费增长的潜在因素。当下，乳制品早已成为了一种大众消费品，并已经成为高品质食品的代名词，随着我国经济的发展和居民收入水平的不断提高，乳制品工业还有很大的发展空间，发展潜力很大。

四、政策建议

面对行业问题，我们亟须做好以下工作。

（一）继续抓好奶源基地建设，扩大自有奶源比例

奶源是乳制品行业发展的根本所在，也是历来乳制品行业最容易出现问题的环节，因此，建议继续加强以下三方面工作，提高我国奶源的数量和质量。

第一，继续鼓励乳品企业提高自有奶源比例。通过企业自建、合建、收购、投资入股牧场等方式，加强对奶源的控制，鼓励生产企业与牧场企业互相入股，对企业、牧场间的互相参股给予信贷支持，使其形成利益连结共同体，共享发展成果，共担质量风险，促进企业奶源质量安全水平的不断提升。

第二，促进奶业的整合升级，鼓励小规模养殖户进行联合成立奶牛饲养股份制企业，降低饲养成本，提高饲养水平。中小规模养殖户饲养奶牛数量少，饲养技术普遍不高，成本和质量稳定性不如规模牧场。建议国家及地方政府畜牧主管部门引导这些养殖户进行整合和技术设备升级，采取规范化管理，减少设备实施的重复投资，减少牛的患病率，降低单个产奶牛的设备设施使用成本，提高牛奶的生产效益，降低国内生乳价格，提高竞争力。

第三，鼓励国内良种奶牛的培育和推广，降低奶牛购进成本，扩大良种牛群，提高单产。

（二）促进乳制品消费增长

乳制品消费的增长是促进乳制品行业持续发展的根本所在，建议借助“健康中国2030”“国民营养计划（2017—2030年）”的实施，加快农村义务教育学生营养计划发展进度，加大支持力度；开展老年人等特殊人群的营养改善行动；着力进行乳品营养宣传，展示国产牧场、加工企业的发展成就，促进国产乳制品消费的增长。

（三）继续鼓励和支持企业走出去的发展战略

从我国资源条件及市场发展趋势看，从国外进口部分乳制品，利用国外奶源资源，是满足国内市场需求和生产需要的一项重要途径。进行海外投资，进行全球布局也是超大型乳品企业发展的必然选择，国家应予以鼓励和充分支持。近几年，伊利、光明、圣元、雅士利等多家企业已经向世界乳业发达

国家进行了投资，利用当地奶源资源反补国内市场，并尝试进行国际市场的开拓，取得了不错的成绩。同时，与国外企业和研究机构共同成立研发中心，进行技术合作，有利于企业对国外先进技术的学习和引进。

（四）推动乳制品检验项目的研究，取消不必要的检验项目，降低企业成本

食品质量安全重在过程控制和原材料质量把控，企业本应在这方面投入更多的精力。但目前国内乳制品企业检验成本占比过大，繁重的检验任务消耗了企业大量的人力财力的资源，因此应尽快推动监管部门对检验要求的合理性进行研究，制定出更科学的检验措施要求，取消不必要的检验项目，降低企业成本。推动企业过程控制和原材料把控能力的发展，保证产品质量稳定和安全。

（五）推动产品结构调整

奶源供需不稳定、奶价高是困扰我国乳业发展的根本问题，短期内仍然很难得到彻底解决。我国已进入世界高奶价行列，产品生产成本高，受国际市场的影响也越来越大，某些产品已经失去了竞争能力，如全脂乳粉、脱脂乳粉。加快产品结构调整，已是行业发展的必然。建议以全脂乳粉、脱脂乳粉为主的企业，要尽快向液体乳产品转变，液体乳企业要扩大低温产品生产。积极发展干酪、乳清制品等产品，努力实现产品结构多元化；提供多层次的产品供应，以适应不同人群的消费需求和消费能力。同时要不断提升牛奶的品质，把发展高端牛乳作为企业利润增长新的突破口和重要抓手，积极抢占高端市场。

（六）统一婴幼儿配方乳粉监管要求，拒绝不符合我国法规要求的婴幼儿配方乳粉进境消费，保护婴幼儿饮食安全

统一所有进入我国的婴幼儿配方乳粉监管要求，如都需要进行工厂注册、配方注册等，与国产产品执行相同的检测要求等。拒绝不符合我国法规要求的婴幼儿配方乳粉进境消费，保护婴幼儿饮食安全。

中国乳制品工业协会

水产品加工业

水产品加工业上游关联原料生产，下游关联市场销售，在产业链中不仅处在前延后展的关键位置，而且具有促进产业融合发展的内生动力。2017年水产品加工业在产业升级及品牌建设方面颇有成效，全国水产品区域品牌建设和企业品牌建设工作力度加大。持续火热的进口海鲜与不断涌现的新零售业态给加工业带来了更多的机遇与挑战。电商和新零售带动了水产加工品消费，直供餐饮的预制调理水产品继续升温，国内市场开拓效果进一步显现。

在国内外经济形势错综复杂、国内生产成本不断提高、国际贸易壁垒增多、同构竞争加剧等困难下，特别是渔业资源保护力度加大，导致原料供应紧缺，国内日常水产品消费需求日益增长的背景下，我国水产品加工业2017年进出口总量、总额均创历史新高，呈现进口量、进口额、出口量、出口额全面增长的良好态势。

一、行业概况

（一）主要经济指标

1. 渔业生产稳步增长

据统计，2017年我国水产品总产量为6445.3万t，同比增长1.03%，已经连续28年居世界首位。其中，养殖产量4906.0万t，同比增长2.35%，占总产量的76.1%；捕捞产量1539.3万t，同比降低2.96%，占总产量的23.9%。捕捞产量中，近海捕捞1112.42万t，同比降低6.78%；远洋捕捞产量208.62万t，比上年增长4.97%。

2. 水产品加工结构进一步优化

2017年，我国水产品加工业实现总产值4305.0亿元，同比增长5.3%，占全国渔业经济总产值的17.4%。加工品总量为2196.2万t，同比增长1.4%。其中，海水加工产品1788.1万t，同比增长0.7%；淡水加工产品为408.1万t，同比增长4.6%。

2017年，用于加工的水产品总量为2680.02万t，水产品加工率为41.6%。其中，海水产品加工比例67.4%，淡水产品加工比例为18.4%。在加工产品中，水产冷冻品为1487.3万t，同比上涨5.87%；鱼糜制品为154.1万t，同比下降0.7%；干腌制品为171.1万t，同比提高1.7%。藻类加工制品为111.0万t，同比上涨3.8%；罐制品为42.0万t，同比下降6.9%，详见图1。受国内消费习惯的影响，冷冻品依旧是水产品加工的主要品类，不同于以往初级冷冻产品，便携包装或预制冷冻水产制品在市场上出现，以及主打健康营养安全为宣传主题的，针对老年人和儿童的水产加工产品，被注重品质的中产阶级以及注重服务体验的80后、90后消费群体追捧与采购。2017年，加工企业在水产品精深加工、副产物资源高值化利用等方面产出明显，三大生物活性物质－活性蛋白、活性糖及活性脂的高值化利用有所进展，丰富了水产精深加工品进入市场的新种类，延伸了水产加工产业链，为水产加工业创新发展带来新的支撑。

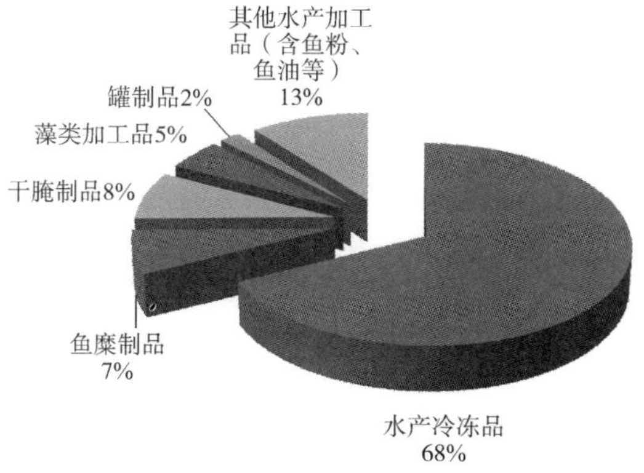

图 1　我国水产加工品统计（按类别分）

（二）行业发展分析

1. 价格

全国水产品市场运行稳中向好，市场成交量额双增。对 80 家农业部定点市场水产品交易情况进行统计发现，水产品综合平均价格稳中有升，同比涨幅 1.18%。其中，海水产品综合平均价格与上年同期基本持平，淡水产品价格同比上涨 2.66%，成为推动价格总水平上升的主要因素。加工产品价格随原料价格上涨主要受供给减少影响，是渔业供给侧结构改革的效果直接体现。国内环保力度加强，部分不适宜淡水养殖地区退出生产，引起局部地区、短期内市场供给减少，养殖结构变化，由大宗淡水鱼向名优品种养殖品种调整，刺激了淡水产品价格的上涨。2017 年度调整完善的休渔期延长制度联合环境治理执法强度的提升，海洋渔业资源状况转好，另外，随着消费能力增强，水产品需求增长，越来越多的远洋捕捞产品运回国内销售，据统计，有超过 50% 的远洋冻鱼运回国，进入国内市场流通。伴随着自贸区的建立，加上水产品进口税率的不断下调，2017 年金枪鱼、北极虾、带鱼、帝王蟹等多种海鲜产品进口税率降低了一半以上，部分高档水产品进口关税甚至低于发达国家水平，随着水产品进口量的增加，国产水产品供应尽管总量稍有下降，水产品供给的基本面没有太大变化。

2. 市场

国际、国内市场需求复苏，有力拉动了我国水产品进出口，特别是进口的增长。2017 年水产品出口日本、美国、欧盟等主要市场均量额齐增，出口其他市场（东盟、中国香港、韩国）出现一定下降（表 1）。

表 1　水产品主要出口市场统计

出口市场	数量/万 t	同比增长%	金额/亿美元	同比增长%
日本	62.74	2.53	38.47	3.88
美国	55.43	1.72	32.21	5.88
东盟	66.93	6.56	27.32	-2.77
欧盟	55.11	-0.97	23.74	2.30
中国香港	18.69	-13.83	18.56	-7.80
中国台湾	13.80	-0.85	18.02	7.90
韩国	47.92	-9.69	15.88	-3.57

数据来源：海关数据统计。

各出口企业根据出口目标国的需求，在提升产品品质的前提下，积极应对美国、欧盟、日本等主要市场变化，获得了水产品出口量额齐增的成绩。另一方面，中国已经成为全球公认的最大的水产品消费大国，中国市场的巨大容量和市场的开放态势已经受到国际公司的关注。国内以出口为主，外贸企业也针对国内市场需求主动转型，积极整合资源，开拓新市场，加速推进国内市场的区域布局和模式创新，积极化解国内水产品加工行业竞争激烈、成本不断攀升等不利因素，抓质量拓渠道，不断调整产品市场重心，适时调整销售管理模式，通过产品细分化、标准化、便捷化以及品牌化，为终端消费者提供高品质的品牌水产品。经过近几年的探索，一些加工企业转型升级，内销市场开拓已经初见成效，2017 年回报更加显著。

随着市场渠道多元化发展，大众消费、

餐饮连锁、电子商务、新零售、新商超渠道和大客户团购业务等多种市场渠道。企业积极策划产品营销活动，拓展市场渠道，通过博览会、品鉴推广等形式多样的活动，提高消费者对品牌水产品的认知度。

3. 投资

加工企业积极响应国家倡导的“走出去”战略，通过并购、兼并股权、合资等各种方式在美国、加拿大、中国香港、中国台湾、韩国、日本等主要销售市场实现境外公司的运营，在“全球化”区域布局中斩获丰富，通过投资合作，设立区域办事处等多种方式完善所在地区的供应链体系及营销链条，及产品的持续销售。通过对东南亚、非洲国家基础渔业设施、养殖捕捞的境外投资，兼具开拓国际市场、海外资源整合与双向贸易功能。

4. 区域分布

依托资源禀赋的特点，水产加工区域集中发展的态势依旧。山东、福建、辽宁、浙江、江苏、广东、湖北、广西、海南和江西等10省区的加工量之和占全国加工总量的96.1%，基本与2016年持平，详见图2。

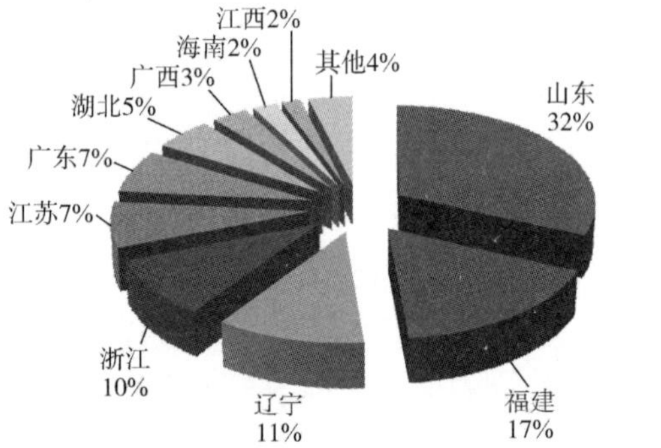

图2　2017年水产品加工产量排名总体情况

出口区域布局基本稳定。福建、山东、广东、辽宁、浙江、海南等沿海省份仍是我国水产品主要出口区，出口总量、总额之和分别占全国水产品出口总量、总额的97.85%和96.26%。福建继续位居我国主要省份水产品出口额排名首位。

5. 行业集中度

2017年，我国从事水产品加工的企业有9674家，比2016年减少20家。规模以上水产品加工企业2636家，占水产加工企业总数的27.2%。

各地政府坚持市场导向和绿色发展，以区域资源禀赋和产业优势为基础，区域品牌建设工作力度不断加强，产业集约的要求不断提升，打造了一批特色鲜明、优势聚集、产业融合、历史文化厚重、市场竞争力强的特优区。

2017年国家发改委、农业部、林业局联合印发的《特色农产品优势区建设规划纲要》发布，进一步优化水产品加工产业布局和行业集中度。通过政策支持等一系列保障措施，2017年已经遴选公示了江苏省盱眙县盱眙小龙虾中国特色农产品优势区、湖北省潜江市潜江小龙虾、广东省珠海市斗门区白蕉海鲈等多家水产品优势区，优势区内水产品的初加工、精深加工、副产品及加工副产物综合循环利用均有所提升。

6. 进出口

据海关数据统计，2017年我国水产品进出口总量923.65万t，进出口总额324.96亿美元，同比分别增长11.56%和7.92%，均创历史新高。同时，实现进口量、进口额、出口量、出口额全面增长。全年出口量433.94万t，出口额211.50亿美元，同比分别增长2.40%和1.99%。主要品种调结构显成效，一般贸易出口呈量额双增。2017年水产品一般贸易出口量307.02万t，出口额156.42亿美元，同比分别增加1.62%和1.32%，分别占水产品出口量和出口额的70.75%和73.96%。

头足类、对虾、罗非鱼、蟹类、鲭鱼等水产品作为一般贸易主要出口品种实现出口量额同比双增。捕捞产品鲭鱼表现抢眼，出口量额同比分别增长 16.27% 和 16.20%，达 37.72 万 t 和 7.20 亿美元。头足类水产品受出口到葡萄牙及日本的量额大增影响，出口量额同比分别增长 5.61% 和 6.17%。罗非鱼出口企业成功开拓了非洲、墨西哥等其他国际市场，出口量额同比分别增长 3.47% 和 1.21%（见图 3）。

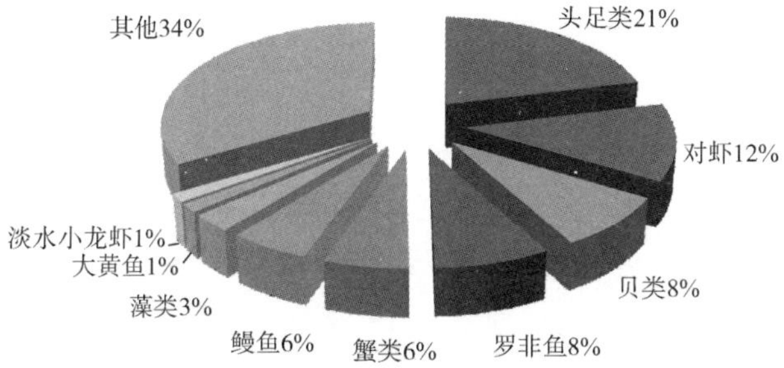

图 3　我国水产品一般贸易主要出口品种统计

7. 发展新亮点与新增长点

（1）“全球海产 - 中国餐桌”，进口水产品引全球关注　2017 年，中国进口水产加工品市场持续火热。国内消费需求不断升级，对高档优质进口水产品需求量不断增加，全年食用水产品进口量和进口额均出现较大增幅。挪威、新西兰、澳大利亚等全球各大海产供应国争相通过加强宣传推广、带领商务考察团等方式布局中国。随着在中挪双边关系正常化后，挪威首相索尔伯格、挪威渔业部长桑贝格相继访华，并带来了史上最大访华贸易团及海产团，目的就是为了推广更多的挪威海产品。新西兰、澳大利亚先后与中国开展自贸协定。自中澳自贸协定生效 1 年多以来，澳大利亚龙虾出口翻了两番。新西兰方面希望在 2030 年该国 90% 的水产品可以通过自由贸易协定出口到中国。此外，近年来越南、印度、厄瓜多尔等水产养殖大国也布局中国，以越南为例，2016 年越南对欧盟出口水产量已经出现下降，中国市场对越南的各类水产品进口大增，一部分计划出口到美国的产品也逐步转向中国市场。

（2）“新零售”线上线下开启产品消费新模式　2017 年，新零售业态发力，产品认知度的提升带动了销售的增长，商业营销模式不断创新。盒马鲜生率先开启了线上线下融合的新零售模式，超级物种单店坪效达到最高，本来生活线下旗舰店以社区店方向抢占西南市场，京东也接连布局 7Fresh 实体店。消费升级，水产销售回归商业、零售本质，高端品质水产加工品通过电商、新零售模式、跨界零售等线上线下融合的多层次的方式，以用户体验升级、场景的带入等方式进入消费层面，冷链物流的完善让产业的变革更加迅速，最后一公里的配送助推水产品加工品的消费。

（3）水产品原料供应向食材化供应转变　2017 年，中国水产加工供应商提供的产品形式有了明显变化，即由从前的水产品原料供应向食材化供应转变。从餐饮渠道看，以水产品食材为原料的产品进军餐饮市场，肯德基吮指十三鲜小龙虾堡、必胜客鲍鱼匹萨等爆品出现。由原来的原条、原料鱼或虾直接供应转变为提供半成品、预制品甚至是定制化产品供应，一些罗非鱼企业也尝试开发不同的菜式以适应内销餐饮市场。水产品由简单原料包装转变为半成品或者即食产品，这些变化可以有效减少下游客户的劳动力、冷链物流的成本，也可以提升加工企业自身的综合竞争力。

8. “三品”战略实施情况

自从 2016 年国务院办公厅发布《关于开展消费品工业“三品”专项行动营造良好市场环境的若干意见》以来，水产行业积极落实，2017 年在增品种、提品质、创品牌方面更是有了较好的成效。

（1）增品种　随着消费者对水产品需求的增长、水产品产业布局创新发展，水产品产业结构在原有品种基础上，优质创新，调整存量，对水产品主副产品优化升级，增加产品品种，扩大消费体验，满足日益增加的消费需求。

完成“2017 创新加工水产品”评选工作。我会联合市场、电商、媒体等机构，通过申报、推选、组织专家评审、公示等程序从 35 个加工创新产品候选名单中评选出鱼鳞胶原蛋白系列产品、调味金鲳鱼、调味鲷鱼片、上汤焗辽参、连头熟虾、即食鲜海参等 8 个“2017 创新加工水产品”，进行集中推荐、发布与宣传。

加强预调理食品的研发和推广。根据现代快节奏生活需要，2017 年我会不断加强和中国连锁经营协会、中国烹饪协会、中国饭店协会等终端采购协会的沟通和合作，推动罗非鱼、金鲳等预调理产品的研发和市场推广，取得一定成效。此外，经过连续几年的倡议与推动，越来越多企业水产品进入学生营养餐等团体餐饮渠道。

积极开展产销对接。2017 年 11 月，召开“第十四届国际罗非鱼产业发展论坛”，国内外权威行业专家与市场研究专家，以及西贝、海底捞、云海肴、新辣道、呷哺呷哺等餐饮集团采购负责人，共同交流探讨水产品加工产品的需求、消费特点、消费渠道、消费趋势等产业关注问题，帮助企业进一步拓展加工水产品内销市场和渠道。同期公布 2016—2017 年度中国罗非鱼加工贸易企业 Top10 评选结果。

（2）提品质　根据 2017 年原国家食品药品监督管理总局对全年 4 个季度的食品抽检情况来看（见表 2），2017 年水产制品共抽检 28547 批次，合格率高达 97.51%，较 2016 年水产品抽检合格率（96.46%）高一个百分点。2017 年水产行业将重点放在“提质增效”上，在这样的大趋势下，水产品的质量与安全情况更是有了更高层次的质的飞跃，总体呈现稳步上升趋势。

表 2　2017 年原国家食品药品监督管理总局抽检水产制品合格情况

月份	食品种类	样品抽检数量/批次	合格样品数量/批次	不合格样品数量/批次	样品合格率
1—3 月	水产制品	6556	6348	208	96.8%
4—6 月		2922	2820	102	96.5%
6—9 月		7202	7047	155	97.8%
10—12 月		11867	11620	247	97.9%
总计		28547	27835	712	97.51%

我会联合中国连锁经营协会、智渔可持续科技发展研究中心等机构完成《负责任水产品采购指南》修订。该指南是 2015 年版《负责任水产品指导目录》的升级版，由中国连锁经营协会及联合国环境署进行开发管理，汇集国内外相关最新资讯和信息，系统全面地阐释可持续水产品定义、负责任采购关注点和零售商实现的路径，负责任水产品供应链重点信息跟踪，负责任水产品评价维度和参考指标等工具。并在附录中列出国内外认证体系对比，以及详细的优选负责任水产品目录，为零售商水产品采购提供实用的信息参考。通过指南，零售商将加强对可持续水产品、负责任采购与环境保护、食品安全的认知和连接，找到有效应对水产品经营过程中的风险挑战，更好地促进零售业水产品经营的绿色转型升级。

我会还积极推动水产品国际化认证进程，

分别与水产国际通行的认证主管机构水产养殖管理委员会（ASC）、海洋管理委员会（MSC）、全球水产养殖联盟（GAA）等机构建立联系，推动我认证水产品国际化进程，增强国际采购商加强对中国优质水产品的了解。组织我国企业参加北美水产品博览会（美国波士顿）、比利时布鲁塞尔举办的全球水产博览会、日本东京水产技术博览会等国际知名展会，并同期举办商务活动和品牌推荐活动，扩大中国水产品的国际影响力。组织企业赴俄罗斯、加拿大、伊朗、西班牙、爱尔兰、阿联酋、越南、韩国等国家及中国香港和台湾等地区小规模参展参观，并与当地供应商、采购商等建立良好的经贸关系。

（3）创品牌　2017 年，行业在水产品品牌建设力度高涨，为开展水产品品牌建设、宣传水产行业优质产品，我会在 2017 年举办“中国水产品品牌大会”，通过广泛投票选出了 80 个“2017 最具影响力水产品企业品牌”、8 个“2017 创新加工水产品”、20 家“2017 最具影响力水产品批发市场”等，来自政府渔业主管部门、行业协会、科研单位、知名品牌专家、品牌企业代表、采购商代表、相关机构和媒体等，对“实施渔业品牌战略，助推产业转型升级”的理念，以品牌塑造、品牌推广、市场对接、价值提升为主题进行激烈探讨，并推介质量过硬、文化底蕴深厚品牌产品“荆州鱼糕”“洪湖清水蟹”和“黄河口大闸蟹”品牌，给予众多采购企业不一样的宣传体验。品牌大会上，以品牌塑造、品牌推广、市场对接、价值提升为主题，通过专家报告、专题对话、品牌故事会，集中展现渔业品牌建设最新成果，推动水产品消费升级，助力农业供给侧结构性改革，打造水产品品牌开放智慧的交流盛会。品牌大会从品牌打造入手，立足消费市场开拓。大会同期对荆州鱼糕等水产品加工品牌进行了推介，这些品牌产品质量过硬、文化底蕴深厚，吸引了众多采购企业的目光。品牌故事宣讲会形式新颖，也使优秀水产品牌的塑造及推广实践经验得到有效分享。

二、行业面临的问题分析

（一）国际贸易市场形势不明朗，对产业挑战巨大

当前，以食品质量安全为主要内容的“技术壁垒”正被越来越多国家作为一种贸易保护手段，增加检测项目，提高检测标准，在证书格式、食品标签等方面加以限制，使水产品出口要求趋高，对外贸易摩擦风险增大。其中，中美之间的贸易摩擦，对产业挑战巨大。就中国进出口美国水产品较多的省份城市，应多关注美国等贸易措施，关注国内产业态势。

（二）水产品谣言层出，舆情宣传仍是重点

水产品质量安全问题一直是广大消费者关注的焦点，大多数消费者由于对水产品认识不足，易受恶意谣言的蛊惑，影响面由小向大泛滥传播，对水产行业造成严重的经济损失，甚至是品牌创伤，如恶意谣言“塑料紫菜”“多宝鱼嗑药”“三文鱼寄生虫”等。在农业农村部的领导下，结合我会的影响力，已经采取了建立食品安全专家工作组、与新媒体合作对水产品不实信息或舆情进行第一时间的应对和采取提前科普的预防措施，但为了从源头遏制谣言的恶意传播，还需加大科普和宣传。

（三）产业竞争力下降，进口海产冲击市场

近年来，我国劳动力、用地、用水等成本逐年提高，出口竞争力下降。从产品结构看，我国与越南、印度尼西亚等东南亚国家，以及印度、厄瓜多尔等国家出口品种及产品形态基本相同，我国的先发技术优势没有凸显。各国水产品强势推入国内，如三文鱼、鳕鱼等产品抢占国内消费市场，冲击了国内

自产产品、自由品牌的产业发展；如越南巴沙鱼与对虾，以往的出口市场主要是美国，但近几年，越南的主要出口市场转向中国，存在明显的同构竞争。现有水产加工品牌还不能完全满足消费者的消费需求，水产品加工等一些领域还缺少知名品牌，亟须加大对水产品品牌的培育力度，并通过品牌的培育优化供给侧资源配置，引导需求侧消费升级，提高供需上下游对接效率。

（四）加工率与资源利用效率低，科技创新方向有待转变

我国水产品加工率不足20%，与淡水产品以鲜活食用的消费习惯有关。在科研单位和企业的共同努力下，目前，在水产资源高值化加工利用关键技术方面已经取得了一些重大突破，产业技术应用和推广不断加快，加工率仍有较大提高空间。但是，我国水产加工业的发展仍依赖数量扩张型增长，水产品生产及加工副产物数量逐年增加，大多处于初级开发上，在成果转化方面仍未能满足产业需求，未做到循环式充分利用和综合开发。

（五）倡导绿色发展，环保压力逐渐加大

2017年底的环保压力对水产养殖业的影响是前所未有的，大面积网箱养殖拆除，涉及面积之广度和影响的养殖户数量之多创历年之最。由于拆除期限短，全国各地库区均出现了不同程度的水产品滞销情况，对养殖户收入和市场行情造成了不小的影响。接踵而至的就是未来市场的水产品流通空白，短时间内迅速减少的养殖面积和供应量，将会在一定程度上影响我国的水产品流通和市场行情。网箱拆除只是水产养殖业转型升级的一个缩影，这场环保运动势必将会对整个水产业的未来发展起到关键性的作用。

三、发展趋势

在国内外经济形势错综复杂、国内生产成本不断提高、国际贸易壁垒增多、同构竞争加剧等困难背景下，水产行业取得如此成绩实属不易。2018年，水产品加工业的发展仍是机遇与挑战并存。2017年10月中旬，国际货币基金组织发布最新修订的《世界经济展望》，标志着世界经济增长加快，国际、国内市场需求持续复苏，有效拉动了我国水产品进出口，特别是进口的增长。

生产方面，农业部发布《中国农业展望报告（2018—2027）》，对未来10年水产品市场进行预测，水产品产量将由持续减少逐渐转为微幅增长，产量增速将大幅放缓，年均增长0.2%。其中，养殖产量将缓慢增长，捕捞产量不断下降并逐渐趋于稳定；水产品食用消费与加工消费将继续增长，加工消费占总消费比例不断提高，由2017年的38.5%上升到40.7%。

国际市场方面，2018年，我国外贸发展面临的不确定、不稳定因素仍然较多。全球经济复苏的基础还不稳固，贸易保护主义升温；从国内看，我国经济基本面坚实，预计全年人民币汇率易涨难跌，国内综合要素成本不断上涨，订单和产业转移较快，出口仍然面临诸多困难和挑战，保持出口回稳向好势头的任务仍然艰巨。不过，考虑到我国居民消费快速升级，国内消费者对优质、绿色水产品需求明显增加、政府对资源保护不断趋紧趋严、我国继续降低水产品进口关税等因素，预计2018年我国水产品进口将持续保持快速增长的势头，进口增速快于出口增速。

四、政策建议

（一）跟踪研究国际政策，制定进口产品准入制度等促进产业持续稳定发展政策

一是跟踪其他国家进口政策变化情况，及时向业界发布信息，提出针对性应对措施。二是了解其他国家针对渔业捕捞、水产养殖和加工的投资政策，随时向业界公布，指导产业走出去。三是建议借鉴美国水产品贸易管理的经验，多部门积极联合，针对一些地

区和品种，加强进口水产品管理的相关措施。四是制定促进精深加工的若干政策，进一步加大财政扶持力度，认真组织实施好一二三产业融合发展等项目。五是指导企业借鉴进口国家进口商的推广经验，提升国内市场竞争力。

（二）提升品牌形象，培育中国水产知名品牌、自有品牌

坚持以市场为导向，把脉消费市场喜好，在差异化、高值化、终端化等新消费需求下，运营好的产品、配套好的服务，能够提升品牌产品的竞争能力。延续往年思路，指导企业加强品牌文化建设，强化品牌研究、设计、定位和沟通。提高品牌的广告策划和宣传推广能力，鼓励企业充分利用自媒体、社会媒体、终端消费群体等平台，使水产品行业内知名品牌上升到真正的消费者喜爱的品牌，建议参照美国和加拿大等做法，国家主管部门牵头，选择优势产品，分行业制定产品营销计划，吸纳企业参与，同步开展国内外营销宣传，尤其在参加知名国际展会整合优势力量，实现国家组团，以整体形象对外宣传，向主要国家和重要新兴市场推介产品，树立我国水产品的优质形象，推动中国水产品牌走向世界。

（三）强化创新驱动，提升科技创新能力

进一步加强研发体系建设，探索水产品加工“产学研推用”新模式，建立企业主导、科研单位参与、政府协助管理的协同创新机制和以企业为主体、市场为导向、产学研推动深度融合的技术创新体系，加强技术集成、成果转化、人才队伍建设，提升产业科技创新能力和企业技术装备水平。

（四）着力探索生态优先、绿色发展道路

树立和积极践行“绿水青山就是金山银山”的理念，引导绿色水产加工发展，建立低碳、低耗、循环、高效的绿色加工体系，推进水产品加工业清洁生产和节能减排。鼓励企业采取先进的提取、分离与制备技术和装备，研究水产品加工副产物等的综合利用新模式，开发新能源、新材料、新产品，不断提高副产物的综合利用水平。

中国水产流通与加工协会

饮料工业

2017 年饮料工业进入转变发展方式、优化结构调整、全面提升产业素质和产业升级的新的发展阶段，此阶段最显著的特点：未来饮料行业发展中量的增长将逐步让位于质的提高。发展速度将继续回归到理性增长，而且这种增长是建立在不断提高发展质量和提升效益的基础上。

一、行业概况

（一）主要经济指标

全国饮料行业总产量为 18051.23 万 t，比上年同期降低 1.60%。其中碳酸饮料产量 1744.41 万 t，比上年同期降低 0.45%；果蔬汁类及其饮料产量 2228.50 万 t，比上年同期降低 7.33%；包装饮用水产量 9535.73 万 t，比上年同期增长 0.82%。

各饮料品种产量所占比重情况，包装饮用水占到 52.83%，比上年同期增加 1.27 个百分点；碳酸饮料比重为 9.66%，比上年同期增加 0.11 个百分点；果蔬汁类及其饮料比重为 12.35%，比上年同期减少 0.76 个百分点（图 1）。

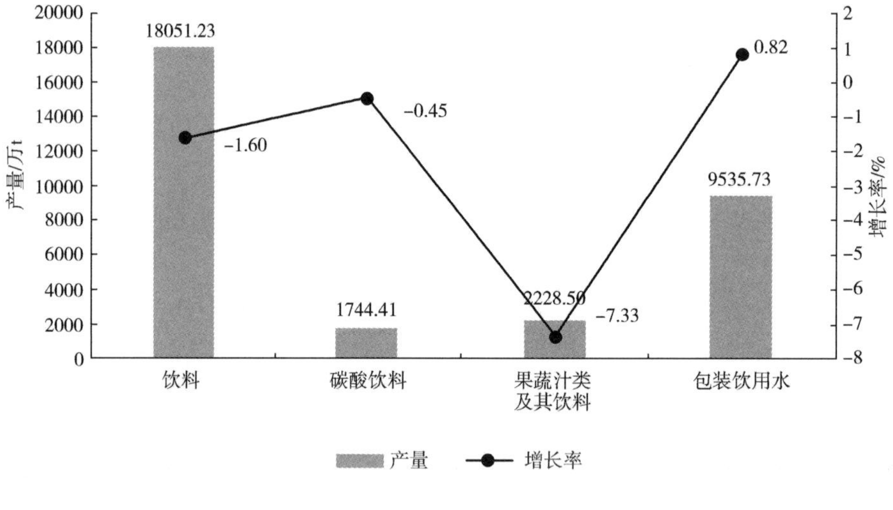

图 1　饮料分品种产量情况

1. 主营业务收入

2017 年饮料行业主营业务收入 6124.56 亿元，比上年同期降低 4.75%。分品类来看，碳酸饮料主营业务收入 766.53 亿元，比上年同期降低 6.9%；果蔬汁类及其饮料主营业务收入 1082.99 亿元，比上年同期降低 13.59%；包装饮用水主营业务收入 1307.71 亿元，比上年同期降低 3.42%。相关数据如表 1 所示。

表 1 饮料分品种主营业务收入及增长率

2017 年	主营业务收入/亿元	增长率/%
饮料制造行业	6124.56	-4.75
碳酸饮料	766.53	-6.9
果蔬汁类及其饮料	1082.99	-13.59
包装饮用水	1307.71	-3.42

2. 利润

2017 年饮料行业利润总额为 529.49 亿元，比上年同期下降 5.44%。其中碳酸饮料利润总额 59.87 亿元，比上年同期增长 38.78%；果蔬汁类及其饮料利润总额 75.37 亿元，比上年同期降低 24.82%；包装饮用水利润总额 112.01 亿元，比上年同期降低 10.09%。

（二）行业发展分析

1. 价格

2017 年饮料行业总体平均价格水平为 3393 元/t，与往年相比基本持平。饮料产品品类众多，市场竞争充分，产品具有较强的可替代性，消费者对价格较为敏感，因此，尽管 2017 年食糖、水果、茶叶、包装等原辅材料价格升高，劳动力成本上涨，厂商仍很难在价格上做较大调整，由此对饮料企业经营带来较大压力。

2. 市场

2017 年饮料总产量出现小幅下滑，为多年来所未见，在近 20 年的高速增长之后，饮料行业进入提质增效的发展阶段。总体上说，我国年人均饮料消费量在 130kg 以上，与欧美、日等发达国家相比还有很大距离，饮料市场远未饱和，还有很大的发展空间。11 大类饮料品种中，不管是碳酸饮料、果汁、包装水等传统产品，还是植物饮料、特殊用途饮料等近年新兴品类，都有很大的潜力可挖。近年来由于多种原因，饮料市场增长速度出现一定的下降，但只要迎合市场变化，不断推出适应消费者新需求的产品，饮料市场的前景依然向好。

3. 投资

2017 年饮料行业资产总额为 4883 亿元，比上年增长 0.9%，增幅比上年下降超过 4.6 个百分点。本年度新增投资投产项目较多，比如可口可乐在河南及湖南新建成 5 条生产线，并宣称在以后几年内将按计划完成 130 亿美元在华投资；由红牛母公司华彬集团投资的 VOSS 矿泉水项目在湖北竹溪县试运行成功，VOSS 矿泉水是挪威品牌，是世界十大顶级矿泉水品牌之一，在全球 53 个国家销售；农夫山泉在湖北丹江口启动改扩建项目，计划总投资 8000 万元。

4. 区域分布

饮料消费与经济发展水平呈高度正相关关系，在经济较为发达的东部地区饮料产量比重较高，而中西部地区比重相对较低。近几年来随着中西部地区的发展，与东部地区间的差距在逐步缩小，东部地区比重逐年减少，中西部地区逐年增加。2017 年东中西部地区的增减趋势出现小幅逆转，东部地区饮料产量占全国比重比 2016 年增加了 0.9 个百分点，中部地区比 2016 年增加 2.19 个百分点，西部地区比 2016 年减少 3.09 个百分点（东部地区：北京、天津、河北、辽宁、上海、江苏、浙江、福建、山东、广东、海南；中部地区：山西、吉林、黑龙江、安徽、江西、河南、湖北、湖南；西部地区：内蒙古、广西、重庆、四川、贵州、云南、西藏、陕西、甘肃、青海、宁夏、新疆）。

5. 行业集中度

2017 年饮料行业规模以上企业数量已达 2161 家，比上年增加 51 家，增速有所下降。中国饮料工业“二十强”企业产量占全行业比重近几年不断增加，总体来讲，饮料行业集中度在不断增强。

6. 进出口

2017 年 1—12 月浓缩水果汁出口量为

72.50万t，比上年同期增长26.39%；出口额为7.44亿美元，比上年同期增长14.92%；平均价格为1026.1美元/t，比上年同期降低102.4美元/t。其中浓缩苹果汁出口量为65.55万t，比上年同期增长29.20%，占浓缩水果汁出口量的90.42%；浓缩苹果汁出口额为6.48亿美元，比上年同期增长18.55%；平均价格为988.9美元/t，比上年同期降低88.8美元/t。

2017年1—12月浓缩水果汁进口量为13.88万t，比上年同期增长22.48%；进口额为2.79亿美元，比上年同期增长25.58%；平均价格为2008.9美元/t，比上年同期上升49.5美元/t。其中冷冻浓缩橙汁进口量为5.26万t，比上年同期增长15.34%，占浓缩水果汁进口量的37.92%；冷冻浓缩橙汁进口额为1.17亿美元，比上年同期增长33.87%；平均价格为2223.9美元/t，比上年同期上升307.7美元/t。浓缩葡萄汁进口量1.65万t，比上年同期增长16.09%，占浓缩水果汁进口量的11.86%；浓缩葡萄汁进口额为0.27亿美元，比上年同期增长27.27%；平均价格为1637.2美元/t，比上年同期上升143.8美元/t。

7. “三品”战略实施情况

“增品种”方面，2017年，各大国际国内品牌纷纷推出新品，开拓市场，取得较好效益。华润怡宝发布新品运动饮料品牌“魔力”，主打功能为补充氨基酸，适合运动、忙碌、欢闹等多场景下出汗后补充体能；王老吉新增凉茶种类“黑凉茶”；伊利每益添家族推出一款活菌型果汁饮料，将活菌和果汁相融合制成，取得不错的销售业绩；可口可乐在中国推出了新品姜味可乐，将国际品牌与中国本土特色相结合；达能推出新品脉动“炽能量”系列及“柠檬来的”柠檬汁饮料，迎合了当下消费者喜欢清淡饮料的消费趋势。

怡宝旗下产品“魔力”，由于配方中维生素C、香精等成分稳定性不高，存在不同货龄产品的口味和颜色有显著差异的问题，维生素C作为抗氧化剂保护柠檬风味氧化需要添加，但是维生素C同时带来氧化变色的问题。为解决这一矛盾，怡宝公司通过柠檬香精精油用量和品类的调整和天然抗氧化剂的使用，使柠檬香气货架期氧化的问题明显改善，通过维生素C及异抗坏血酸钠的对比试验，合理添加维生素C含量，既保护了香精又不带来变色的问题。

“创品牌”方面，本土品牌碳酸饮料在区域市场表现不错，一些知名的老品牌开始重新占领市场，譬如北京的北冰洋、西安的冰峰、重庆的天府可乐、青岛的崂山、内蒙古的大窑、天津的山海关等，2017年都取得不错的业绩。

8. 质量安全与标准法规

2017年原国家食品药品监督管理总局在全国范围共抽检饮料102875批次，样品合格率为96.8%，较2016年饮料产品合格率有所提高。

2017年12月，《饮料生产许可审查细则（2017版）》发布，此文件在2006版的基础上进行了调整、简化、完善、增补，严格规范了饮料生产许可，加强了饮料质量安全监管，满足了行业发展需要。

饮料行业国家标准和行业标准制定工作有序推进，团体标准进展突出。2017年中国饮料工业协会团体标准技术工作委员会负责的两项团体标准《苏打水饮料》和《运动饮料》发布，其他团体标准制定工作也已陆续开展。

二、行业面临的问题分析

（一）政策与市场

1. 网络自媒体时代，饮料行业面临科普任务

（1）2017年初，一段“饮料色素实验”的视频在网上流传，引发网友关注。视频中

的实验者拿类似纸巾的白色纸张放在橙色的饮料中，搅拌后饮料变透明，而“纸巾”吸附了色素变为橙色。在一年一度的中央电视台“315 晚会”上，央视对此特别发布了预警：橙色饮料中放入“纸巾”，搅拌后饮料颜色变浅，不是因为色素超标，是由于使用的“纸巾”是吸附力超强的色母片！

色母片是一种新型洗衣用品，具有极强的吸附作用。用吸附力极强的色母片吸附饮料颜色，以此说明饮料色素超标，这种实验没有任何科学依据，误导了公众。

其实，不仅仅是饮料，所有带有颜色的食品，不论是天然含有的，还是加工时添加的，只要符合相关的国家标准，在国家规定的安全范围之内的色素都不会影响人体健康，可以放心食用。

虽然这段视频看起来违背常识，但是在网上调查中，高达 60% 的消费者都认为其内容是真实的。

（2）2017 年 4 月初，在微信朋友圈中流传一条关于“儿童乳饮料中含有肉毒杆菌，喝了会导致白血病”的信息，引起了家长们的高度关注，对此，原国家食品药品监督管理总局及时发布了关于“乳饮料中含有肉毒杆菌”的科学解读的信息，文中指出，饮料不是肉毒毒素中毒的高危食品，含乳饮料在生产过程中都要经过杀菌的处理，不具备出现肉毒杆菌污染和肉毒毒素形成的条件，所以市售合格的乳饮料产品理论上是不会含有肉毒杆菌。中国饮料工业协会作为行业组织，第一时间在协会官网和官微上进行了转载。

以上两件案例说明，网络自媒体时代信息传播面广速度快，食品安全话题涉及每一个人，而非专业人士又很难辨别信息真伪，以科学的食安知识教育消费者，饮料行业面临科普重任。

2. 部分饮料产能过剩，同质化现象突出，产品结构仍需调整，创新力度仍要加大。

3. 食糖、水果、茶叶、包装等原辅材料价格升高，劳动力成本上涨，对饮料企业经营压力大。

4. 环保投入需求加大。

（二）科技创新

1. 饮料装备稳定性、整线效率、自动化程度、在线监测能力与先进标准有差距，装备升级势在必行。

2. 产学研结合水平有待加强

经过多年的快速发展，饮料行业步入增长调整期，产品创新提质成为行业发展共识，在当前阶段行业的创新与人才培养尤为重要，产学研结合水平亟须加强。企业应与相关院校、科研院所与企业相结合，增强饮料行业产品技术、工艺开发、经营管理等方面专业人才的培养能力。

三、发展趋势

（一）安全至上

民以食为天，食以安为先。饮料消费群体巨大，质量安全至关重要。饮料行业的发展需始终把消费者健康安全放在首位，加强安全预警，加强风险防控，加强检验检测，全程管控，全部可追溯，保障质量安全。

（二）改善供给

营养、多元是饮料消费的普遍追求。要以“健康中国 2030 规划”“国民营养计划”“消费品三品行动计划”为指引，开发营养健康多元饮料产品，适应不同人群、不同区域、不同用途的多元多样需求。以先进的质量保障技术、营养保持技术、风味保存技术，大力提升饮料整体品质。以丰富的品种、过硬的品质、高标准的供给质量、全社会信赖的忠诚度，满足消费者丰富多彩、营养健康的饮料需求。

（三）创新技术

饮料行业正着力研发有益膳食平衡、降低营养损失、消除有毒残留的饮料加工新技术，着力研发自动检测、智能化、信息化的饮料制造新装备，着力研发生态环保、清洁卫生、安全可靠、质量保障的饮料生产新工艺，以创新创造，大力提升中国饮料工业的整体竞争力。

（四）绿色发展

饮料行业要始终坚持绿色发展理念，走生态文明发展之路。要推行清洁生产工艺，有效降低生产环节能耗物耗。要加强末端治理，减排治污，循环用水，一水多用，综合利用，节约用水，始终坚持走好中国特色饮料工业的绿色发展之路。

四、政策建议

（一）饮料行业不属于“高耗水行业”

关于饮料行业是否属于“高耗水行业”，饮料行业内的认知与外界存在较大的差异。饮料行业（包括包装饮用水、碳酸饮料、果蔬汁饮料、茶饮料、固体饮料等）的取水情况以 2016 年为例，规模以上企业产量为 1.83 亿 t。根据协会调研数据与饮料行业取水定额标准估算，2016 年饮料行业用水总量在 7.3 亿 m^3 左右，与食品中的相近行业相比，用水总量不及其一半。另外，根据国家统计局 2016 年上半年数据显示，排名前十的耗水行业中没有饮料行业。近十年来，饮料行业一直致力于行业节水管理、工艺、技术水平的提升，并取得了良好的效果。提请政府相关部门应将饮料行业列入工业用水，而不应列入高耗水行业和特种用水行业。

（二）建立瓶装饮用水的战略储备应急供给体系

考虑到近几年我国频发的洪水、泥石流、水旱灾、地震等自然灾害及饮水资源被污染或被破坏的情况时有发生，应考虑在全国范围内均衡布点建设瓶装饮用水工厂，建立瓶装饮用水的战略储备应急供给体系，在出现突发事件时，就地快速组织生产和供货。对于建立战略储备应急供给体系的企业给予用地、信贷优惠及非常时期的税收减免等政策支持。

（三）提高桶装饮用水准入门槛

不断爆发的环境污染、水体破坏事件，以及城市供水管网老化等问题，使得桶装饮用水成为人们提高室内饮水质量的重要途径。但全国近万家桶装饮用水生产企业的生产和售后服务水平参差不齐，大桶水的质量合格率不高，同时，容易让假冒伪劣的桶装水钻空子。建议国家政府部门出台相关政策文件，提高桶装水行业准入门槛，提升桶装水品质。

（四）鼓励中西部地区发展饮料工业

近年来西部地区的一些特色资源（例如矿泉水、冰川水、葡萄、番茄等）因资金、技术等原因或滞缓开发或盲目建厂一哄而上，国家应鼓励有实力的饮料企业到西部地区投资建厂，在财政税收方面给予优惠，在土地使用、基础设施配套方面给予支持，在服务方面给予方便。

（五）推动科技进步，制定检测方法标准

坚持科技进步和创新，整合力量集中资源，建立产学研科技创新联盟平台，加大对关键技术、应用技术的研究，不断跟进和引进世界先进技术，有重点地选择一批基础研究、综合应用、专项技术项目进行攻关和推广。加强对食品中有毒有害物质残留检测技术研究，食品安全风险评估技术研究，食品安全溯源和预警技术研究，生物工程技术研究，食品功能评价技术以及食品包装材料的安全性研究，果蔬汁含量测定技术研究，饮料中特征性成分定性定量的检测方法开发。鼓励国内外有关科研机构合作，加大力度制定饮料产品特征成分的定性和定量检测方法标准，以果蔬汁、茶饮料、谷物饮料、蛋白饮料为突破口，提高产品的诚信水平和产品标准的可执行性。

中国饮料工业协会

制糖工业

2016/2017 年制糖期[1]，国家对进口食糖产品进行保障措施立案调查，并最终采取了保障措施，我国糖业发展获得了喘息机会。全国食糖产量恢复性增长，消费略有下降，进口大幅减少，价格继续回升，制糖工业企业全行业连续第二个制糖期盈利。为保持糖业发展良好态势，促进糖业健康稳定持续发展，建议继续加强宏观调控，加强食糖进口管理，贯彻落实好食糖保障措施，严厉打击食糖走私，加大对糖料生产和制糖企业的财税金融支持力度，加快糖料生产现代化进程，尽快实施食糖目标价格管理补贴政策。

一、行业概况

（一）主要指标情况

1. 制糖行业盈利扩大，农民收入增加

2016/2017 年制糖期，食糖销售价格继续回升，制糖行业盈利扩大，历史拖欠农民糖料款问题进一步缓解。根据中国糖业协会统计，2016/2017 年制糖期，全国制糖行业实现销售收入 658.2 亿元[2,3]（图 1），比上一年制糖期增加 138.3 亿元；实现利税总额 66.3 亿元，比上一年制糖期增加 24.1 亿元，其中，上缴税金 34.3 亿元，比上一年制糖期增加 1.2 亿元；利润 32 亿元，比上一年制糖期增加 22.9 亿元。

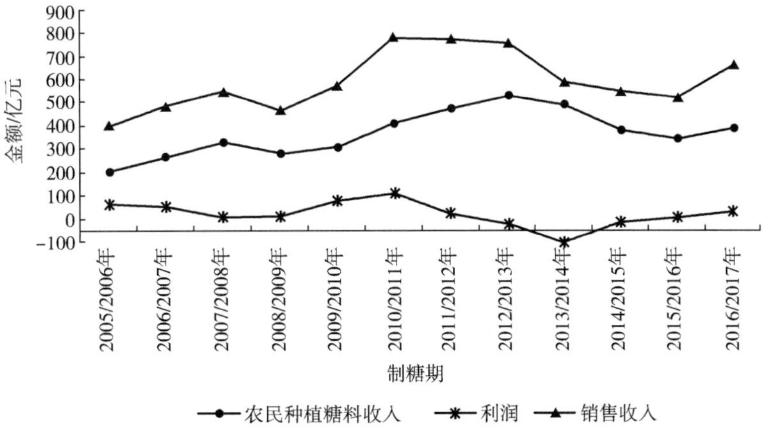

图 1　制糖行业效益与农民种植糖料收入波动情况

数据来源：中国糖业协会（CSA）。如无特别说明，下同。

---

① 制糖期是自每年 10 月 1 日至翌年的 9 月 30 日。例如，2016/2017 年制糖期是自 2016 年 10 月 1 日至 2017 年 9 月 30 日。

② 数据来源于中国糖业协会（CSA）。如无特别声明，下同。

③ 数据仅包括以国产甘蔗或甜菜为原料生产食糖的制糖企业，不包括单一原糖进口加工企业。如无特别声明，下同。

广西等主产糖省（区）的糖料收购价格上调，糖料单产提升，农民种植糖料收入增加。例如，广西产区将2016/2017年制糖期的普通糖料蔗收购首付价由2015/16年制糖期的440元/t上调至480元/t，并于2017年2月对糖料蔗收购价格实行提前挂钩联动，上调至500元/t。2016/2017年制糖期，农民种植糖料收入387.4亿元，比上一年制糖期增加38.5亿元，增长11%。

2. 加工产能下降，糖料单产上升

开工生产时间方面，2016/2017年制糖期2016年9月19日新疆恒丰糖业公司正式开机生产，至2017年6月4日南华孟定糖厂最后一个停机，历时259d，比上一年制糖期少生产21d。

开工糖厂方面，2016/2017年制糖期全国共有开工制糖生产企业（集团）46家，开工糖厂221间，其中：甜菜糖生产企业（集团）4家，糖厂26间；甘蔗糖生产企业（集团）42家，糖厂195家；单一原糖进口加工企业16家。与上一年制糖期相比，开工制糖生产企业（集团）相同，开工糖厂减少6间，其中，甘蔗糖厂减少5间，甜菜糖厂减少1间。

加工产能方面，2016/2017年制糖期全国制糖生产企业（集团）日加工糖料能力105.4万t，比上一年制糖期下降2万t，其中，甘蔗日加工能力98.6万t，比上一年制糖期下降1.1万t；甜菜日加工能力6.8万t，比上一年制糖期下降1万t。

单产方面，2016/2017年制糖期，甘蔗平均单产4.12t/亩①，比上一年制糖期增加0.1t/亩；甜菜平均单产3.68t/亩，比上一年制糖期提高0.09t/亩。

产糖率方面，甘蔗产糖率12.06%，比上一年制糖期上升0.24个百分点。不利天气导致甜菜产糖率下降，甜菜产糖率10.78%，比上一年制糖期下降1.88个百分点。

（二）行业发展分析

1. 食糖产量增加，食糖消费下降

全国甘蔗种植面积小幅减少，甜菜种植面积大幅增加。2016/2017年制糖期，全国糖料种植面积2094万亩，比上一年制糖期减少41万亩，减幅1.9%，其中，甘蔗种植面积1837万亩，比上一年制糖期减少106万亩，减幅5.4%；甜菜种植面积256万亩，比上一年制糖期增加64万亩，增幅33.6%。

全国食糖产量恢复性增长，其中，甜菜糖产量增幅远高于甘蔗糖产量增幅。2016/2017年制糖期，全国食糖产量929万t（图2），比上一年制糖期增加59万t，增幅6.7%，其中，甘蔗糖产量824万t，比上一年制糖期增加39万t，增幅5%；甜菜糖产量105万t，比上一年制糖期增加20万t，增幅23.2%。

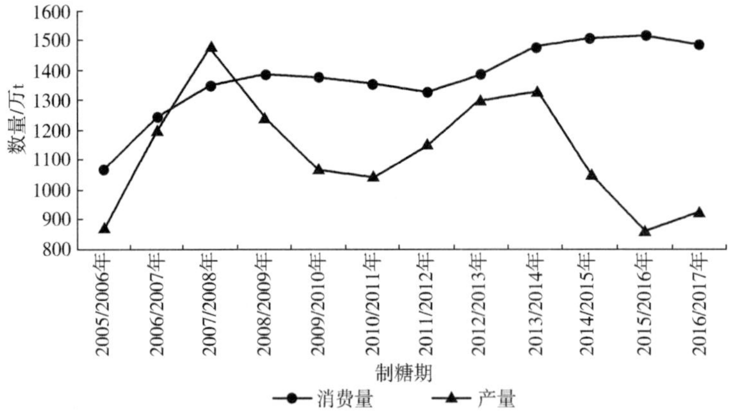

图2 全国食糖产量与食糖消费量变化

① 1亩=666.67m²

国民经济增长尤其是食品工业保持增长，以及城镇化率稳步提高、农村居民可支配收入增长，有利于食糖消费增加。对糖精等高倍化学合成甜味剂的严格管理，稳定了食糖消费空间。但是，城市居民食糖消费观念和食糖消费习惯变化影响了食糖消费增速以及食糖消费结构。受上述因素综合影响，2016/2017 年制糖期，全国食糖消费量略有下降，为 1490 万 t（图 2），比上一年制糖期减少 30 万 t，减幅 2%；年人均消费量约 10.9kg，比上一年减少 0.2kg。食糖消费总量中，民用消费量上升，其占比为 41%，比上一年制糖期扩大 2 个百分点；工业消费量占 59%，比上一年制糖期收窄 2 个百分点。

2. 食糖进口下降

2016/2017 年制糖期，国际食糖供需形势延续产不足需格局，但是，由于巴西和欧盟等食糖主产国（地区）食糖产量增长，全球食糖产需缺口大幅收窄，市场预期下一个制糖期全球食糖产需将出现过剩。受此影响，纽约 11 号原糖期货于制糖期期初见高 24 磅/lb① 附近，随后，振荡大幅下跌，并在制糖期后期一度跌破 13 磅/lb，最终报收于 13.5 磅/lb，比上年同期下跌 40.2%。

国家自 2016 年 9 月 22 日起对进口食糖进行保障措施立案调查，并自 2017 年 5 月 22 日起对进口食糖产品实施保障措施。

纽约原糖期货价格下跌，加之食糖进口政策调整，食糖进口数量下降。

就年度看，海关统计数据显示，2017 年全国累计进口食糖 229 万 t②（图 3），累计出口食糖 15.8 万 t；全国累计净进口食糖 213 万 t，比上一年减少 78 万 t，降幅 26.8%。

就制糖期看，根据海关数据统计，2016/2017 年制糖期，全国累计进口食糖 228 万 t，累计出口食糖 12.5 万 t；累计净进口食糖 215 万 t，比上一年制糖期减少 142 万 t，减幅 39.7%。

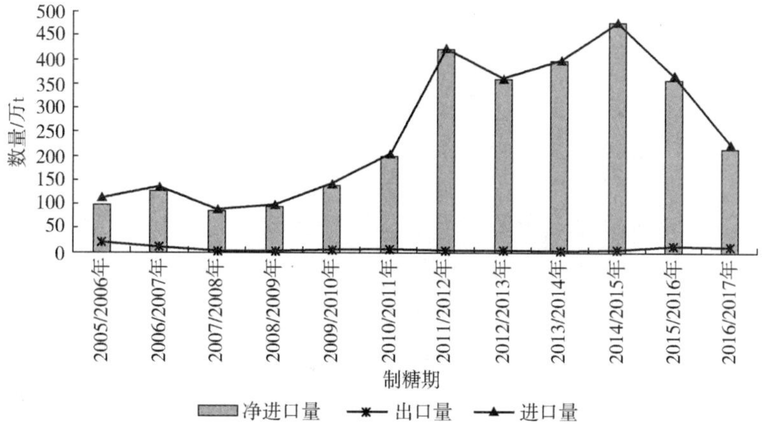

图 3　全国食糖进、出口数量变化

数据来源：海关总署，中国糖业协会（CSA）。

3. 甘蔗收购价格提高，食糖价格回升

2016/2017 年制糖期，甘蔗平均收购价格（地头价，不含运输及企业对农民各种补贴费用等，下同）497 元/t（图 4），比上一年制糖期增加 49 元/t，增幅 10.9%；甜菜平均收购价格为 473 元/t，比上一年制糖期下

① 1lb = 0.4535924kg

② 进口食糖种类包括原糖和白砂糖等。为分析方便，本文未考虑进口食糖种类的差异。

降 38 元/t，降幅 7.4%。

国家对进口食糖产品实施保障措施，缓解了国际食糖价格大幅下跌带来的冲击，国内食糖价格总体维持回升。如图 5 所示，反映全国食糖平均价格水平的中国糖业协会食糖综合价格在 2016/2017 年制糖期末为 6727 元/t，较上一年制糖期上涨 1050 元/t，涨幅 18.5%。

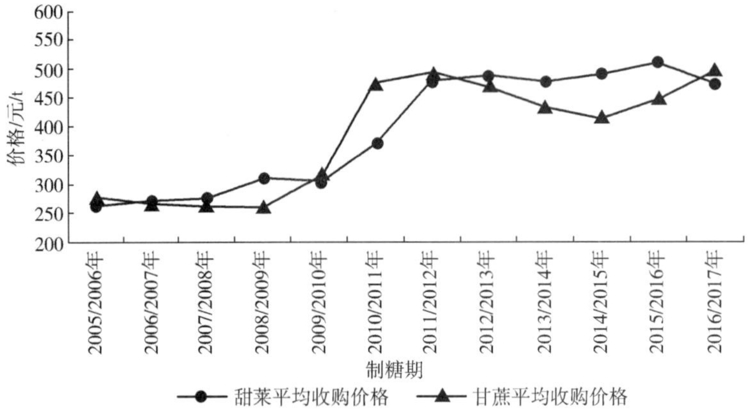

图 4　糖料收购价格变化

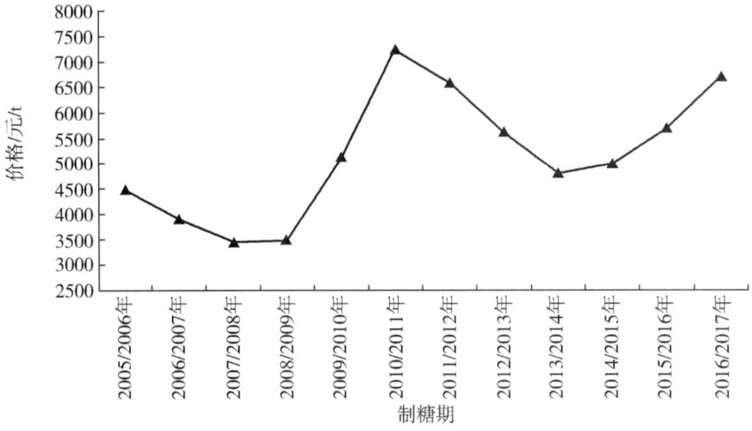

图 5　全国食糖综合价格变化

4. 国家对进口食糖产品采取保障措施等宏观调控政策措施

2016 年 9 月 22 日，商务部发布《关于对进口食糖进行保障措施立案调查的公告》（商务部公告 2016 年第 46 号），自 2016 年 9 月 22 日起开始，对进口食糖进行保障措施立案调查。保障措施立案调查通常应在 6 个月内（2017 年 3 月 22 日前）结束调查，特殊情况下可以延长 2 个月。

2017 年 3 月 17 日，商务部发布《关于延长进口食糖保障措施调查期限的公告》（商务部公告 2017 年第 15 号），鉴于本案情况较为特殊和复杂，商务部决定将本案的调查期限延长 2 个月，即在 2017 年 5 月 22 日前结束调查。

2017 年 5 月 22 日，商务部发布《关于对进口食糖采取保障措施的公告》（商务部公告 2017 年第 26 号）（以下简称《公告》）。《公告》称，调查机关裁定，进口食糖数量增加，中国食糖产业受到严重损害，且进口产品数量增加与严重损害之间存在因果关系。根据《中华人民共和国保障措施条例》二十条规定，商务部向国务院关税税则委员会提出实施保障措施的建议，国务院关税税则委员会根据商务部的建议作出决定，自 2017 年 5 月 22 日起，对进口食糖产品实施保障措施。保障措施采取对关税配额外进口食糖征收保障措施关税的方式，实施期限为 3 年，自 2017 年 5 月 22 日至 2020 年 5 月 21 日，实施期间措施逐步放宽。2017 年 5 月 22 日至 2018 年 5 月 21 日，保障措施关税税率为 45%；2018 年 5 月 22 日至 2019 年 5 月 21 日，保障措施关税税率为 40%；2019 年 5 月 22 日至 2020 年 5 月 21 日，保障措施关税税率为 35%。

对进口食糖采取保障措施，维护了我国糖业的合法权益，帮助糖业暂时渡过了难关，糖业发展获得了喘息机会，将有利于保护老少边穷主产糖省（区）的农民利益，有利于产业完成精准扶贫攻坚工作，有利于产业安全，保障糖业健康稳定持续发展。

2017 年，国家继续对进口关税配额外食糖实施自动进口许可管理，食糖进口实现了“按需、有序、平稳、可控”，促进了食糖供求基本平衡。公安部、海关总署等国家执法部门严厉打击了食糖走私，维护了正常的食糖市场秩序，保障了食糖市场运行基本稳定。

5. 主产糖省（区）生产份额有所波动

我国既生产甘蔗糖，又生产甜菜糖，其中，甘蔗糖产区主要分布在广西、云南、广东湛江地区和海南等省（区）；甜菜糖产区主要分布在新疆、内蒙古和黑龙江等省（区）。食糖主产糖省（区）均是我国老少边穷地区。

2016/2017 年制糖期，上述七省（区）的糖料种植面积和产糖量均占全国 97.8%，比上一年制糖期下降 0.2 个百分点，波动有限。

与上一年制糖期相比，2016/2017 年制糖期，广西产糖量居首，但其甘蔗种植面积及产糖量份额双双下降，分别收窄 2.71 个百分点和 1.71 个百分点（表 1，表 2，图 6，图 7）；云南产糖量位居第二，但其甘蔗种植面积及产糖量份额均下降，分别收窄 1.55 个百分点和 1.74 个百分点；广东产糖量列第三，其甘蔗种植面积及产糖量份额分别扩大 0.35 个百分点和 1.06 个百分点；海南产糖量列第六，其甘蔗种植面积及产糖量份额变化不大；新疆产糖量列第四，其甜菜种植面积及产糖份额分别扩大 1.05 个百分点和 0.28 个百分点；内蒙古产糖量列第五，其甜菜种植面积及产糖量份额明显上升，分别扩大 2.47 个百分点和 1.72 个百分点。

表 1　全国主产糖省（区）糖料种植面积份额变化　　单位/%

	广东	广西	云南	海南	黑龙江	新疆	内蒙古	其他	七省区小计
2015/2016 年	8.24	56.21	23.63	2.23	0.22	4.26	3.19	2.02	97.98
2016/2017 年	8.60	53.50	22.09	2.17	0.45	5.31	5.66	2.23	97.77
同比变化	0.35	-2.71	-1.55	-0.06	0.23	1.05	2.47	0.21	-0.21

表 2　全国主产糖省（区）产糖量份额变化　　单位/%

	广东	广西	云南	海南	黑龙江	新疆	内蒙古	其他	七省区小计
2015/2016 年	7.25	58.72	21.95	1.73	0.13	4.97	3.26	1.98	98.02
2016/2017 年	8.31	57.01	20.22	1.77	0.27	5.25	4.99	2.18	97.82
同比变化	1.06	-1.71	-1.74	0.04	0.15	0.28	1.72	0.20	-0.20

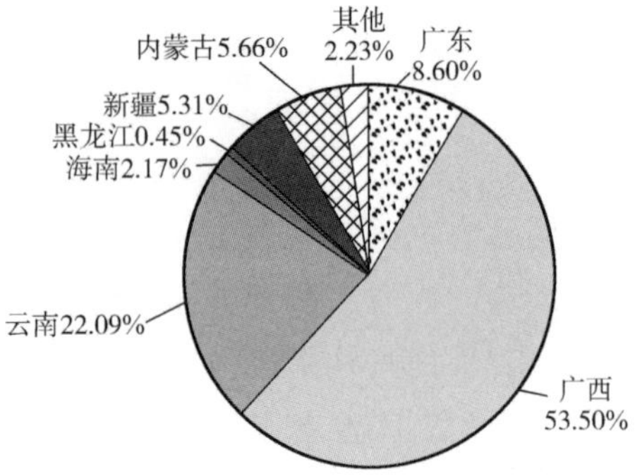

图 6　2016/2017 年制糖期全国主产糖省（区）糖料面积份额

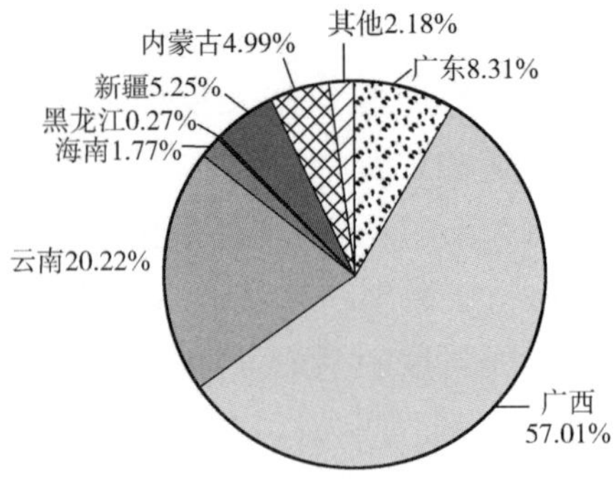

图 7　2016/2017 年制糖期全国主产糖省（区）产糖量份额

6. 行业兼并重组步伐稳步推进

为了提高产业竞争力，各主产糖省（区）加快了制糖企业兼并和重组步伐，有利于产业企业结构优化。例如，2016 年 10 月，广西壮族自治区政府发布《关于加快推进广西制糖企业战略重组的指导意见》，计划通过战略重组，到 2020 年，全区形成 5 ~ 6 家年产糖 100 万 t 以上的大型企业集团，产糖量占全区总产量的 90% 以上，产业集中度明显提高，产业整体技术装备水平、管理水平和产品质量与市场竞争力明显提升。广西南宁东亚糖业集团在 2016 年 11 月以 2.056 亿成功竞得广西凭祥市夏石镇糖厂，在 2017 年 5 月以 2.64 亿元成功收购广西宁明丰浩糖业公司；2017 年 8 月，中粮屯河糖业股份有限公司竞拍收购云南德宏梁河力量生物制品有限公司下属梁河糖厂、芒东糖厂。

2016/2017 年制糖期，前 10 家制糖企业（集团）的产量占全国食糖产量 72.7%，比上一年制糖期扩大约 0.2 个百分点。单个制糖企业平均日榨能力达到 4772t，比上一年制糖期增加 36t。

7. 不断推进行业节能减排和技术进步等工作

2016/2017 年制糖期，在工业和信息化部的大力支持下，制糖行业以绩效同业对标活动为抓手，不断推进企业间的比学赶超、加快技术进步和提高节能减排水平，促进行业转型升级和降本增效，取得明显成效。根据中国糖业协会统计：2016/2017 年制糖期，全国甘蔗糖厂平均百吨甘蔗耗标煤 4.708t，吨蔗耗新鲜水 0.869t，吨糖 COD 排放量 0.260kg。甜菜糖厂方面，全国平均百吨甜菜耗标煤 6.635t，吨菜耗新鲜水 1.517t，吨糖 COD 排放量 0.724kg。

8. 发展新亮点与新增长点

国家对进口食糖开展保障措施立案调查并最终采取了保障措施，刺激了甜菜种植面积进一步扩大，促进了甜菜糖产量增加。

自 2015 年起，国家农业产业政策调整，压缩玉米种植面积，有利于甜菜种植面积增加。2016 年 9 月 22 日，国家对进口食糖进行保障措施立案调查，并于 2017 年 5 月 22 日，对进口食糖采取保障措施，食糖价格总体回升，行业效益好转，全行业加快糖业发展的信心倍增，甜菜糖产区尤其是内蒙古产区新建多家糖厂，进一步助推甜菜种植面积增加，促进甜菜糖产量加速增长。根据中国糖业协会统计，2016/2017 年制糖期，甜菜糖种植面积和甜菜糖产量分别占全国 12.2% 和 11.3%，与上一年制糖期相比，分别上升 3.3 个百分点和 1.5 个百分点。在甜菜糖主产省（区）方面，与上一年制糖期相比，黑龙江的甜菜种植面积及甜菜糖产量分别增长 99.2% 和 1.3 倍，新疆分别增长 22.2% 和 12.7%，内蒙古分别增长 74.3% 和 63.1%。

9. 积极贯彻落实“三品”战略，不断提高食糖产品有效供给

根据工业和信息化部《关于印发 2017 年消费品工业“三品”专项行动计划的通知》（工信厅消费［2017］24 号），制糖行业积极贯彻落实“三品”战略，延伸糖产业链，提高精深加工水平，提高食糖产品的品种丰富度、品质满意度、品牌认可度，提升食糖的有效供给能力和有效供给水平，实现产业从低端供给向中高端供给转变。

（1）增品种　制糖企业加强食糖产品研发和生产，积极开发生产特种糖、营养糖、功能糖和液体糖等多样化产品以及酵母、蛋白饲料、木糖醇等高附加值新产品，一方面增强了企业适应市场的能力，另一方面满足了消费者的多样化需求。

例如，广西南宁东亚糖业集团在增品种方面，一是建立了小包装生产线，推出咖啡调糖包（5g）、冰糖（单精冰糖 500g）、红糖（300g）、一级白砂糖（250g/400g/1kg）、精制白砂糖（400g/1kg）等多种新分装及包装形式食用糖产品，通过进驻大型商超、电子商务线上线下等多种渠道进行销售；二是用橘水生产酵母。合资成立的、目前国内最大的酵母工厂—安琪酵母（崇左）有限公司利用集团糖厂提供的橘水生产高活性干酵母、酵母抽提物、饲料酵母等，远销世界 140 多个国家和地区，年产值约 7 亿元；三是“二步法”制糖并配套生物质电厂。集团旗下已有三家公司使用二步法工艺生产高品质白砂糖和精炼糖，同时配套生物质能发电厂，用蔗渣进行发电。在广西扶绥、宁明县建成 2 家 30 万兆瓦生物质蔗渣发电厂，每年向公共电网发送约 2.8 亿千瓦时的清洁能源；四是研发生产生化蛋白饲料。与广西大学合作，研究开发了以蔗渣、蔗梢叶、糖蜜为原料，通过生物发酵技术制备生化蛋白饲料技术。2017 年 11 月，建立起了中试生产线并正式投料生产，所生产的生物蛋白饲料喂养山羊和肉牛的第一阶段试验已完成并达到预期效果；五是研发生产木糖醇项目；六是建设糖业循环经济综合利用项目。2017 年 9 月 15 日，广西·中国糖业产业园暨崇左东亚公司糖业循环经济综合利用项目在广西崇左市开工建设，致力打造一个集生产、观光、旅游于一体的世界级现代化企业。

云南施甸康丰糖业有限责任公司根据甘蔗原料发展情况以及市场对养生、健康产品的需求，实施了白糖转产红糖项目改造工程，在原味红糖粉的基础上，开发出了块糖、元宝糖、碗糖、速溶红糖、玫瑰调制糖、姜粉调制糖等多种产品，企业生产效益明显提高。2017 年实现工业产值 1.1 亿元，蔗糖产业重返亿元规模。

（2）提品质　制糖行业以优、一级品产率等指标，积极开展制糖企业间比学赶帮。通过树立质量标杆制糖企业，推广先进质量管理模式和管理体系，深入开展全面质量管理，加强从原料采购到生产销售全流程质量管控，开展自动化、智能化工厂技术改造，推广工艺参数及质量在线监控系统，加强质量安全检测能力建设，提高食糖产品稳定性及质量一致性，不断缩小落后企业与先进企业差距。经过五年来的同业绩效对标活动，制糖企业优、一级品产率稳定在较高水平。根据中国糖业协会统计，2016/2017 年制糖期，全国甘蔗制糖企业成品糖优、一级品合格率的中位数是 95.31%，全国甜菜制糖企业成品糖优、一级品合格率的中位数是 93.39%。

例如，为提高产品质量和增加企业效益，广西南宁东亚糖业集团投资 5000 万元引进国

外先进技术实施白砂糖陈化项目及自动装包项目，生产高品质精制糖，满足高端客户的要求。白砂糖陈化项目引进南非先进技术，建设5000t熟化糖仓，解决白砂糖产品储存时间过长易引起结块的问题。项目于2017年4月25日投入使用，预计每年可生产高品质精制糖10万t，每年给公司销售营业总额增加5000万元。自动装包项目引进德国先进技术，项目配套生产能力900包/h的全自动装包机一台。该项目投产后，装包间洁净度达到《药用辅料生产质量管理规范》标准，解决了用工难及装包人员安全性差问题，还解决了破包、摔包等容易导致产品等级下降的问题。白砂糖陈化仓及自动装包项目建成投产，提升了产品质量和自动化水平，也提高了公司品牌形象。

（3）创品牌　制糖企业品牌意识增强，不断加强品牌建设，着力整合企业资源，打造企业品牌，提升食糖产品附加值和企业竞争力。例如，广西南宁东亚糖业集团整合旗下分公司生产的白砂糖多种品牌，打造统一的“蜜朋”名牌。自2017年起，集团所生产的精制糖产品使用“蜜朋”牌商标，其他产品在使用各分公司原有商标基础上，同时打上了“蜜朋”牌商标。品牌整合完成后，预计可提高公司所生产的白砂糖价格200元/t。

二、行业面临的问题

（一）政策与市场问题

2016/2017年制糖期，我国食糖产量出现恢复性增长，为929万t，与需求缺口有所收窄，同时，农民种植糖料收入增加，且历年拖欠的糖料款基本上还清，农民种植糖料积极性得到提升，糖业发展有望重新步入发展轨道。但是，由于制糖行业此前连续三个制糖期大幅亏损，企业持续生产经营能力脆弱，我国糖业健康稳定持续发展的基础不牢。

究其原因，政策方面主要原因有：一是世界各国都对本国糖业实施有效保护，我国糖业发展面临着巨大的挑战和压力。无论是发达国家、发展中国家，还是欠发达国家，都没有完全放开食糖市场，都通过关税壁垒等政策对本国糖业实施有效保护，美国、日本和欧盟对糖业的保护力度尤其突出。相比之下，我国对糖业保护的力度非常有限。二是我国食糖进口关税水平仍然不高，食糖宏观调控艰难。自2017年5月22日起，国家对进口食糖产品实施保障措施，对关税配额外进口食糖征收保障措施关税，实施期限自2017年5月22日至2020年5月21日，为期3年，保障措施关税税率分别为45%、40%和35%。因此，在实施保障措施期间，对关税配额外进口食糖的关税水平分别提升至95%、90%和85%，呈逐年下降，且上述关税水平仍然低于WTO成员国97%的平均进口关税水平，国际市场上的过剩食糖还是很容易涌入我国，我国糖业生存空间受到食糖进口的持续冲击和挤压。三是我国糖业缺乏法律法规和统一协调的管理机制。我国是世界上少数没有制定糖业法律的主要产糖国之一。对于产业发展、价格形成、利益分配、宏观调控等糖业管理缺乏法律规范，也缺乏统一协调的管理机制。

市场方面主要原因是，世界食糖市场是高度扭曲市场。世界食糖供求周期性变化，现有的国际、国内食糖市场机制放大食糖供求不平衡，世界食糖价格大幅波动，且经常在主产糖国生产成本以下波动。由于我国食糖进口关税水平较低，国际食糖价格波动容易通过食糖进口传导影响到国内食糖市场，而且随着国内食糖市场国际化、金融化程度不断提高，金融市场对食糖供求基本面的放大效应增强，国内食糖价格大幅波动风险越来越大，给国家宏观调控带来巨大压力，给我国制糖企业生产经营造成很大困难。另外，食糖走私屡禁不止，严重扰乱食糖市场秩序，严重干扰国家宏观调控政策，损害了国家利益，沉重打击了4000万糖农和广大涉糖企业的发展糖业信心，危及我国糖业健康稳定持续发展。

（二）科技问题

1. 糖料生产现代化程度仍然偏低，糖料生产成本占比高

制糖行业是传统的农产品加工产业，已经形成了以重点制糖企业（集团）作为龙头企业的农工紧密结合的产业模式。但是，由于主产糖省（区）的自然资源禀赋条件及土地制度的约束，糖料生产现代化程度仍然偏低且暂难明显提升，始终是影响我国糖业国际竞争力的瓶颈。

首先，我国糖料生产尤其是甘蔗生产的自然资源禀赋条件较差，这是国情。经过20年来的东糖西移和产业结构调整，糖料自然成为老少边穷主产糖省（区）的最适宜种植的作物之一，制糖行业成为老少边穷主产糖省（区）的支柱产业之一。这是由于，主产糖省（区）的土地、气候等自然资源禀赋条件适宜种植糖料，且糖料生产有市场空间、市场风险小、工业反哺农业的支持力度大、地方财政收入稳定，与粮食和其他经济作物相比，具有明显的比较优势。但是，我国甘蔗绝大部分种植在丘陵旱坡地带，土壤贫瘠、土地分散、水利和道路等基础设施条件比较差。另外，与世界主要产糖国家相比，我国甘蔗种植面积分散，户均种植规模低。分散的土地经营规模不利于技术推广、防虫防病、机械耕作和农田水利建设，导致我国糖料生产效率低，糖料生产成本高。

其次，加快国产高产高糖糖料新品种选育。根据中国糖业协会统计，2016/2017 年制糖期，甘蔗品种目前仍以台糖系列、桂糖系列和粤糖系列为主，分别占甘蔗总种植面积的 54. 80%、19. 27% 和 16. 67%，三个系列合计占总种植面积的 90. 74%，但比上一年制糖期下降 1. 33 个百分点，其中，台糖系列占比下降 7. 9 个百分点，桂糖系列占比上升 8. 07 个百分点；闽糖系列、云糖系列等其他品种约占 9. 26%，比上一年制糖期上升 1. 33 个百分点。

甜菜主要种植品种还是以原种引进为主，主要是德国的 KWS 系列、比利时安地系列和瑞士的先正达系列等国外品种，分别约占甜菜总种植面积 60. 15%、17. 25% 和 14. 11%，其合计约占比 91. 51%，比上一年制糖期提高了 6. 54 个百分点；而国内甜研系列仅占 1. 45%，比上一年制糖期下降 0. 1 个百分点；其他品种约占 7. 04%，比上一年制糖期下降 6. 53 个百分点。甜菜品种主要依靠进口，且占比继续提高，不利于甜菜的种植安全，制约甜菜产业的发展。

第三，不断提升糖料生产全程机械化水平。当前我国糖料生产尤其是甘蔗砍收机械化水平有很大的提高空间。为深入贯彻落实 2017 年中央 1 号文件精神，打造重要农产品糖料蔗生产保护区，统筹推进广西甘蔗生产机械化加快发展，不断提升蔗糖业发展的质量效益和市场竞争力，农业部、国家发展和改革委员会、财政部、工业和信息化部等部门联合制定了《推进广西甘蔗生产全程机械化行动方案（2017—2020 年）》，并于 2017 年 06 月 19 日发布。广西主产区以此为契机，在优质高产高糖糖料蔗基地（以下简称“双高”基地）建设中不断提升甘蔗生产全程机械化水平。据报道，2016/2017 年制糖期，广西已建成的“双高”基地的机耕、新种植甘蔗基本实现了机械化，甘蔗机收率达到了 15. 2%，比上个制糖期提高 4. 2 个百分点。甜菜生产机械化程度较高。2016/2017 年制糖期，甜菜机播率超过 80%，个别地区超过 90%；甜菜机收率达到 60%，甜菜种植费工、费时问题基本得到解决，提高了农民种植积极性，稳定和提高了甜菜种植面积。

2. 贯彻落实《糖业转型升级计划

(2018—2022年)》，推动行业转型升级

为全面贯彻落实党中央、国务院关于糖业发展的方针政策，确保老、少、边、穷地区4000万糖农的根本利益，把握国家对进口食糖产品采取保障措施的机遇，推动行业降本增效和转型升级，提升产业竞争力，实现糖业健康稳定可持续发展，中国糖业协会制定了《糖业转型升级行动计划（2018—2022年)》（以下简称《行动计划》)。

《行动计划》的指导思想是深入贯彻党的“十八大”以来的一系列方针政策，全面贯彻落实党的十九大精神，牢固树立“创新、协调、绿色、开放、共享”五大发展理念，推进糖业供给侧结构性改革进程，以改革创新为动力、降本增效为目标，进一步落实《中国制造2025》《关于开展消费品工业“三品”专项行动 营造良好市场环境的若干意见》《糖料蔗主产区生产发展规划（2015—2020年)》、《推进广西甘蔗生产全程机械化行动方案》等政策措施，全面提高行业内生动力和发展活力，推动我国糖业结构调整转型升级，提高我国食糖保障供给能力，实现产业精准扶贫、农民增收和社会稳定，实现糖业健康稳定持续发展。

《行动计划》的基本原则，一是要坚持创新驱动与标杆引领相结合。创新行业发展理念，在政府领导下，探索农工、工商协同发展的新模式，加大科技和资金投入，努力提高糖料生产效率和制糖生产技术水平。以行业发展过程中的共性问题为突破口，通过科技创新，推广应用先进技术、先进装备，加强绩效对标工作，树立标杆企业，全面提升产业竞争力。二是要坚持供给侧改革和产业合理布局相结合。综合考虑各产区自然资源禀赋条件和生产基础，统筹规划各产区食糖产能，引导行业调整甘蔗制糖、甜菜制糖和原糖加工合理布局，淘汰落后产能，加快供给侧改革步伐，促进我国糖业全面协调发展。三是要坚持国家支持和行业落实相结合。政府部门在糖料主产区生产发展规划、食糖保障措施等政策措施基础上，进一步研究出台后续支持糖业发展的相关政策。中国糖业协会引领全行业积极落实《行动计划》，及时总结推广各省（区）、各企业的先进经验。各省区糖业主管部门、糖业协会组织企业认真实施《行动计划》各项任务。企业是糖业转型升级的责任主体，各企业要发挥主观能动性，认真履行职责，扎实工作，加强管理，主动作为。

《行动计划》的行动目标是，至2022年全国制糖行业实现“两个300元”目标，即在不提升糖料价格基础上，糖农每亩增收300元，制糖企业吨糖生产成本降低300元。

全行业要以《行动计划》确定的行动目标，着力推进糖料生产的良种良法和全程机械化进程，提高糖料单产、含糖和糖农种植收益；扎实做好绩效对标管理，加快糖厂适用技术推广和技术改造步伐，使制糖行业物耗、能耗及污染排放进一步下降，制糖装备自动化、智能化程度明显提高，食糖品种、品质和品牌建设取得新进展，行业降本增效和转型升级取得明显成效。

首先，提高制糖生产装备水平，增加技术投入。我国多数糖厂建于20世纪80年代，糖厂规模普遍小、工艺装备急需现代化。目前，甘蔗制糖生产工艺提汁采用压榨法，澄清绝大多数制糖企业采用磷酸亚硫酸法（超过95%），少数制糖企业采用碳酸法，还有三家制糖企业采用“两步法”制糖工艺，即先用石灰法工艺生产原糖，之后再回溶精炼生产精制糖；甜菜制糖企业则全部采用碳酸法生产工艺。工艺设备现代化水平不高，技术改造投入不足，影响了我国制糖行业发展进步。另外，无论是白砂糖、绵白糖还是红糖主要是50kg包装，产品相对单一，且自动化程度低。国外一个糖厂的食糖品种一般几

十种，不同规格的自动化包装线至少 5 条以上。我国有少数几家企业采用进口的离子交换系统生产精制糖，其他精制糖大都是自韩国和日本进口。事实上，国内的离子交换设备价格是国外的三分之一，且技术也已成熟，只是需要配备上合理的自动控制系统即可投入使用。小品种的特种糖加工设备因量小、材质要求高，非定型规格导致设备加工商难以接受订单，特别是在产品研发方面，制糖企业缺乏动力冒着巨大风险、加大投入去开发新产品。

其次，加强副产物的综合利用，提高产品的附加值。目前，我国糖业综合利用产品销售收入仅占我国制糖行业销售收入的 6.8%，国外糖企的副产品收入超过 60%。大部分企业精深加工和综合利用能力低，对副产品和废弃物的资源化利用深度不够，企业综合利用产品少，产业链条没有得到有效延伸。糖厂年产 350 ~ 400 万 t 废蜜，95% 用来作酒精和酵母等传统发酵原料，只有 1% 生产兰姆酒；95% 的甘蔗渣用来作燃料，少量造纸；甜菜压粕超过 500 万 t，其中 90% 以上制作颗粒粕，其余湿粕供当地作牲畜饲料；蔗糖深加工方面除少量生产蔗果低聚糖和生产冰糖、糖浆外，其他新产品不多。

在综合利用方面，例如蔗渣造纸、余热发电、糖蜜发酵制酒精、酵母产品等传统的综合利用项目应该上规模、上水平，要实现资源、能源的高效利用。另一方面，制糖行业要利用糖厂副产物（蔗渣、甜菜粕、滤泥、糖蜜）开发甘蔗渣生产木糖、木糖醇、糠醛、活性炭、动物饲料、生物质能源、膳食纤维；甜菜粕制食药用果胶、甜菜多糖；糖蜜发酵生产酒精、高档蒸馏酒、酵母及抽提物、生物肥；糖蜜发酵废水提取甜菜碱、结晶钾盐等高附加值产品，提高资源使用效率。

第三，鼓励食糖产品多元化发展，满足市场多层次需求。要大力开发食糖新产品、强化糖品的深加工，鼓励食糖产品多元化发展，生产适应不同消费层次的精制幼砂糖、微晶糖、单（多）晶冰糖、方糖、不同转化度的液体糖、不同色值的天然有色糖、降脂和降糖等营养健康型功能糖以及载体糖，蔗糖改性深加工的低聚糖、蔗糖酯、糖醇等蔗糖衍生产品，促进产品结构升级，满足食糖多层次消费需求。

第四，加快推进绿色制糖，降低物耗能耗水耗和污染物排放水平。据中国糖业协会编制的《2016/2017 年制糖期制糖行业“绩效同业对标活动”对标指标汇编》显示，我国甘蔗糖厂百吨甘蔗耗标煤 4.708t，吨糖 COD 排放量 0.260kg；甜菜糖厂百吨甜菜耗标煤 6.635t，吨糖 COD 排放量 0.724kg，与国外先进水平还存在较大差距，特别是锅炉烟气的除尘脱硫脱硝还处于起步阶段。此外，不同食糖主产省（区）企业的清洁生产水平也很不均衡。以广西、云南和广东为例，三个省（区）百吨甘蔗耗标煤分别为：4.403t、4.856t 和 5.194t；吨蔗耗新鲜水分别为 0.296t、1.375t、1.660t；吨糖 COD 排放量分别为 0.103kg、0.364kg 和 0.553kg。可见，省际之间还存在较大的差别。

无论是甘蔗糖厂，还是甜菜糖厂，我国糖业在降低物耗、能耗、水耗和污染物排放方面的潜力仍然很大。因此，需加快节能、节水和污染排放技术改造的步伐。要推广糖厂热能集中优化及控制、全自动连续煮糖、高压大容量热力机组改造、锅炉烟道气余热干燥蔗渣、低品质热源利用等新技术，降低糖厂单位产品的综合能耗；要推广糖厂节水降耗闭合循环用水处理系统、甜菜干法输送系统、压粕水回头技术和烟道气脱硫脱硝技术，降低糖厂污染物排放；要开发酶 - 膜耦合绿色制糖工艺技术，无硫澄清工艺，蔗渣基吸附剂、多糖基絮凝剂等绿色加工新技术和化学助剂替代技术，实现绿色、低碳生产，提高清洁生产水平，从源头上减少我国食糖化学澄清助剂残留，保证食糖食用安全，实现经济效益与环境效益双赢。

3. 国际竞争力难于快速提升

糖料生产成本占食糖生产成本80%左右，糖料生产成本的高低决定了食糖生产成本的高低，糖料生产是影响糖业国际竞争力的关键因素。但是，考虑到我国的自然资源禀赋条件和社会经济发展水平等国情特点，我国糖料种植成本将长时间高于巴西和泰国等世界其他糖料主产国家（地区）。因此，糖料种植成本居高难下，食糖生产成本将长期维持高位。

其次，农工环节建立根本利益的联系需要制度创新。土地流转政策决定了制糖行业能否摆脱农工两张皮的发展模式，一方面，制糖企业需要加强对产区土地资源和生产原料掌控能力，增强工业反哺农业的信心和力度；另一方面，要提高农民推广良种良法积极性，高度重视高糖品种推广应用。

三、发展趋势预测

食糖生产方面，在新一年制糖期，糖料种植面积尤其是甜菜种植面积明显增加，食糖产量将保持恢复性增长。食糖消费层面，国民经济增长尤其食品工业保持增长、人民生活水平提高、人口增长和城镇化程度提高以及化学合成甜味剂加强管理等因素，均有利于食糖消费增加。但是，食糖价格回升，尤其是玉米价格下跌提升了淀粉糖竞争力，压缩了食糖消费增长空间。另外，食糖消费方式及消费观念变化，影响了食糖消费增加。

综合来看，预期在新一年制糖期，全国食糖供求存在产需缺口，食糖生产存在发展空间，同时，食糖产需缺口可以通过食糖进口及储备糖投放得到弥补，食糖供应能够得到保障。然而，由于制糖行业此前三个制糖期连续亏损，制糖行业资金短缺矛盾依然突出，制糖工业企业全行业生产经营能力面临严重挑战。

四、政策建议

（一）加强完善宏观调控，促进食糖供求总量基本平衡

食糖供求总量平衡是市场保持稳定、促进糖业健康稳定持续发展的基础。

1. 做好储备食糖投放工作

要根据宏观调控目标，把握好储备食糖的投放时机、数量和价格，防止市场恶意炒作和市场过度投机行为，充分发挥储备糖投放在宏观调控中的作用。

2. 进一步加强食糖进口管理

贯彻落实好食糖保障措施；支持行业协会加强行业自律，做好食糖自动进口许可管理相关工作；严格配额管理，将食糖进口管理与国家宏观调控紧密结合。

3. 对食糖走私保持高压态势，持续严厉打击食糖走私行为

要重点加强对非设关地管控，充分发挥“边防检查站”的查缉作用；要对重点省区尤其是重点销区采取跨省打击联合行动，严厉打击经销使用走私食糖、假冒食糖商标的违法犯罪行为，打出窝案、打出大案，切断食糖走私经销和使用的利益链。支持全行业加快推进二维码防伪溯源体系建设，为政府执法提供有力技术支撑。

4. 加强食糖市场有效监管

加强对期、现货食糖市场的有效监管和惩处力度，切实防范过度投机、人为炒作，积极配合国家宏观调控，充分发挥白糖期货市场服务糖业实体经济发展的功能。

（二）加大中央及地方财税金融支持力度

国家发改委、财政部、农业部设立糖料生产专项资金，重点支持企业和科研机构从事良种繁育、栽培管理、病虫害防治及全程机械化建设；国家发改委、工信部、财政部设立技术装备改造专项资金，重点支持制糖企业技术改造、产业升级及“三品”战略实施。各主产糖省（区）政府加大相关配套政

策和资金支持。

加大对制糖企业的财税金融支持力度，解决制糖企业融资难和融资贵等问题。根据食糖季产年销特点，向制糖企业提供匹配预期产糖量规模的食糖工业信贷资金，实施工业短期食糖储存计划，满足制糖企业正常生产经营的资金需求，确保农民糖料款及时兑付，保障农民利益；通过制糖企业向种植糖料农民提供包括优惠信贷资金在内的金融服务产品。

（三）加强糖料产区管理工作

严格按照2002年原国家计委、原国家经贸委、原农业部、原国家工商总局联合下发的《糖料管理办法》，按照糖料产区属地管理的原则，切实加强糖料产区管理工作。要保持糖料区域相对稳定，坚持谁投资谁受益的原则，鼓励制糖企业加大支农惠农力度；坚决遏制糖料无序流动和跨区抢购行为，加强糖料收购秩序的督促检查工作，发现问题及时解决。

（四）加强糖精等高倍化学合成甜味剂管理

高倍化学合成甜味剂在食品中添加使用有严格的范围和数量限制，关系到食品安全问题，应该加强监管，严禁滥用、超量使用。建议将安赛蜜、阿斯巴甜和甜蜜素等其他高倍化学合成甜味统筹纳入到整体甜度市场的监管当中。做好糖精限产限销工作，规范市场销售和使用。

（五）尽快实施食糖目标价格管理补贴政策

实施食糖目标价格管理是糖业长期持续稳定发展的必要条件。食糖生产集中度高、糖料与制糖企业联系紧密，农民种植的糖料必须通过制糖企业加工成食糖才能实现价值，通过制糖企业反哺农业，促进糖料生产发展，形成良性循环。借鉴棉花和大豆实施目标价格管理政策的实践，食糖目标价格管理操作成本会更低，更易于管理，更容易实施并能够取得良好成效。制糖业对各主产糖省（区）农民增收、地区经济发展具有同等重要的作用，建议食糖目标价格管理和补贴政策在主产糖省（区）按照自然形成的经济区划统一实施，以免政策不统一，影响糖业发展，给国家造成损失。

（六）启动糖业立法程序

世界主要产糖国家的经验证明，从根本上保护农民的合法权益，保障食糖供给安全，实现糖业健康稳定持续发展，必须通过制定法律和法规来实现。借鉴巴西、泰国、澳大利亚、欧盟、美国、日本等世界主要产糖国家或地区糖业法律的核心内涵，我国糖业法律的主要内容应包括：糖业管理基本模式和统一管理机构；规范的农工利益关系；国家采取的常规和临时性措施以及相关产业的管理政策等。

中国糖业协会

方便食品制造业

方便食品是以米、面、杂粮等为主要原料加工制成，可直接食用或只需简单烹制即可食用的食品，传统以主食类居多。在我国食品工业坚持稳中求进的总基调下，方便食品制造业以提质增效为中心，不断优化、调整产业结构，主动适应经济发展新常态。

一、行业概况

2017 年是中国食品工业向营养健康转型的重要一年，落实《“健康中国 2030”规划纲要》，让安全、美味、方便与健康的食品成为未来中国食品的代名词，这些也正体现了方便食品的鲜明特征。

（一）主要经济指标

2017 年，全国方便食品制造行业规模以上企业累计完成主营业务收入 3921.2 亿元，同比增长 10.3%。主要经济运行情况如表 1 所示。其中，米面制品行业 1246.3 亿元，同比增长 15.2%；速冻食品行业 1040.1 亿元，同比增长 8.0%；方便面及其他方便食品行业 1634.8 亿元，同比增长 8.4%。

表 1　2017 年全国方便食品制造行业经济运行情况

类别	规模企业数/家	主营业务收入/亿元	利润/亿元	企业资产总计/亿元
米面制品	693	1246.3	71.6	541.5
速冻食品	534	1040.1	59.5	725.3
方便面及其他方便食品	436	1634.8	97.3	1100.1

资料来源：国家统计局。

从图 1 中 2014 年以来的数据可以看到，在近年食品工业增幅下行的情况下，方便食品制造业的增长均高于食品工业整体增长。

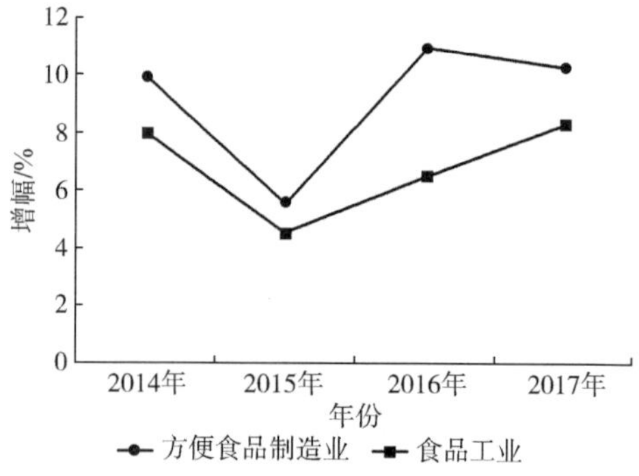

图 1　2014—2017 年方便食品制造业与食品工业主营业务增幅对比

资料来源：国家统计局。

（二）行业发展分析

1. 价格

方便食品制造业 2017 年利润相比上年有 8.3% 的增长。从 2012 到 2017 年，规模企业总数增加 51.7%，主营业务收入增长 39.1%，但利润收入仅增长 8.6%，显示出行业竞争的激烈。但随着中国食品工业在食品安全产业链的完善再造与发展方式由高速向中速转轨，产业发展理念愈发清晰，以创新提升价值的行业发展方式已成为共识。

2. 市场

2017 年国务院办公厅印发的《关于加快推进农业供给侧结构性改革大力发展粮食产业经济的意见》中明确提出，要大力促进主食产业化。支持推进米面、玉米、杂粮及薯类主食制品的工业化生产、社会化供应等产业化经营方式，大力发展方便食品、速冻食品。开展主食产业化示范工程建设，认定一批放心主食示范单位，推广“生产基地＋中央厨房＋餐饮门店”“生产基地＋加工企业＋商超销售”“作坊置换＋联合发展”等新模式。保护并挖掘传统主食产品，增加花色品种。加强主食产品与其他食品的融合创新，鼓励和支持开发个性化功能性主食产品。

从方便食品的几个细分领域也基本呈现出新格局，如：方便面在历经 2015—2016 年网络餐饮冲击后，逐渐走出低谷，呈上扬趋势；速冻食品行业在与餐饮业的对接中，实现行业回暖，其中火锅料行业多年来一直保持 30% ～40% 增长速度，但 2016 年以来原材料及用工成本增加，环保治理力度加大，行业增速减缓；挂面行业产能扩张的势头在 2017 年实现加速，不仅大企业间的竞争在加剧，也对中小企业形成了强力挤压；调味面制品行业整体上仍以中小企业为主，并受制于食品添加剂标准问题，限制了行业的健康发展，目前尚未解决。而另一方面，90 后、00 后成为消费主力，以及“全面二孩”、人口老龄化等使消费结构不断发生变化，“网红”食品在快速崛起与消亡间转变。这些也为方便食品行业的发展创造了机遇，自加热火锅成为 2017 年新宠。

3. 投资

2017 年全国规模以上方便食品制造企业资产总计 2366.8 亿元，比上年增长 5.2%。其中，流动资产总计 1111.0 亿元，比上年增长 6.9%。

在投资增长中，主要源于产能扩大和减少人力成本，相当一部分来自新厂开工及生产线的升级改造。此外，创新作为方便食品行业提升价值的共识，也促使行业在投资中向精品化、高端化、健康化成长。如：方便火锅料的兴起，为企业带来内部资源整合和新的产能布局；生鲜面制品顺应人们营养健康需求，目前行业还处于产业化程度较低阶段，但所用材料、制造精度、卫生管理要求要远高于方便面设备，亟须升级改造。随着市场的扩大以及资本的介入，未来方便食品行业还将保持较高的投资热度。

4. 行业集中度

方便食品制造行业超过 90% 为中小型企业，方便面和速冻米面食品的行业集中度高，占企业总量 10% ～20% 的大型企业占据着 80% 以上的市场。随着行业市场竞争加剧，企业一方面通过科技创新提升产品附加值，另一方面仍需通过规模效益实现利润增长。在方便食品行业中，除方便面行业整体实力雄厚、速冻食品行业全国性品牌集中外，其他行业集中度相对较弱。以挂面为例，由于行业进入门槛相对较低，产品自身的个性与特色区分不明显，难以形成不同品牌间产品的明显区隔，故很难在短期内形成行业中一家独大的局面。

5. 进出口

2017 年全国方便食品制造行业累计完成出口交货值 90.7 亿元，同比增长 6.7%。随着物流业的发展和网购火热，在进口方面，新口味的谷物早餐、方便面等仍受到人们欢迎；伴随着冷链完善，冷冻食品进口增多。

6. 重点行业

2017 年是中国方便食品行业形成产业规模后的第 25 年，也是行业发展筑底回升的关键节点。

（1）米面制品　以大米、面粉为原料，经粗加工制成，未经烹制的各类米面产品，工业化生产主要以挂面、粉丝等为主。以占比最多的挂面为例，2017年全国挂面总产量达到790万t。据中国食品科学技术学会统计的数据，24家企业实现销售137.2亿元，较上年减少2.5%。中国挂面行业的发展得益于整个行业的生态环境较为和谐，而企业的协同发展离不开行业的团结及行业间的充分交流，更离不开科技与企业的有效对接。

（2）速冻食品　速冻食品行业2017年市场有小幅回升，但企业，尤其是传统的面米行业竞争加剧，新的动能尚未出现，形势十分严峻。挑战不仅来自于行业内，更随着餐饮外卖市场的活跃、电商平台“最后一公里冷链”的逐渐完善，使行业在2016年利润回暖之后，在2017年又面临网络餐饮的挑战。

（3）方便面及其他方便食品　方便面是传统食品工业化进程中最典型的代表产业，也是面制品在食品工业领域自动化水平最高的代表。目前行业正处于盘整和产品升级的阶段，产品品质有了较大提升。2017年方便面产业整体产量341.9亿份，销售额达到498.6亿元。产量与销售额与2016年相比持平。

7.“三品”战略实施情况和典型案例

（1）增品种　对应营养健康需求，近年来，兼具中国传统饮食文化特征的新品种正快速成长。对应中国传统五谷杂粮的养生及魔芋粉、荞麦粉、青稞粉、南瓜粉、马铃薯全粉等的广泛应用，使得在方便食品中添加杂粮及其他天然营养成分成为新趋势。

方便面行业在持续放缓的压力下，企业创新欲望强烈，加大与科技对接，各企业都在配方、风味、包装、定位等多个维度上积极展开创新。例如，上海旺旺的荞麦面、西藏吉祥粮的青稞速食面、五谷道场的土豆拉面等在面体配方上，康师傅的金汤肥牛面、白象的骨汤煮面、永得利的火鸡面在汤包调味上，今麦郎的刀削宽面在面体形式上，统一企业的“满汉大餐”在实物包的配比上，均有创新。

让速冻食品回归家庭的味道，使其在快速操作达到美味的同时又不失营养，是行业一直努力追求的方向，也需要食品科技的突破。例如，安井食品的手撕仿雪蟹、上海世达的芝士年糕，在选料上侧重健康需求；思念、三全在儿童系列发力；中鹤、正大主推传统葱油花卷、大包子等，都是行业顺应快节奏生活和营养健康的需求，受到市场青睐，竞争优势不断凸显。

在消费升级的大背景下，传统挂面行业被重新定义，无论是面体造型的改变，还是注重营养与色香味的平衡、吃法的创新，“挑剔”的年轻一代给了消费升级产品一个真正爆发的机会。例如，克明的大宽波浪挂面、博大的蝴蝶面在面体上进行了突破；金健米业青稞挂面丰富了传统挂面的营养；白家食品的阿宽四川担担面搭配组合调料，缩减了制作各种浇头的后期加工步骤，让挂面吃起来更方便。

此外，还有漯河平平的魔芋爽、好想你枣业的红枣莲子银耳羹、光友薯业的四川冒菜等选用健康食材为主料的产品。这些在“健康中国”大背景下，紧贴“健康、营养”潮流的方便食品，正以新工艺、新技术突破传统而创新。

（2）提品质　2016年起，因环境治理力度加大，农产品原料、包装箱、包装袋等价格普遍上涨，行业利润空间进一步压缩，微利、无利的经营状况使企业举步维艰。在2017年，行业加大新产品研发推广力度、优化产品结构，深化渠道网络、提高产品渗透率。同时，通过加强费用管控，优化资源配置，提高资源使用效率，以创新及产品品质提升促进经营效益稳步提升。

行业以中高端产品为突破，实现价值提升。在众多餐饮门店已经采用速冻预制调理菜肴食品，或开发预制微波食品，让杭州的桂花糯米藕、云南的竹筒饭、苗家粉蒸肉等区域传统名优产品以工业化的形式呈现。

（3）创品牌　方便食品行业市场竞争激烈，在方便面、速冻食品行业集中度相对较高。2017 年方便面行业中的领军企业康师傅已逐步走出“阵痛期”，在有战略眼光的“舍与得”中，实现消费升级，形成了对行业的正向牵引。统一、今麦郎、白象、日清等业绩整体稳定，方便面行业的“江山依旧”。速冻食品市场“三国鼎立”的格局多年未变，三全、思念、湾仔码头三家企业占市场总销售额超过 60%。2017 年，正大、中鹤等外来者的进入，避开了水饺、汤圆类“煮食”的激烈竞争，集中在包子、蒸饺、馒头、花卷等“蒸食”上发力并有不俗表现。挂面行业的克明、金沙河、博大、裕湘、中粮等相对平均；米粉粉丝行业的光友、白家、稻花香，辣条行业的卫龙等，均占有各自稳定的市场。

8. 绿色制造、智能制造

2017 年 3 月 5 日李克强总理在《2017 年政府工作报告》中指出，要深入实施《中国制造 2025》，加快大数据、云计算、物联网应用，以新技术新业态新模式，推动传统产业生产、管理和营销模式变革，把发展智能制造作为主攻方向。不仅如此，智能化并非当前中国制造产业发展的唯一方向和目标。在实现中国智能制造 2025 计划目标的过程中，我们同样要重视清洁绿色这一发展模式，让绿色制造与智能制造并肩前行。

方便食品行业，特别是基于传统食品工业化理念所开发的产品，在技术研发、装备创新上，我国自主创新特征明显。随着规模化、智能化、集约化、绿色化的深入发展，方便食品行业无论是创新能力还是食品安全保障水平都将稳步提升。

未来，行业将加快发展科学的数字化工艺模型、智能化的核心装备、安全的工业互联网、先进的工业软件、柔性控制的特制化装备，实现原料投入、过程监控数据可采集、信息可追溯、管控一体化，不仅可以提高生产效率、降低运营成本、缩短产品研发周期、提升能源利用率，还进一步确保了食品安全水平。

9. 包装与装备

方便食品行业多源于我国传统食品制造业，装备多为自主研发或改进，经过近 30 年发展，已经拥有了高度自主化的知识产权，为行业自动、高效、安全生产提供了保障。但因企业规模不一，投资建设力度及装备水平参差不齐，中小企业的设备机械化、大型企业的设备自动化水平亟须提升。与国外先进生产企业相比，在自动化、智能化和可追溯方面还存在较大差距。

中华传统特色美食品种繁多，近年来，市场推出的新型产品层出不穷，如葱油饼、手抓饼、飞饼、千层饼、红糖锅盔、糍粑、肉夹馍等。日本在 15 年前肉夹馍产品已经实现了机械化生产，但我国目前仍然是手工作业。如何在方便食品领域实现中华传统主食产品的工业化生产，解决生产中的质量安全性、品质稳定性是主要问题。开展烧饼、红糖锅盔、糍粑、肉夹馍等特色食品机械化设备的开发，实现连续真空和面、连续压面、连续成型、连续速冻的自动化生产设备应用，改变面坯单个手工成型的传统方式，实现面坯机器连续压延分层、连续成型的自动化生产等工作，是对装备行业提出的重要需求。

10. 发展新亮点、新增长点

2017 年，“自加热火锅”在方便食品领域异军突起。这类产品有着比普通方便面略大的包装，分为上下两层，只需消费者在下层加入水，等待发热包体积膨胀、热气冒出，再经过十几分钟，“火锅”的香气便扑鼻而来。因为其足够“方便”，又被称为方便火锅、懒人火锅或微火锅。数据显示，仅2017年“双十一”一天，自加热火锅就卖出了170万份。不仅如此，消费者的力捧还让各类厂家纷纷置身其中，如：餐饮企业的海底捞，以及三只松鼠、良品铺子等休闲食品企业。

这类产品的技术含量本就不高，只需要进行资源整合，把来自不同厂家的火腿肠、藕片、肉片、蔬菜以及发热包排列组合在一起即可。但由于自加热火锅加热包的安全性问题，自加热火锅及类似自加热产品暂未被列入《食品生产许可分类目录》中，也没有相应的生产许可审查细则，因而市场环境还有待进一步规范。

二、行业面临的问题分析

（一）政策与市场

1. 生产企业总体规模小，研发能力不足

方便食品行业除方便面和速冻米面制品外，整体的产业集中度偏低，传统米面食品多年来未出现大的、单品10亿元以上的创新产品，整体上在现有市场空间中稳步发展，但利润率下跌。而作为目前销售额已达500亿元以上的新生行业，调味面制品行业整体上仍以中小企业为主。中小企业自身的资本储备在一定程度上限制了其研发和创新的能力。如今网络餐饮又或多或少冲击了方便食品市场，但互联网同样给方便食品行业提供了新的平台和契机，中小企业如何用好互联网新技术、电商平台以及互联网营销等，谋求新的增长点，从而实现自我突破成为行业内新的议题。

2. 标准化水平还需进一步提升

2017年市场反应火热的自加热火锅作为一个新兴品类，目前尚无统一的国家标准和行业标准。方便火锅底部加热包的主要成分是铁粉、铝粉、焦炭粉、活性炭和生石灰等，加入冷水后升温可达150℃以上，蒸汽温度可达200℃。方便火锅盖子上的透气孔如果堵塞，容易造成小型爆炸，甚至烫伤人。

而原国家食品药品监督管理总局发布的2016年版《食品生产许可分类目录》显示，方便食品目录中，只包含油炸方便面、方便米饭等，方便火锅尚未被收录。方便火锅作为火锅食品的一种创新和延伸，无疑是很多厂家智慧的结晶。但在目前，由于缺乏统一的国家标准与行业标准，以及十分普遍的代工现象，这类产品的质量堪忧。因此，应当加快对其进行标准规范，让这些新产品在承载厚重传统餐饮文化底蕴的同时，以安全、高品质的形象出现在消费者的餐桌上。

2017年，原国家卫生计生委在《食品安全国家标准　速冻面米制品》（GB 19295—2011）的基础上，将标准的范围扩至“速冻食品”，体现了政府管理部门针对市场上出现的各类新兴食品的现状，以标准促进监管，保证消费者安全的高效、务实。

3. 原料规模化生产和质量稳定亟待加强

方便食品生产的大宗原料，如面粉、蔬菜、杂粮等，许多是由个体种养殖户提供，由于小麦种植、贮藏和面粉加工之间缺少必要的配合，导致品质差异大，从而导致方便食品在生产过程中常常发生不同批次的面粉加水、和面、发酵工艺不一样，严重影响了产品品质的稳定性，给企业生产造成极大不便。而目前监管主要集中于生产及流通环节，应加强对源头的管理，从农业入手，把小、散、乱的农业规模化、专业化。通过原料规模化生产，建立专业化农场，将原料基地政策有效落实，势在必行。

4. 产品质量安全仍有待提升

随着我国食品工业的快速发展，方便食品行业也得到了快速成长，但在防范食品安全风险、保障营养健康方面同样面临着较大难题。2017年，在各省（直辖市、自治区）食药监局的抽检报告中，方便食品均占有一定比例。产品不合格的原因主要集中在三个方面：超范围、超限量使用食品添加剂，农药残留超标，微生物超标。

超范围、超限量使用食品添加剂，主要是生产经营者对法规、标准认知度不够或者存在主观故意，为延长保质期或提升产品品相和口感，违反规定滥用食品添加剂。农药残留超标主要与以下方面有关：我国现有农药结构不合理，产品质量不高；施药技术不到位，药械落后，施药中跑、冒、滴、漏问题突出，污染作物和环境；农民缺乏合理使用农药的意识和基本知识，任意加大或减少用药量，长期使用高毒、高残留农药；不按照安全间隔期收获农作物等。微生物超标则可能与原料中微生物数量过多，生产过程中污染、杀菌不完全，包装物污染，包装前对包装物没有进行清洗消毒或清洗消毒不严格，贮藏和运输污染等方面有关。

5. 继续加强虚假信息传播管控及知识产权保护力度

目前，方便食品行业被各种谣言所困扰，导致行业在消费者心中有较多的负面评价。食品安全谣言不断升级，目前以短视频形式迅速传播，有的食品安全谣言已团队化运作，成为不正当的商业手段，辨别难度日益加大。专家建议加大打击食品安全谣言的同时，还需要推动建立社会多元主体共治谣言的长效机制，形成全链条立体式的治理模式。

方便食品行业存在进入门槛低的现状，只要有上市后热卖的产品，就会被跟风、模仿。2017 年方便火锅的爆红，也引起生产商对于产品商标的巨大需求，一个好的品牌可能引起数家企业的争夺，如在同一时段就有多家企业及个人在相同商标类别进行申请注册。如何有效地保护自身品牌（商标）、专利不受侵犯，是企业在打造产品本身的同时需要认真思考的。

（二）科技创新

全球慢性代谢疾病人口数量激增，国内外方便食品的研究方向也从过去单纯追求口感风味逐渐转向营养健康。同时，高度重视加工技术的自动化、智能化、标准化，以保障方便食品的食用品质和安全性。

1. 从便捷化、个性化转变为功能化、正餐化

低热量、低脂肪、低糖低盐食品正越来越受到消费者欢迎。随着我国居民生活节奏的加快，人们迫切希望从繁重的厨房工作中解放出来，为方便食品“正餐化”发展提供了巨大市场空间。此外，以市场为导向，对方便食品的差异化及个性化需求愈加突出。

2. 生产从标准化、自动化转变为全程质量安全可控化

加工设备与机械在不断更新换代，工艺流程自动化程度越来越高，并实现全程质量安全可控化。食品包装在满足包装基本功能的前提下，充分体现个性化需求、彰显人性化关怀和拓展产品功能的智能化包装开始走进人们的视野。

3. 行业应用技术的成果转化有待加强

针对我国目前生产生鲜面的技术还没有达到发达国家的水平，还没有形成专业化、产业化，技术手段比较落后的现状，江南大学、河南工业大学等院校相继开展科技攻关，在基础应用研究方面取得了多项成果。就目前的技术现状和市场需求结构来看，未来我国将发展专业化、机械化的生产设备来生产生鲜面。此外，可以在面团压缩过程中加入美味的馅料，生产带馅儿的生鲜面，这样煮熟之后可以直接食用、不用再烹饪其他菜肴的方便食品也是研发方向。

我国速冻食品行业起步较晚，面对诸多瓶颈问题，国家科技部在“十一五”“十二五”期间连续启动重大科技专项对行业发展给以有力支持，江南大学、河南农业大学等院校相继开展科技攻关，但原料组分标准化重组技术、风味保真技术、水分重结晶控制

技术、抗裂和冷冻防粘技术、风味稳定化的酶活性控制技术等行业基础研究成果极少被企业采用。阻抗重结晶、深层冻结、冰点冷冻等新型技术有效解决了速冻食品存储及加工过程中的风味变化、淀粉老化问题以及存储过程温度波动对产品品质的影响。基于低场NMR技术对速冻汤圆粉团持水性能的研究、冻结速率对面团品质的影响等项目的成果对汤圆的冻裂、浑汤，饺子冻结品质的控制等都有很好的预防效果；BP神经网络结合有效积温预测速冻水饺变温冷藏货架期、动力学模型预测速冻饺子货架寿命等成果为速冻饺子存储条件对货架期的影响给出了理论指导；甜菜碱对金黄色葡萄球菌生长的影响及其抑制模型的建立等成果为速冻产品致病菌的控制提供了有力的技术支撑。

以上，均需要企业加强对高校已有应用技术的引进，进行工程化应用推广和技术的转化，解决制约行业发展的瓶颈问题，稳定产品品质，促进产业层次的升级。

（三）产业转型升级

1. 企业核心竞争力的提升

企业人工成本不断上升，原材料价格持续上涨，使得企业盈利空间越来越小。装备与工艺不断更新，使得机械生产的产品更加接近于手工加工效果。因此，企业要探索产品结构转型升级，提高产品质量，增加产品附加值，通过丰富多样的差异化组合产品，给消费者提供更广泛的选择空间，实现企业盈利能力和核心竞争力的稳步提升。

2. 消费升级

方便食品市场一直是红海，行业盛行跟风模仿。同质化、少层次、拼价格、缺创新，是市场竞争现状。随着经济发展的消费升级和产业变革，中产阶层的崛起以及公共健康意识的觉醒，使得人们越来越追求绿色、营养、健康的食品。将方便食品从“将就”食品变为“讲究”食品，除了要满足吃得饱这一基本需求外，更应附加营养、品牌和文化等元素，让消费者吃得更快乐、更美味、更健康。

中华饮食文化博大精深、源远流长，方便食品行业在产品开发上既要传承传统，更应不断突破与创新，来满足国人多样化的需求和食用体验，真正做到健康、营养和美味并重。目前，个性化、高品质的方便食品正推动行业走向中高端，拓展消费人群，融入绿色、营养等新要素和新技术，迎合消费升级需求。不过，并非所有方便食品企业都能在市场中赢得一席之地。只有以消费者为核心、不断创新升级产品的企业，才能抓住消费者生活和消费方式的变化，赢得市场。

三、发展趋势

我国方便食品行业正在加速健康转型。降油、减盐、天然，以及多元化的消费方式，引领行业奔向营养、健康的主题。例如，方便面向非油炸面、降油方向上转变；调味包以头香为主的“工业味”大幅降低，增加了对天然配料及大块脱水蔬菜的应用；挂面面条的形态体现了中华面食文化的传承，各种具有健康内涵的杂粮挂面及多种形态面条的工业化创新，丰富了方便食品的品种。在体现方便的同时，更多加入了安全、健康、趣味以及亲情和时尚内涵。

（一）行业整体创新趋势

1. 精选食材、优化工艺，高端化趋势明显

产品食材的选择更为严格，在风味和口感上追求更优。产品整体向中高档发力。无论制面工艺还是料包选材，都将有突破和提升。

2. 改变理念、增强互动，追求“好吃更好玩”

方便食品并不只是在不方便时吃的食品，行业力图把更多的烹饪乐趣和快乐消费的理念注入到产品之中。例如：通过方便食品对接信息化，将更多创意吃法传递给消费者。

3. 兼顾营养、追求健康，行业向营养健康转型

产品突出体现安全与健康同行的行业诉求，在健康中国的大背景下，紧贴“健康、营养”潮流，以新工艺的突破兼顾营养与美味。

4. 风味创新、对接餐饮，求新、求变、求时尚

从剁椒鱼头、酸汤肥牛、葱油拌面等传统菜肴创新而来的新风味，不仅体现了传统与创新在方便食品领域的有机融合，也更加鲜明地呈现出餐饮与现代食品工业结合的特征。

5. 立足方便、面向休闲，在跨界组合中引领消费

随着消费结构的改变，一些方便食品开始向休闲消费的方向转型，追求刺激的风味与跨界食材的混搭。从方便向休闲的转型，为方便食品的创意拓宽了无限可能。

6. 细分领域、定制体验，产品形成差异化区隔

随着消费能力、消费区域、消费人群的差异越来越明显，方便食品行业开始注重针对细分领域小众化产品的研发，提升个性化体验，针对特定人群的需求进行产品形态和风味的改良。

7. 最简加工、回归自然，注重新技术应用

调味料创新产品以最简加工、清洁标签为目标，轻加工、轻调配，注重多技术组合应用，最大限度降低加工强度，最大可能保留自然原味。调配上也更加讲究顺势、均衡，并对食物的原香、色泽、风味予以保留。

8. 精细化、全自动化，装备提升向智能化迈进

方便食品行业的发展依托于装备的革新，通过装备与工艺的改良，使得机械生产的产品更加接近手工加工的效果，让中华传统美食实现了由手工生产向自动化、规模化生产的转变。

（二）产品创新趋势

市场需求的变化，使企业在产品创新方面做出更多变化，在不同领域都呈现出不同的特点和趋势。

1. 方便面行业

一是体现让方便面口味回归家庭“妈妈味”的理念。例如，面饼更加接近手擀面，同时，在选材、设计、配料上增加内涵。

二是创新方便面食用类型，美味更好玩。提出一个介于速食泡面和挂面之间的层次丰富的消费场景。

三是健康潮流成为风口。突出展现的一大趋势就是在健康中国的大背景下，借助马铃薯、荞麦、青稞等杂粮，加上新工艺，兼顾营养与美味。

四是深植传统饮食文化，释放各地饮食味道。将经典美味与科学工艺相结合，释放地域特色味道，实现传统食品工业化生产。

2. 挂面、米粉行业

一是不断创新追求极致口感。以面体创新为主，如借助椭圆形、外薄内厚的形体设计，让口感更Q弹的“精巧椭圆挂面”。

二是增加互动性，不仅好吃还要好玩。食品不只是好吃，还要好看、好玩。这也为相对传统的挂面行业提供出创新思路。

三是健康升级，注重营养与色香味的平衡。企业越来越注重将富含营养及具有药用价值的食材与营养单一的挂面相结合。

四是调料科学搭配，食用更加方便。人们对烹制过程方便快捷的要求，使得提升食用方便性成为行业创新的重要趋势。

3. 速冻食品行业

一是加快与业务用市场的对接。越来越多的工业产品正进入餐饮市场，同时也使餐饮业走出手工作坊、走向中央厨房。

二是不再是职场人吃饭“凑合”的代名词。速冻食品，让人们从职场急匆匆地回家后，吃上美味可口的饭肴成为可能。

三是关注孩子是永恒的主题。各种针对儿童开发的产品，营养搭配均衡，不愁孩子因缺乏营养而影响身体达标。

四是均衡膳食、合理搭配的具体体现。用现代加工方法，免除了人们在厨房的辛苦劳作，同时补充优质蛋白质和维生素、矿物质等营养素。

4. 方便食品上游供应链：咸味香精与配料行业

咸味香精调味料的创新顺应“减盐减油”大趋势，紧盯未来市场需求，开发减油替代风味产品和减盐增咸产品，追求原料中营养成分的最大限度保留，在提升感官享受的同时，满足消费者营养健康需求，实现味蕾愉悦、身体健康的双优目标。

5. 方便食品上游供应链：机械装备行业

机械设备创新，一改以往以跟踪模仿为主，自主化技术水平显著提升，并注重知识产权保护。随着装备向精细化、自动化、智能化方向发展，光电控制技术得到广泛应用，主机和生产线的自动化程度不断提高。而生产规模的不断扩大，也要求装备向成套化方向发展，不只提供单机产品，还能提供成套装备和工程技术服务。

四、政策建议

（一）加快推动加工技术的自动化、智能化和标准化

围绕贯彻和落实《国家中长期科学和技术发展规划纲要（2006—2020年）》和《国务院关于深化中央财政科技计划（专项、基金等）管理改革方案的通知》（国发〔2014〕64号）等文件精神，启动实施“现代食品加工及粮食收储运技术与装备”重点专项。建议方便食品行业按照全链条布局、一体化实施的总体思路，围绕新型加工与绿色制造、粮食收储运技术装备、现代食品物流的信息化、智能化与低碳化研发，以及全产业链质量过程控制开发、中华传统与民族特色食品工业化及工程化食品加工技术装备创制等关键问题与重大科技需求，依靠科技创新，实现工艺、装备、产品创制的新格局。

（二）加强食品安全建设，推动标准与监管的对接

在加强方便食品行业质量安全建设、建立有效的食品安全质量监管体系的同时，推动标准与监管的对接。重点加强企业对生产过程的监控和检验制度，将每个环节的物理污染和微生物污染风险降到最低程度。建议有关国家标准出台后，相关标准主管单位应与市场监管部门多沟通，保障在执行中的合法性，对监测的项目不应作为判定不合格的依据，对冷链食品要加强对市场流通环节的监控。

（三）加快方便食品的“正餐化”转型及与餐饮业对接

从设备技术改造、产品研发以及税收、资金和政策方面加大支持力度，鼓励企业与餐饮业合作，让行业从以前的以超市、小卖店为主向“正餐化”转型。以标准化的产品形式给消费者提供半成品，使方便食品行业有更好的未来。

（四）加大对消费者的“食育”教育

目前，政府部门对食品安全风险交流的管理，正从相对被动的危机应对走向更加从容、主动的“和平时期”的消费者教育。鉴于消费者对食品欺诈和虚假宣传的关注，建议国家应将“食育”纳入普通百姓的生活中，提升普通消费者自我保护的能力。例如，中国食品科学技术学会通过连续多年举办食品安全热点媒体沟通会、各类科普活动，对消费者的“食育”和食品行业的健康发展起到正向引导作用。

中国食品科学技术学会

生物发酵产业

生物发酵产业为了适应市场需求，积极朝着多品种、个性化、专一化、高附加值发展，在提高产品产量的同时，积极注重产品结构的调整，品种结构日益完善。2017 年，全行业保持了稳定的增长速度，4 月份，玉米加工业产业政策全面放开，新增玉米加工能力约 2000 万 t，2018 年将陆续投产，对目前行业局面将带来较大的影响。但由于市场需求等因素，大宗产品产能结构性过剩并未得到有效缓解，尚需继续通过提质增效、科技创新、注重清洁生产和环保治理、加强与互联网经济的结合等手段解决不断面临的问题，推动产业可持续健康发展。

一、行业概况

（一）主要经济指标完成情况

1. 整体经济运行保持稳中有升

2017 年生物发酵行业整体经济运行稳中有升，产业规模继续扩大，主要行业产品总产值约 2390 亿元人民币，产量约 2846 万 t，与 2016 年相比增长约 7.7%（详见表 1，其中食用酵素产量为首次统计，未计入总增长速率）。

表 1　2017 年生物发酵主要行业产品产量

分类	产量/万 t	同比增长/%	产值/亿元
氨基酸	542	17.8	445
有机酸	224	6.6	150
淀粉糖	1375	6.0	420
多元醇	161	1.2	130
酶制剂	139（标吨）	8.6	120
酵母	35	6.0	75
功能发酵制品	355	2.3	750
食用酵素	15	—	300
合计	2846	7.7	2390

数据来源：源自 2017 年 12 月 31 日止行业统计数据。

2. 产品出口总体保持快速增长势头

根据海关 2017 年出口数据统计，生物发酵行业主要行业、主要产品出口量 501.6 万 t，较 2016 年同期增长 22.9%（表 2），出口量继续保持两位数增长；出口额 42.8 亿美元，同比增长 16.8%；我国生物发酵产品的贸易顺差进一步增大。

表 2　2017 年生物发酵行业主要行业、主要产品出口量、出口额

分类	出口量/万 t	同比增长/%	出口额/亿美元	同比增长/%
谷氨酸产品	62.1	40.0	5.8	20.8
赖氨酸产品	37.2	11.3	4.0	11.1
苏氨酸产品	35.0	54.0	—	—
柠檬酸产品	109.0	8.6	9.4	26.3
乳酸产品	5.4	22.5	0.7	17.2

续表

分类	出口量/万 t	同比增长/%	出口额/亿美元	同比增长/%
葡萄糖酸产品	17.6	9.4	1.0	6.5
淀粉糖产品	180.7	11.0	9.4	3.4
多元醇产品	31.4	31.0	6.0	56.5
酶制剂产品	9.4	8.9	3.6	3.5
酵母产品	13.8	8.8	2.9	7.8
合计	501.6	22.9	42.8	16.8

数据来源：根据海关 2017 年统计数据（苏氨酸产品除外）。

（二）行业发展分析

1. 价格

由于玉米加工业产业政策全面放开，政策影响减弱，目前采取“玉米市场化收购”和“补贴”的新机制，市场供需关系主导价格走势。国内玉米平均价格从 2015 年第四季度大幅下跌以后持续走低，2017 年上半年达到低点，2017 年 7 月起开始有小幅回升，但仍处于较低水平。玉米加工企业生产成本下降，利润空间显现，企业开工率加大，产能得以释放，产品在国际市场的竞争能力增强，出口量大幅增加，2017 年保持稳定增长。

（1）氨基酸　氨基酸大宗产品的价格持续多年低迷。我国味精（谷氨酸钠）已达到供销平衡产销饱和状态，产品价格仍然不够理想。在玉米深加工补贴的影响下，2017 年上半年行业开工维持较高水平，味精产品市场价格继续维持在一个偏低水平；2017 年下半年国内玉米价格出现一轮上涨趋势，使味精平均售价有所回升，但整体仍处于低位水平。赖氨酸及其盐受国际需求的影响较大，行情不稳定，价格也忽高忽低。2016 年年底价格大幅上涨后，未能持续太久，自 2017 年 2 月起主要受原料价格下滑影响，加之下游需求疲软，赖氨酸价格持续下滑，又回落到 2016 年的水平。2017 年 6 月初开始赖氨酸价格明显上涨，9 月份达到全年价格的峰值，玉米价格不断上涨，支撑赖氨酸生产成本，第四季度赖氨酸价格稳定。受多因素影响，苏氨酸与赖氨酸相同，产量和价格存在不稳定性，起伏明显。苏氨酸 2017 年 5 月之前受国内需求所限，因玉米价格持续下滑，生产成本较低，饲料中玉米添加比例相对增加，苏氨酸用量减少，价格呈持续下降态势，8 月底苏氨酸价格开始回升。2017 年色氨酸供应相对稳定，受需求拉动，2017 年色氨酸价格较 2016 年大幅上涨，走向新高。

（2）有机酸　2017 年柠檬酸出口价格起伏较大，全年走势呈抛物线状，上半年价格逐步走高，6 月与 7 月出口价格达到 900 美元，是近年来价格最高点，但 7 月份开始出口价格逐月走低，年底又回落到年初的价格水平。近年来葡萄糖酸发展过快，出现了产能过剩。2017 年葡萄糖酸价格持续低迷，葡萄糖酸平均出口价格比 2015 年下降了 130 多美元，呈现继续下降趋势，行业发展环境恶化明显。2017 年乳酸市场价格继续下滑，乳酸国内市场价格为近年来的最低点。

（3）淀粉糖醇　由于近三年来国内食糖价格持续高位徘徊，以及近两年玉米原料价格下降，生产成本下降，淀粉糖产品的价格优势显现，在国内食糖应用市场以及国际上的竞争力增强，市场需求增加。但淀粉糖行业是微利行业，竞争较为激烈，2017 年平均销售价格仍处于低位，全年价格较平稳。麦芽糖浆平均销售价格在 2200 元/t 左右，果葡糖浆平均销售价格在 2500 元/t 左右，结晶葡萄糖平均销售价格在 3200 元/t 左右，糊精平均销售价格在 2700 元/t 左右。

糖醇产品中液体山梨醇的平均销售价格在 3100 元/t 左右，各企业间成本差距较大；甘露醇平均销售价格在 18000 元/t 左右，由于发酵法工艺的产业化，使得生产成本降低，带动销售价格下降；木糖醇平均销售价格在 30000 元/t 左右，价格较往年有所增长，主要是因为国内木糖原料紧缺，带动醇的价格提升。

（4）酶制剂　与 2016 年同期相比，除中性蛋白酶、高温淀粉酶、中温淀粉酶、木聚糖酶、植酸酶价格基本保持不变以外，其余价格均有不同程度的下降，侧面反映出企业间同品种产品市场竞争激烈（见表 3）。

表 3　2017 年主要酶种价格

品种	价格/（万元/t）	酶活力
酸性纤维素酶	0.95	10 万单位
酸性蛋白酶	1.6	5 万单位
中性蛋白酶	1.1	5 万单位
碱性蛋白酶	1.9	20 万单位
高温淀粉酶	1.5	4 万单位
中温淀粉酶	0.6	2 千单位
木聚糖酶	1.5	5 万单位
糖化酶	0.65	10 万单位
植酸酶	0.3	5 千单位
脂肪酶	0.9	1 万单位

2. 市场

（1）氨基酸　近几年，氨基酸行业发展可谓是突飞猛进。传统大宗产品的市场格局基本稳定，但企业内部产品结构及规模均在随着市场的变化进行调整。我国谷氨酸钠（味精）的产量国内已达到供销平衡产销饱和状态，预计今后味精总产量不会有太大增加。产量的过剩使市场竞争越来越激烈，产品价值始终得不到应有的体现和提升，产品价格仍然不够理想，由于成本等因素影响，企业的经济效益不均衡。赖氨酸及其盐作为饲料用氨基酸，产量约一半进入国际市场。受国际需求的影响巨大。目前，除现有企业有扩产计划外，还有一些相关企业加入到赖氨酸生产行列。今后一两年内全国赖氨酸产能增幅较大，产量也会随之有较大增长，但是，国际市场的竞争一定更加激烈。赖氨酸由于出口量较大，受国际因素影响也十分严重，因此，提高产品层次，扩大内需，建立知识产权体系等也是今后发展的重点。目前，我国生产的氨基酸主要是调味品用和饲料用，可以满足国内外需求。而其他应用方面如医药保健用、食品营养用、美容化妆品用乃至诸多领域的应用，还有待进一步研究和开发。小品种氨基酸随着生产技术的不断提高，产品品种、企业数量、生产规模、市场容量时时刻刻都发生着变化。

（2）有机酸　2017 年柠檬酸产销量和价格齐增，一举扭转了前几年价格不断下滑的局面，实现了扭亏为盈。2017 年我国葡萄糖酸产销量在 53 万 t 左右，与 2016 年相比上升 6.00%，行业处于触底反弹阶段。2011 年到 2015 年乳酸出口量持续走低，国际市场份额在不断流失，利好的是 2016 年乳酸出口回升。2017 年乳酸市场价格继续下滑，乳酸国内市场价格为近年来的最低点，出口量、出口额继续大幅增长。

（3）淀粉糖　据中国生物发酵产业协会淀粉糖分会统计，2017 年全国淀粉糖总产量 1375 万 t，比 2016 年增长 6%，产值约 420 亿元人民币。其中，固体糖 485 万 t，较 2016 年上升 13.6%；液体糖 890 万 t，较 2016 年上升 2.3%，增幅最大的是果葡糖浆产品。2017 年，在国家放开玉米深加工审批限制、取消玉米托市政策、蔗糖价格高企等因素影响下，淀粉糖行业迎来发展的曙光，产量回升，并且因为玉米价格市场定价，价格远低于前几年的价格，生产成本大幅下降，价格竞争优势凸显，市场份额逐步扩大，产销量增加，企业利润水平有所提高。

（4）多元醇　2017 年我国多元醇行业运行基本平稳、产量略微上升。据中国生物发酵产业协会多元醇分会统计（生物化工醇未列入统计范围），2017 年糖醇总产量约 161 万 t，同比上升 1.25%，产值约 130 亿元人民币。多元醇行业近几年发展较平稳，2011 年至 2017 年基本在 160 万 t 上下浮动，现有产品的已开发市场基本处于饱和状态，要想获得较大的市场突破，需要在应用领域开发上下大力气。2017 年国内玉米价格下降，国内外价差明显缩小，对以玉米、淀粉为主要原料的糖醇企业特别是山梨醇企业极大利好，企业生产成本下降，企业盈利水平增加。麦芽糖醇、赤藓糖醇、甘露醇的生产状况、产品效益良好，木糖醇价格上涨幅度较大，主要原因是国内木糖供应紧张，供不应求。山梨醇行业效益有明显的提升，企业开工率充足，主要得益于原料玉米成本的下降，食品工业、医药工业、日化工业等应用领域需求稳定，国际市场需求恢复性增长。

（5）酶制剂　酶制剂产能不断增加，除几家原有企业扩产外，一些新企业加入酶制剂生产行列，市场竞争愈加激烈。企业继续加大创新投入，行业知识产权保护意识增强，专利数量快速增长。企业不仅注重新的应用市场开拓，对现有酶制剂的改造和提升也加快了步伐，对于国产酶制剂在中国市场的份额重新分配起到了积极作用。研究、生产、应用三方的合作越来越紧密，酶制剂的研究与改造提升越来越有目标性和针对性，紧跟市场需求。企业差异化发展战略在行业内得到认同。

（6）酵母　2017 年酵母行业基本保持平稳发展态势，中国酵母类制品产销约 35 万 t，同比增长6%。其中活性酵母类24 万 t，酵母抽提物类 9 万 t，其他酵母制品 2 万 t。产能利用率 87%，产销规模继续保持小幅增长。

3. 投资

2017 年，行业基本保持平稳发展态势。企业在生产规模上已拉开了一定距离，企业数量在减少，而生产规模越做越大，但由于企业间在布局和技术提升上的差异，企业的盈利水平有较大差异。

为了充分利用东北的玉米产能优势，一些氨基酸生产厂家纷纷在东北建厂。阜丰公司黑龙江齐齐哈尔市建设了一家玉米深加工工厂，目前一期工程年产 20 万 t 淀粉糖及 10 万 t 苏氨酸，2017 年年底完工并试生产。此外，于 2018 年初建设龙江厂房二期工程，二期工程年产 30 万 t 淀粉糖及 20 万 t 赖氨酸，计划于 2018 年下半年建成投产。2018 年梅花公司将在吉林白城一期工程建成年产 40 万 t的动物营养氨基酸产能基地。

2015 年 7 月，安琪公司选址俄罗斯利佩茨克州建设的第二家境外投资项目——年产 2 万 t 酵母的新建项目稳步推进，已于 2017 年 8 月投产；选址广西柳州的二期扩建 1.5 万 t 酵母抽提物项目同步推进，已于 2017 年 11 月投产；此外安琪酵母赤峰工厂 2.5 万 t 酵母绿色制造集成项目计划于 2019 年 6 月完成。2015 年 12 月，乐斯福并购控股广西湘桂酵母（合计 1.8 万 t 酵母及抽提物），改扩建项目预计 2018 年年底完成。最近 1 年，乐斯福中国总产能进一步增长，广西来宾工厂有扩建项目。乐斯福中国酵母总产能进一步增长，显示出其对中国酵母行业的看好，提升了行业集中度。山东圣琪食品原料及添加剂以及甘薯渣固态发酵酵母培养物生产线在 2018 年 3 月完成建设。风味化酵母抽提物、无味精酵母抽提物调味料、酵母类功能食品等项目也将在 2018 年年底前完成。佰惠生生物科技项目年产能 10000t，占地 300 亩，投资 3 亿元，2017 年处于试生产。

4. 行业集中度

（1）氨基酸　经过近几年的行业整合，目前全国味精（谷氨酸钠）发酵在产企业有10 家，总产能约 300 万 t。10 万 t 以上规模的企业有 6 家，产量占全国总产量的 95%。全国赖氨酸发酵在产企业有 10 家，总产能约230 万 t，2017 年赖氨酸总产量约 193 万 t。20 万 t 以上规模的企业有 7 家，产量占全国总产量的 93%。苏氨酸发酵在产企业有 6 家，总产能约 70 万 t。2017 年苏氨酸总产量约 60 万 t，总产值约 60 亿元。10 万 t 以上规模企业 2 家，产量占全国年产总量的 68%。全国色氨酸、丙氨酸和三支链氨基酸产能均已超过万吨，其他产品产能相对较小。我国发酵法生产的其他品种高附加值氨基酸总产能约 10 万 t，生产企业 10 余家，2017 年产量约为 7.14 万 t，产品大多以出口为主。

（2）有机酸　近年来，柠檬酸（盐）企业变化不大，柠檬酸酯发展较快。2017 年国内柠檬酸发酵生产企业有 6 家。2017 年生产企业产量排名顺序稍有变化，江苏国信协联公司产量增长较快，排名上升，而由于搬迁生产厂，中粮生化产量大幅度下降。2017 年乳酸产量排名前几位的企业没有变化，山东百盛乳酸产量增长很快，进入第三位，前三家企业产量占全国总产量的 90% 以上。

5. 进出口

2016 年以来，我国玉米深加工产品出口形势好转。以淀粉为例，我国虽然是除美国之外的玉米淀粉的第二产出国，但前些年由于玉米价格昂贵，出口量占比很少，只占到玉米淀粉产量的 1%，而 10 年前，这个比例是 12%。2016 年由于玉米临储政策取消，玉米价格重新市场化，我国玉米的价格逐渐与世界玉米接轨。随着玉米价格的回归，玉米深加工产业进一步市场化，产品竞争力将继续回升，生物发酵产品出口扩大成为我国玉米去库存的新渠道。

（1）氨基酸　我国是世界氨基酸生产第一大国，其产品进口数量相对较少，每年有 1 万 t 左右的产品进口，在进口量没有多少变化的前提下，2017 年进口额为 7073 万美元，与 2016 年持平。2017 年我国氨基酸产品总出口量为 123.69 万 t，比上年增长 23.9%，出口额为 17.85 亿美元，比上年增长 17.43%。其中，2017 年谷氨酸产品出口涨幅明显，出口量 62 万 t，同比增长 40%，出口额 5.8 亿美元，同比增长 20.8%；赖氨酸产品出口量 37.2 万 t，同比增长 11.3%，出口额 4 亿美元，同比增长 11.1%；苏氨酸出口 35 万 t，占总产量的 54%；色氨酸产品也有近一半出口；其他高附加值氨基酸产品大多以出口为主。

（2）有机酸　柠檬酸、葡萄糖酸、乳酸出口均有较大幅度增长。2017 年柠檬酸产品总进口量 3187t，同比上升 4.01%；总进口额 1163 万美元，与 2015 年相比上升 12.72%。其中，柠檬酸进口量 2236t，进口额 792 万美元；柠檬酸盐及酯进口量 952t，进口额 518 万美元。2017 年乳酸及其盐和酯进口量 8669t，同比增长 24.95%；进口额 1796 万美元，同比上升 23.52%。乳酸产品进口量、进口额 2013、2014 年连续两年大幅上升后，2015 年进口量增幅减缓，进口额出现下降，2016 年进口量、进口额均出现大幅度的下降，2017 年又出现进口量和进口额大幅度增长。2017 年葡萄糖酸及其盐和酯进口量 801t，同比减少 1.84%；进口额 227 万美元，同比下降 16.30%。

2017 年柠檬酸产品总出口量为 109.03 万 t，同比上升 8.63%；总出口额 93659 万美元，同比上升 26.29%。其中，柠檬酸出口 91.63 万 t，同比上升 7.88%，出口额 77624 万美元，出口额同比上升 25.79%；柠檬酸盐和酯出口 17.41 万 t，同比上升 12.76%，出口额 16035 万美元，出口额同比上升 28.72%。2017 年柠檬酸出口量价齐增，一举扭转了前几年价格不断下滑的局面，实现了扭亏为盈。2017 年乳酸及其盐和酯出口量 53476t，同比上升 22.51%；出口额 6764 万美元，同比增长 17.19%。2017 年葡萄糖酸及其盐和酯出口量 17.61 万 t，同比增长 9.37%；出口额 10515 万美元，同比增长 6.52%。葡萄糖酸产品出口价格波动较大，但近几年来持续走低，出口价格屡创最低点。

（3）淀粉糖　2017 年淀粉糖产品进出口量同比均增长，出口额增长幅度没有出口量增长幅度大，而进口额同比下降。根据海关 2017 年的进出口统计数据计算，2017 年淀粉糖相关产品进口量 42.2 万 t，同比上升 8.61%；进口额 3.94 亿美元，同比下降 7.25%。进口方面，2008 年到 2017 年间淀粉糖进口规模一直保持稳步增长的态势，在 2010 年大幅增长后，增长速度逐年回落，2013 至 2017 年间进口增长率均保持在个位数增长。2017 年淀粉糖相关产品出口量 180.7 万 t，较 2016 年同比上升 10.98%；出口额 9.44 亿美元，较 2016 年同比上升 3.42%。出口方面，2008 年到 2017 年间出口曲线总体是震荡上升的趋势，震荡区间差异较大，2017 年达到历史高点，一方面得益于国内玉米原料价格回归市场化定价、蔗糖价格高位震荡的双因素影响，价格更具有竞争力；另一方面，国内淀粉糖生产的技术、装备已达国际先进水平，产品质量稳定，具有很强的品牌竞争力。

（4）多元醇　2017 年多元醇产品进出口均有大幅增长，尤其出口额增长幅度显著。根据海关 2017 年的进出口统计数据，进口量 38.6 万 t，上升 11.1%；进口额 5.17 亿美元，上升 39.8%。2017 年多元醇进口量回复上升态势，进口额持续提升，幅度超过进口量增幅。2017 年全年多元醇相关产品出口量 31.4 万 t，较 2016 年上升 30.97%；出口额 6.01 亿美元，较 2016 年上升 56.5%。从以上统计数据看出，2017 年多元醇相关产品出口保持了大幅增长的态势，出口量达到 2008 年以来的最高点，出口额上升幅度超过出口量，出口平均价格上升，企业出口利润上升。2016 年 8 月，国家财政部调整了玉米加工部分产品出口退税率，出口退税率由 9% 提高到 13%，对出口企业起到了一定的鼓励作用，一定程度上加大了国际市场的开拓；但多元醇产品中的液体山梨醇、液体麦芽糖醇并未列入其中，在一定程度上影响了产品出口。

（5）酶制剂　与 2016 年相比，2017 年酶制剂产品进口量和进口额均出现下降，进口量下降 15.3%，进口额下降 2.6%，进口平均价格上升。出口方面，与 2016 年相比有所增加，出口量增长 8.9%，出口额增长 3.5%，出口平均价格下降。由此看出，我国出口酶制剂的价格远低于进口酶制剂，侧面反映出我国酶制剂产品与国际的差距，仍以大宗低端酶制剂为主，竞争激烈，国产酶制剂发展之路任重而道远。

（6）酵母　2017 年酵母类产品进口量 1607t，同比减少约 25.85.3%；进口额 1349 万美元，同比减少 17.50%。活性酵母、非活性酵母和发酵粉三类产品进口量和进口额均有大幅减少。国际市场继续保持增长。据海关统计，2017 年酵母类产品出口情况较好，2017 年酵母类产品出口量 13.8 万 t，同比增长 8.8%；出口额 2.94 亿美元，同比增长 7.8%。2010—2017 年酵母产品出口一直保持较高增长，这意味着中国酵母产业国际竞争力及影响力持续增强。但从增长幅度看，出口量增长速度明显快于出口额增长速度，这与高端品种的出口量不大有关。

6. “三品”战略实施情况和典型案例

（1）增品种　企业普遍重视产品研发的投入，企业研发新产品的主动性和积极性都在不断提高，新品开发速度明显加快。一切围绕消费者，满足消费者不断变化的需求，回归市场，加强市场研究，加强供给侧改革，不断提升企业的软实力，才能逐步改善消费市场供需失衡的矛盾。

重点项目推介活动围绕创新驱动。为了更好地解决科研成果转化难的问题，满足企业转型、产品结构增项和延伸等需求，从而推进产业转型升级，活动遴选的项目已完成小试、中试，并满足以下要求：现有技术成果或专利技术具有产业化、商业化应用前景；适应社会发展需求，有利于高新技术产业链的形成，对发酵行业经济增长、产业结构优化升级与关联产业发展有推动作用；符合当前国家重点鼓励发展的产业、产品和技术目录，以及《国家中长期科学和技术发展规划纲要（2006—2020 年）》等；具有较广阔的市场前景，有较好的经济效益、社会效益和生态效益，符合低碳经济、可持续发展的要求；具有前瞻性并对产业未来发展有指导性的技术或研究。2017 年重点推出的项目有发酵法生产嘧啶核苷、棒杆菌高效合成谷氨酸链高值氨基酸、富硒益生菌制备技术、基于合成生物学的人参皂苷及甜菊糖苷等萜类化合物发酵生产技术、特种酵母菌株精准构制及产业化应用、微流控微液滴恒化器（MMC）产品开发与应用进展，以及近红外技术在发酵液快速质量分析中的应用。活动中还重点介绍了禹城市生物健康产业项目。

以市场需求导向创新开发产品。我国消费需求结构的变化，从过去新消费领域的横向扩展，到既有消费领域的纵向拓展，表现为不是新的消费领域的出现，而是消费层次的提高。产品开发理念源自消费需求，通过产业化创新，开发了一大批促进食品安全、引领健康潮流的产品，促进了消费升级。

例如，酵母的推广应用，改变了我国面食几千年来使用传统面肥的发酵方法，促进了中华面食的产业化；无铝害油条膨松剂的替代，赋予传统食品油条以新的生命力；酵母抽提物（YE）系列产品的开发和应用，已成为食品工业新技术开发、产品升级换代、追求清洁标签的首选。安琪酵母股份有限公司开发的酵母高浓度发酵技术、耐高温酿酒活性干酵母以及酶解和热反应技术生产的酵母抽提物，出口全球 150 多个国家，在多个国家和地区市场占有率第一。阜丰集团有限公司依托区域玉米产地优势，发展形成了以玉米为原料的系列发酵产品，在主导产品基础上开发出了系列高附加值产品；在下游产业链延伸方面，以味精为原料，开发出了鸡精、鸡粉和复合调味料系列产品；以谷氨酰胺为原料，生产出了系列保健产品，包括神华 V 优、神华提力、神华祝酒等氨基酸、维生素固体饮料。

（2）提品质　在提品质方面，重点培育和弘扬精益求精的工匠精神，企业通过树立质量为先、信誉至上的经营理念，在生产工艺、节能减排、技术水平等方面找差距、补短板，提高质量管理水平，推动中国制造加快走向精品制造，赢得大市场。

安琪酵母股份有限公司在发展过程中，率先引入先进的管理标准和管理工具，结合发酵企业的特点，总结创新了“CIP 无菌管理模式”，保障全过程高质量，不断提升产品和经营质量，不断实现“无菌管理”，即产品零缺陷、管理无隐患。“CIP 无菌管理模式”获得 2017 年全国质量标杆。

（3）创品牌　品牌是企业的第一生产力，是开拓市场的制胜关键。行业企业通过加强创新能力、增加研发投入、维护知识产权，创造更多的终端品牌，提高品牌竞争力，以已有优势品牌开发下游产品。由工业品规模发展转向消费品品牌发展，加大产品延伸推广，发展下游产品，提高产品价值，实现产品差异化竞争优势。从食品行业向其他行业渗透，从中间产品向终端产品升档，多元化发展，提高产品附加值，拓展品牌的文化内涵，使品牌价值与影响力不断提升。

例如，青岛琅琊台集团股份有限公司运用高新技术改造提升传统白酒产业，在供给侧结构性改革方面实现了长足发展，生物产业迅速成长为企业的主要经济增长点，新上的海洋微藻生产高附加值DHA产业化项目和海藻高效绿色养殖生产虾青素项目等，已经成为新的经济增长点，使企业成功实现了由传统产业向高新技术产业和战略性新兴产业的转型升级。现公司已形成以微生物发酵技术为核心，白酒产业、水果鸡尾酒产业、葡萄酒和啤酒产业、海洋生物产业、健康产业、有机饲料和有机肥产业、房地产七位一体的大型现代化、多元化企业，走出了一条以科技推动产业转型、以质量实现产品升级、以品牌促进市场开拓、以“互联网+”和“工业4.0”为目标的新型强企发展之路。西王集团有限公司围绕着“中国糖都”塑造西王的整体品牌，在玉米果糖大包装的基础上，2017年新增玉米果糖中包装、小包装以及固体果葡糖等终端产品。

7. 绿色制造、智能制造

进入“十三五”以来，在工信部的大力推动下，我国加快了绿色制造、智能制造进程，大力推进制造业绿色制造、智能制造体系建设。

在绿色制造方面，行业积极响应国家生态绿色发展需要，2017年开始起草制定氨基酸行业、有机酸行业、淀粉糖行业、山梨醇行业、酵母行业的绿色工厂评价规范、绿色设计产品评价技术规范等团体标准，构建生物发酵绿色制造标准体系；承接北京工商大学中国轻工业清洁生产和资源综合利用重点实验室开放性课题《有机酸行业污染防治技术筛选与评估》《酵母行业污染防治技术筛选与评估》；承接环境保护部《淀粉工业水污染物排放标准》（GB 25461—2010）实施评估项目，协助开展全国淀粉糖企业废水处理设施提标改造状况调研分析等工作；编写《味精清洁生产白皮书》。

在淀粉糖、糖醇行业开展基于酶制剂的“双促、双降”活动，推动天津科技大学、齐鲁工业大学、山东省食品发酵工业研究设计院、山东隆科特酶制剂有限公司、南京百斯杰生物工程有限公司、白银赛诺生物科技有限公司、诸城东晓生物科技有限公司、浙江华康药业股份有限公司、黑龙江金象生化有限责任公司、广州双桥股份有限公司等国内酶制剂研究机构、院校，以及淀粉糖、糖醇、酶制剂行业优秀企业联合，共同开展促进提高生产效率和原料综合利用率，实现节能减排、绿色生产的攻关项目。

生物发酵企业积极建设绿色工厂，2017年山东西王糖业有限公司、日照金禾博源生化有限公司、呼伦贝尔东北阜丰生物科技有限公司三家公司通过工信部的绿色工厂评价。

生物发酵企业在绿色制造方面也积极开展大量工作，组织企业科研力量积极申报工信部的绿色集成专项项目，2017年共有三家成功申报立项。保龄宝生物股份有限公司立项的“功能糖绿色设计平台建设项目”，将研发功能糖绿色工艺，建设功能糖绿色产品验证示范生产线和产品验证生产设施，提高功能糖行业绿色生产水平。安琪酵母股份有限公司立项的“酵母绿色设计平台建设项目”，将建立酵母制造LCA评价体系和数据库，开发酵母绿色制造关键技术，推广应用绿色制造设备和技术，全方位深入推进清洁生产。福建省建阳武夷味精有限公司立项的“氨基酸发酵废液资源化关键技术”，将开发氨基酸行业发酵废液利用的新工艺，为我国氨基酸行业的健康发展提供技术支撑。

中国生物发酵产业协会（以下简称协会）在绿色制造节能环保方面对企业进行积极引

导，2017 年启动了生物发酵产业“绿色制造”标志认定工作，推动行业绿色制造意识和水平的提升，促进行业绿色、健康、稳定发展。江苏国信协联能源有限公司、青岛琅琊台集团股份有限公司、日照金禾博源生化有限公司、秦皇岛骊骅淀粉股份有限公司、河南巨龙生物工程股份有限公司、阜丰集团有限公司、山东祥维斯生物科技股份有限公司、通辽梅花生物科技有限公司获得首批认定。

在智能制造方面，行业成立了中国生物发酵行业智能制造推进和服务中心，调研摸底行业智能制造程度和现状。企业也在不断推动智能制造和两化融合的进展，促进其实现数字化、网络化和智能化。安琪酵母股份有限公司对酵母生产现场进行了自动化数字化改造，引进小包装多列全自动抽真空系统、KUKA 机器人生产线等先进包装设备，实现酵母小包装自动化，化工原料配送实现按需自动取料、自动运输、自动化袋投料等自动化控制改造，实现酵母生产全过程自动化运行、数字化控制；实施自动智能仓库系统，实现安全仓储、货物管理、物件定位、运输安全、物流追溯、人员管理、远程访问等功能；实施实验室信息管理系统（LIMS），实现所有检验数据的数字化管理，以上这些改造为建成智能工厂奠定了硬件基础和条件。

阜丰集团在生产工序中全部引入分散控制系统（DCS），实现了生产过程的自动控制；在部分生产工艺中引入能量管理系统（EMS），实现对工厂分区域、分品项、分产品的能耗成本计算、实时监控、自动统计分析功能开发。在企业资源规划领域，引入企业资源计划系统（ERP），将玉米等原料采购、发酵生产、仓储物流及销售各环节联通，同时实现财务业务的一体化管理，与制造企业生产过程执行系统（MES）结合实现生产过程数字化，与 DCS 结合实现生产控制的自动化。并且引入智能装备如全自动氨基酸发酵罐，实现了种子培养、发酵过程的自动化生产；引进自动化分装线及机器人操作等智能设备。

8. 发展新亮点、新增长点

（1）酵素行业规范性日益加强　随着人们生活水平的日益提高，人们对健康的需求从观念上发生了深刻的变化，尤其是个性化健康需求与日俱增。酵素产品是一类能够满足全民个性化健康需求的功能产品，近年来市场潜力显现出来，逐渐受到国内外消费者广泛重视。

在 2015 年之前，由于酵素产业在国内刚刚兴起，酵素科研工作还没有全面展开，酵素行业自律工作还未开展，产品宣传和认知方面较为混乱，导致学术界的部分专家及消费者对市场上的酵素产品存在一些疑问和误解，同时由于酵素行业标准体系不健全，大部分酵素企业未形成规模化生产，生产厂家鱼龙混杂，市场上产品品质参差不齐。国内酵素行业的蓬勃发展与社会上的大量质疑形成了当时中国酵素行业的主要矛盾。2015 年 12 月，协会成立了酵素分会，以“为酵素正名、为酵素扬名”为准则，致力于引导、协调和规范国内酵素产业的发展，目前国内酵素龙头企业正在逐步形成、成长壮大。在协会的主导下，2016 年协会组织酵素行业生产企业、科研机构、质检机构制定并批准发布《酵素产品分类导则》（T/CBFIA 08001—2016）、《食用酵素良好生产规范》（T/CBFIA 08002—2016）2 项团体标准。标准一经发布，在酵素行业引起很大反响，推动了我国酵素行业逐步走向良性健康发展。陕西省渭南市依据标准的科学分类及良好生产规范，投资 20 亿元筹建了“中国酵素城”特色产业区域。2017 年 5 月，协会发布实施了《食用植物酵素》（T/CBFIA 08003—2017）标准，该标准进一步规范了食用植物酵素产品的质量及安全，为酵素产品的食品安全提供了保障，为质检部门提供了法规基础。为了进一步完善酵素行业标准建设，协会申报立项了《植物酵素》和《酵素产品分类导则》两项轻工行业标准，并完成了报批工作。

酵素生产企业通过技术引进和自主研发，目前已开发了众多的酵素产品，在国内外酵素市场占据了相当重要的地位。国内酵素龙头企业也正在逐步形成，如安徽养生、敖东酵素、紫颐康健、万德堂、河南酵益、全然酵素等公司在酵素研发生产方面都有一定的建树，掌握着核心技术和生产工艺，拥有自主知识产权和高新技术产业化能力。我国酵素产业发展速度非常快，但各酵素企业仍需进一步加大科研投入和人才引进力度，增强产业发展内生力、驱动力和持久力，促进酵素产业跨越式发展。

近两三年我国酵素产业处于快速发展阶段，酵素产品市场日趋火爆。食用酵素产品与其他发酵制品不同，自然发酵工艺产量占总产量60%以上，发酵时间较长，且生产工艺的后熟阶段可根据销售情况进行调整，产量受市场影响较大。所以酵素生产企业大多“以销定产”。据酵素分会初步统计，至2017年底，食用酵素生产企业规模在200t/年以上的企业约200家，其中协会会员单位130余家。2017年国内食用酵素设计总产能约15万t，总产值约300亿元。

（2）功能糖逐步迎来市场发展机遇　随着供给侧改革的推进，人民生活水平逐步提高，全民健康意识及需求也迅速增长，有关运动营养、肠道健康、无糖养生、减肥保健等方向成为消费者关注的热点。低脂肪、低热量、低胆固醇的功能食品品种多、销量大，并主导市场。健康中国已经上升到国家战略，与健康相关产业迎来快速发展期。

在健康热潮中，功能糖迎来新的发展机遇。功能糖主要包括功能性低聚糖（水苏糖、棉籽糖、异麦芽酮糖、乳酮糖、低聚果糖、低聚木糖、低聚半乳糖、低聚异麦芽糖、低聚异麦芽酮糖、低聚龙胆糖、大豆低聚糖、低聚壳聚糖、海藻糖等）、功能性膳食纤维（抗性糊精、聚葡萄糖、树胶、海藻多糖、抗性淀粉、改性纤维素、菊粉、玉米麸皮纤维、小麦麸皮纤维、大豆纤维、甜菜纤维和魔芋纤维等）、功能性糖醇（木糖醇、赤藓糖醇、乳糖醇、山梨醇、甘露醇、麦芽糖醇、氢化淀粉水解物、异麦芽糖醇、低聚异麦芽糖醇等）和功能性单糖（结晶果糖等）四大类。功能糖产品所具备的低热量、调节改善肠道菌群、防龋齿等特性，使得其在健康食品行业得到广泛应用。

为了更好地服务健康产业、服务广大消费者，让消费者了解功能糖，拓展功能糖市场，2017年，中国生物发酵产业协会发起成立中国功能糖健康产业联盟，山东龙力生物科技股份有限公司、保龄宝生物股份有限公司、山东福田药业有限公司、山东绿健生物技术有限公司、山东百龙创园生物科技股份有限公司、山东富欣生物科技股份有限公司、西王药业有限公司、诸城东晓生物科技有限公司八家企业积极响应支持。宗旨是开展功能糖产品的科普宣传、导向和市场拓展。2017年联盟开通了线上宣传平台，通过微信、网站等多种方式科普功能糖的特性与应用技术、国内外发展现状，在协会展会上设立专区面向消费者直接进行功能糖的科普宣传和推广。目前多家企业都在开发功能糖小包装产品或是添加功能糖的终端产品，如各种风味的小包装糖浆产品、结晶果糖小包装产品，以及添加低聚木糖的豆浆粉、醋饮、口香糖等，都成为新的经济增长点。

二、行业面临的问题分析

（一）政策与市场

1. 玉米深加工产品税费政策

（1）出口退税　目前，大部分玉米深加

工产品的出口退税是 13%，部分产品如酶制剂、酵母、果糖、葡萄糖等是 15%，但仍有部分玉米深加工产品未能享受出口退税优惠政策以缓解出口压力。并且存在相同产品商品编码不同、执行出口税率不同的情况，影响了企业的产品出口。比如谷氨酸钠，商品名味精，在海关商品编码有两个，分别是 29224220（谷氨酸钠）和 21039010（味精），出口退税分别是 0% 和 13%；固体山梨醇（商品编码 29054400）出口退税 13%，液体山梨醇（商品编码 38246000）出口退税 0%；固体麦芽糖醇（商品编码 29400090）出口退税 13%，液体麦芽糖醇（商品编码 3824909990）出口退税 5%；赖氨酸（商品编码 2922.4110）出口退税 13%，赖氨酸脂和赖氨酸盐（商品编码 29224190）出口退税 9%。

根据协会对我国味精、谷氨酸钠、山梨醇、麦芽糖醇、赖氨酸、赖氨酸盐的出口情况分析，味精、固体山梨醇、固体麦芽糖醇、赖氨酸的出口量占比很小，大部分出口为谷氨酸钠、液体山梨醇、液体麦芽糖醇和赖氨酸盐产品，因此，目前的出口退税政策对于这几种玉米深加工产品的外销等问题产生了很大的不利影响，增加了企业出口阻碍。协会也多次向有关部门反映该问题，但一直没有得到有效解决。

（2）其他税费　玉米深加工生产过程中产生的综合利用副产品税费过高，制约行业发展，建议适度减免税收。

生物发酵产业投资属于重资产投资，投资设备的进项税额一般三年多才能够使用完毕，不能够盘活沉淀在固定资产进项税额的资金，影响企业现金流，在一定程度上制约了生物发酵企业的发展。

2. 产品审批、标准滞后制约行业发展

生物发酵产品大多涉及食品、饲料和医药等关系民生的多个行业，实行严格的安全监管和标准准入制度。近年来我国生物发酵产品的研发力度有很大提升，企业也都非常重视新品的开发，但新开发产品在市场准入方面受到标准滞后的制约，准入审批流程过长，有的审批长达几年之久，审批依据也不尽合理，影响新产品上市销售，降低了企业竞争力。标龄过长，许多标准实施超过了 5 年，跟不上行业的快速发展。有些产品适用范围也限定过窄，这些都影响了产品的市场销售，限制了市场需求的增长。

国家标准化工作深化改革以来，协会积极响应国家标准化工作改革方案精神，积极组建与国家标准、行业标准相配套、适应市场需求的生物发酵产业团体标准体系，助力产业核心竞争力的提升。目前已发布 7 项团体标准，正在制定 22 项团体标准，极大地解决了因标准缺失带来的产业发展难题。但是各地执法部门目前对团体标准的认可度和执行度仍然不乐观，严重影响了团体标准的推行和应用。

3. 市场需求和产能矛盾突出，产业大而不强

大宗生物发酵产品所占比重依然偏高，产能结构性过剩，高附加值产品数量较少，产品应用技术发展相对缓慢，产品应用推广力度不够，未形成完整的生物发酵产业链条，缺乏国际竞争力。随着原辅材料价格的逐年上涨，加之产品市场竞争激烈，以大宗发酵产品为主的生产企业效益滑坡，严重影响了产业的发展。针对产业发展的困境，如何调整产业结构、延伸产业链、提升产品附加值成为生物发酵产业亟待解决的问题。

（二）科技创新

1. 自主创新力仍不足，基础研究、应用研发薄弱

我国生物发酵产业研发水平和成果转化能力虽有所提升，但仍达不到理想水平，大部分以低水平的跟踪和仿制为主，自主开发

的产品不足；某些产品的供给只能满足价低的普通需求，一些前沿产品目前还未突破技术路线，或者发酵过程的转化率以及最终产品的纯度和品质存在缺陷；我国在合成生物学、组学研究和高通量筛选等基础技术领域的技术，较欧美等发酵技术领先国家和地区还存在差距；产品新的应用领域开发不足，缺乏配套应用研发体系，市场开拓力度不够，一味在现有应用领域进行残酷的价格战，损害行业利益，供给结构不适应中高端需求的新变化。需要提高自主创新能力，形成发酵行业创新驱动发展的局面。

2. 核心技术、装备水平亟待提升

影响我国发酵工业整体快速、稳定发展的重要因素之一是一些共性技术、工艺和装备上的制约。虽然我国发酵技术已经取得了显著进展，少数大宗发酵产品已经达到国际先进水平，但影响产业发展的核心技术水平与国外相比仍有一定的差距。尽管近年来研究开发投入比例明显增加，但与国外企业相比仍显不足，导致我们的关键技术和装备创新力度相对较弱，新兴产品比例相对较低。即使是我们的龙头企业也无法与国际跨国公司比肩，企业缺乏对新兴产品创新的动力，新产品产业化能力也相对薄弱，新产品市场和品牌培育不足。

（三）环保治理

国家对环保工作十分重视，特别是国内各行业面临去产能的重任，环保降耗将成为重要的调节手段，因此，发酵行业的发展将面临着加强环保治理和减少资源消耗的双重压力和约束，任务艰巨。生物发酵行业多数企业规模较大，其环保治理一直受到环境保护部门关注。排污许可制是我国目前固定污染源环境管理的核心，环境影响评价是企业生产经营的准入证，企业必须依法申领排污许可证并持证排污与按证排污（包括排污量的依据），这涉及到行业企业的发展。预计2019年正式发放排污许可证，目前国家生态环境部正组织编写排污许可证标准与核发技术规范。在排污许可里将关注水污染物和大气污染（恶臭物）：第一，现行的水污染排放标准没有把原料和产品的衍生品等情况考虑进去，这样排水量会有出入；第二，行业普遍关注的大气污染物，要突出产生环节和排放浓度的限制。需要企业认真填报原料、产能、范围等信息，并争取将已有的适用技术纳入可行性污染防治清单，那么在对标规范的时候就比较合适。如果在收集数据时，企业为了避险不予填报或填报的数据不实，会影响规范的制定及其未来的适用性。

现阶段大宗发酵产品仍然存在产能结构性过剩和价格脱离正常轨道的情况，部分企业由于成本和产品结构不合理，或者环保治理费用负重较大，已经出现了经营困难的情况，需要通过内部挖潜降成本，通过优化结构促转型，通过绿色制造推动节能环保，这是发酵行业的主要工作方向。

三、发展趋势

（一）玉米深加工产业政策调整，行业竞争必将更加激烈

2017年，行业发展发生了重大变化，一是2016年开始的玉米价格市场定价机制，使发酵行业主要原料玉米价格大幅下降，产品价格在国际市场的竞争力大大加强，企业盈利空间增大；二是2017年4月17日，国家发改委废止了2015年公布的《国家发展改革委办公厅关于玉米深加工项目管理有关事项的通知》。这意味着在玉米深加工业领域，企业享有了充分的自主投资权益。在2016年底至2017年初企业获利的刺激下，加上玉米主产区政策优惠扶持及国家玉米去库存的压力，很多企业存在扩产及新建玉米深加工项目的趋势，目前全国玉米加工的拟新增产能已达2000万t左右，2018年，新增产能将陆续进入市场，对目前的行业局面将会是一股大的

冲击，行业竞争必将更加激烈。

（二）环保治理、资源节约依然是企业发展的重中之重

从生物发酵行业总体来看，行业产能逐步向具有规模优势、技术优势和品牌优势的企业集中，但是，目前上规模的企业只占少部分。随着国家对环境保护、资源能源消耗的要求越来越高，越来越严格，特别是对大气污染的监管越来越严厉，环保投入将持续增加，对资源能源消耗的监测将日益重视，在节能降耗、节约资源方面的改造也将持续投入，业内企业尤其是中小型企业面临的压力也将逐步加大。环保政策的升级，将加速行业洗牌进程，对淘汰落后产能、缓解产能过剩矛盾、优化产业结构、促进行业健康发展起到推动作用。未来发展环保治理、资源节约依然是企业的重中之重。

（三）绿色制造、智能制造是全行业发展的必由之路

进入“十三五”以来，在工信部的大力推动下，我国加快了绿色制造、智能制造进程，大力推进制造业绿色制造、智能制造体系建设。绿色制造是生态发展的需要，也是企业向高端发展的必然选择，智能制造则是企业提质增效的重要应用，两者相互补充，更相互促进、不可分割。绿色制造和智能制造要求生产设备、科技工艺和生产流程升级换代，由此孕育出企业新的经济增长点和新的发展动能。绿色制造、智能制造是未来全行业稳定健康发展的必由之路，企业要抓住绿色发展、智能发展的脉搏，大力提升绿色制造、智能制造水平。

四、政策建议

（一）出台相关产业扶持政策，提升企业的核心竞争力

及时修订产业发展指导目录，采用税收优惠或其他财政支持手段，择优支持具有自主知识产权、技术示范和推广效应显著、市场发展前景较好的企业，促进技术升级和优势领域的形成；对生物发酵制品给予出口的扶持和激励，统一和增加行业出口退税产品目录，鼓励企业出口创汇；推动生物发酵企业享受在一定时期内未抵扣完的进项税额予以一次性退还的政策；健全对生物发酵企业节能环保奖励机制，进一步扩大节能减排财政政策补贴标准。设立产业发展基金，对目前对国外产品依赖度高的酶制剂、低聚糖、益生菌等行业的发展给予支持，扶持行业发展壮大；加大对生物发酵产业绿色制造支持力度，设立行业绿色发展基金，鼓励推动绿色技术研发、绿色设计与技术评估平台、绿色标准体系及示范线建设。

（二）鼓励产学研结合、上下游联动开展技术研发和推广，形成完善的技术创新体系和推广模式

进一步加大对生物发酵产业的支持力度，鼓励自主创新，支持关键技术开发，建立以产业示范为目标的产学研联盟新机制，完善创新价值链，加强对具有自主知识产权的生物制造技术进行组装、集成和产业开发。

支持生物发酵行业加快结构调整，促进产业升级，实施“两化融合”“中国制造2025”等战略；支持骨干企业加快技术创新，提高核心能力；支持生物发酵行业装备的国产化进程，提高整体装备水平。同时，通过信息技术创新融入生物发酵产品绿色生产过程，实现生物发酵全过程的自动控制和智能制造，提高劳动生产率，提升生产过程绿色化率，降低环境影响度。

（三）推动标准建设，强化团体标准法律地位

市场主导制定的自愿性团体标准侧重于提高行业竞争力，可满足市场和创新需要，供市场自愿选用，必须增加团体标准的有效供给，适时加强团体标准的建设和应用推广，加强团体标准法律地位，提高其在国家执法部门的认

可度。及时修订和完善系列产品标准，提升产品技术含量，强化推广力度；加强检测方法、生产规范和清洁生产等标准的制定；尽快建立和完善食品安全与营养标准体系，贯彻落实《国民营养计划（2017—2030年）》，启动制定国民营养领域相关标准。

（四）加大生物发酵产品的科普力度

在宣传方面，对广大消费者进行科普，引导正确的消费和认知。①加强酵母产品科普宣传：现在社会上出现“天然酵母”“自然酵母”的宣传，这是一种误导。酵母菌种本身是天然菌种，是具有食品属性的生物发酵产品，而天然、自然是针对农产品的，不能针对加工食品，所以宣称“天然酵母”是不科学的。②加强氨基酸、功能糖产品科普宣传：在我国人们对于氨基酸、功能糖及其产品的认识不够深入，并且还存在误区。为了让氨基酸、功能糖及其产品走进老百姓的生活，让人们能够正确认识氨基酸、功能糖及其产品与人类的关系、对人体的重要性及其在日常生活中的应用，应加强氨基酸、功能糖产品科普宣传。③加强酵素产品宣传规范：消费者对酵素的营养与酵素的养生观念仍处于初步认识阶段，由于个别酵素销售人员对酵素的功效夸大宣传和错误宣传以及部分“专家”对酵素的错误解释，给消费者带来更多疑虑，给酵素市场的健康发展造成隐患。需要提高酵素行业从业人员专业理论知识和水平，纠正认识误区，让社会大众更全面、更科学地了解酵素行业与酵素产品。

中国生物发酵产业协会

酿酒工业

2017年是中国酒业转型调整的第五年，转型效果初步显现，产业结构、产品结构平稳向好，在当前消费升级的巨大推动作用下，产业发展迎来新的发展机遇。中国酒行业回暖趋势明显，高端名酒与区域龙头品牌集中度提升，全行业稳定向前发展。尤其白酒行业，2017年在一线高端名酒的带动下，诸多二线名酒品牌快速走过调整期，进入新的增长周期。

一、行业概况

根据国家统计局数据（图1～图4），2017年1—12月，全国酿酒行业规模以上企业完成酿酒总产量7077.41万kL，同比增长3.31%。其中饮料酒产量6050.13万kL，同比增长0.97%；发酵酒精产量1027.29万kL，同比增长19.63%。规模以上企业累计完成产品销售收入9239.57亿元，与上年同期相比增长10.45%；累计实现利润总额1314.03亿元，与上年同期相比增长27.24%。

全国酿酒行业规模以上企业为2781家，其中亏损企业336家，亏损面为12.08%；亏损企业累计亏损额44.73亿元，比上年同期下降12.95%。

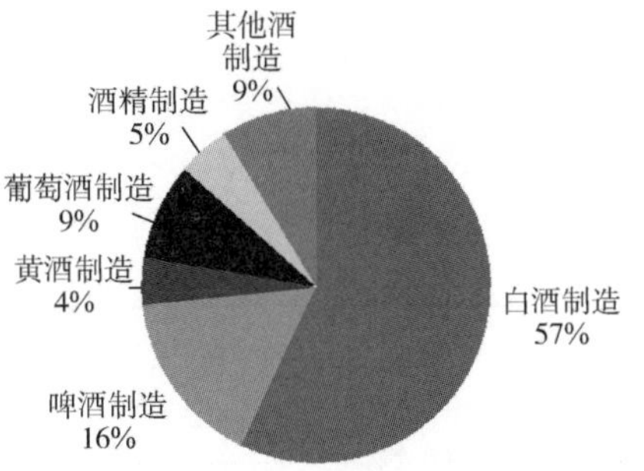

图1　2017年酿酒行业企业数量分布情况

资料来源：国家统计局。

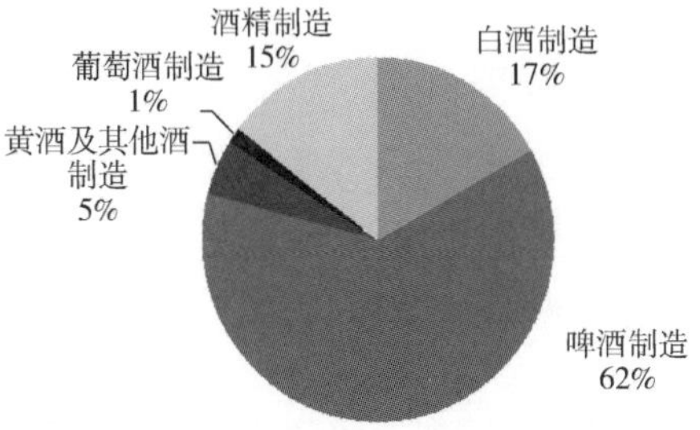

图2　2017年酿酒行业产品产量分布情况

资料来源：国家统计局。

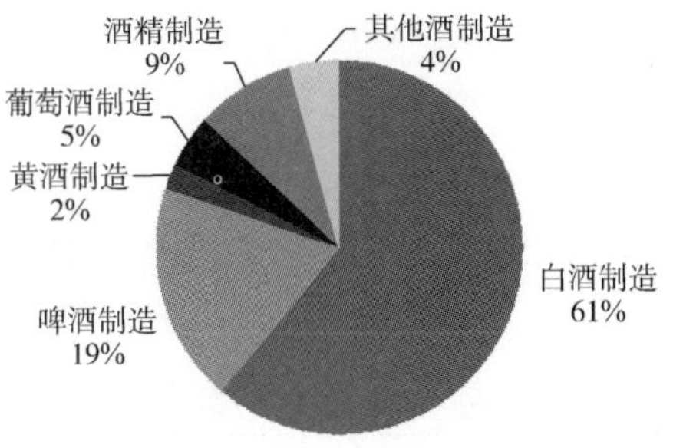

图3　2017年酿酒行业销售收入分布情况

资料来源：国家统计局。

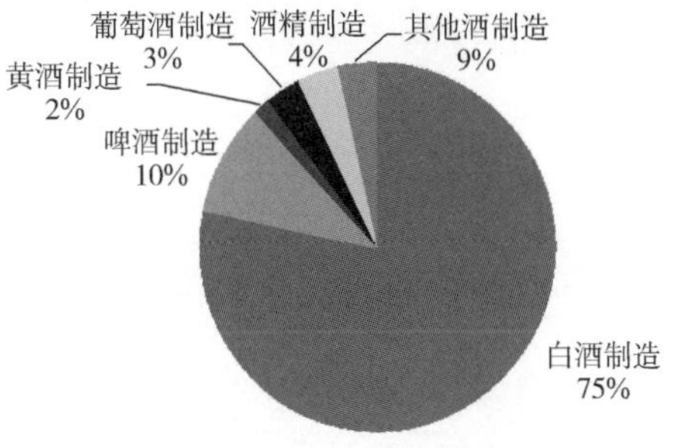

图4　2017年酿酒行业利润分布情况

资料来源：国家统计局。

（一）主要经济指标

1. 主营业务收入

2017 年，全国酿酒行业累计完成销售收入 9239.57 亿元，与上年同期相比增长 10.45%。其中，白酒行业完成销售收入 5654.42 亿元，同比增长 14.42%；啤酒行业完成销售收入 1766.45 亿元，同比增长 2.30%；葡萄酒行业完成销售收入 421.37 亿元，同比下降 9.00%；黄酒行业完成销售收入 195.85 亿元，同比增长 3.13%；其他酒行业完成销售收入 400.34 亿元，同比增长 15.31%；发酵酒精行业完成销售收入 801.16 亿元，同比增长 14.98%。

2. 利润

2017 年，酿酒行业完成利润总额 1314.03 亿元，同比上升 27.24%。分行业看，白酒行业完成利润总额 1028.48 亿元，同比增长 35.79%；啤酒行业累计实现利润总额 129.15 亿元，同比下降 9.83%；葡萄酒行业累计实现利润总额 42.28 亿元，同比下降 11.55%；黄酒行业累计实现利润总额 20.74 亿元，同比增长 13.04%。；其他酒行业累计实现利润总额 46.44 亿元，同比增长 15.20%；发酵酒精行业累计实现利润总额 46.94 亿元，同比增长 83.30%。

由以上 2017 年酿酒行业经济效益数据（表 1）并结合（表 2）产量情况看出，饮料酒行业总体经济效益向好，而部分行业则出现不同幅度下降。

表 1　2017 年我国酿酒行业销售收入和利润变化情况

酿酒行业	销售收入/亿元	同比增长/%	利润总额/亿元	同比增长/%
发酵酒精制造	801.16	14.98	46.94	83.30
白酒制造	5654.42	14.42	1028.48	35.79
啤酒制造	1766.45	2.30	129.15	-9.83
黄酒制造	195.85	3.13	20.74	13.04
葡萄酒制造	421.37	-9.00	42.28	-11.55
其他酒制造	400.34	15.31	46.44	15.20
合计	9239.57	10.45	1314.03	27.24

资料来源：国家统计局。

表 2　2017 年我国酿酒企业分酒种产品产量情况

酒种	总产量/万 kL	同比增长/%
发酵酒精（折 96 度）	1027.29	19.63
饮料酒	6050.13	0.97
白酒（折 65 度）	1198.06	6.86
啤酒	4401.49	-0.66
葡萄酒	100.11	-5.25
黄酒及其他酒	350.46	4.78

注：根据《饮料酒分类》（GB/T 17204—2008）并结合国家统计局所统计的类别，饮料酒包括 13 种，即麦芽酿造的啤酒、葡萄汽酒、鲜葡萄酿造的酒、味美思酒、黄酒、蒸馏葡萄制得的烈性酒、威士忌酒、朗姆酒、杜松子酒、伏特加酒、利口酒及柯迪尔酒、龙舌兰酒、白酒。

数据来源：国家统计局。

（二）行业发展分析

经历了两三年市场需求深度调整的“阵痛期”，2017 年，我国酿酒产业在深度调整中稳步发展，酿酒总产量出现增长，经济效益整体趋好，产品、渠道、商业模式等创新步伐加快，市场进一步稳定。2017 年，酿酒产业继续保持新常态，产业和产品结构持续调整，酒类消费需求越来越趋于理性化、个性化、多样化，流通体系变革持续发酵，多元化消费潮流不断升级。2017 年酿酒行业主要经济效益指标增速变化情况如表 3 所示。

表 3　2017 年酿酒行业主要经济效益指标增速变化情况

单位：%

指标	1—3 月	1—6 月	1—9 月	1—12 月
产品产量	2.47	3.53	2.88	3.31
产品销售收入	11.22	11.53	11.09	10.45
利润总额	20.29	21.40	27.11	27.24
亏损额	-20.87	-13.24	-10.29	-12.95
进出口总额	-9.86	-7.69	2.17	6.37
其中：出口额	-21.34	-11.92	-6.88	-1.56
进口额	-5.43	-6.34	5.06	8.80

资料来源：国家统计局。

1. 价格

2017 年全国居民消费价格指数同比上涨 1.6%，全国白酒批发价格总指数同比上涨 3.51%，较 2016 年涨幅扩大 3.4 个百分点。2017 年，白酒、黄酒、其他酒及酒精制造业利润总额均有上升，啤酒和葡萄酒利润总额有所下降。从单位产品利润上看，白酒、酒精制造行业大幅上升，啤酒、葡萄酒制造行业有所降低（表 4）。酿酒行业仍处于调整阶段，酒类产品价格仍体现酒类市场资源配置和市场调整状态。以经济指标占比最大的白酒为例看价格走势，2017 年我国规模以上白酒企业累计完成销售收入 5654.42 亿元，与上年同期相比增长 14.42%；累计实现利润总额 1028.48 亿元，与上年同期相比增长 35.79%，均创下了近几年白酒行业收入和利润增长的最高速，白酒行业复苏势头进一步增强。2017 年全国白酒批发价格月度同比指数走势既延续了 2016 年下半年以来的上升势头，涨幅又逐步扩大，显示了复苏势头由逐步改善到逐渐强劲。

表 4　2017 年酿酒子产业单位产品销售收入和利润情况

类别	销售收入 /(元/L)	同比增长 /%	利润 /(元/L)	同比增长 /%
发酵酒精制造	7.80	-3.88	0.46	53.22
白酒制造	47.20	7.07	8.58	27.07
啤酒制造	4.01	2.98	0.29	-9.23
葡萄酒制造	42.09	-3.96	4.22	-6.65

资料来源：国家统计局。

分月来看（图 5），1 月份全国白酒批发价格同比上涨 1.84%，为年内涨幅低点，随后一路走高，2 月份上涨 2.78%，5 月份上涨 3.23%，9 月份上涨 4.21%，12 月份涨幅进一步达到 4.8%，创下单月新高，与近年低点 2014 年 1 月下跌 5.5% 相比，回升了 10.3 个百分点。

分类来看（图 6），名酒价格指数走势强劲，1 月份同比涨幅即超过 3%，达到 3.43%，之后一路上扬，5 月份名酒价格同比涨幅进一步扩大至 5.11%，9 月份达到 7.25%，12 月涨幅达到 8%，创下单月新高。相对名酒，地方酒走势较弱，1 月份同比仍下跌 0.02%，但从 2 月份开始同比开始由负转正，当月上涨 0.94%，随后涨幅有所扩大，最高 5 月份达到 1.54%，但全年月度间涨幅仅在 0.48% ~1.54%，远低于同期名酒涨幅区间。2016 年基酒同比价格指数全年围绕 99.94 上下波动，虽然最大跌幅仅 0.08%，但仍处于负增长区间。2017 年随着白酒行业复苏增强，市场环境改善，基酒价格同比指数一改上年较为低迷的局面，走势出现改善。从3月份开始，同比指数由负转正，之后保持温和上涨的格局，年底涨幅有所扩大，突破0.23%～0.25%的区间，涨幅达到0.45%，虽然相对名酒、地方酒差距仍较大，但已是2015年以来近三年的高点。

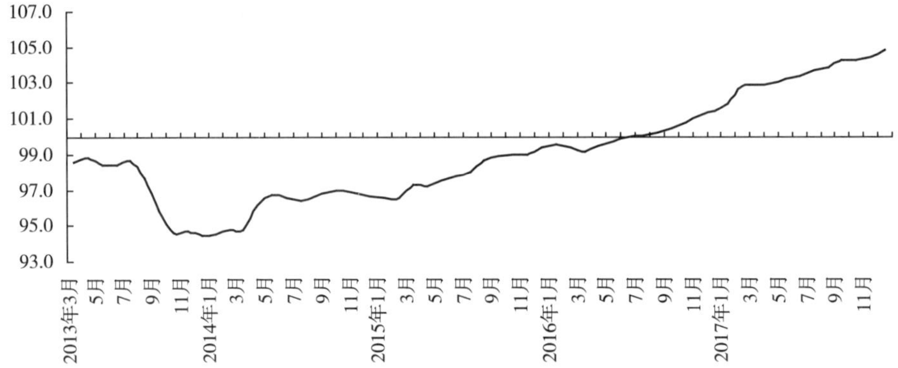

图5　2017全国白酒批发价格同比总指数

资料来源：2017中国白酒价格运行报告。

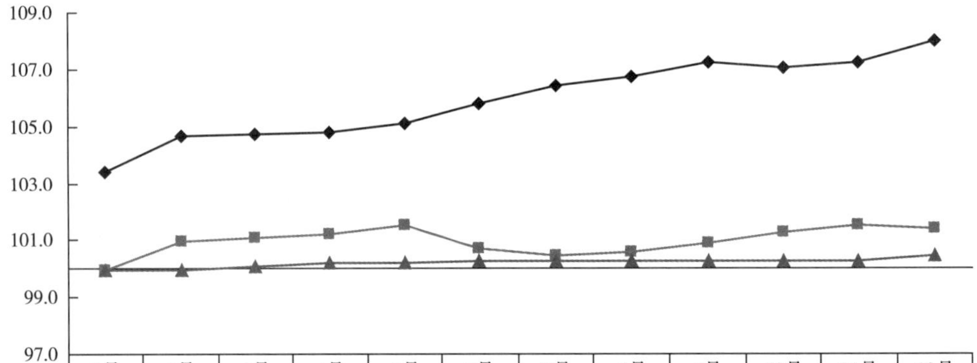

	1月	2月	3月	4月	5月	6月	7月	8月	9月	10月	11月	12月
名酒	103.43	104.67	104.72	104.78	105.11	105.79	106.43	106.74	107.25	107.08	107.21	108
地方酒	99.98	100.94	101.1	101.23	101.54	100.71	100.48	100.56	100.88	101.26	101.53	101.38
基酒	99.96	99.97	100.05	100.23	100.23	100.25	100.25	100.25	100.25	100.25	100.25	100.45

图6　2016年全国名酒、地方酒和基酒批发价格同比指数

资料来源：2017中国白酒价格运行报告。

从判断价格长期走势的定基指数看（图7），2015年全国白酒批发价格定基指数底部逐渐探明，2016年全国白酒批发价格月度定基指数跌幅在8.29%～10.11%，其中12月下跌8.29%，是近2年多来跌幅最小的1个月，全国白酒批发价格定基指数出现底部回升势头，正缓慢脱离底部区域。2017年白酒市场复苏势头为近年最强，全国白酒批发价格定基指数跌幅迅速缩小，其中1月份还下跌8.08%，到12月只下跌3.88%，年内跌幅即减少4.2个百分点。虽然与2012年相比，全国白酒批发价格定基指数仍未脱离底部区域，但正以45度角加速回升，不久的将来实现由负转正是完全可期的。

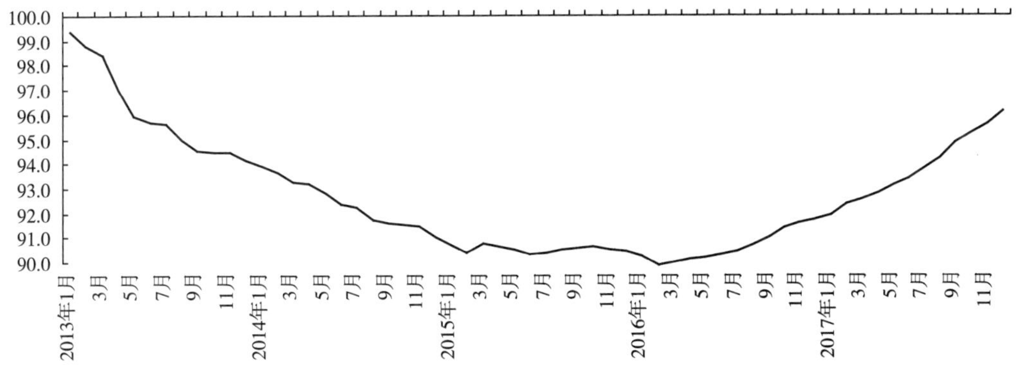

图 7　2017 全国白酒批发价格定基指数

资料来源：2017 中国白酒价格运行报告。

总体来看，白酒价格延续了 2016 年的回升态势。白酒行业价格的回暖，更多是中高端白酒对于核心产品的提价，带动白酒价格走高。而整体来看，白酒产品价格主要表现为冷暖不均，非名优、同质化、无个性、缺乏性价比的白酒产能依然严重过剩，而具有高性价比、有口味优势的名优酒往往是供不应求，强弱分化明显。

2. 市场

经过五年多深度调整，酿酒产业已经由快速增长转入平稳发展，呈现出产业转型升级、结构深度优化、质量显著提升、经济增长换挡、价格体系下沉、市场回归理性的态势。目前，国内居民消费已从基本消费逐步转变为个性化、多样化的高品质消费阶段。随着国内消费升级，高端消费人群增多，“少喝酒、喝好酒”逐渐被人们接受，成为新的饮酒理念，使得高端酒市场处于扩容状态，市场需求回暖，高端酒销售情况改善，消费场景转化，大众消费越来越受重视。中国酒类市场正经历着从商务需求向自我享受及休闲社交的需求转换，酒将从政商社交逐步过渡到休闲社交、自我享受和娱乐，酒文化将从商务场合转向一般的大众餐桌，酒类消费的大众化趋势愈加明显。注重高端向以高中低端兼顾的产品结构转变，从注重追求外观包装向注重产品质量健康为主的功能定位转变，从注重公务和商务消费向以大众消费为主的市场定位转变，从注重追求高价格高利润向合理价值价格回归的发展理念转变。伴随着互联网经济的迅猛发展和个性化消费的流行，定制酒逐渐被大众市场认知并发展成为一个新兴的潜力消费大市场，厂家面临的将是一个数量庞大的新增量消费市场。借助互联网这个平台和工具，定制酒有可能成为酒行业新的蓝海。通过互联网平台实现行业与消费市场的对接，解决了产品与消费者之间的沟通问题，更加注重消费者需求和体验。国内酒类品牌在国际市场上的认可度依旧不高，依然没有突破华人圈，未能实现真正的“走出去”。随着国内市场的逐步饱和，中国文化在世界范围内的影响逐步增强，“一带一路”国家战略的出台，国内酒企越来越重视走出国门，开拓海外市场。

主要的市场特点如下。

一是价格合理化。在中国酒业发展的调整期，市场的作用得以极大发挥，从某种程度上而言，消费终端价格已经趋于合理回归，为酒业的转型升级带来了新的健康发展机遇。在行业深度调整期，过去传统的利益分配体系正在改变。各大酒厂都在调整自己的经销网络，如利用电商渠道，或者减少几级代理，从厂家直接面对消费者，节约渠道推广成本。首先，随着国内消费的成熟、理性，加之有更多选择机会，追求合理的性价比已成为厂商、经销商和消费者的共同理念。在同等品质下，即使没有政策的强力介入，靠炒作而抬高身价的酒终将被市场抛弃。其次，随着渠道的扁平化，酒类销售的价格日趋合理化，基本能做到随行就市，发挥市场经济的调节作用，使价格的升降保持在合理的区间内，并日益理性化。

二是消费多元化。随着人民物质文明、精神文明的共同发展，消费者价值追求多元化的特点日益突显，消费观念日益成熟，对品质、品位与个性的追求越发强烈。当前，酒业调整的主题是回归消费者。未来的发展中酒业应与消费者深度互动，以体验营销的形式了解消费者需求，在服务、标准、品质等各方面都要努力提升。国家鼓励企业开展个性化定制，增品种、提品质、创品牌，要满足消费者日益增长的物质、文化和精神需求。这就要求企业加大工艺创新、产品创新、营销创新的力度，并且做出以从注重量的满足向追求质的提升、从有形物质产品向更多服务消费、从模仿型排浪式消费向个性化多样化消费等一系列转变，适应国内消费变化以新供给创造新需求，以供给升级带动消费升级。

三是营销零售化。酒类营销由“总经销+分销”向“连锁经营+互联网”的转变，本质上是流通向零售的转变，是向消费者更近了一步，新的商业模式的发展势头强劲。新的酒类营销模式初期由于没有核心品牌主流产品，为尽快成为市场新宠，以高关注度的产品低价博取眼球，一度扮演了市场搅局者。但其以性价比优势为基础，以可体验、服务便捷的优势赢得了许多消费者青睐。随着商业模式优化为“厂家直采+连锁”或“B2C零售+e”，如今渐被主流品牌接受。同时名特总经销产品也正在成为其利润支撑。传统酒类经销商也顺势而为，开创了“总经销+分销+e”模式，同样成绩斐然，互联网成为其驱动力。新酒商与传统酒商商业模式的交融、角力会持续下去。连锁店的连锁规模与联盟商的加盟数量成为焦点之一。酒类流通变革的能量在持续聚集。

3. 投资

2017年，酿酒行业总体资产投资总额增加8.69%，除酒精制造业外，各子行业资产总额均有所增加，其中其他酒制造业增长13.87%，增幅最大。全国酿酒行业规模以上企业共亏损336家，亏损面为12.08%，亏损企业累计亏损额44.73亿元，比上年同期下降12.95%（表5）。2017年12月，行业资产负债率达40.78%，负债总额达4500.65亿元，比上年同期上涨4.28%。

表5　2017年酿酒行业亏损及其变化情况

酿酒行业	企业数量/家	资产总额增长/%	亏损面/%	同比增长/%	亏损额/亿元	同比增长/%
白酒制造	1593	13.21	8.04	3.93	7.86	-24.3
啤酒制造	447	0.32	29.53	-4.03	25.29	16.05
葡萄酒制造	244	4.18	12.70	-1.64	1.03	-52.30
黄酒制造	121	0.01	2.48	-44.46	0.04	-81.95
其他酒制造	245	13.87	6.94	24.32	1.15	-0.60
酒精制造	131	-1.71	19.08	-15.11	9.38	-40.28
合计	2781	8.69	12.08	-3.41	44.73	-12.95

资料来源：国家统计局。

4. 区域分布

2017 年我国酿酒产量最大的五个地区：山东、河南、四川、江苏、广东五省酿酒总产量 3194.88 万 kL，比上年同期增长 6.34%，占全国酿酒总产量的 45.14%（表 6）。其中，山东省酿酒总产量最大，达到 834.57 万 kL，同比增幅为 3.84%；河南省酿酒总产量 721.29 万 kL，同比增幅为 5.33%；四川省酿酒总产量 657.09 万 kL，同比增幅为 5.94%；江苏省 2016 年酿酒总产量 534.04 万 kL，同比增幅为 17.98%，增速最快；广东省 2017 年酿酒总产量 447.89 万 kL，同比增幅为 1.12%。

表 6　2017 年重点省区酿酒产量情况

省区	2017 年产量/万 kL	同比增长/%
全国	7077.41	3.31
山东省	834.57	3.84
河南省	721.29	5.33
四川省	657.09	5.94
江苏省	534.04	17.98
广东省	447.89	1.12

资料来源：国家统计局。

5. 行业集中度

酿酒行业属于传统行业，既有白酒、黄酒等本土酒种也有啤酒等舶来酒种。一直以来，我国酿酒产业的重心是伴随我国经济重心的变化而变化的。自 2012 年以来我国酿酒产业的集中度进一步提高，但由于各酿酒子产业发展状况不同，集中度也有所差别，整体表现为企业数量众多、单体规模偏小，目前，仅有啤酒形成了具有较高集中度的产业。

2017 年前三季度，19 家白酒上市公司业绩总规模约 1250 亿元，占到了全行业的 25%；利润总和约 400 亿元，占全行业的 50% 多。2018 年，19 家上市公司营收约占行业的三成，利润占比将近六成，白酒行业的品牌集中度将越来越高。其中，品牌集中度的一个最重要的指标便是“利润增速和占比”，即品牌的溢价能力。从市场占有率来看，十大优势产区的品牌基本实现了品牌的全国化，将会获取更大的市场份额。

啤酒行业集中度自上年出现微幅下降后，2017 年出现继续下降的态势。2017 年，华润雪花、青岛啤酒、百威英博、燕京啤酒和嘉士伯啤酒五大集团的总产销量为 3171.0 万 kL，同比下降 4.7%，占总产销量的 72.0%，比上年下降 1.9 个百分点。这一趋势和全球啤酒业的发展趋势相吻合，也符合当下消费品的总体消费趋势。新消费和中高端消费发展趋势是一个变动的过程，随着消费结构、消费行为、消费需求偏好的动态变化，解决社会主要矛盾的关键是实现消费转型升级，从传统消费转变为新消费或中高端消费，适应人民群众日益增长的对美好生活的需要，提高与消费结构的匹配度和适应度，这将成为供给侧结构性改革的不竭动力。在此消费趋势下，预计中国啤酒业的集中度仍将进一步下降。

葡萄酒、黄酒等其他酿酒子产业的行业集中度不高，市场竞争结构离散，短时间内集约化进程缓慢。

6. 进出口

根据海关总署数据，2017 年饮料酒及发酵酒精制品累计进出口总额 60.23 亿美元，同比增长 6.37%。其中，累计出口额 13.11 亿美元，同比下降 1.56%；进口额 47.12 亿美元，同比增长 8.80%。白酒 2017 年进口同比增长 27.63%，较上年同期（63.36%）涨幅趋缓。啤酒 2017 年进口同比增长 10.8%，较上年同期（20.06%）增长幅度趋缓。葡萄酒进口增长 17.13%，上涨幅度较上年略有升高。由进出口数据可以看出，我国酒类商品进出口贸易在 2017 年进一步回暖（表 7）。

表 7　2017 年酒类商品进出口贸易情况

商品名称	出口				进口			
	出口量/万 kL	同比增长/%	出口额/亿美元	同比增长/%	进口量/万 kL	同比增长/%	进口额/万 kL	同比增长/%
白酒	1.66	3.09	4.70	0.35	0.24	27.63	0.70	-1.86
啤酒	36.10	23.79	2.28	18.1	71.62	10.8	7.5	12.73
葡萄酒	0.92	-7.31	4.35	-19.61	73.27	17.13	27.14	17.58
黄酒	1.53	8.03	0.25	3.77	0.002	-33.17	0.0015	5.99
其他饮料酒	0.29	-0.49	0.62	8.39	8.49	20.94	11.48	33.47
酒精	14.00	244.49	0.91	90.67	3.29	-96.35	0.30	-92.87
合计	54.50	45.20	13.11	-1.56	156.92	-30.10	47.12	8.80

注：(1) 根据《饮料酒分类》(GB/T 17204—2008) 并结合海关总署所统计的类别，其他饮料酒包括：葡萄汽酒（未加香料）、小包装的味美思酒及类似酒（容器容量≤2L；加植物或香料的用鲜葡萄酿造的酒）、装入>2L 的容器的味美思酒等酒、蒸馏葡萄酒制得的烈性酒、威士忌酒、朗姆酒及蒸馏已发酵甘蔗产品制得的其他烈性酒、杜松子酒、伏特加酒、利口酒及柯迪尔酒、龙舌兰酒、未改性乙醇（按容量计酒精浓度<80%）及其他蒸馏酒及酒精饮料。

(2) 酒精包括：未改性乙醇（按容量计酒精浓度≥80%）、任何浓度的改性乙醇及其他酒精。

资料来源：海关总署。

7. 重点行业

(1) 白酒　根据国家统计局数据，2017 年全国规模以上白酒企业完成酿酒总产量 1198.06 万 kL，同比增长 6.86%，在全行业中占比 17%；累计完成销售收入 5654.42 亿元，与上年同期相比增长 14.42%，在全行业中的占比为 61%；累计实现利润总额 1028.48 亿元，与上年同期相比增长 35.79%，在全行业中的占比为 78%。从产业整体来看，“十三五”中期我国白酒产业的经济运行状态保持了良性、健康、稳中有增的态势。在生产总量相对稳定的基础上，通过科学管理、提高效率、技术创新、减少消耗、降低成本等，提高价值创造，保持利税总额等经济指标良好表现，呈现出逐年递增的趋势；在增长方式上，实现销售增长和利税增长超过产量增长的良性循环。

从白酒产业发展趋势看，产业结构在逐步发生根本性变化，产业优势向传统优良产区倾斜，品牌优势持续向传统名优白酒集中的趋势非常明显。目前看来，产业调整仍将继续，新一轮资本融合、企业整合、并购开启，行业洗牌进程加速。白酒产能仍然过剩，所以“十三五”期间白酒产能总体不会有大幅增长，全国优势产区挤压劣势产区产能增长，各产区产能此消彼长的态势、产能压缩逐步减少的趋向正在形成。流通模式不断创新、优化，白酒品种、价格、渠道、服务体系的再造无法回避，传统流通渠道与新型互联网渠道进一步整合，多种模式渠道并存已成定局，流通体系与服务体系加快融合，多渠道提供多服务格局正在形成。产业科技进步明显，智能制造与智慧制造、传统酿造与新型工业化体系逐步融合；标准体系不断完善，饮料酒分类标准等顶层设计更趋科学合理，白酒年份酒标准、白酒食品质量安全追溯体系标准的建立健全，将进一步夯实白酒生产、流通环节良性发展基础。总体来看，中国白酒围绕产业发展，在新常态、新形势下对产业体制改革、发展战略、政策环境、消费文化、技术升级等方面主动做出更多、更积极的转变。同时，产业发展客观上要求白酒产业必须升级，尤其是在当前白酒产业调整、变革的新形势下，产业升级是产业发展最强有力的支撑。同时供给侧改革必将给产业结构带来巨大调整，产业供给资源重构势在必行。在产业趋势的带动下，中国白酒的自然生态、社会生态等产业新生态正在逐步形成。共建、共享、共赢的和谐发展理念已经成为行业的共识。

（2）啤酒　2017 年我国啤酒产量完成 4401.5 万 kL，比上年同期（调整数 4430.7 万 kL）下降 0.7%，产量下降 29.2 万 kL。人均占有量为 32.5L，比上年下降 0.1L。自 2013 年啤酒市场创造了 5062 万 kL（产销量）高点之后，至 2017 年已经累计下降了 15.0%，啤酒在饮料酒消费量中的比例一路下滑了 4.2 个百分点，至目前的 72.1%。当下啤酒市场呈现出逐渐趋稳态势，大企业越来越重视产品创新，不断推陈出新；进口啤酒快速增长；小微型工坊啤酒高速成长，缓解了啤酒产品结构过于单一的局面。但是，总体消费结构向碎片化和个性化方向发展仍将进一步深化，国产啤酒产品结构单一、口味淡薄的消费印象由来已久，需要逐步消弭并扭转；啤酒品类消费文化基础薄弱，亟待各方合力共建。预计未来二至三年，消费升级所带来的消费结构转型仍将持续，引导啤酒市场结构和产品结构转变速度加快。主流啤酒产品市场份额仍将缓慢下降，但品种增多，口味呈现多样化，包装形式多元化；进口啤酒增长速度减缓，中短期内趋于平稳；工坊啤酒在得到规范化监管并取得市场地位后，市场份额将高速成长。随着啤酒优势文化逐步建立和完善，中国啤酒市场的消费容量仍有增长的空间，但啤酒消费市场总量趋稳。

2017 年啤酒行业实现销售收入 1766.4 亿元，比上年增长 2.3%，低于饮料酒销售收入 10.0% 的增幅；单位产品销售收入比上年提高 3.0%，仍低于饮料酒的增幅 9.0%；利润总额下降 9.8%，单位产品利润下降 9.2%，降幅较大。分析其中原因主要有两点：一是从 2016 年年底开始，玻璃、纸箱、瓶盖等原材料开始涨价，部分涨价幅度最高超过 50%。由于环保核查严格，很多小规模包材厂已经关闭，导致纸箱价格同比上涨了 80%，啤酒包装物采购价格大幅上涨，对啤酒企业生产成本影响较大。2018 年年初，各大啤酒集团纷纷调整出厂价应对，就是因此而来。二是市场结构转型和消费容量下降所带来的市场压力，转化为销售费用的增长，营销渠道的维护费用进一步加大。虽然其他主要酒种的销售费用也有增加，甚至比啤酒行业还高，但是毕竟啤酒行业的盈利水平较低，不可同日而语，因此，伴随着惯性市场压力，预计短期内啤酒行业竞争态势仍将延续。但随着产品结构调整加速和啤酒产品市场的议价能力改善，啤酒行业的盈利水平有望逐步回升。

（3）葡萄酒　由于国家宏观政策和进口葡萄酒的冲击，葡萄酒行业经过 2001—2012 年的加速发展阶段以后，在 2013 年进入调整期。2017 年葡萄酒产量为 100.11 万 kL，同比下降 5.25%；利润 42.28 亿元，同比下降 9%；行业目前仍处于深度调整期。具体分析，有以下几个特点：一是消费市场整体向好，竞争更趋激烈。自 2013 年消费量探底后，2014 年起整体消费量呈上升趋势。未来随着主流消费人群的代际更替以及消费升级的影响，我国葡萄酒市场的容量将继续扩大。二是进口葡萄酒发展迅猛，已对国内产业造成实质损害。葡萄酒是国际性酒种，是国际贸易量最大的饮料酒。据国际葡萄与葡萄酒组织统计，2006 年以后，全球葡萄酒的产量稳定在 2600 万～2700 万 kL，消费量稳定在 2400 万～2500 万 t，全球市场整体出现产能过剩现象。作为酒类消费大国和新兴的葡萄酒消费市场，我国已成为各葡萄酒生产国关注的重点。进口葡萄酒的数量逐年增长，2011 年到 2017 年，总进口量增长 107.25%，总进口额增长 100.21%；尤其是瓶装葡萄酒的进口量，从 2011 年的 24.14 万 kL 增加到 2017 年的 56.88 万 kL，增幅高达 135.63%，对国内产业造成巨大冲击。三是白酒龙头企业进军葡萄酒行业，加剧了葡萄酒市场的竞争。目前，国内白酒龙头企业贵州茅台、泸州老窖、洋河等企业加大了对葡萄酒板块的投入，凭借渠道优势及强有力的营销手段，将加剧葡萄酒行业的竞争态势。

（4）黄酒　2017 年 1—12 月，规模以上黄酒企业累计完成销售收入 195.85 亿元，同比增长 3.13%；累计实现利润总额 20.74 亿元，同比增长 13.04%；亏损企业累计亏损额 0.04 亿元，同比下降 81.95%；累计出口总额 0.25 亿美元，同比增长 3.77%；累计出口数量 1.53 万 kL，同比增长 8.03%。2017 年黄酒形势总体向好，尤其是利润的增长远超销售收入的增长，亏损面大幅减少，说明黄酒行业总体获利能力有所增强。2016 年在出口这一指标上黄酒是下降的，2017 年的出口指标同比增长并且是量价同增，说明出口形势在恢复，外贸呈现向好的迹象。但与其他酒种相比，黄酒的增幅还不够强劲，上规模的企业还不多，一些企业产品销售区域性比较明显，黄酒的人才储备工作有待加强，黄酒行业企业要抓住转型升级、创新发展这一主线，以适应健康中国养生之需求，积极开拓国内外市场，提振黄酒发展的势头，为中国黄酒早日重现昔日的荣光而努力。

（5）果露酒　近年来，果露酒行业尤其是保健酒行业一直保持较高的增长速度，在整个酿酒行业中，销售收入、利润及税收等增速都是最高的，但是 2016 年和 2017 年的增速减缓。2013 年到 2017 年，销售收入（或主营业务收入）同比增长比例分别为：15.46%、19.34%、19.48%、4.63%、15.31%。整个生产格局仍没有变化，强者恒强，领头企业比重继续增大，与第二层次的差距仍然在拉大。2017 年，劲酒仍然是保健酒行业市场份额最高的龙头老大，除此之外，如椰岛鹿龟酒、张裕三鞭酒、竹叶青、宁夏红、五粮液黄金酒、茅台白金酒等品牌维持在第二集团。大多数中小企业营收维持在千万元左右。果露酒行业不断有新的产品开发。白酒企业纷纷以养生酒或“健康”白酒等名义介入露酒生产。果酒产品在部分水果产区仍是外来资本投资的热点，用当地的水果开发果酒。但是，除个别产品外，大部分产品或品牌没有形成较高的认可度。目前果露酒行业面临行业发展不平衡、新产品开发存在误区、品牌建设落后、高端产品缺乏等问题，从诸多调研数据及市场实际来看，果露酒行业目前还属于一个小酒种，行业教育、消费培育还需时日。从社会发展、消费需求、消费形态演变等方面可以看出，果露酒行业是一个具有巨大发展潜力和机会的行业。

（6）酒精　2017 年我国发酵酒精产量迅速增长，产量 1027.29 万 kL，增长 19.63%，利润水平大幅提升，从 25.61 亿元增长到 46.94 亿元，增长 83.30%。主要有以下五方面因素：一是鼓励玉米深加工的政策刺激。吉林省对深加工企业收购省内 2016 年产新玉米给予每吨 200 元补贴，收购期 2016 年 11 月 1 日至 2017 年 4 月 30 日，加工期截至 6 月 30 日。辽宁省公布补贴 100 元/t，内蒙古自治区公布补贴 200 元/t，黑龙江省给予补贴 300 元/t。高额补贴为东北酒精企业带来高额利润，同时也引发新的投资热。二是白酒行业和燃料乙醇等传统需求保持增长。2016 年以来，白酒行业逐渐复苏，带动酒精需求增长。同时，我国乙醇汽油为定点供应、封闭流通，即在封闭省市内的所有加油站只供应含 10% 比例的乙醇汽油，而不销售除车用乙醇汽油以外的其他无铅汽油，目前封闭推广地区包括河南、安徽、山东、黑龙江、吉林、辽宁、内蒙古等省份，各省市也在不断扩大辖下的定点封闭范围。传统酒精需求所带动的增长率约在 10%。三是由于改性乙醇进口关税的恢复，进口乙醇得到有效控制，酒精进口量从 2016 年的 86.01 万 kL 下降到 2.50 万 kL，大幅下降。四是 DDGS 进口量大幅下降。对美国干玉米酒糟采取措施后，DDGS 进口量开始逐步减少。2017 年全年进口 DDGS 为 39.08 万 t，同比 2016 年减少 87.26%。五是逐渐加严的环保政策，倒逼企业转型升级，也使不达标、不规范企业无法生产，规范了行业竞争。

8. “三品”战略实施情况和典型案例

2016 年 5 月，国务院正式发布《关于开展消费品工业“三品”专项行动营造良好市场环境的若干意见》，部署开展消费品工业增品种、提品质、创品牌的“三品”专项行动，提出通过营造良好市场环境，更好地满足和创造消费需求，不断增强消费拉动经济的基础作用，促进消费品工业迈向中高端。酿酒行业“三品”战略实施情况主要体现在以下三个方面。

（1）增品种　支持企业深度挖掘用户需求，适应和引领消费升级趋势，在产品开发、外观设计、产品包装、市场营销等方面加强创新，积极开展个性化定制，丰富和细化酒类产品种类。

以啤酒行业为例，随着我国经济水平的发展和消费需求的转变，小微型啤酒酿造模式兴起。小微型啤酒在国外被称为 Craft Beer（手工啤酒），我国啤酒市场多称为“精酿啤酒”，我国业内定性为“工坊啤酒”，其年产量为 200～3000kL/年。如今国内啤酒行业竞争格局基本趋于稳定，中国啤酒消费量趋于饱和，未来啤酒行业发展的重点将着眼于产品结构的改变和行业格局的再造，更加多元化、个性化的中高端啤酒产品需求持续扩大。工坊啤酒具有投资小、产品种类丰富、风味突出、销售链条短等特点，与规模化企业生产的啤酒产品相比，具有一定的优势。随着全球以及我国啤酒市场个性化和碎片化的发展趋势，我国小微型啤酒企业将进入快速发展期。2017 年，国内工坊啤酒占据了啤酒总产销约 1% 的市场份额，预计未来三至五年，其市场份额将成长至约 3%，生产单位超过 3000 家。

当前，中国酒业协会正在组织开展《啤酒》国家标准修订和《工坊啤酒》团体标准的制订工作，建立工坊啤酒标准定义及明确分类指标，同时发布相关行业规范，将为工坊啤酒列入监管范围提供有力支持，同时也对工坊啤酒行业的发展起到促进作用。

（2）提品质　重点培育和弘扬精益求精酿造的工匠精神，引导企业树立质量为先、信誉至上的经营理念，以产品品质和质量取胜。

以葡萄酒行业为例，2017 年葡萄酒产区效应凸显，产品质量大幅提升。经过多年的努力，现在各产区都已出现了一些品质优良并具有个性的产品，目前已有多个产区的多个品种在国际大赛中获得荣誉。首先，原料基地建设成果显著。如蓬莱产区，截至 2017 年，全产区标准化酿酒葡萄基地已达 8 万亩。基地内倡导大行距、中密度、嫁接苗、干型架式的标准化种植模式，亩株数控制在 350 株左右。种植酿酒葡萄 39 个品种，培育的重点优势品种有赤霞珠、马瑟兰、美乐、霞多丽、贵人香、小芒森等。建成自动气象观测站 4 个，实现葡萄基地气象预警网络全覆盖。其次，加强质量管理体系建设，建立全过程可追溯的质量控制体系。企业参照国际先进的安全标准，选取最严格指标制定企业内控标准，采用先进的生产、管理技术，建立了从葡萄种植、收购、加工到成品酒生产全过程可追溯的质量控制体系。张裕斥资25亿元，建成烟台张裕国际葡萄酒城生产中心，还建立了全球最大的葡萄酒与白兰地酒类单体生产厂房，生产设备、规模、工艺、效率、管理水平都得到了极大提升。再次，加大技术投入，提高检测水平。蓬莱市拥有一个第三方检测平台——蓬莱市检测中心；扩及烟台市内还有国家白酒、果露酒、葡萄酒质检中心、国家级企业技术中心——张裕技术中心等，为蓬莱产区的发展提供了坚实的技术支撑。

（3）创品牌　深入发掘酒类品牌背后的人文底蕴和文化价值，夯实品牌发展基础，提升酒类产品的附加值和软实力，推动中国产品向中国品牌转变。

以白酒为例，全行业加强品牌梯度培育，强化品牌重塑，建立清晰结构的品牌，消费品牌化，提升品牌号召力，2017年品牌建设成果凸显。无论茅台、五粮液等一线企业，还是衡水老白干、今世缘、西凤等二线企业在品牌聚焦方面动作频频。意在加快品牌梳理和精准定位，构建适应市场化需求的清晰产品结构，聚焦品牌优势和资源优势，强化品牌口碑。一系列行之有效、科学得当的措施提供最强保障。以西凤为例，西凤酒成立了专门委员会，升格品牌管理，同时通过品牌资产管理、法律手段保护品牌等方式构建产品体系。企业也非常注重品牌梯度培育，各有定位，各有目标，层次清晰，保持品牌力和产品力与目标人群中的对应性。

现在越来越多的消费者已经具有强烈的品牌意识，在消费品牌化的大背景下，为提升品牌号召力，在品牌建设方面实施重大战略升级是行业企业2017年常见的动作。目的都是通过提升品牌文化与消费者形成步调一致的生活思维方式，占领消费者的心智。具体表现为顺时而为，符合时代潮流，反映时代精神，品牌文化更贴近当代人的生活和体验。例如，景芝酒业创新性地提出“景芝景阳春　山东精气神”的品牌新主张，迎驾贡酒成功构建的六大生态品牌理念等均是如此。酒企愈来愈重视产品品牌的辨识度。企业品牌及产品品牌对消费者的购买意向均具有显著的正向影响关系，在产品品牌强度相同的条件下，消费者对具有较强企业品牌的产品购买意向更为显著。

9. 绿色制造、智能制造

加强绿色制造，推动产业生态化、绿色化发展是酿酒工业转型升级的内在要求。2017年，啤酒行业各企业加大科技投入，在水资源保护与再利用、能源管理与节能、污染物减排、废物的资源化利用等方面成果显著。2017年行业在节水方面的重点举措包括：洗瓶机喷淋缩径与连锁控制，水处理反洗水、反渗透浓水回收与再利用，冷凝水回收利用改造等。污水处理采用精细化管理模式，注重源头削减和过程控制，采用国内先进的工艺技术，实现污水100%达标排放。2017年继续按照国家节能减排计划推进节能项目改造和节能新技术的应用，通过全面推进高浓酿造与减热工艺，以及杀菌机冷热平衡等新工艺新技术，单位产品综合能耗大幅下降。实施煤改气、超低排放、脱硝等技术改造，实现废气达标和废气排放量的减排。青岛啤酒2017年六家工厂投资2700万元，淘汰燃煤锅炉13台，新建天然气锅炉23台，积极采用天然气清洁能源，进行锅炉超低排放改造和脱硝改造。废物的资源化利用秉承“减量化、再利用、资源化”原则，实现资源回收最大化、节约最大化、利用最大化。

白酒传统酿造在过去几年发生了巨大变化，在“中国白酒169计划”“中国白酒158计划”引领下，部分传统的生产方式被机械化、自动化取代，促进了白酒产业技术升级和装备升级。同时，全行业加大白酒酿造的基础科学研究，将智能技术引入产业，以智能化实现高品质白酒酿造。劲牌公司自2006

年起，与北京大学、华中科技大学等单位开展产学研合作，启动小曲白酒酿造新工艺项目，在全面使用自动化机械生产代替传统手工劳动上迈开了实质性的一步。首创加压蒸粮、固态培菌、控温糖化、低温槽车发酵、机械上甑蒸馏等新技术，实现了酿造过程的机械化和信息化的有效融合，原料全程不沾地、不与操作人员接触，减轻了员工劳动强度，提高了生产效率，消除了人为因素对生产过程的影响，标志着白酒酿造告别传统作坊式生产，迈进工业化，并逐步实现了机械化、自动化酿造生产模式转变。

10. 包装与装备

我国酿酒装备不断通过转型升级寻求在技术、运营和管理上的突破，装备技术水平与国际先进水平的差距不断缩小。酒类包装和装备企业科技创新能力显著增强，企业间、企业与科研院所间技术合作日益频繁。酿酒装备、灌装装备、酿酒配套辅助装备的制造技术和能力已经达到一定水平，新建厂的装备配套和高精度机械制造已经基本实现自给。此外，包装材料，包括硅酸盐玻璃、分离材料、造纸、印刷等行业的生产和供给也达到国际要求。随着我国整体消费水平的提高、物流和互联网的发展，差异化、个性化、便携化的酒类包装形式将越来越受到消费者的青睐，酒类包装和装备产业发展形势良好。

我国啤酒装备制造业已建立起了比较完整的装备制造体系，低速贴标装备和低速灌装装备基本实现了国产化，高速贴标和灌装关键部件质量与国际顶尖水平差距较大，国产高速灌装设备尚在研究或实验阶段，未见啤酒厂使用。其他设备如杀菌机、洗瓶机、麦芽处理设备等已基本实现了国产化，质量已接近或达到国际水平。国际装备智能化尚在研究和实验阶段，啤酒厂真正应用很少，随着劳动力成本的上升，是未来的发展趋势。值得注意的是，近年来小微型啤酒酿造飞速发展，与之配套的装备制造也快速兴起，但与中国国内产业政策不相适应，国产小微型啤酒装备的发展升级受到严重限制。葡萄酒行业的装备进步迅速，关键设备已经基本实现国产。作为我国传统产业，大部分白酒企业的生产工艺技术装备水平相对落后，多数工序环节仍采用传统的手工或半机械化生产方式，行业整体机械化水平较低。通过使用信息技术和智能化技术改造提升传统装备，结合实验和检测先进技术的推广应用，机械制造业的整体水平得到提高。黄酒行业 20 世纪 70 年代曾发起机械化、大罐发酵、黄啤合一等技术革新，其后少数企业机械化蒸饭、大罐发酵、机械化压榨和煎酒等工序得以保留，但再未有实质跨越性进展。技术水平和装备水平基本停留在原有状态。

11. 发展新亮点、新增长点

（1）白酒国际化　将白酒推广到世界，是中国酒业一直努力的目标。在多年积淀的基础上，2017 年中国白酒积极发展，且呈现出新亮点。首先产品创新，以中国白酒作基酒，调制新颖鸡尾酒，打破世界鸡尾酒以威士忌、伏特加等国外烈酒作基酒的惯例，以世界语言形式描述白酒，积极探索国际化表达方式。其次，领军企业积极拓展国际市场，形式多样。例如，茅台深入研究“一带一路”沿线国家和地区的市场特点、消费习惯，截至 2017 年年底，在“一带一路”沿线国家已经布局 10 余个国家；五粮液积极建设欧洲、亚太、美洲三大营销中心，扩大营销辐射能力。企业参与大型国际性展会、交易会、洽谈会。古井贡从 2010 年的上海一直到 2017 年的阿斯塔纳，与世博会四度结合，发展国外渠道商。企业共同努力主动对接国外、国际标准。在 2017 年举行的多场清香型白酒国家标准修订研讨会上，汾酒、牛栏山、红星等企业围绕检测方法、感官标准等，积极探索如何更科学、更合理地与国际接轨。

（2）科技创新　近年来，酿酒产业不断加强科技创新体系建设，推进科学技术在支撑高品质产业上的成果转化，推进产业持续健康发展。2017 年，中国酒业协会联合五粮液集团、电子科技大学、浪潮集团成立了“中国酒业大数据中心”，以大数据为支撑，优势互补，共享创新，汇集中国酿酒产业相关优势资源、产业智慧、核心技术、共性技术，推动整个产业技术创新能力全面提升，加速技术升级。2017 年，“洋河微分子酒风味特征及形成机理的研究”科研成果得到了国内权威专家的认可，为中国白酒健康化、年轻化、多元化发展起到了积极的引领作用，开启了中国白酒风味、健康、低度的新时代。这一科技成果在白酒产业的诞生，也进一步深化了产业共识，在今后的发展中，整个白酒产业会进一步加快和提升技术创新能力，充分发挥科技在白酒行业发展过程中的重要作用。此外，在国家的支持下，很多大型企业都成立了国家级技术研究中心，拥有自己的研发团队与机构，极大地促进了白酒界科技水平的提升。另外，物联网技术在白酒行业的应用，如基于无线传感网的酿酒生产过程自动化应用和基于 RFID 及二维码的防伪溯源应用等帮助白酒企业防窜货、防造假，有利于规范企业的发展环境。

二、行业面临的问题分析

我国酿酒行业经济发展基本平稳，增长方式发生转变，产业结构深度调整，产品结构进一步优化，消费市场回归理性，整个酿酒产业实现了由快速增长向平稳增长的过渡。但是，发展过程中积累的政策、市场和创新方面的诸多问题和所面临的困难依然严峻，需要继续深入关注和探讨。

（一）政策与市场

1. 部分产业政策已不适应行业现状，限制行业发展升级

长期以来，酒类产业受政策约束较大，酒类生产企业在立项、扩能、税收、环评等各环节受到严格的控制。在自由竞争的环境下，市场根据供需关系自身可以产生良性的发展轨迹，但对酿酒产业的一些政策限制了市场自动调节能力，对产业发展产生了一定影响。例如，2013 年修订的产业结构调整目录规定，限制生产 18000 瓶/h 啤酒灌装生产线，淘汰 12000 瓶/h 啤酒灌装生产线。但如今小微型啤酒业快速发展，消费者对小微型特色啤酒的需求连年高涨，特色啤酒一般不适合大批量生产，所需生产线均为小型灌装生产线。上述产业政策严重影响了小微型啤酒装备的发展，也进而影响了整个行业的发展和升级。

2. 政策调整应强化自主调节，引导企业自律生产经营

我国法律法规特别是食品安全有关法律进一步完善。2015 年新版《中华人民共和国食品安全法》实施，强调充分发挥消费者、行业协会、媒体等的监督作用，形成社会共治格局。然而，随着酒类市场消费形势的不断变化，适应酒类生产流通特点的专门性法律法规仍然十分缺乏，涉及检测、流通等方面的标准仍然较少。立法和标准的滞后，造成对酒类商品的监管困难，需要进一步加快相关工作的进行，并应着力强调行业协会的作用，引导企业自律生产经营。

3. 社会舆论关注提升，预警机制亟待健全

随着人民生活水平的提高，食品质量安全意识的不断加强，作为特殊食品的酒类产品倍受社会各界的关注。酒类产品的质量安全关系到生产企业的命脉，关系到整个酿酒产业的健康发展。特别是白酒行业，舆论关注度高，影响面大，公众美誉度亟待提高。面对行业热点与社会误读，行业与企业仍欠缺快速应变能力和有效的危机公关能力。应尽快建立健全行业预警机制，有效组织与引

导企业开展行业自律，加强消费教育，普及酒文化知识，倡导理性饮酒，强化社会责任意识，树立行业正面形象，努力营造行业的社会美誉度，应该作为全行业的一项重要工作。

4. 产能增长速度过快，市场应变能力滞后

行业高速发展时期企业产能大量增加，国内外资本大量涌入，地方政府的政策性保护等，加剧了酿酒规模的扩张。行业进入深度调整期后，产能增长遗留下库存压力过大、销售渠道不畅、消费能力不足、利润空间降低的危机。面对新的市场变化，面对国内外整体经济形势的压力，面对节俭治国的社会环境，部分企业对深度调整的心理落差准备不足，仍然心存幻想，缺乏适应新常态变化的决心，调整发展战略的能力不强，应对市场变化的措施滞后。进一步解放思想，树立信心，主动适应市场形势新常态，积极寻找新的经济增长点，以市场需求定产量，是保障行业稳步发展的必修功课。

5. 经济效益提升困难，企业发展后劲不足

为应对社会环境与市场环境的新变化，绝大多数企业积极调整产品结构，重新构建价格体系，降低了高端产品价格，加大了中低端产品的生产规模，取得了一定的成效，但却造成收入稳中有升，利润与税金持续下降的被动局面。产品利润率的降低，削减了企业发展后劲，制约了行业科技投入，影响了行业持续健康发展。在控制总量的基础上，建立科学的产品结构体系，控制产品成本，主动适应消费需求，稳定产品价格，是创造企业核心竞争力的必然选择。

（二）科技创新

酿酒行业的科技创新能力明显不均衡，啤酒、葡萄酒行业通过引进吸收国外技术装备，促进了生产水平的提升，但自主研发和自主创新能力尚有不足；白酒、黄酒行业通过加大机械化生产试点，在一定程度上提高了生产效率，但机械化、自动化、智能化、信息化水平仍然较低。酒精行业规模企业通过升级改造，技术水平和产品质量逐步提升，但是在全面实现循环经济、资源重复利用，进而提高产出效益方面尚无重大突破。科学建立行业创新机制，加大力度提高自主研发能力，树立传统产业向现代工业迈进的坚定信心，推动酿酒行业现代化工业进程，是我国实行“中国制造 2025”的需要，也是整个酿酒产业的重要任务。应支持具有一定规模和实力的装备生产企业，培育其成为水平较高的龙头骨干企业；支持中小企业走专业化、配套生产之路。同时紧紧抓住“中国制造 2025”实施的契机，大力发展具有自主知识产权的酿酒设备，促进行业向集成化、智能化、高端化发展。

三、发展趋势

我国酒类行业发展呈现新变化和新趋势。酿酒行业在适应市场需求、实现转型升级、探索创新发展的过程中，必须保持清醒的头脑和客观的态度，洞察市场的新特点。

首先，规模、品牌效益向品质、特色效益转变。培育品牌、追求产能、扩大规模是“十二五”期间行业的主旋律，在此期间许多企业规模扩大、产量提升、品牌提升，取得了快速发展。满足人民精神、文化、交际需求是酒的社会属性，随着人们日益增长的精神文化需求、生活品质需求和个性消费需求，在产业产能过剩的背景下，以规模、品牌效益向品质、特色效益转变，打造体验消费，提升产品品质特点，将品质和特色作为产品品牌的核心，是酒类产品发展的新方向，也是产业新的发展机遇。

其次，由传统消费向健康、理性消费转变。国人饮酒的传统消费方式——“干杯文化”正在转变。饮酒是健康，是愉悦，是增加情感，不能成为一种负担。酒类消费在中

国的负面形象无不和过量饮酒息息相关。酒类消费缺乏场景感、体验感、仪式感和参与感。必须丰富中国酒类消费的新文化，创新消费新文化，倡导消费新文化，呼吁全社会建立理性消费新理念。引导消费者转变消费方式、创新消费方式非常重要，开创少喝酒、常喝酒、喝好酒的理性消费时代，对产品的安全性和健康性提出了更高的要求，对产品的内在质量成分提出了更多的知情权，也是中国酿酒产业发展的基本方针和方向。

第三，由扩大国内市场需求向开拓国际市场需求转变。中国酿酒产业发展以扩大内需为主导，应该随着中国的崛起，随着“一带一路”走向世界，向世界传播中华酒文化。国产酒类产品国际化蓝海的开创，是各酒种面临的共性问题。“洋酒”文化、“洋酒”消费在中国传播收到了很好效果。中国酒文化和消费方式向世界传播得远远不够。其中最为重要的是中国酒类文化的系统建立，中国酒类标准的系统建立，以及中国酒类消费方式的系统建立。名酒企业正在率先开创国际蓝海。把国产酒的国际化与国家战略相结合，向全世界讲好中国酒的故事，让中国智慧酿造走向世界。

第四，由“总经销 + 分销”向“互联网 +”连锁经营转变。酒类传统营销主要有“区域代理 + 分销”和“总经销 + 分销”两大类型，全国有酒类经营主体近 300 万家，绝大多数为中小企业，市场无序竞争激烈，营销手段、成本核算、财务管理和人才培养等相对比较落后，发展后劲不足，流通效率偏低。同时酒类流通企业组织化程度偏低，缺少大酒商，不利于酒类市场的规范发展。在酒类行业进入深度调整和转型发展的背景下，店铺租金、人工成本和其他费用快速上升，酒类产品传统店铺分销模式面临越来越大的压力，酒类产品电子商务分销模式应运而生，经过多年的探索，交易规模越来越大，形式也更加多样化。随着移动通信和互联网越来越便利和紧密的结合，借助彩信、短信群发，微信、APP、WAP、二维码等“移动终端 + 互联网”新的“互联网 +”分销模式由于具有更强的灵活性、更高的精准度和互动性，逐步被引入到酒类分销中来，推动了“互联网 +”营销模式创新发展的不断深化。发展最显著的应该是“互联网 +”酒类连锁经营组织形式，生产企业与酒类销售大商也纷纷尝试连锁专卖方式。可以肯定地说，“互联网 + 线下连锁”的融合发展模式将成为酒类分销体系转型发展的重要方向。通过搭建 O2O 网络、深度进入餐饮业等方式，使消费者可通过平台网络方便、实惠地买酒，同时，依托其数量众多的线下实体店连锁体系、服务体系和仓储体系，让厂家可以将货直接发到门店，然后通过门店配送给消费者，通过线上线下融合发展，实现供应链的整合。

四、政策建议

（一）调整产业政策指导目录，支持行业新业态的发展

如今小微型啤酒业快速发展，消费者对小微型特色啤酒的需求连年高涨，但特色啤酒一般不适合大批量生产，所需生产线均为小型灌装生产线。相关产业政策严重影响了小微型啤酒装备的发展，也进而影响了整个行业的发展和升级。建议重新审议 2013 年修订的产业结构调整目录，不再规定“限制生产 18000 瓶/h 啤酒灌装生产线、淘汰 12000 瓶/h 啤酒灌装生产线”，以适应新的行业发展形势。

（二）提升传统产业文化宣传，推进民族品牌建设

五千年文明史造就了我国传统产业拥有深厚的文化内涵，民族品牌代表着民族文化，更是民族实力和国家影响力的象征，国家应该着力提升传统产业文化宣传，对传统产业民族品牌进行保护、鼓励和支持，推进民族品牌建设。在保留深层次文化基因的基础上，

创新发展适应时代潮流、符合科学理念的“新文化”。在产业升级、产品结构调整继续深化的同时，加大对提升传统产业企业文化、品牌文化、消费文化等方面的引导、开发与探讨。

（三）积极引导企业践行社会责任，实现行业可持续发展

行业和企业社会责任现已成为行业健康、可持续发展的重要推动力，行业协会及业内企业近年越来越重视社会责任的践行。建议针对《酿酒行业企业社会责任报告》制定相关发布政策，规定符合相应标准的企业均应每年发布社会责任报告，以推动整个酿酒行业健康发展。

（四）推进理性饮酒政策建设，规范行业引导

国家相关政令法规的持续推动，使得理性饮酒推进不断深化。出台相关政策法规，以便于行业引导更加规范、合理、有效，有利于将理性饮酒推广及酒类知识普及社会化、透明化，有利于推动酿酒产业健康发展，有利于科学引导消费者健康消费。

（五）调整酿酒行业税收政策，引导行业健康发展

近年来，中国酒业协会积极关注酿酒产业税收调整和变化，维护行业竞争环境，引导产业健康发展，积极推动酿酒产业税制改革。通过努力，相关部门取消了酒精消费税，解决了酒精行业多年来税负不公平竞争现象，使行业走向良性发展。现今，随着市场环境和消费环境的变化，建议对白酒和啤酒等税收政策进行研究并给予调整，以推动行业的有序、合理、良性竞争，促进行业健康发展。

中国酒业协会

食品添加剂和配料工业

食品添加剂行业是我国食品工业的重要组成部分，食品添加剂产品在提升食品品质、改善食品口感、延长保质期、确保食品安全、助推食品工业的技术创新等方面发挥着不可替代的重要作用。伴随着我国食品工业的快速发展，食品添加剂行业也不断成长和壮大，产品品种更加丰富，产品质量不断提高，企业集中度也越来越高，在食品加工和生产中的作用及重要性日益突出。2017 年，食品添加剂和配料行业顺应我国经济平稳发展的态势，与食品工业的运行情况基本保持一致，生产经营总体呈现平稳发展、稳中向好的趋势。

一、行业概况

2017 年，食品添加剂和配料行业在新常态经济形势下整体呈现稳定发展的态势。近年来，国家对食品添加剂监管越来越严，虽然消费总量受到一些影响，但对于那些有技术、有品牌、有市场的正规企业，销售额反而有所增长。市场上一些产品的混乱状况有了很大改观，企业的生产经营也越来越规范。客观上限制了假冒伪劣产品和不规范小企业的生产，从而净化了市场环境，规范、促进了食品添加剂行业的发展。

（一）主要经济指标

1. 主营业务收入

据中国食品添加剂和配料协会（以下简称“协会”）对各专业委员会和行业骨干企业所报数据的统计和分析，2017 年食品添加剂主要品种总产量达到 1125 万 t，比 2016 年增长约 6.5%；销售额达 1098 亿元，比 2016 年增长约 6.1%。从主要数据看，2017 年行业总体上仍呈现平稳发展的态势，而且国内外食品市场对食品添加剂产品的需求没有明显变化（图 1）。

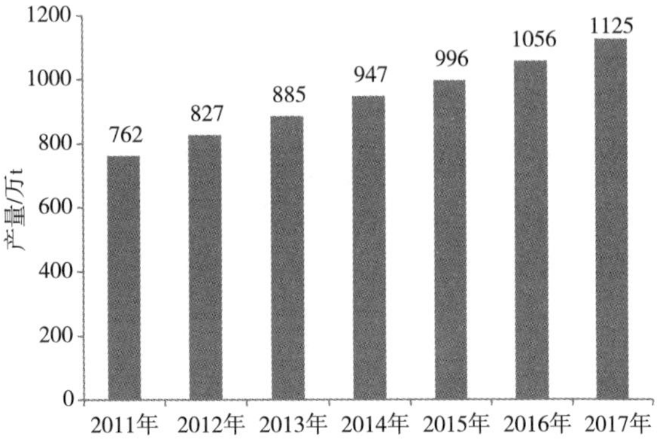

图 1　2011—2017 年中国食品添加剂产量示意图

数据来源：中国食品添加剂和配料协会。

2. 利税

由于食品添加剂品种繁多，利税难以统计。总体来看全行业总利税率在 15% 左右，大宗产品竞争更加激烈，利润水平低，小品种产品利润水平高一些。

（二）行业发展分析

随着现代食品工业的发展，我国食品添加剂和配料行业也向着系统化、规范化、标准化、国际化方向发展，食品添加剂已经进入了保证食品安全规范发展的时代。

我国食品添加剂行业是食品工业中与国际法规和标准接轨最直接、最完全的行业，我国现在是国际食品添加剂法典委员会（CCFA）的主席国，与国际发达国家一样，我国也制订了一系列较为完善的食品添加剂生产、使用和管理的法规和标准。

目前，我国已批准使用的食品添加剂品种共 2600 余种，几乎涵盖了所有的加工食品。食品添加剂中主要的常用品种在国内都有生产，且大多数产量都居世界前列，产品除满足国内市场外，许多产品出口也较多，有些产品在国际市场上占主导地位。2016—2017 年，行业企业整体数量没有发生大的变化，行业的产量和销售额却都有增长，说明行业企业的规模和实力在不断增长。近年来，行业企业通过扩大产能、技术改造和技术升级、在原料基地附近设立分厂等方式使得产能和销售额都有明显增长。另外，行业企业的整体素质有了进一步提高，通过媒体曝光的一些事例和国家对食品业监管的加强，行业企业普遍认识到企业要可持续发展，必须在生产经营中诚信自律，必须严格遵守国家的法律、法规和标准。行业企业在运营中更加关注行业发展动向，注重标准工作，积极参与国家标准的制定，通过协会积极向政府有关部门反映行业情况，配合政府做好行业监督和管理工作。

尽管近年来行业企业的生产经营受到原材料和劳动力成本、环保压力增大等多种外界因素的影响，压缩了企业的利润空间，但大多数行业企业都把困难化作动力，坚持抓科技进步和管理创新，把提高产品质量、降低成本、新品开发、改进和提高销售及技术服务力度等作为工作重点，取得了良好成效。许多行业企业在国内外大环境诸多不利因素的困扰下软硬件实力进一步提升，继续保持稳定发展。

1. 价格

由于食品添加剂品种较多，产品价格没有系统统计，总体产品价格平稳，2017 年主要产品价格波动不大，但由于产能过剩、员工成本增加等因素影响，很多产品的价格下降，使得企业效益也同比下降。

例如，自 2017 年 9 月开始，柠檬酸市场价格进入了快速下调通道。10 月，柠檬酸则延续了下调的趋势。

从柠檬酸的行业开工率来看，虽然受环保督查影响，8 月开工率出现明显下滑，但整体来看 2017 年开工率明显高于往年。据统计，2017 年 1—8 月份平均开工率为 76. 38%，同比上涨 18. 82%。其中 8 月份柠檬酸月度产量在 9. 4 万 t 左右，同比上涨 22%。

柠檬酸的主要原料为玉米，随着华北新玉米陆续上市，玉米供应紧张的局面得以缓和，玉米价格开始冲高回落，一些深加工企业将收购价格下调了 100 ~ 150 元/t，因此，柠檬酸原料成本的底部支撑作用也相应减弱。

预计短期内，柠檬酸仍然处于供强需弱的格局，市场将继续偏弱运行。但在环保监管产量受限影响下，加上需求的增加，预计 2018 年柠檬酸市场行情有望好转。

2. 市场

总体上目前我国食品添加剂产销两旺，能满足国内外市场发展的需要。行业基本实现产量和销售的同步增长，出口由于受国际经济增长复苏乏力、需求减少和国内出口产品退税政策调整等因素的影响，增长放缓。

3. 投资

食品添加剂是市场化较早的行业，投资多以民营或外资为主，在食品添加剂行业快速发展过程中，行业竞争也十分激烈。食品添加剂的企业一般都较小，投资不大，当一个产品市场好的时候很容易吸引资本进入，企业价格战的情况时有发生，一些出口产品竞争更加白热化，个别产品市场前景还不明确，很多企业就已蜂拥而上，使整个产业都没有利润。但是经过多年的市场竞争和国家以及行业的积极引导，行业自律加强，很多产品的发展已趋于平稳，产业结构较以往已有明显改观。

2017年，全行业新增投资不多，只是个别行业和个别企业在技术改造和科研开发上有少许投入，新增产能不大。一方面市场变化不大，绝大多数产品产能已经过剩，市场竞争激烈，产能没有扩大的空间。另一方面，从国家政策上对食品添加剂行业限制增加，新品种审批放缓，现有产品的扩大使用范围和扩大使用量也非常困难，企业投资愿望不足。虽然从产量、产值上看，食品添加剂行业在食品工业中所占的比例只有2%左右，但其在食品工业发展中的作用不容忽视。食品添加剂行业品种繁多，单一产品的产量不大，所以生产企业以中小企业为主，企业规模小，比较分散，发展基础不强，在融资能力和贷款等资金方面面临许多困难。由于资金短缺，企业很难开展技术改造，产业升级困难，大多徘徊在低水平竞争上。新产品开发更是力不从心，当市场好的时候扩大生产同样不易。所以，资金短缺的问题是行业遇到的普遍问题，一直制约行业的发展。

4. 区域分布

我国食品添加剂工业是改革开放后首先由东部沿海城市迅速发展起来的，在很长一段时期内，仅有少数几个省份较发达、活跃。而大多数中西部省区都鲜有食品添加剂产业的发展。近几年，除广东、上海、浙江、山东、江苏、北京、天津等省市外，一些中西部地区充分发挥各自资源优势、国家扶持政策或地域优势，开发出一些性价比较高的食品添加剂产品，规模和数量明显上升。同时受能源和原料的影响，一些耗能大、原料成本比重大的产品也逐步向中西部转移，许多产品已经形成区域优势，如山东禹城是“中国功能糖城”，河北曲周县是“天然色素产业基地”，高倍甜味剂主要集中在江苏，香精、香料产品主要集中在广东、上海等沿海城市等。

5. 行业集中度分析

我国是食品添加剂生产大国，很多产品的产量和出口量都居世界前列。大多数主要产品都已经过充分市场竞争，产业集中度较高。特别是出口导向型产品，小的企业进一步被淘汰，有品牌影响力、市场占有率高的企业进一步作强。如乙基麦芽酚产品，目前国内以两家企业为主，而且占有大部分的国际市场；高倍甜味剂的几个传统优势品种产业集中度提高，糖精、阿斯巴甜、安赛蜜、甜蜜素等生产企业已不到5家，产量在国际市场完全占有主导地位。

但也有个别行业生产集中度虽然较高，但企业数量仍然较多，产业集中度还有很大提升空间。如辣椒红色素行业，我国辣椒红年出口量已占全球市场的60%，其中龙头企业河北晨光生物科技有限公司一家企业占全国出口量的50%以上，产业集中度已经较高，但国内目前生产辣椒红的企业还有近70家，使得行业竞争非常激烈，产品价格一路下降，21世纪初产品价格在40万元/t左右，目前同等质量规格的产品只能卖到15万元/t，行业只能依靠出口退税维持发展。

食品添加剂领域还相对比较分散，存在众多的中小企业可供并购与合作。

6. 进出口

我国食品添加剂工业是一个年轻但快速发展的行业。目前，我国食品添加剂总产值已占国际贸易额的约10%，我国大多数食品添加剂产品在国际市场上占有主导地位，特别是一些大宗产品的生产量和国际贸易量均居世界前列，但以较成熟的产品居多，高端产品和新产品不多。

其中，柠檬酸、苯甲酸钠、山梨酸钾、糖精、木糖醇、维生素C和维生素E、乙基麦芽酚等品种在国际贸易中已具有举足轻重的作用，处于领先地位。我国拥有丰富的植物资源，目前国内的天然抗氧化剂如茶多酚、天然甜味剂如甘草提取物、天然抗菌剂如大蒜素、天然色素和天然香料等天然抽取物受到国际市场的青睐。

由于 2017 年大部分国家和地区面临经济复苏缓慢、增长乏力的大环境，食品添加剂和配料产品的出口整体增长有所下降。根据协会对行业骨干企业数据的统计分析，2017 年食品添加剂和配料行业主要品种出口额 36.3 亿美元，同比 2016 年下降约 3%。

7. 重点行业

（1）着色剂　2017 年着色剂销售量 42 万 t，销售额 37.7 亿元；出口量 9613t，同比增长 1.2%；出口创汇总额 2.4 亿美元，同比增长 9%。在着色剂三大类产品中，合成着色剂销量 0.4 万 t，同比下降 20%；天然着色剂销量 1.6 万 t，同比增长 6.7%；焦糖色销量约 40 万 t（图 2）。

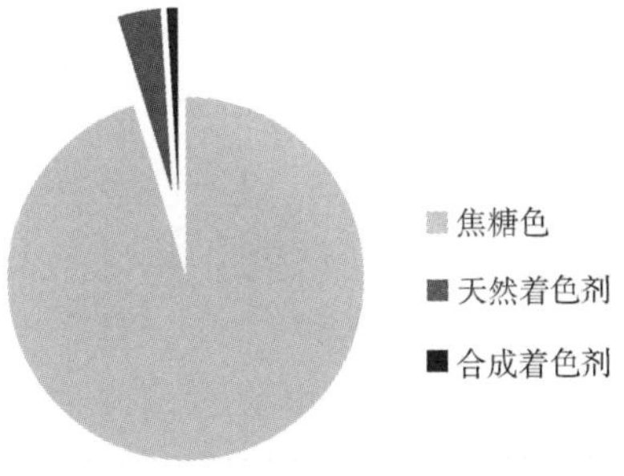

图 2　2017 年着色剂产品产量

数据来源：中国食品添加剂和配料协会。

着色剂主要产品生产销售情况：

合成着色剂：产销量有一定幅度下降，主要原因是 2017 年国家环保监管部门加大了检查力度，导致化工类原料供应短缺，产量出现一定程度的下滑，同时，煤改气导致企业生产成本大幅增加。

焦糖色：2017 年出现产销量下滑的态势，主要是一些生产企业因为资金链的问题，导致企业生产和经营困难。

天然着色剂：①红曲红色素：产能过剩，必须进行供给侧结构性改革。部分企业通过恶意降价来抢占市场，红曲红色素的利润空间被压缩。②辣椒红色素：经过几年的努力和市场洗礼，过剩的产能正在逐渐消化。2017 年销售量上升，产品价格虽有回落，但整体增值幅度较大，产品利润增幅保持，行业集中度进一步提高。③万寿菊 - 叶黄素：经过连续五年的协调和引导，产业发展渐趋理性。从 2017 年上半年的价格低谷，到第四季度出现一定程度的反弹。2017 年叶黄素产能与市场需求量匹配度进一步提高，价格偏向理性区间，但同时要持续关注和控制扩大万寿菊种植面积带来的风险。④花色苷色素：2017 年水溶性花色苷类色素表现突出，如紫甘薯、萝卜红、甘蓝红等产品增长形势较好。应用市场的拓宽、产品制剂技术的进步，使水溶性花色苷色素具有良好的预期，未来前景更为广阔。⑤栀子黄色素：在 2017 年表现平稳，但原料价格正由低逐步走高，产业活跃度不高。⑥栀子红色素：出口量快速增长，相关企业已经在协会的组织下启动了栀子红食品添加剂新品种的申报工作，希望能通过允许栀子红在国内使用，开拓该品种的国内市场。⑦其他品种的色素产业也正在去多余产能，进行结构性调整，产业模式正在由粗放向精细加工、由单一着色功能向复合功能开拓，由人力型向科研型的精品之路转变。

（2）甜味剂　主要产品是功能糖醇和高倍甜味剂产品。

2017 年我国高倍甜味剂各企业产品的销量达 11 万 t（不含复配产品），同比 2016 年基本持平。甜菊糖苷和罗汉果苷出口稳中有升，其他产品出口总体下降。糖精（钠）全年销售量和价格总体平稳。甜蜜素受消费量下降影响，产销量与 2016 年相比有所下滑。国内三家安赛蜜主要生产企业继续受到美国 337 调查的影响，出口持续下滑，效益与往年相比有所下降。阿斯巴甜产量与2016年相当，价格总体稳定。三氯蔗糖产量有所上升，但由于几家主要生产企业扩产和新企业出现，三氯蔗糖的生产能力已经超过销量，产能过剩情况开始出现。甜菊糖销售量与2016年相比略有增长，受美国消费量增加影响，出口也略有增长。

2017年糖醇总产量比2016年下降10%左右，产品60%出口，40%内销。由于原料木糖供不应求，木糖醇的产量只达到3.3万t，导致市场上木糖醇供应不足，价格上涨。

（3）食用香精香料　食用香料香精行业全年经济运行走势稳中有升，但增幅趋缓。全年销量和销售额预计比2016年同期增长近8%。食用香料产品价格略高于2016年，国内和国际市场对食用香料的需求有所上升，出口略有增长。食用香精的销量和销售额与2016年相比略有增长。国内市场竞争仍相当激烈，骨干企业在培育、研发科技含量高的新产品，并在产品应用技术服务方面继续加大投入，提升品牌核心竞争力，拓宽国内和国际市场。咸味香精行业销量与2016年相比略有增长。其中，酵母抽提物产销量增长较为明显，主要生产企业安琪酵母公司的酵母抽提物产量同比增长20%，销售额同比增长18%，市场形势良好。这与国内烘焙与发酵面食领域、食品调味领域的产品销售有所增长直接相关。

全行业在技术改造、节能减排、产品结构调整等方面的工作主要体现在积极采用绿色环保的生产工艺对原有产品的生产工艺进行改进，如改变起始原料，提高原料利用率；改变生产工艺，尽量采用催化技术，减少或避免废物的产生；降低物耗和能耗，提高材料的转化率或综合利用能力；提高产品质量，全面增强企业的竞争力。在科技创新方面香料基本无新产品推出，香精方面随着市场需求的变化推出了一些新香型产品。

（4）防腐剂和抗氧化剂　2017年防腐剂和抗氧化剂产品的产销量与2016年相比增长10%。主要产品苯甲酸和苯甲酸钠产销量同比增长超过20%，原因是国家批准苯甲酸和苯甲酸钠可用于饲料生产，拓宽了其应用范围，产品的发展潜力增大。但该产品为传统产品，产能过剩、成本上升、资源环境约束以及创新能力不足等诸多挑战凸显，行业整体利润水平偏低。苯甲酸钠的食品安全国家新标准实施及企业环保要求的提高对维持正常的市场竞争有较大帮助。产品的骨干生产企业武汉有机实业有限公司2017年搬迁新厂，生产逐步进入良性循环阶段，产能大幅释放，市场占有率一直居首。而环保不达标的小企业逐步退市，行业集中度进一步提高，市场秩序日趋规范。

山梨酸钾、山梨酸、脱氢乙酸产量同2016年相比略有增加，价格有所下降，利润与往年基本持平；对羟基苯甲酸乙酯销量同比增长超过14%，市场需求稳定；对羟基苯甲酸乙酯钠销量同比增长5%；对羟基苯甲酸甲酯钠销量同比下降16%，主要原因是出口订单减少。脱氢醋酸钠产品在大型肉制品生产企业中使用量增加较多，销售额增长了10%，且价格呈上升状态。双乙酸钠在药品中作为防腐剂使用效果较好，所以总体使用量增加，但在食品中的使用量没有明显增长，该产品在2017上半年保持了2个月好势头，但随着出口的竞争压力加大，生产销售有所下滑。丙酸钙产品领域在2016年有一些新企业进入，产品供大于求，价格竞争达到白热化。

天然防腐剂如乳酸链球菌素、纳他霉素和聚赖氨酸的市场需求量增加，乳酸链球菌素的产销和出口继续保持稳定发展，价格与2016年基本持平。纳他霉素产量同比增长超过20%，价格有所下降，销售额增长超过15%。聚赖氨酸及其盐酸盐销量和销售额同比有较大增长，价格稳定。

抗氧化剂 TBHQ 在赢得反倾销诉讼后，2015—2016 年生产销售逐步恢复正常，但 2017 年印度产品仍然采用恶意压低价格的方式进行市场竞争，对国内企业的销售产生不利影响，2017 年国内企业销量比 2016 年减少超过 50t。除了印度和美国产品分割市场外，一些小包装食用油减少使用或不添加 TBHQ，使 TBHQ 的市场容量收缩了 20% ~30% 。

复配防腐剂的市场需求量比 2016 年增长约 10% 。近年来，针对各类食品的个性化复配型产品配方更加丰富，应用更加广泛，尤其是技术力量不强的中小食品企业对复配产品的依赖性更高，复配防腐剂产品的开发和应用前景良好。

（5）增稠剂、乳化剂和品质改良剂 2017 年增稠剂、乳化剂和品质改良剂产品产销形势平稳，比 2016 年有一定幅度的增长，其中国内销售增长明显，出口略有下降。乳化剂主要品种（单甘酯）销量同比增长 10% ，销售额同比增长 10% ；增稠剂（不包括淀粉产品）销量同比增长 16% ，销售额增长 15% ；变性淀粉销量同比增长 23% ，销售额同比增长 20% ，面粉改良剂产品同比增长 9% ，销售额同比增长 16% ，磷酸盐产品产量同比持平。复配膨松剂（泡打粉）销量同比下降 6.7% ，这类产品仍处于由含铝盐配方向无铝盐配方的过渡期，企业技术改造、科技创新主要围绕生产自动化、工艺改进方面进行。

（6）营养强化剂　2017 年国家大力推进营养产业的发展，同时，我国居民越来越重视健康营养，市场的需求和政策导向的落实大大促进了营养健康产业的平稳发展。2016 年营养强化剂单品和复合营养素类产品的产销稳步增长。维生素 C、维生素 E、维生素 D_3 等继续在世界上占有领先优势，骨干企业浙江新和成公司、新昌制药厂等企业相关产品的销售额和利润均稳步提高。氨基酸类产品赖氨酸、苏氨酸、蛋氨酸等产销量也大幅提高，相关企业纷纷扩产，产能过剩逐渐显现。

除传统的维生素、矿物质等营养素产品外，近年来功能性食品配料（包括功能性提取物）也获得长足发展。功能性提取物一直是国内企业出口的主要大类产品，多年来在国际市场上赢得声誉，具有较强的市场竞争力。虽然有波动，功能性提取物尤其是植物提取物，我国的出口占有率从 2008 年起一直占据第一的位置，现今可达到国际市场的 30% 以上。这类产品不仅仅是出口，在当今国家提倡国民营养大健康的氛围下，功能性提取物产品在国内同样有广阔的应用前景，是行业大力挖掘和发挥其潜力的产品。

8.“三品”战略实施情况

当前，世界经济进入了一个低速增长时期，主要经济体的增长预期都处于历史较低水平，保护主义势力在抬头，国际贸易和投资低迷，多边贸易体制发展面临瓶颈，各种不确定因素增多，充满了各种风险和挑战，在这样一个全球大背景下，中国食品添加剂工业如何扬长避短，继续保持较好的增长势头，是实施三品战略的重要目标。

（1）增品种　2017 年卫计委批准氨基乙酸、碳酸铵、爱德万甜、6S－5－甲基四氢叶酸钙等 5 种食品添加剂、酶制剂新品种，2－乙酰氧基－3－丁酮等 12 种新的食用香料以及乳木果油等 10 种新食品原料。

（2）提品质　食品添加剂和配料行业一直走在食品工业技术进步和产品创新的前列，曾经荣获国家多项科技进步和技术发明奖项。2016—2017 年，行业在科技创新和技术进步方面又取得优异成果，由行业企业浙江新和成股份公司完成的《重要脂溶性营养素超微化制造关键技术创新及产业化》以及由行业企业山东龙力生物股份公司完成的《木质纤维生物质多级资源化利用关键技术及应用》两个项目均荣获国家技术发明奖二等奖。

这些奖项的获得不仅显示了行业在科技创新和技术发明方面继续保持领先的优势，也说明行业在社会的正面影响不断加强。但另一方面也要看到，由于国家对食品添加剂尤其是新品种的管理日益规范和强化，社会对食品添加剂的偏见还没有彻底消除，产品的创新和应用的拓展受到一定程度的影响。

（3）创品牌　随着市场经济体制的不断完善，激烈的市场竞争和强大的技术变革使越来越多的食品添加剂生产企业意识到品牌的重要性，并将品牌建设提升到企业竞争战略的高度。然而对于绝大多数中小食品添加剂企业来说，对品牌的管理仍然停留于比较肤浅的阶段，没有根据行业和企业自身的实际情况进行分析。因此，食品添加剂行业发展趋势如何，中小生产企业如何制定适合自身发展的品牌提升战略以实现品牌的增值等都是亟须解决的问题。中小型想要增强自身竞争力，在“做强”的基础上“做大”，品牌的提升显得越来越重要。

以下以广州美晨集团在管理体制上的创新为例，进行品牌开创的成功案例分析。

美晨集团前身始建于1896年，是中国最早的牙膏专业生产厂家之一。美晨集团通过“美晨”品牌，最早打破国有“大锅饭”，勇立改制潮头；从无纸办公到移动办公，从开创股份制企业合并先河到实现广州市第一家科企“联姻”，食品添加剂以“银谷”为主要品牌，开发出一系列适应不同顾客要求的蛋糕油（蛋糕乳化剂）、DHA、酪蛋白磷酸肽（CPP）等，短短的几年中，在食品行业中就享有了很高的知名度。

①体制创新：20世纪90年代初期，旧的经济体制和管理模式已不能适应经济的发展，既严重制约着企业的发展，又影响了职工主动性和积极性的发挥。1993年，“美晨”以敏锐的眼光迈开了产权改革的第一步，在国内同行业中率先成立“国家控股，职工持股”的股份制企业——美晨股份有限公司。改革当年，公司就赢利4996万元，创历史最高纪录。经过一连几次的股权改革，企业成为大家的，员工“个个是股东，每人都有份”。职工对企业的关心是发自真心的，尤其是股份制改革后，美晨公司的各项指标每年以30%～40%的速度增长，职工越干越有劲儿，越做越有活力，高度的责任感和积极性得到充分的发挥。

②管理创新：美晨主动引进国际先进管理系统，以信息化带动企业品牌的提升。并不断将现代化的经营理念和管理方法融入到企业的改革与基础管理的全过程中，逐步形成了自己的现代化管理理念和模式。

9. 发展新亮点、新增长点

（1）河北邢台食品添加剂硫酸钙上半年出口增长九成　从河北出入境检验检疫局获悉，2017年上半年，邢台食品添加剂硫酸钙共出口17批、40.1万美元。相比2016年，货值增长90%，实现大幅增长。

在当前国外市场低迷、需求疲软的情况下，邢台检验检疫局多措并举帮扶企业实现逆势增长：一是指导企业严格控制原辅料验收、安全卫生控制、产品检测和追溯等关键环节，从源头上降低风险，优化产品质量，提高竞争力；二是通过宣传讲解，使企业充分掌握相关的法律法规和标准要求，指导企业根据申报用途完善报检资料，提醒企业按照法规要求进行标签内容的标注，保证顺利通关；三是持续推进分类管理，进一步提升通关效率，同时指导企业用足用好“无纸化报检”、原产地等优惠政策，降低成本，从而促进了食品添加剂产业的出口增长。

（2）我国植物提取物出口需求旺盛　我国作为全球主要的植物提取物供给和需求市

场之一，虽然目前行业发展还存在一些问题，但市场规模总体保持了较好的增长，2007—2015 年的规模复合增长率超过 15%。

我国植物提取物行业国内需求相对较小，主要销往国外市场，是中药产品出口最主要的形式之一。受益于国外市场对中国植物提取产品的旺盛需求，近些年我国植物提取物行业基本保持增长的态势，由 2005 年的近 3 亿美元提高到 2015 年的 21.6 亿美元，自 2010 年以来复合增速超过 20%。植物提取物占我国中药产品出口的比重也随着其出口的快速增长而提高，由 2005 年的 35% 提高到 2015 年的 57%。

随着回归自然潮的兴起以及美国相关法律（主要是《美国膳食补充剂健康与教育法》）的颁布，美国食品与药物管理局（PDA）正式接受植物提取物作为一种食品补充剂使用，全球植物提取物进入持续增长期，市场销售额由 2006 年的 72 亿美元增长至 2016 年的 217 亿美元，年均市场发展增速约为 11%。

我国植物提取物市场目前总体上还属于出口导向性产业，出口约占市场总销售规模的 65%。而近年来随着国外市场尤其是欧美市场对植物提取物需求的持续增长，作为主要植物提取物出口国家之一，我国将受益于国际市场的增长。

二、行业面临的问题分析

（一）政策与市场

1. 政策

近年来我国在食品安全的保障机制建设和食品安全的监督管理方面明显加大了力度，除进一步理顺监管体系，在国家和地方层面建立食品和食品添加剂从生产到销售的全链条监督管理体系外，食品添加剂的相关法律法规和标准不断完善，对其生产、使用和流通的监督管理更加严格，也更趋科学，对于那些不符合法律法规要求的企业，以及在生产经营过程中违法违规的企业予以坚决整顿和处罚，为规范整个行业的生产经营和市场秩序发挥了重要作用。多数规范企业尤其是大中型企业在日益良好的市场和竞争环境下得到了更好的发展机遇。在不断加强监管的过程中，监管体制、监管方式也逐渐趋于科学合理。

2016 年《食品安全国家标准　食品添加剂使用标准》（GB 2760—2014）和《食品安全国家标准　食品营养强化剂使用标准》（GB 14880—2012）等一批涉及食品添加剂产品的国家标准的修订，将对当前中国食品添加剂生产和应用企业的生产和经营产生重大影响。在 2014 年《中华人民共和国食品安全法》修订成稿和国家食品安全监管体系逐渐理顺的大环境下，对食品添加剂生产和经营的监督管理更加科学化和理性化，在一定程度上摆脱了前几年全社会包括政府监管部门对食品添加剂的不正确认识，食品安全形势整体趋好，食品添加剂生产企业的生产经营基本回复正常轨道。我国通过几十年的探索已经初步建立了一套完整的食品添加剂法规、标准和管理体系，但现行的法规和管理体系在运行过程中还有一些需要改进的地方。主要有以下几个方面：

食品添加剂相关的法规标准不完善。到目前为止，《食品安全国家标准　食品添加剂使用标准》（GB 2760—2014）只规定了食品添加剂如何在食品中使用，但现实中为了适应食品添加剂的生产、贮存、使用等需要，还存在着食品添加剂中使用食品添加剂以及食品配料中使用食品添加剂的一类产品，这种形式的产品一直存在，但一直没有明确的规定或标准，造成实际生产中无法可依，无标可循，给这些产品的生产经营和监管造成很大困惑，是亟待解决的问题。

食品添加剂的法规和标准随着《中华人民共和国食品安全法》的贯彻和实施在不断

地完善，大多数食品添加剂的质量规格国家标准都已制定或修订，进一步保证了对食品添加剂生产经营的监管。但也有一些法规和标准在实施过程中由于种种原因遇到一些问题，如焦糖色素实行新国标后，由于新标准是食品安全国家标准，属强制性国家标准，标准所列各种指标每批产品都须检测，给生产企业造成一定负担；又如《食品安全国家标准 食品用香料通则》（GB 29938—2013）实施后，香料生产企业申领生产许可问题得到彻底解决，但也出现了另外的问题。通则中规定了香料主成分含量的要求，对于有异构体存在的化合物而言，这个含量是指异构体的总和还是单一主成分，标准没有明确；另外，该标准对含量的测定采用毛细管柱气相色谱法，该检测方法不能适用于所有的香料含量检测，有些高沸点成分还需要用液相色谱或化学法来测定——这些问题的产生也影响到标准的贯彻落实。

2. 市场

中国经济已全面进入新常态，食品工业发展速度减缓，给食品添加剂和配料行业带来严峻挑战。食品添加剂产品种类虽然较多，但成规模的大宗产品产能过剩，同质化产品低价竞争现象依然存在。同时，产品价格的下降，影响着企业的总体效益，进而对整个行业的发展带来负面影响。一些食品添加剂品种如辣椒红色素、甜菊糖苷、万寿菊浸膏、阿斯巴甜等产能过剩的状况没有得到改变，这种情况也直接导致了低价抢占市场份额的恶性竞争，企业利润被压缩，效益下降，长此以往甚至会危害行业的整体效益和健康发展。

3. 企业面临的环保压力明显而突出

2017 年以来，国家和各地方政府部门对企业环保达标情况和排放的督察力度逐渐加强，一些特殊区域更是对环保不达标的企业采取停产或限产措施，再加上有些监管部门片面理解食品添加剂产品，对食品添加剂行业的生产造成一定影响。许多生产方式采用化工方法的食品添加剂品种，如高倍甜味剂（甜蜜素、安赛蜜等）、食用香料、合成色素、防腐剂等产品因环保要求提高而不得不限产或停产改进。另外，有很多化工企业及食用香精等企业被强行要求搬迁到化工园区。例如，复配防腐剂（复配食品添加剂）的生产本身是物理混合工艺，但在有些地区被强行归于化工企业管理，要求企业入驻化工园区，在行政监管上被套上不必要的枷锁，企业在获取生产许可证以及环保监管等过程中背负额外负担，甚至影响到企业的正常生产经营。

另一方面，未来国家对环保的监督力度会更大，正常生产的同时保护好环境是企业应尽的责任，是企业生存和可持续发展的必要条件，通过加大环保投入，投入必要的环保设施，同时在减少各类排放的关键技术上攻关突破，才能切实有效地提高行业各类产品生产环节的环保水平，达到或超过国家环保要求。

4. 食品添加剂的反面标识

近年来，人为添加非食用物质造成的食品安全事件不断发生，由于消费者误解、媒体不当宣传，食品添加剂为此背了黑锅，并持续将其妖魔化，导致舆论产生的风险已大大超过食品本身的安全风险。在此背景下，部分食品企业为追求经济利益，利用消费者对食品添加剂的忧虑心理，把“不添加或不含有食品添加剂”作为噱头，通过食品标识大肆进行炒作，愈演愈烈，乱象丛生。

其实食品行业都知道，没有食品添加剂就没有现代食品工业，食品添加剂是食品工业的“灵魂”。但有些食品企业，一方面享受食品添加剂给食品生产、储存、销售、食用带来的好处，一方面在抹黑食品添加剂，误导消费者，刻意标榜“零添加”，向消费者暗示食品添加剂不是好东西。这种食品添加剂反面标识（标注“不添加或不含有”字样）的泛滥，既加深了消费者对食品添加剂的误解，也加深了消费者对中国食品状况的不满，严重侵害了消费者权益，扰乱了食品市场秩序，阻碍了食品添加剂产业的正常发展。这种做法不仅与客观事实违背，也是对消费者不负责任的一种做法，应该明令禁止。所以，出台一个全面禁止这种行为的办法，是食品添加剂行业迫切需要的。

（二）科技创新

目前我国的食品添加剂需要申请审批才可生产使用，新品种的审批申报又十分复杂繁琐，从申报批准到国标制定完成，需要漫长的过程，对条件有限的企业是一种难以完成的工作。而且由于我国对食品添加剂认识的偏差，近年来食品添加剂新品种和使用范围、使用量的扩大很难得到批准，从而造成新产品的开发放缓，这给企业的科技创新造成很大影响，企业创新动力不足。

美国、欧盟、日本等国家和地区每年都有很多新品种被批准使用，中国也应鼓励食品添加剂的创新发展。所以，应简化食品添加剂新品种的审批申报程序，与此同时，在未来应构建稳固的产学研合作平台，建立良好的运作机制，充分发挥企业在科技创新中的主体地位作用，建立以企业为主体、市场为导向、面向生产的技术创新体系，开展共性关键技术和前沿技术攻关，推动相关产业实现重大技术突破，形成核心技术标准，支撑和引领产业技术创新，同时搭建好资源共享与信息交流平台，实现相关产业与标准、管理、监督等职能部门的良好沟通，从而促进食品添加剂产业增长方式的转变，增加食品添加剂新品种的研发。

三、发展趋势

食品添加剂行业是一个年轻但快速发展的行业，在今后的一段时间内，行业在逐步进入经济新常态下如何转变思维、增强素质、调整产业结构、正确面对市场、适应国际市场、创新发展，将成为我国食品添加剂行业发展的重中之重。

总体来说，预测全行业总体运行将基本保持平稳，食品添加剂和配料行业与 2017 年同期相比预计会保持一个平稳发展的态势。未来几年内，预计全球食品添加剂市场每年将以 3% ~5% 的速度增长。

随着经济的不断发展，人民生活水平的不断提高，人们对食品的追求有了新的要求，营养保健、绿色健康食品等已成为消费市场的新热点，然而在这些食品中，食品添加剂仍然起着至关重要的作用。目前食品添加剂工业也正朝着天然、营养功能性、复配制剂化等方向发展，成为未来食品添加剂的发展趋势。

1. 天然食品添加剂

虽然化学合成的食品添加剂经过严格的安全风险评估，而且相对于天然食品添加剂其纯度较高，但由于公众的认知，人们普遍担心化学合成品的安全性，所以崇尚自然成为世界食品添加剂不可抗拒的发展潮流，天然提取的食品添加剂成为未来主要发展方向。

目前国家允许使用的食品添加剂中，有很多是从动植物中提取的成分，安全无毒，受到了人们的广泛欢迎，成为目前研究开发的重点。其中最具代表性的是天然色素、天然抗氧化剂、天然防腐剂、甜味剂等。我国地域辽阔，动植物资源丰富，有着几千年药食同源的传统，所以发展天然的食品添加剂有着独特的优势。目前我国的天然抗氧化剂如茶多酚、天然甜味剂如甘草提取物、甜菊糖苷、天然色素辣椒红和天然香料等天然提取物食品添加剂已普遍在国内外食品工业中使用。

在市场上，很多天然提取的食品添加剂的价格是化学合成的几倍以上，而且出口到发达国家和地区的食品有许多要求其中添加的是天然提取的添加剂品种，所以天然提取的食品添加剂出口前景十分看好。天然食品添加剂是食品添加剂工业的新的发展趋势。

2. 营养和功能性食品添加剂

传统食品在营养方面并不一定均衡，适当添加或调整食品中的营养元素对提高食品的营养价值、合理利用食品资源、增进人民身体健康是非常经济有效的措施。例如有些无机元素对人体是必不可少的，但人们摄取的食物中含量可能会很少，为了保证人体的需要，可以合理地添加营养强化剂来保证人体的健康。所以食品添加剂营养强化也是一个重要的发展趋势。食品营养强化剂有维生素、氨基酸与矿物质等。

另外，我国食品添加剂行业自 1992 年提出了大力开发“天然、营养、多功能添加剂”的发展方针，至今功能性食品添加剂已成为各地企业和科教单位研究开发和选择课题的重点。国家相关部门联合发布的全国食品工业“十五”发展规划中指出，我国食品添加剂发展的方向是天然营养多功能，且安全可靠。

四、政策建议

（一）完善食品添加剂的标准建设和管理制度，继续加强食品添加剂相关标准的制（修）订工作

（1）允许制定食品添加剂企业标准并能够备案。

（2）加快制定食品添加剂中使用食品添加剂的相关标准或管理办法，解决包括制剂类产品在内的一批产品的生产许可问题。

（3）加快研究食品配料中使用食品添加剂的问题，使食品配料中使用食品添加剂的情况能够规范并得到解决。

（二）加强对食品添加剂生产过程的监管，在行业内推广 GMP、HACCP 等管理方法

建议政府有关部门加强对食品添加剂生产经营过程的监管，根据食品添加剂生产经营现状，制定相应的过程管理法规、标准和办法，进一步规范生产中的各个环节，改变事先严控企业生产许可发放，事后仅仅以产品检验结果定论的传统管理方式。与此同时，在行业企业中鼓励推广 GMP、HACCP 等行之有效的管理体系和方法，将产品生产的安全隐患控制在整个生产过程中。

国际上认可和接受的食品安全管理体系 GMP、HACCP，主要是对产品中微生物、化学和物理危害进行安全控制，也适用于食品添加剂的生产过程。尤其是 HACCP 强调识别并预防安全风险，控制生产环节中潜在的危害，克服了传统上仅通过对最终产品检测来控制食品安全的局限性。

（三）引导食品添加剂行业进行产业结构调整，构建产学研联盟和集约化经营，支持行业重点项目建设和示范产业基地的建设，扶持食品添加剂和配料行业龙头企业发展，带动行业整体提升，结合行业特点，给予这些中小企业一定的政策倾斜

（四）严格禁止食品标签中对食品添加剂的反面标示，对保证食品添加剂正常发展非常重要

经过近几年的广泛宣传和科普，社会以及政府有关部门对食品添加剂的理解趋于科学化和客观化，但社会环境仍然不容乐观，普通消费者对食品添加剂的存在和使用仍有怀疑态度，一些企业为迎合消费市场的需要，在产品上不正确地标识没有或声称产品不加食品添加剂。对此，行业始终认为应该正确引导，不应使消费者进入消费误区。

（五）开展有针对性的科普宣传教育，引导消费者正确认识食品添加剂

通过多种形式、多种途径加大对消费者

食品添加剂科普知识的宣传教育，使他们了解什么是食品添加剂、食品添加剂的作用和使用原则、食品添加剂行业的标准和监管体系，从科学层面上了解食品添加剂的真正含义，消除对食品添加剂的误解，引导消费者正确认识和理性对待食品添加剂和食品安全问题。

中国食品添加剂和配料协会

营养与保健食品制造业

由于我国目前并无营养食品的明确定义和相关法规标准，且统计分类和食品监管分类有所冲突，因此本篇相关内容主要针对保健食品行业。在我国人均 GDP 已经处于中等偏上收入国家水平、健康中国上升为国家战略的大背景下，我国保健食品行业正迎来快速发展机遇。2017 年保健食品的销售额已达 5000 亿元，增长率 9.4%，高于食品制造业的平均发展水平。

一、行业概况

（一）主要经济指标

保健食品行业是我国食品行业的重要支柱产业之一，已列入“十三五”国家食品安全规划，是促进我国健康服务业和养老产业发展的重要行业，也是推进健康中国建设、促进“大健康”产业发展的重要组成部分。随着中医药法、健康中国 2030 规划纲要、国民营养计划（2017—2030 年）等一系列政策规划的出台，保健食品在国民营养健康中的作用日益增强，2017 年多个部委发布文件，在“十三五”期间促进保健食品行业健康发展。

根据中国保健协会的调查分析，2016 年我国保健食品销售收入约为 4568 亿元，2017 年我国保健食品销售额已达 5000 亿元，增长率为 9.4%。在中国保健协会抽样调查的 300 多家保健食品生产企业中，规模达到 100 万元以上的企业数量达到 76.7%，其中 1 亿元以上的企业数量达到 35.3%。

从 2017 年度保健食品企业业务收入情况（见图 1）可知，2017 年我国保健食品企业主营业务收入为 500 万元以上的企业占到被调查企业数的 72% 以上。从 2017 年度保健食品企业销售额增长情况（见图 2）可知，80.6% 的企业年销售额较 2016 年有所增长，其中增长率超过 20% 的企业占被调查企业总数的 4.2%。

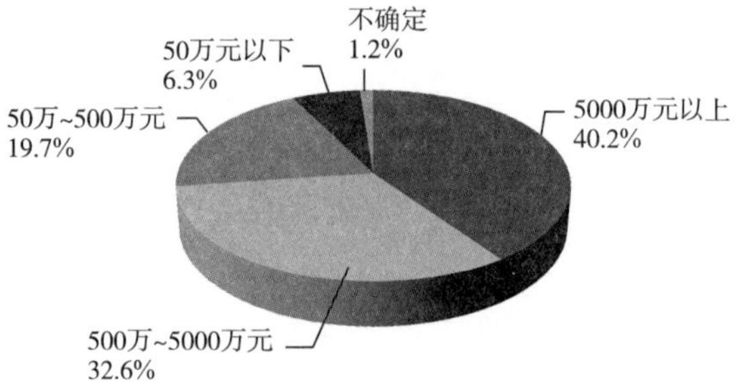

图 1　2017 年度保健食品企业业务收入情况

数据来源：中国保健协会。

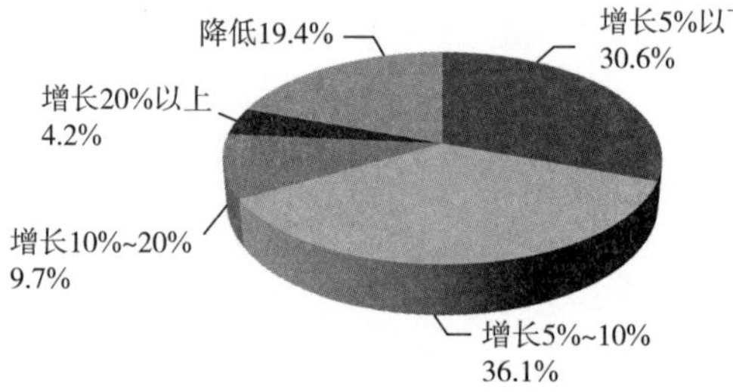

图 2　2017 年度保健食品企业销售额增长情况

数据来源：中国保健协会。

根据原国家食品药品监督管理总局的相关数据，截至 2017 年年底，我国已审批保健食品产品 16690 件，其中国产保健食品

15917 件，进口保健食品 773 件。根据原国家食品药品监督管理总局《2017 年度食品药品监管统计年报》，截至 2017 年 11 月 30 日，2017 年共批准保健食品初次注册申请 797 件，变更注册申请 1101 件，延续注册申请 348 件。近年来，国家进一步加强保健食品的管理，尤其在 2016 年和 2017 年，随着 2016 年 7 月 1 日《保健食品注册与备案管理办法》的实施，国产保健食品注册制审批数量骤降，进口保健食品近五年内基本呈稳定趋势，但在 2017 年达到最高，可见国家对保健食品的监督管理成效显著。

从大的环境看，保健食品行业未来十年、二十年是非常朝阳的产业，投资机会非常多。未来几年，我国保健食品行业销售收入仍将保持高速增长态势。

（二）行业发展分析

1. 研发投入

中国保健协会调查了 300 多家保健食品企业，根据 2017 年度保健食品公司研究与开发投入资金情况（见图 3）可知，投资金额在 5000 万元以上的企业数量占 23.9%，投资金额在 500 万～5000 万元的企业数量占 23.9%，投资金额在 50 万～500 万元的企业数量居多，占到 30.6%，投资金额在 50 万元以下的企业数量占 19.4%。

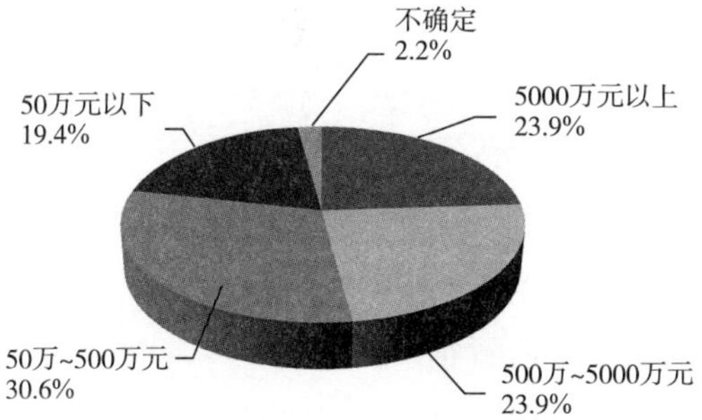

图 3　2017 年度保健食品企业研究与开发（R&D）投入资金情况

数据来源：中国保健协会。

2. 区域分布

从申请产品注册的企业所在地看，各省市批准注册保健食品产品数量不均，主要集中在经济较为发达的省份，具体区域分布详见图 4。其中北京、上海、江西、广东明显高于其他省份，北京、上海、江西、广东四地注册总数占全国注册总数的 28.1%，北京位于榜首。该现象与这些地方经济发达、企业规模较大、居民收入高且消费能力强有重要联系，同样与消费者健康与保健意识较强密不可分。此外，我国保健食品生产厂家的分布状况具有南多北少、东多西少的特点，北京、上海、江西、广东、天津、浙江等省区分布居多，而其他省区，如新疆、西藏、甘肃等中西部地区企业较少。

3. 进出口

据进出口统计数据显示，2017 年中国营养保健食品进出口额达到 35.6 亿美元，同比增长 12.2%，创历史新高。

（1）进口　2017 年中国营养保健食品进口额为 21.9 亿美元，同比增长 42.2%。进口产品主要来自美国、澳大利亚、德国、泰国，进口额分别为 4.4 亿美元、4.1 亿美元、1.9 亿美元和 1.3 亿美元。进口额较大的省市分别是浙江、上海、广东、北京，上述地区经济发达，消费能力强，电子商务尤其是跨境电子商务发展迅速。从进口品类来看，维生素矿物质类、鱼油产品、运动营养类、关节养护类和益生菌类产品较受欢迎。

近年来，各国营养保健企业纷纷将中国作为新的增长引擎，不断开发中国市场，产品进口规模持续快速增长。从 2008—2017 年营养保健食品进口规模图（见图 5）看，进口额从 2008 年的 4.1 亿美元增长至 2017 年的 21.9 亿美元，9 年间年均复合增长率高达 20.5%。尤其 2017 年的进口额实现了骤增。

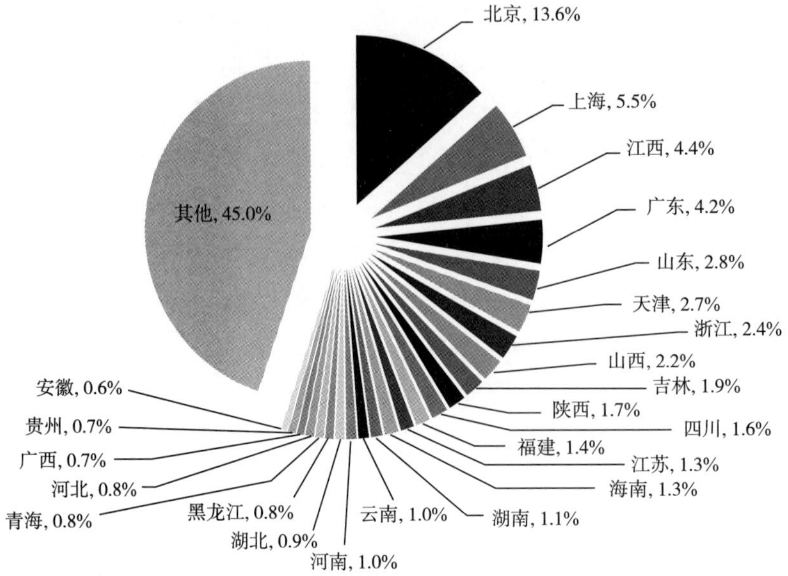

图 4　我国国产保健食品申报注册区域分布

数据来源：中国保健协会。

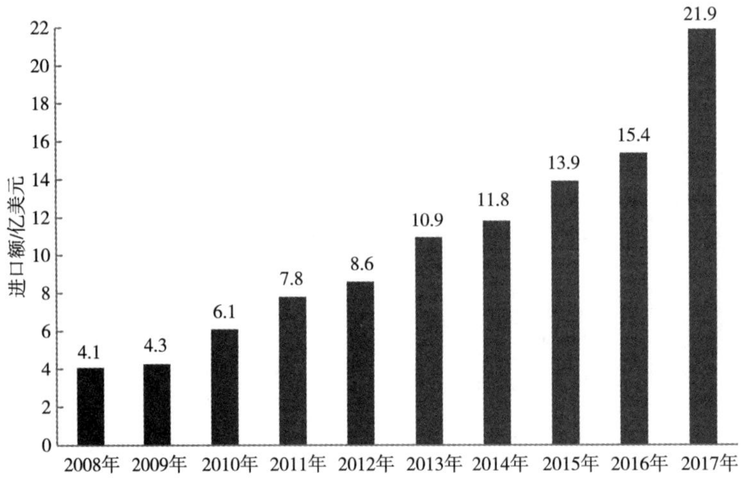

图 5　2008—2017 年营养保健食品进口规模图

数据来源：根据海关数据整理。

（2）出口　2017 年中国营养保健食品出口额为 13.7 亿美元，比 2016 年同比增长 11.5%；出口的主要市场是美国、中国香港、日本、印度尼西亚等国家和地区。出口额较大的省市分别是江苏、广东、上海、山东及浙江。其中，江苏艾兰得、仙乐健康、大连医诺位列公司出口前三甲。

从 2008—2017 年营养保健食品出口规模图（见图 6）看，我国营养保健食品出口规模呈现逐年上升的趋势。出口额从 2008 年的 3.1 亿美元增长至 2017 年的 13.7 亿美元，9 年间年均复合增长率高达 18.0%。

4. 基本监管情况

（1）相关法规标准　2017 年，国家食品监管相关部门共发布 23 项涉及保健食品的食品法规（见表 1）和 7 项涉及保健食品的法规草案（见表 2）。

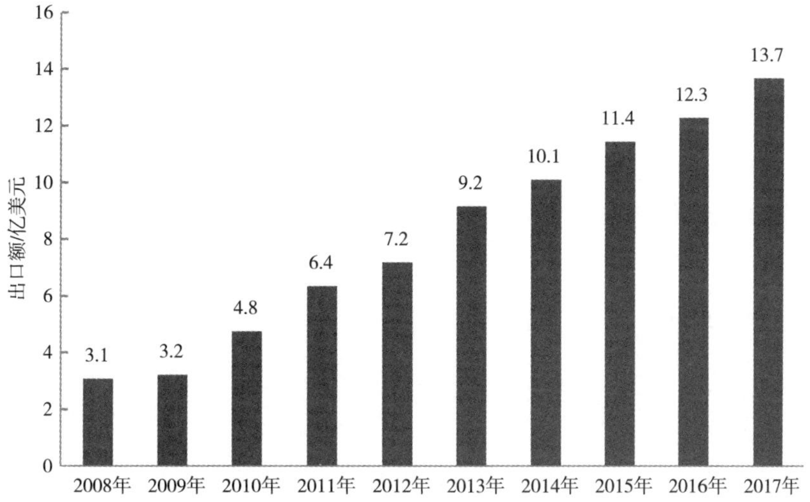

图6　2008—2017年营养保健食品出口规模图

数据来源：根据海关数据整理。

注：进出口部分依据海关针对营养保健食品数据进行整理。

表1　2017年国家食品监管部门发布的保健食品法规汇总

法规标题	发布机构	发布日期
国家食品药品监督管理总局关于保健食品备案管理有关事项的通告（2017年第16号）	国家食品药品监督管理总局	2017-01-24
国务院关于印发《"十三五"国家食品安全规划》和《"十三五"国家药品安全规划》的通知	国务院	2017-02-21
关于加快提交营养素类产品补充资料的通知	国家食品药品监督管理总局	2017-02-27
国务院办公厅关于印发国务院2017年立法工作计划的通知	国务院	2017-03-20
国务院办公厅关于印发2017年食品安全重点工作安排的通知	国务院	2017-04-14
国家食品药品监督管理总局关于印发《保健食品备案产品可用辅料及其使用规定（试行）》《保健食品备案产品主要生产工艺（试行）》的通知	国家食品药品监督管理总局	2017-04-28
国家食品药品监督管理总局关于保健食品备案信息系统上线运行的通告	国家食品药品监督管理总局	2017-04-28
国家食品药品监督管理总局办公厅关于印发保健食品备案工作指南（试行）的通知	国家食品药品监督管理总局	2017-05-02
国家食品药品监督管理总局关于贯彻实施《食品生产许可管理办法》有关问题的通知	国家食品药品监督管理总局	2017-06-13
国务院关于印发国民营养计划（2017—2030年）的通知	国务院	2017-07-13

续表

法规标题	发布机构	发布日期
关于鼓励中药类保健食品研制与开发提案答复的函	国家食品药品监督管理总局	2017－07－31
国家食品药品监督管理总局关于新保健食品注册管理信息系统上线运行的通告	国家食品药品监督管理总局	2017－08－01
国家食品药品监督管理总局财政部关于印发食品药品违法行为举报奖励办法的通知	国家食品药品监督管理总局	2017－08－22
国务院印发《无证无照经营查处办法》	国务院	2017－08－23
国家质量监督检验检疫总局印发《出入境检验检疫流程管理规定》	国家质量监督检验检疫总局	2017－10－16
《中华人民共和国标准化法》通过修订（主席令第七十八号）	全国人民代表大会常务委员会	2017－11－04
《中华人民共和国反不正当竞争法》通过修订（主席令第七十七号）	全国人民代表大会常务委员会	2017－11－04
国家食品药品监督管理总局印发《保健食品标签标识检查要点》	国家食品药品监督管理总局	2017－11－08
国家质量监督检验检疫总局发布《出口食品生产企业备案管理规定》	国家质量监督检验检疫总局	2017－11－14
国家卫生和计划生育委员会印发2017年度食品安全国家标准立项计划	国家卫生和计划生育委员会	2017－11－15
国家食品药品监督管理总局关于发布《保健食品中75种非法添加化学药物的检测》等3项食品补充检验方法的公告（2017年第138号）	国家食品药品监督管理总局	2017－11－17
使用新原料保健食品注册和首次进口的保健食品（不包含补充维生素、矿物质等营养物质的保健食品）注册审批服务指南	国家食品药品监督管理总局	2017－12－25
国家食品药品监督管理总局关于印发食品药品行政处罚案件信息公开实施细则的通知	国家食品药品监督管理总局	2017－12－28

表2　2017年国家食品监管部门发布的保健食品法规草案汇总

法规标题	发布机构	发布日期	失效时间
国家食品药品监督管理总局公开征求保健食品备案工作细则（2017年版）（征求意见稿）意见	国家食品药品监督管理总局	2017－02－06	2017－02－28

续表

法规标题	发布机构	发布日期	失效时间
国家食品药品监督管理总局办公厅公开征求关于进一步加强保健食品监管工作的意见（征求意见稿）意见	国家食品药品监督管理总局	2017-04-28	2017-05-12
国家食品药品监督管理总局在 WTO 发布《食品安全法实施条例（修订草案）》	国家食品药品监督管理总局	2017-08-14	2017-10-13
国家工商行政管理总局关于《药品医疗器械保健食品特殊医学用途配方食品广告审查发布标准》（征求意见稿）公开征求意见的公告	国家工商行政管理总局	2017-09-30	2017-10-20
国家食品药品监督管理总局关于《食品生产飞行检查管理暂行办法（征求意见稿）》公开征求意见的通知	国家食品药品监督管理总局	2017-10-30	2017-11-30
国家食品药品监督管理总局办公厅公开征求《国家食品药品监督管理总局关于修改〈保健食品注册与备案管理办法〉的决定（征求意见稿）》意见	国家食品药品监督管理总局	2017-10-31	2017-11-20
国家食品药品监督管理总局公开征求《特殊食品注册现场核查工作实施规范（征求意见稿）》意见	国家食品药品监督管理总局	2017-11-21	2017-12-05

（2）国家食品监管机构监管执行情况

为了加强对保健食品的监管，国家食品监管相关部门 2017 年共发布 5 次涉及对保健食品违法广告或生产企业加强检查的通知（见表 3）。

表 3　2017 年家食品监管机构发布的加强查处保健食品违法广告或生产企业加强检查的通知

通知名称	发布日期
国家食品药品监督管理总局办公厅关于印发国家食品安全监督抽检实施细则（2017 年版）的通知	2017-01-22
国务院食品安全办等 9 部门关于印发食品、保健食品欺诈和虚假宣传整治方案的通知	2017-07-07
十部门印发《严肃查处虚假违法广告维护良好广告市场秩序工作方案》的通知	2017-09-04
国务院食品安全办等 9 部门关于印发全国食品、保健食品欺诈和虚假宣传整治电视电话会议讲话的通知	2017-09-14
国家食品药品监督管理总局办公厅关于印发食品、保健食品欺诈和虚假宣传整治工作实施方案的通知	2017-11-09

2017 年国家食品药品监督管理总局在全国范围内组织抽检了 10918 批次保健食品样品，其中检验合格样品 10674 批次，不合格样品 244 批次，样品合格率为 97.8%。其中

涉及的保健食品的不合格指标包括质量指标（水分、总黄酮、维生素 B_1、维生素 C、蛋白质、其余指标）、污染物超标（铅、砷、汞）、微生物（菌落总数、大肠菌群、霉菌和酵母、其余指标）、食品添加剂违规使用、净含量不合格、非法添加等。

截至 2017 年 12 月，国家食品药品监督管理总局在其官方网站上共通报了 3 期查处的违法保健食品广告情况，共 28 起虚假宣传广告（见表 4）。

表 4　2017 年国家食品药品监督管理总局有关违法广告的通告

通告标题	发布日期
国家食品药品监督管理总局关于 10 起虚假宣传广告的通告（2017 年第 58 号）	2017 - 04 - 17
国家食品药品监督管理总局关于 8 起虚假宣传广告的通告（2017 年第 110 号）	2017 - 07 - 12
国家食品药品监督管理总局关于 10 起保健食品虚假宣传广告的通告（2017 年第 204 号）	2017 - 12 - 08

2017 年 7 月，国务院食品安全办等 9 部门部署在全国开展食品保健食品欺诈和虚假宣传整治行动。整治工作开展以来，各地依法对未经许可从事食品生产经营活动、不按照批准内容生产、擅自改变生产工艺、非法添加非食用物质、声称疾病预防或治疗功能、标签标识虚假宣传等违法违规行为进行了处罚。截至 2018 年 3 月，各级食品药品监管部门共办理并公布整治行动相关行政处罚案件 8000 余件。我国各省市查办虚假宣传情况详见图 7。

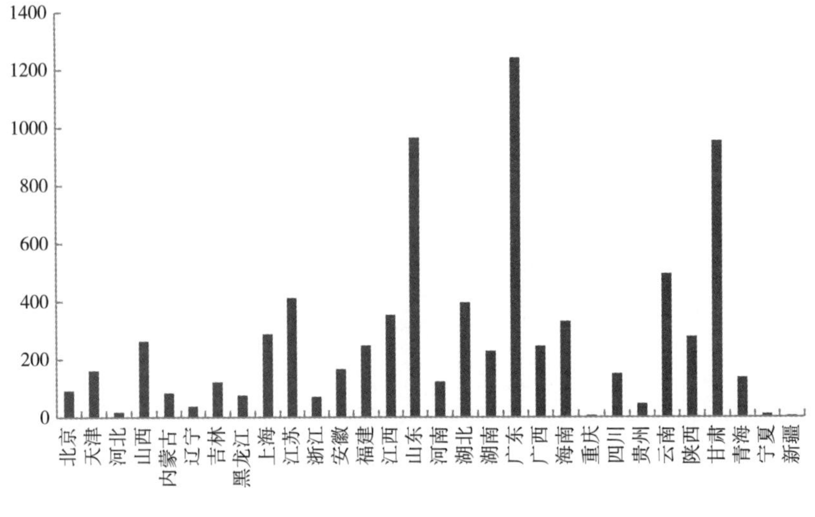

图 7　2017 年 7 月—2018 年 3 月我国各省查办虚假宣传件数

数据来源：国家市场监督管理总局。

（3）地方政府保健食品监管执行情况

下文对保健食品生产和销售量较大省市的监管执行情况进行了汇总。

①北京：2017 年北京市共发布 3 条保健食品方面的法规（见表 5）。北京市食品药品监督管理局在 2017 年共发布 54 期食品安全信息公告、17 期执行国家食品药品监督管理总局食品安全监督抽检信息的公告，其中 2

期涉及保健食品监督抽检信息，共抽检 567 批次保健食品，发现不合格样品 6 批次，不合格指标为菌落总数、大肠菌群、砷和铅等。北京市食品药品监督管理局在 2017 年共发布 7 期药品医疗器械保健食品违法广告监测结果，其中 4 期涉及保健食品的广告监测结果，共监测到 13 个保健食品品种存在严重违法违规广告的行为。

表 5　2017 年北京市发布的保健食品法规汇总

法规标题	发布日期
北京市食品药品监督管理局关于进一步加强保健食品生产经营监管的通知以及关于进一步加强食品、保健食品监督检查工作的通知	2017 - 10 - 19
北京市食品药品监督管理局关于做好食品、保健食品欺诈和虚假宣传整治工作的通知	2017 - 11 - 27
北京市食品药品监督管理局关于印发《北京市食品药品监督管理局食品、药品、医疗器械、保健食品、化妆品安全监测工作办法》的通知	2017 - 12 - 05

②上海：2017 年上海市共发布 4 条保健食品方面的法规（见表 6）。上海市食品药品监督管理局在 2017 年共发布 50 期食品安全信息公告，其中 12 期涉及保健食品监督抽检信息，共抽检 927 批次保健食品，发现不合格样品 3 批次，不合格指标为铅、总汞、霉菌和酵母。

表 6　2017 年上海市发布的保健食品法规汇总

法规标题	发布日期
上海市食品药品监督管理局关于开展保健食品备案工作的通告	2017 - 06 - 02
上海市食品药品安全委员会办公室关于开展食品、保健食品欺诈和虚假宣传专项整治工作的通知	2017 - 08 - 04
上海市食品药品监督管理局关于印发全市食品、保健食品欺诈和虚假宣传整治电视电话会议讲话的通知	2017 - 10 - 30
上海市食品药品监督管理局关于印发食品、保健食品欺诈和虚假宣传整治工作实施方案的通知	2017 - 11 - 30

③江西：2017 年江西省共发布 2 条保健食品方面的法规（见表 7）。江西省食品药品监督管理局在 2017 年共发布 51 期食品安全信息公告，其中 1 期涉及保健食品监督抽检信息，共抽检 67 批次保健食品，发现不合格样品 1 批次，不合格指标为霉菌超标。

表 7　2017 年江西省发布的保健食品法规汇总

法规标题	发布日期
江西省食品安全办等十部门关于印发江西省食品保健食品欺诈和虚假宣传整治工作方案的通知	2017 - 08 - 11
江西省食品药品监督管理局关于印发食品、保健食品欺诈和虚假宣传整治工作实施方案的通知	2017 - 11 - 24

④广东：2017 年广东省共发布 2 条保健食品方面的法规（见表 8）。广东省食品药品监督管理局在 2017 年共发布 9 期保健食品专项监督抽检信息的公告，共抽检 578 批次保健食品，发现不合格样品 18 批次，不合格指标为菌落总数、霉菌与酵母、蛋白质、水分、可溶性固形物、维生素 C、砷、叶酸、总皂苷、氨基酸总量、维生素 B_6和灰分等。

广东省食品药品监督管理局在 2017 年共发布 40 期保健食品生产企业日常监督检查情况通报，发现不合格企业 9 家，存在的问题包括企业仓库原辅料标识卡标识内容（有效期）不清晰、原辅料仓库通风设施不足、筛粉间除尘设施不足、批生产记录中个别原辅料名称不规范、部分生产设备设施维护保养不到位、固体制剂生产车间设施设备维护保养不足、批生产记录不规范、批生产记录多处涂改、无修改人签名及日期、片剂生产车间总混间、软胶囊生产车间内包间的静压差不符合要求等。

表 8　2017 年广东省发布的保健食品法规汇总

法规标题	发布日期
关于印发《广东省保健食品生产质量管理体系实施指南》的通知	2017 - 05 - 16
关于印发《广东省食品药品监督管理局食品、保健食品欺诈和虚假宣传整治工作实施方案》的通知	2017 - 11 - 13

⑤山东：2017 年山东省共发布 2 条保健食品方面的法规（见表 9）。山东省食品药品监督管理局在 2017 年共发布 50 期食品安全信息公告，共抽检 1398 批次保健食品，发现不合格样品 133 批次，不合格指标为功效成分/标志性成分等。山东省食品药品监督管理局在 2017 年共发布 10 期关于违法药品医疗器械保健食品广告的公告，共涉及 8 个保健食品品种。

表 9　2017 年山东省发布的保健食品法规汇总

法规标题	发布日期
山东省食品药品监督管理局关于启动保健食品备案工作的通知	2017 - 05 - 09
山东省食品药品监督管理局关于保健食品生产许可有关事项的公告	2017 - 05 - 22

⑥天津：2017 年天津市共发布 7 条保健食品方面的法规（见表 10）。天津市市场和质量监督管理委员会在 2017 年共发布 5 期关于保健食品监督抽检信息的通告，共抽检保健食品 76 批次，经检验全部合格。天津市市场和质量监督管理委员会在 2017 年共发布 2 期关于药品医疗器械保健食品违法广告的公告，共涉及 7 个保健食品品种。

表 10　2017 年天津市发布的保健食品法规汇总

法规标题	发布日期
天津市市场和质量监督管理委员会关于加强保健食品生产企业监管的通知	2017 - 01 - 18
天津市市场和质量监督管理委员会发布关于开展保健食品生产企业检验能力调查的通知	2017 - 03 - 06

续表

法规标题	发布日期
天津市市场和质量监督管理委员会关于开展打击保健食品“四非”和“会销”专项行动的通知	2017-03-21
天津市市场和质量监督管理委员会发布关于出具《国产保健食品生产销售情况核实报告》的通告	2017-04-06
天津市市场和质量监督管理委员会关于印发2017年天津市保健食品生产企业量化分级分类管理工作实施方案的通知	2017-04-12
天津市市场和质量监督管理委员会关于印发天津市保健食品生产企业危害分析和关键控制点（HACCP）管理体系实施方案的通知	2017-04-20
天津市市场和质量监督管理委员会关于开展保健食品备案工作的通告	2017-05-08

5. 发展新亮点、新增长点

在保健食品细分市场里，补充维生素矿物质类保健食品的销售正在显著增长。亚洲经济发展快，对补充维生素矿物质类保健食品的需求不断增加，逐渐成为新的发展亮点和消费增长点。在中国的补充维生素矿物质类保健食品市场上，中心城市补充维生素矿物质类保健食品的零售规模持续保持增长趋势，增长幅度在10%左右。其中，上海、广州、深圳、南京等城市增长幅度大于20%。

在政策上，《保健食品注册与备案管理办法》规定保健食品产品上市的管理模式由原来的单一注册制调整为注册与备案相结合的管理模式。使用的原料已经列入保健食品原料目录的保健食品和首次进口的属于补充维生素、矿物质等营养物质的保健食品，采用备案制。并且国产备案制的保健食品在各省、自治区、直辖市食品和药品监督管理部门即可进行备案工作，加快了此类保健食品上市周期。无论是对于进口补充维生素矿物质类保健食品还是国产补充维生素矿物质类保健食品无疑都有促进作用，此类保健食品的市场将快速增长，成为新的发展亮点和经济增长点。

此外，随着《中华人民共和国中医药法》的发布，中医药保健产业也将成为我国发展的新亮点和经济新增长点。十九大报告高度重视发展健康产业，提出要“坚持中西医并重，传承发展中医药事业”。我国长期以来高度重视中医药事业的发展，十九大再次提出，并把它置放在“健康中国战略”的高度，也就再一次强调中医药事业的传承与发展，其实质是要求我国中医药要“适应现代化的社会、对接产业化的需求、迎接国际化的挑战”。政策的推动，势必会加速中医药保健食品的发展，成为企业发展的新亮点和国家经济的新增长点。以下是不同企业在中医药保健食品发展方面的举措和成就。

无限极（中国）有限公司在科技方面推动中草药产业健康发展，目前成立了两个科学实验室，其中之一为中国中医科学院中药资源中心无限极中草药品质研究联合实验室，依托中国中医科学院中药资源中心及道地药材国家重点实验室培育基地，开展中草药道地性研究、中草药成分与相关性研究、中草药资源分布以及中草药安全性评价等方面的研究。2017年，无限极“中草药保健食品工艺、质量一体化技术创新项目”获得国际质量创新大奖，无限极中草药多糖技术荣获广东省科学技术一等奖。

安利（中国）日用品有限公司在江苏省无锡新区建立安利植物研究中心，该植物研究中心定位于根据国际保健食品市场需求，依据中国传统养生保健理念及积累的丰富中草药使用经验并使用现代科技对中医药保健食品进行研究；同时按照纽崔莱有机种植原则研究中草药的有机种植，并依靠质量和食品安全管理体系，形成完整的中草药营养保健品链条。

6.“三品”战略实施情况

（1）增品种　2017 年，中国保健食品企业在国家政策法规的指引下，深度挖掘用户需求，适应和引领消费升级趋势。自保健食品注册制和备案制实施后，与注册相比，使用的原料已经列入保健食品原料目录的保健食品和首次进口的属于补充维生素、矿物质等营养物质的保健食品备案相对容易，目前有很多此类拟进口产品处于申报过程中。备案成功的产品将进一步丰富中国营养健康产业的市场线，其以一般贸易的方式进口到中国，布局到数十万家药店、商超等线下渠道。截至 2018 年 3 月底，共有 351 个国产备案产品和 21 个进口备案产品获准上市。

保健食品地位的明确，使得更多的企业向大健康产品迈进。2018 年 2 月，哈药集团有限公司哈药股份认购美国 GNC 公司 40% 的股份，交易金额 3 亿美元。2017 年 12 月，飞鹤乳业有限公司斥资 2800 万美元收购美国保健食品公司 Vitamin World 等，中资企业通过跨境并购增强了自身的资金实力和研发能力，并从生产和营销模式上实现了资源的整合和互换。

（2）提品质　保健食品企业 2017 年在提高产品品质方面不断下功夫，一方面严格把控原料质量，在原料采收和分选环节全程质量监控，从源头上提高品质，另一方面在加工工艺上严格要求。以下是东阿阿胶股份有限公司和南宁富莱欣生物科技有限公司在提品质方面的成就。

东阿阿胶股份有限公司构建了“全产业链质量控制”模式，实施全产业链质量溯源管理，内容涵盖原料毛驴养殖过程、毛驴屠宰－驴皮仓储过程、产品生产过程、产品流通过程的基于全过程的溯源体系建设及管理，在确保产品质量安全的基础上，引领阿胶行业，形成毛驴产业，做成一二三产整合的全产业链质控模式。

南宁富莱欣生物科技有限公司在产品研发、采购、生产、放行、储存、售后 6 个方面设立关卡，建立了一套严于国家法定标准的企业内控标准。针对“惠普生（HPSON）”牌产品，采取“四个控制”（起点控制、过程控制、标准控制和系统控制）严把质量关，确保产品在各级抽检中全部合格。

（3）创品牌　随着市场经济体制的不断完善，国家“健康中国”战略的推出，居民健康素养不断提升，中国保健产业正处于高速发展时期。消费者及监管部门对产品品质有着更高的要求，品牌公信力成为企业制胜的“灵魂”。因此，围绕品牌战略开展的品牌建设，正成为保健食品企业近些年来的重要工作，当下保健食品企业涌现出不少家喻户晓的品牌。

南宁富莱欣生物科技有限公司在坚持“品质是品牌的核心”基础上，实施品牌聚焦战略，选择重点市场，重点运作、重点突破。其拳头品牌“惠普生”（HPSON）曾独家冠名贵州卫视《最强大夫》，以开启品牌升级战略。2017 年，惠普生牌保健食品的销售额达 7.1 亿元，同比增长 15.4%。其中惠普生牌维 C 海洋鱼胶原肽粉和惠普生牌蜂胶软胶囊在惠普生（HPSON）品牌的整体带动下销售额跻身全国同类产品前列。

同时，中国保健协会在创品牌方面做了

很多贡献，多次组织会议，积极推进协会企业信誉保证、消费者公信力推选、信用等级评价等“三位一体”诚信体系建设，开展行业品牌建设，贯彻落实国家品牌战略。在由中国保健协会组织举办的第七届中国保健品公信力论坛上，安琪酵母股份有限公司、北京贞玉康源科技有限公司、碧生源控股有限公司、佛山市易缇秀服饰有限公司、江苏省百岁园健康管理有限公司、如新（中国）日用保健品有限公司、无限极（中国）有限公司、浙江和也健康科技有限公司、浙江森宇药业有限公司、珍奥集团股份有限公司获得“第七届中国保健品十大公信力品牌”称号。

二、行业面临的问题分析

（一）市场状况

我国保健食品企业在产品研发方面的人力和资本投入较少，技术水平低、产品同质化，导致消费者忠诚度低，生产企业的核心竞争力难以形成，行业竞争无序，这些都在一定程度上阻碍了行业整体的发展。与此同时，企业合规意识不足，重注册、重营销、轻研发、轻合规的现象较为普遍，在发展中更看重产品的市场及利润。部分企业所开发的新产品，多是在初级产品的基础上进行的简单更新，生产设备与生产工艺落后，质量得不到保证；此外，有些企业擅自更改配方，违法添加禁用原辅料甚至化学成分，为牟取暴利，夸大产品功能，造成保健食品行业乱象。

（二）生产经营中存在的问题

1. 保健食品欺诈和虚假宣传

考虑到我国保健食品的消费对象主要是中老年人群，保健食品公司主要针对这一人群的健康问题进行广告宣传。由于许多老年性疾病如高血压、高血脂、心脑血管病、糖尿病等无法完全治愈，给了保健食品夸大其功效宣传的空间。部分企业对保健食品的功效进行夸大宣传，擅自增加产品功能，无中生有，使用绝对化用语来误导消费者，如“有效彻底改善或消除更年期各种不适症状”“引用三个月血压血脂全部平稳正常”“服用7 天可减体重 2 至 4 斤”等虚假宣传用语。另外有些保健食品生产企业不直接进行产品宣传，而是对原料进行功能宣称。

此外，有些企业采用中医药理论对产品进行过度宣传，如有些产品获得批准的功能是“免疫调节”，但用中医理论解释，就延伸了不具备的功能，如“延年益寿、养心安神”等用语；部分企业的宣传用语将保健食品与药物挂钩，误导消费者，如“除药物之外见效最快”“太神奇，比吃药强多了”等虚假宣传用语。对于此类现象，大型企业相对比较规范，问题主要存在于中小型企业。

2. 讲座、会议等方式进行虚假宣传行为

不少消费者（尤其是老年人）对保健食品的了解程度不高，对保健食品标志、保健食品允许声称的功能及类别认知模糊，对保健食品和普通食品的主要区别缺乏有效认知。在互联网时代，电视广告和网络是消费者获取保健食品信息最主要的渠道，一些消费者会通过“报纸杂志”“药店和超市推荐”等途径获悉保健食品信息，还有少部分消费者会根据“路边广告”或参加“会议营销”等途径获知保健食品信息，这导致了消费者获取保健食品信息的途径不对称。不法生产经营企业利用电视广告、网络、报纸杂志等消费者主要获知渠道进行夸大、虚假宣传，掺杂使假，鱼目混珠，混淆视听，误导消费者。

3. 普通食品宣称保健功能

夸大功效宣传不仅存在于保健食品，也存在于普通食品，甚至是非法生产的无证食品，但由于社会对保健食品缺乏清晰的认识，均将其视为保健食品，在一定程度上拉低了人们对保健食品的印象，这同时也是国际上食品安全监管共同面临的问题与挑战。虽然现行法律禁止普通食品声称特定保健功能，但仍有不法商家通过会销等渠道对普通食品进行违法功效宣传，如各种酒标识为“保健酒”并宣称养生和壮阳功能，有产品宣称“治疗高血压”“对膝关节有保护作用”，饮料标识为功能饮料可以提神醒脑等。

4. 跨境电商渠道对一般贸易渠道的不公平

一直以来，国家对跨境电商没有制定相应的监管政策，导致跨境电商销售的保健食品对一般贸易渠道销售的保健食品造成不公平的现象，主要存在以下几个方面。

（1）由于保健食品需要走审批注册流程，耗时长，花费多，很多商家不愿意走审批流程，就通过跨境电商渠道进入国内市场。在节省时间及成本的基础上，获得高额的销售额。

（2）跨境电商渠道不受监管，商家通过此类平台大肆宣传保健食品功能，夸大功效吸引消费者购买。

（3）一些进口普通食品冒充保健食品进行宣传和销售，消费者体验所谓的“保健食品”后感觉效果不好，导致消费者对保健食品不信任。

三、发展趋势

（一）中药类保健食品是未来的发展趋势

随着《中华人民共和国中医药法》的颁布实施以及《中医药发展“十三五”规划》《国民营养计划2017—2030年》等文件的出台，中药类保健食品将是保健食品未来发展的重要方向之一。

在国家政策和战略措施的引导下，许多省市都出台了中医药的发展规划，全国各地掀起了中医药的发展热潮，中医药事业被摆在了国家发展战略层面的重要地位。此外，我国进入人口快速老龄化阶段，大量有消费能力的老年人群也必然拉动中药类保健食品市场的需求。

（二）保健食品监管将更加严格

2017年国家颁布了诸多保健食品相关法规，监督抽检力度也大大增强，可见在保健食品行业健康发展的大背景下，未来国家对保健食品整个行业，包括产品注册、线上线下的监督管理等都将加倍重视，解决市场主体面临多头多层重复执法的问题，完善统一权威的监管体制将成为必然趋势，保健食品行业将迎来更大的市场空间。

（三）未来将有更多的企业进入保健食品行业

商务部发布的《对未来三年中国消费形势发展的研究报告》指出，国内消费进入全面升级的新阶段，商品消费规模将超过美国跃居世界第一。未来三年，消费者的消费理念更趋于环保、健康、个性和个人体验。随着我国经济的发展和人口结构的变化，人口素质水平整体提高，老龄人口和亚健康人群不断增加，营养健康行业将迎来新的发展契机。不少非保健食品企业在政策的推动下，有意加入保健食品行业；此外，为进一步拓宽国际市场，中国不少保健食品企业将采取中国市场嫁接海外品牌的模式进行扩张。

四、政策建议

（一）采用中医中药理论对以中药材为基础的保健食品进行功能验证

国家相关部门应将中医中药理论和现代医学理论相结合，对其安全性评价采用目前保健食品通用的急性毒性试验和长期毒性实验。而在功效学评价中，如相应中医症状的动物实验模型难以建立，可考虑在确保安全性的前提下，直接采用相应的人体试食实验；也可考虑对传统中医名著里的一些经典验方，用文献研究来替代功效实验，以采用中医中药理论对以中药材为基础的保健食品进行功能验证。

（二）加快扩大保健食品备案原料目录品种范围

国家相关部门应加快扩大保健食品备案原料品种的步伐，尤其是老百姓长期在用、实践证明对健康有益的常用中医食疗原料品种，以及功能明确的单一组方的保健食品原料，如鱼油、DHA 藻油等，从而进一步扩大保健食品备案制的实施范围，以促进保健食品行业的创新和发展，为国民经济的发展和保障消费者健康做出更大的贡献。

（三）加快保健食品审批速度

自《保健食品注册与备案管理办法》实施以来，审批通过的保健食品数量屈指可数，且耗时较长、费用较高。在加强事中事后监管的基础上，相关审批部门应完善现有的保健食品审批制度及相关流程，降低注册成本、缩短注册时间，加快保健食品审批速度，鼓励保健食品企业积极参与其中，不生产和售卖未经注册批准的保健食品，促进保健食品行业健康发展。

（四）进一步加强监管，加大执法力度

政府部门应加大监管力度，对虚假广告加大查处力度，严禁夸大其词、虚假宣传；对生产许可、日常监管和消费安全严格把关；建立完善的监管体系，严把保健食品上市关，用法律手段来约束保健食品生产经营者，各级监管部门要明确监管责任，全面清理整顿保健食品市场；对严重违反相关法规要求的企业，暂停或者吊销其违规产品甚至全部产品批文，监管从严将倒逼整个行业进入质量有序竞争时代，从而加强产品的合规管理。

（五）加强保健食品跨境电商规范化管理

目前，我国对于跨境电子商务进口食品安全的监管还没有明确的规定，进口环节的检验检疫监管职能还需要进一步明确。在互联网和国际物流贸易大发展的时代，建议相关政府部门能够尽快明确我国跨境电商进口食品的监管制度，一方面保护消费者的人身健康和消费权利，另一方面促进行业的健康有序发展。

（六）鼓励企业加大新品研发力度

国家相关部门应当鼓励保健食品企业在坚决执行质量至上的原则上加大新品的研发力度，并在采取新工艺、新技术时充分考虑产品的长期食用安全性，进行必要的试验，以控制潜在安全风险，提升产品质量，从而促进企业和整个保健食品行业快速成长。

（七）全面加强消费者教育，普及相关知识

有关部门应当全面加强消费者教育和消费倡导，特别是消费者对于保健食品的辨识和认知问题。以贯彻落实新修订《食品安全法》为契机，有关部门及媒体应广泛、深入、持久地开展保健食品科普知识宣传，公开和报道国内外同类产品的监管情况和信息，促进广大消费者了解相关知识及法律法规，提高消费者辨识力和认知度，引导消费者建立科学理性的消费观念和习惯，不断增强消费者的自我保护能力，自觉防范和抵制保健食品销售中的虚假宣传、聚众营销等非法行为。

中国保健协会

罐头食品制造业

罐头行业作为我国传统的食品加工制造行业，每年有超过1000万t的水果、蔬菜和畜禽原料用于加工。2017年中国罐头行业各个方面都在发生着深刻而积极的变化，全行业生产、经营各项工作继续保持稳定持续发展。但行业总体创新力、产品风貌、国内市场潜力以及机械化生产等方面仍有较大提升空间。

一、行业概况

（一）主要经济指标

根据对规模以上892家罐头企业统计的数字显示，2017年我国罐头行业完成产量累计为1239.56万t，比2016年下降3.30%；2017年全行业主营业务收入1753.87亿元，比2016年增长了0.11%，与上一年基本持平；2017年利润总额100.27亿元，同比增长3.33%。

（二）行业发展分析

1. 价格

罐头产品的价格主要受原辅材料、人工成本和汇率影响。2017年原料价格总体大致平稳，由于近年来罐头企业纷纷开始注重控制原料质量和成本，如发展冷冻猪肉作为原料储备、大力发展原料种植基地，规模化饲养和种植从源头上保障了原料价格的稳定，同时原料的质量也有所保障。2017年人民币大幅增值，对出口较为不利，另外面对国内不断攀升的人工劳动、环保成本，企业加大了对机械化、连续化和环保的投入，在生产中节能降耗，进一步抑制了成本价格的上扬，并取得了一定成果。但行业内部分品种市场依然存在着出口竞争中以压低价格打价格战的方式来争夺市场、去库存的现象。

根据海关数字计算，2017年我国罐头出口累计平均价格为1697.76美元/t，同比增长4.73%（见图1）。

2. 市场

2017年我国罐头总出口量有所下降，但幅度不大。出口总量占国内罐头总产量的22%，国际市场总体较为稳定。国内市场近年来发展良好，由于餐饮及焙烤行业对罐头产品需求不断扩大，企业也对国内市场加大重视，重点在国内进行提品质、创品牌活动，发掘市场潜力（见图2）。

3. 投资

2017年全国规模以上罐头食品制造企业资产总计958.21亿元，与上一年基本持平；行业流动资产总计490.45亿元，同比增加4.83%。

由于不同品种产品市场发展不均衡，导致行业内投资分化较为严重。如番茄酱行业由于全行业当前产能过剩，处于洗牌阶段，基本无新增投资，而肉禽、水产类罐头产品由于市场较好，部分企业对生产线进行了扩建、升级改造，目前也有国外个别企业在中国新建工厂。另外罐头企业在机械化改造和新品包装创新方面多有所投入。

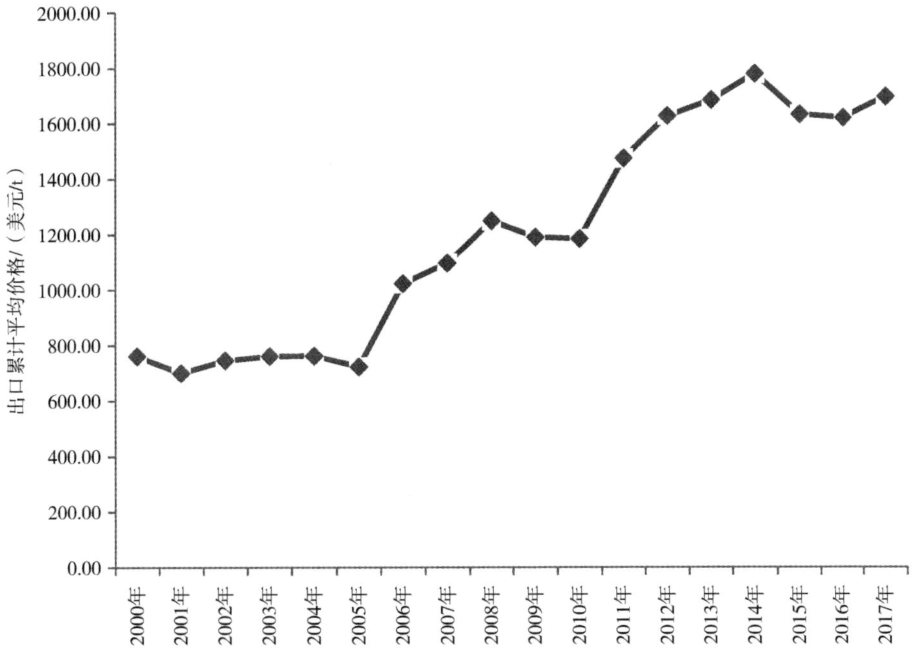

图 1　2000—2017 年我国罐头出口累计平均价格走势图

数据来源：中国海关。

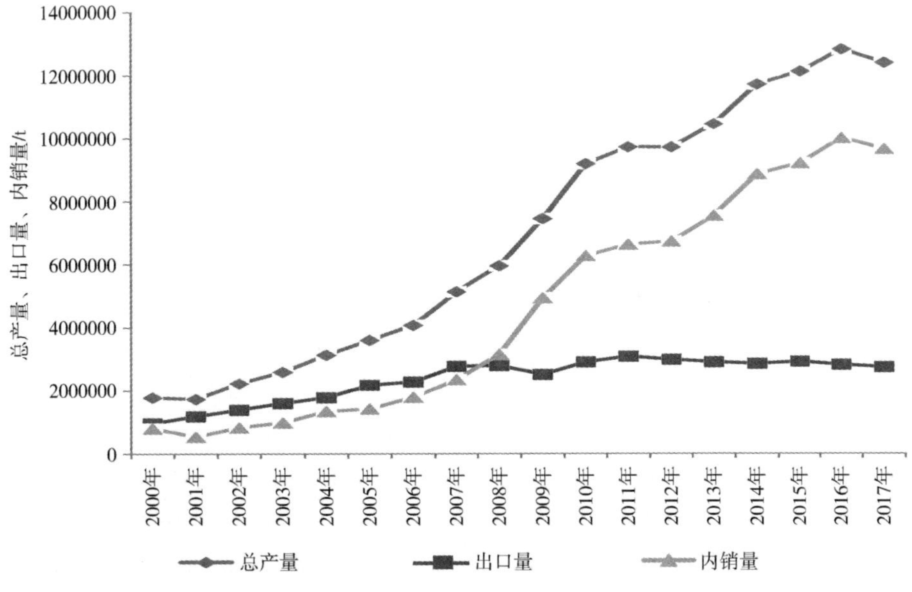

图 2　2000—2017 年我国罐头总产量、出口量及内销量情况

数据来源：国家统计局、中国海关。

4. 区域分布

我国罐头行业产量区域集中度非常高，2017 年福建省罐头产量 328.91 万 t，占全国罐头总产量的 26.54%，成为全国罐头产量最高的地区。另外，2017 年罐头产量排名前十的省份（区）分别为福建、湖南、山东、湖北、新疆、安徽、广西、浙江、广东和河北。其中，前四省（区）的罐头的产量占据全国产量

的54%，产量均超过100万t（见图3）。

由于罐头产品的主要原料在未经加工时不便于贮存、运输，因此我国罐头企业的分布主要与当地原料及市场优势有关。例如，我国水产品类罐头以广东、福建、浙江、辽宁等沿海省份为主产区；柑橘罐头以浙江、湖南、湖北等地为主产区；肉类罐头以上海、福建、四川为主产区；黄、白桃罐头以河北、山东、安徽和大连为主产区；蘑菇、芦笋罐头以福建、山东、河南为主产区；番茄酱以新疆、内蒙古、甘肃为主产区；竹笋罐头以浙江、福建、江西为主产区；杂粮罐头主产区是浙江、福建和河北等地。

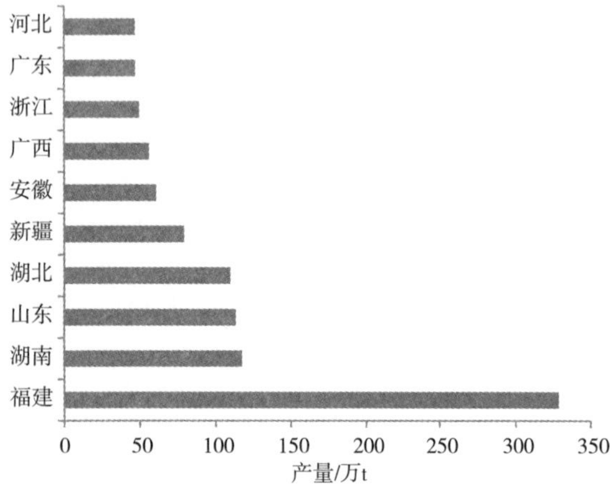

图3　2017年全国罐头十大生产省（区）及产量

数据来源：国家统计局。

5. 行业集中度

由于罐头行业起步较早，且技术含量低，导致行业入行门槛偏低，又由于罐头行业加工受到原料供给制约，产品季产年销和平均利润率偏低等不利因素，又属于劳动密集型产业，导致企业很难做大做强。因此罐头行业总体以中小企业居多，行业集中度不高。以柑橘罐头为例，行业加工柑橘罐头前十家企业加工总量不足行业40%；番茄酱加工主要集中在新疆和内蒙古地区，由于原料较为充足和国际市场需求量大，行业集中度相对其他产品略高，行业前五家企业加工总量约占行业总量的70%。粥类罐头由于原料充足，可以实现全年生产，且机械化程度较其他品种高，是业内集中度最高的类别。2017年由于国家对环保的重视，检查力度加大，逐步对落后企业进行淘汰，行业出现兼并重组，又随着个别品种行业进入洗牌阶段，行业总体集中度有所提升。

6. 进出口

（1）出口　据中国海关数据显示，2017年我国罐头出口总量为274.48万t，同比下降3.32%；出口总金额为46.60亿美元，同比增长1.30%。

2017年，我国罐头出口到全球190个国家和地区，出口市场的基本格局并没有发生实质性变化，日本、美国、欧盟、俄罗斯仍是中国罐头的最大出口市场。从国别出口量来看，2017年中国罐头对其出口量超过10万t的国家有5个，分别是日本、美国、俄罗斯、韩国和加纳，对这5个国家的出口量之和为118.28万t，占2017年中国罐头出口总量的43%左右（见图4）。

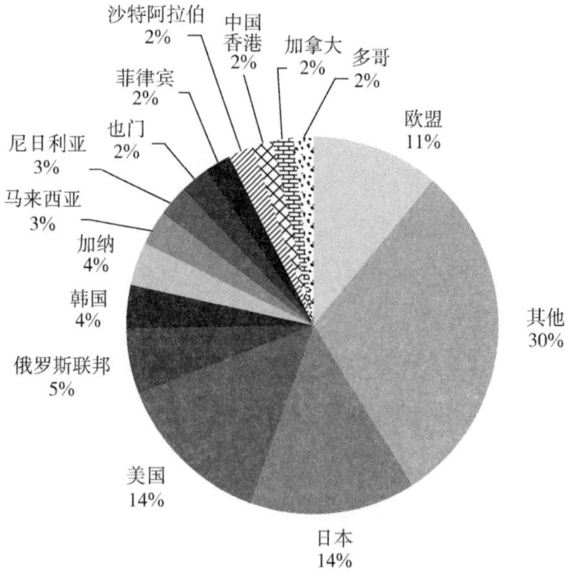

图4　2017年我国罐头出口主要国家和地区所占比重

（2）进口　2017 年我国进口罐头产品总量为 12.04 万 t，同比增长 15.31%；进口额为 2.58 亿美元，同比增长 16.52%。

近年来由于国内市场不断向好，吸引国外罐头食品进入中国市场日益增加，填补了一部分高端罐头食品需求的缺口，另外一些针对外国人饮食习惯的罐头食品也逐渐出现在国内市场，主要针对有该类饮食需求的消费者，同时满足了一部分市场好奇需求，其特点为总体量不大，但价格稍高于国产同类罐头产品。

2017 年国内进口罐头主要为水果罐头，其中进口量最大的为黄桃、菠萝和什锦罐头。进口黄桃罐头主要来自于南非和希腊，由于其品质优良、色泽鲜艳，受到国内高端烘焙业和连锁快餐业的青睐。但在经历了前几年进口量高位增长之后，于 2016 年、2017 年均出现进口量下降的现象，主要是由于国内相关生产企业根据市场需求改进了产品质量，及时填补了市场需求。而由于 2017 年国内市场菠萝罐头短缺，导致进口菠萝罐头激增。近年来，进口罐头产品累计平均价格逐年攀升，2017 年我国进口罐头产品累计平均价格为 2145.45 美元/t，同比上升 4.53%（见图 5）。

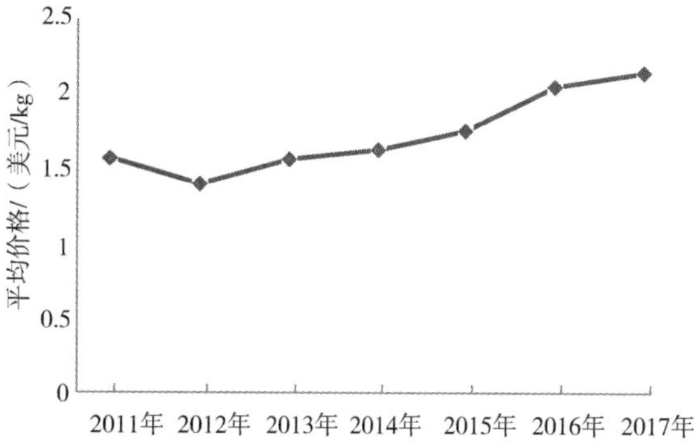

图 5　2011—2017 年我国进口罐头累计平均价格走势图

7. 重点行业

罐头产品按原料分为肉、禽类罐头、水产类罐头、果蔬类罐头和其他类罐头，2017 年我国罐头各品类经济运行情况见表 1。

表 1　2017 年我国罐头各品类经济运行情况

类别	企业数量/个	主营业务收入/亿元	同比增幅	利润/亿元	同比增幅
肉、禽类罐头	110	341.5	15.0%	18.6	17.66%
水产类罐头	48	129.8	0.82%	7.3	6.62%
果蔬类罐头	664	1133.4	-4.73%	63.7	-1.10%
其他类罐头	70	149.2	9.37%	10.7	7.33%

数据来源：国家统计局。

其中，主要产品情况如下。

（1）粥类罐头行业　粥类罐头是我国罐头品种中总量最大的单品，且行业集中度较高。根据国民饮食习惯，产品基本上全部内销。粥类罐头生产的连续化和机械化程度高，能一年四季生产，所以产量较大，能形成规模效益。同时也是罐头行业中创新比率最高的品种，市场产品多样化较为突出。近年来以八宝粥类罐头为例的产品以零售为主，另外一部分粥类产品供应餐饮集团消费，市场不断向好，发展较快。

（2）番茄酱罐头行业　美国、意大利和中国是世界上主要的番茄酱罐头生产国。根据世界番茄加工委员会（WPTC）数据显示，2017 年全球共加工 3779 万 t 番茄原料，其中中国加工 594 万 t。我国番茄酱罐头加工主要集中在新疆、内蒙古和甘肃地区，2017 年加工用原料种植面积约为 100 万亩①，其中新疆 80 万亩，内蒙古 17 万亩，甘肃 2 万亩。2017 年由于种植当地天气状况非常理想，国内番茄原料产量高、质量好、采摘期长，产品质量普遍优于以往。目前我国番茄酱罐头行业总体产能过剩，处于洗牌阶段，另外 2017 年环保督查整顿，部分不达标企业逐步被淘汰，2017 年全国 182 家番茄酱生产企业开机生产约为 100 家。在市场方面，由于国人饮食多习惯食用新鲜番茄，因此约 90% 番茄酱用于出口，而近年来有国内企业对国内市场逐步进行深耕发展，在国内市场销售番茄酱产品取得了不错的市场效果。

据海关统计数字显示，2017 年全年出口番茄类罐头产品共计 87.67 万 t，同比下降 8.69%，出口额 6.74 亿美元，同比下降 9.81%。其中大桶番茄酱（> 5kg）出口量为 48.67 万 t，同比下降 12.12%，累计平均单价 725.89 美元/t，同比下降 1.22%；小包装番茄酱（≤5kg）出口量 36.21 万 t，同比下降 2.10%，累计平均单价 818.15 美元/t，同比下降 2.44%（见图 6）。2017 年全球番茄酱库存量依然居高不下，导致产品价格依旧在低位徘徊，另外欧洲市场货源充足，中国产品加上运费与关税，不具备与欧洲当地产品竞争的价格优势。

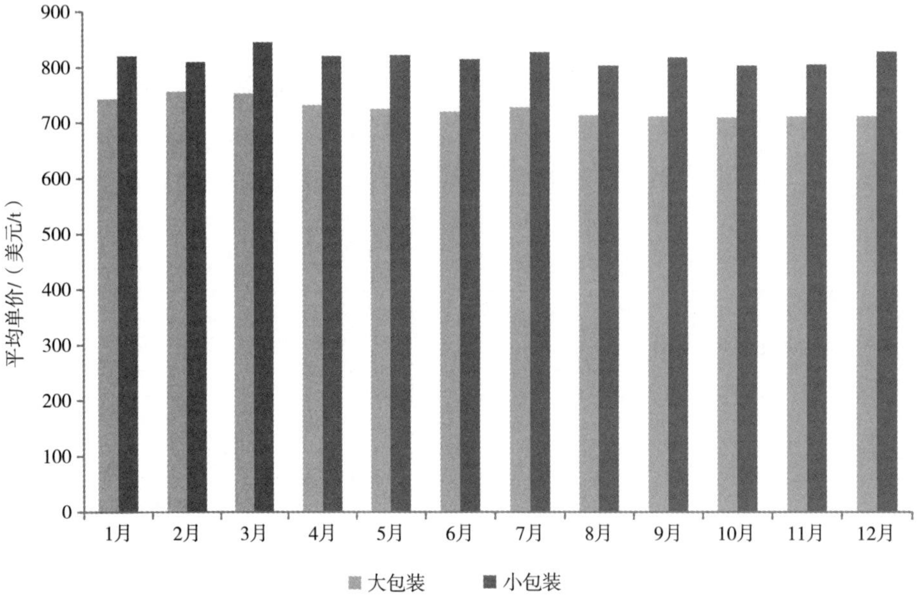

图 6　2017 年各月大包装和小包装番茄酱产品出口平均单价

数据来源：中国海关。

（3）桃罐头行业　我国桃罐头加工用原料及生产企业主要集中在安徽砀山、山东临沂和辽宁大连等地，近年来，全国桃产业和市场总体呈现上升趋势，黄桃种植规模逐年扩大，加工企业增加，国内市场持续增长，随着“三品”战略的实施，企业加大对品牌培养的投入，逐渐形成一批全国或区域市场的品牌企业。据中国罐头工业协会统计，

① 1 亩 = 666.67 m^2。

2017 年全国桃罐头年产量超过 70 万 t，稳居世界第一。近年来由于市场需求旺盛，且原料种植面积不断扩大，导致黄桃罐头产量逐年提升，但产品质量良莠不齐，市场上以次充好现象较为突出，影响国产黄桃罐头市场口碑。今后行业一方面应谨慎增产，避免产能过度扩张导致过剩；另一方面企业应努力提升产品品质，维护产品形象，营造产品良好口碑。

我国桃罐头近四分之一用于出口。从国际市场看，我国桃罐头加工竞争对手主要是南非、美国、希腊和阿根廷四个国家。国际市场基本稳定，全球主要生产国的总加工量大体保持在每年 160 万 t 左右的规模。2017 年，我国桃罐头出口 13.79 万 t，比 2016 年增长 2.66%；出口额 1.57 亿美元，同比下降 2.56%；主要出口国家依次是美国、日本、俄罗斯、墨西哥和加拿大，其中对日出口中白桃罐头占较大比例。在桃罐头国际贸易中，我国与希腊、南非等国家形成此消彼长、互补共存的关系。我国出口产品中有相当一部分是 3kg 大罐，供应集团消费或者用作食品工业原料。对于我国桃罐头出口而言，主要是原料和人工成本的不断上升削弱了产品竞争力，此外在产品质量上与国外同类产品存在一定差距，主要是由于我国栽培原料品种较国外落后很多。

（4）柑橘罐头行业　我国是世界上主要的柑橘罐头生产国，国际市场占有率一直保持在 70% 以上。2017 年我国柑橘罐头出口量为 29.07 万 t，同比下降 6.21%；出口额为 3.10 亿美元，同比下降 2.52%；主要出口国家和地区是美国、日本和欧盟。近年来，我国柑橘罐头在出口美国方面主要受到一些技术性贸易壁垒问题和欧盟持续对我国产柑橘罐头实施反倾销，导致国际竞争力下降。

柑橘罐头近年来国内市场发展较好，销售规模稳中有升。企业近年来重视柑橘罐头的连续化、机械化生产，有助于控制产品生产成本，保证了企业效益。在产品方面，柑橘罐头产品在包装、口感方面不断改善，在稳定既有消费群体的条件下，努力开发新品种并扩展新的消费群体，从而促进内销市场不断扩大。另外在柑橘去皮设备、原料综合利用方面近年有所突破，助力行业向上发展。

（5）食用菌罐头行业　2017 年我国食用菌罐头总产量约为 52 万 t，主要集中在福建、四川和山东等省份。目前产品约一半用于出口。2017 年我国食用菌罐头总出口量为 22.64 万 t，同比下降 4.26%；出口额 3.85 亿美元，同比下降 4.11%；累计平均价格为 1699.13 美元/t，与上一年基本持平。目前我国食用菌罐头出口方面依然没有摆脱美国蘑菇罐头多年的反倾销和多菌灵事件的阴影，造成中国出口美国的食用菌罐头受阻，出口出现负增长。食用菌罐头在国内市场上销售主要针对西式餐饮、快餐连锁和星级酒店，销售近年来表现较为抢眼，实现稳步增长。近年来企业为确保原料质量，控制农药残留，均建立智能化食用菌原料种植基地，基地建立后引导集中种植，不仅提升了原料质量，同时起到了节能、环保和降耗的效果。

（6）猪肉类罐头行业　2017 年我国猪肉类罐头总产量近 20 万 t，其中约三分之一用于出口，主要出口东南亚国家和中国香港地区。2017 年我国共出口猪肉类罐头 4.31 万 t，同比上年增长 10.60%；出口额为 1.32 亿美元，同比上年增长 8.55%。在内销方面，猪肉类罐头主要应用于餐饮行业，如猪肉午餐肉应用于火锅类餐饮，近年来随着我国火锅餐饮业的迅速兴起，带动猪肉糜类罐头产品销量不断提升。2017 年我国猪肉类罐头产品内、外销均有所突破，销量上升较为明显，企业提升产能积极性较高，市场发展较好。

（7）金枪鱼类罐头行业　2017 年全球金枪鱼需求远高于供应，导致金枪鱼价格持续上涨，预计短期内该现象还将持续。2017 年我国金枪鱼罐头（含金枪鱼鱼柳）共出口 9.11 万 t，同比增长 2.29%；出口额为 4.16 亿美元，同比增长 15.71%。由于近年来国内消费者对金枪鱼的营养成分逐渐重视，金枪鱼类罐头在国内消费中增长较快，另外金枪鱼类罐头主要应用于国内西餐中。

（8）鲭鱼类罐头行业　2017 年我国鲭鱼罐头出口量为 7.62 万 t，同比增长 10.64%；出口额为 2.15 亿美金，同比增长 10.33%；产品累计平均价格与上一年基本持平。鲭鱼罐头近几年国际市场发展较快，但提升行业总体的产品质量一直是目前发展的重中之重。

8. “三品”战略实施情况

2017 年是国务院办公厅发布《关于开展消费品工业“三品”专项行动营造良好市场环境的若干意见》的第二年，工业和信息化部消费品司也于 2017 年发布了《工业和信息化部办公厅关于印发 2017 年消费品工业“三品”专项行动计划的通知》。在国家有关部门的有效部署和指导下，罐头行业全行业积极开展增品种、提品质、创品牌的“三品”专项活动，促进资源有效整合，构建适合需求结构的供给体系，用科技手段实施供给侧改革，提高产品附加值，从供给端入手，逐步推进罐头企业“三品”战略的实施。2017 年罐头企业在“三品”专项行动中积极落实，行业以往产品单一、附加值低、相互抄袭模仿等问题初步有所改善，总体情况进展良好，并取得了不错的成绩，主要内容如下。

（1）增品种　在新品研发方面，行业总体向功能性食品和婴幼儿辅食方面努力，着力开拓这两个领域，另外对新奇口味、产品差异化、休闲化、趣味化方向也在积极研发，在市场上进行试水尝试并均取得不错效果。如临沂市康发食品有限公司开发的“菊粉黄桃罐头”，在原黄桃罐头的基础上科学地加入适量菊粉，不仅在产品口感方面有所调整，菊粉具有的控制人体血脂、降低血糖等功效也为产品增色，同时企业也在积极开发婴幼儿辅食产品；上海梅林正广和股份有限公司开发差异化产品，适应不同消费层次需求，将中端午餐肉、火锅午餐肉推向餐饮市场，而新开发的高端精制午餐肉、火腿猪肉主打个人消费及团购渠道，同时大力拓展电商渠道；安徽宿州科技食品有限公司的调味果罐系列产品（酸乳味水果罐头、红糖肉桂罐头），新品经过电商渠道推向市场，均取得了不错的成绩；浙江台州一罐食品有限公司引进新设备并开发水果泥罐头产品，2017 年产量达 500t，果泥产品与澳大利亚客户签订供货协议，远销海外。

（2）提品质　企业一方面严把原料质量关，对原料基地进行科学化管理，以达到提升产品品质的目的。如临沂市康发食品饮料有限公司与山东农业大学、山东省果树研究所合作，进行黄桃品种改良，新的黄桃品种于 2017 年培育成功，新品种具有颜色好、肉质厚等特点，从源头提高了产品品质；在产品检测方面，公司先后投资 7000 多万元用于实验室建设，拥有原子吸收分光光度计、原子荧光光谱仪、气相色谱 - 质谱联用仪、紫外 - 可见光分光度计、高效液相色谱仪等检测设备，可以开展农药残留、重金属检测等项目。目前检测中心实验室已经通过中国合格评定国家认可委员会（CNAS）的认可，成为临沂市首家获证授权的第三方民营农产品检验检测机构，检测中心还被认定为“省级果蔬罐藏食品与安全控制工程研究中心”“省级企业技术研发中心”“山东省中小企业一企一技术研究中心”　“临沂市重点实验室”。另一方面，在机械化方面重点投入，如安徽宿州科技食品有限公司购置自动分辨色泽原料分选机，不仅节省了人工成本，还保障了原料质量，总体加工能力提高 5%；浙江台州一罐食品有限公司与南京农业大学科学技术学院共建“果蔬加工联合研发中心”，充分借鉴国内其他技术中心的成功经验，逐步形成技术研发、产业化示范与应用、成果推广辐射的良性循环体系，实现自我发展和不断壮大。

（3）创品牌　我国罐头销售分内、外市场，近年来内销持续扩大，出口市场依然保持稳定发展。近年来我国近 30% 罐头产品用于出口，企业在走出国门，在国际市场上积极营造产品品牌。如浙江台州一罐食品有限公司积极参与欧盟橘子罐头反倾销案诉讼并获得 361.4 欧元/t 税率，是目前反倾销案中税率最低的中国橘子罐头加工企业，因此其产品在国际市场上具有很强的竞争力和很大的开拓空间，公司的橘子罐头占欧洲市场 65% 以上，保住了中国橘子罐头产品在欧洲市场的主导地位，同时在欧洲市场打响了国内产品品牌；青岛开创食品有限公司向欧盟出口芦笋罐头，近年来坚持用自己的品牌出口产品，不仅缩减了成本，也提升了产品的市场品牌地位。在内销方面，企业将产品品牌与食品特点相结合，科学阐述产品营养理念，突出品牌形象，并结合适当的活动作为切入点，一方面宣传企业品牌，另一方面对食品有关科学进行普及和误解辟谣。如宁波今日食品有限公司在加强受众对产品品牌的深度认知和偏好、提升产品美誉度的同时，引导市场、消费者的认知方向，突出品牌特点，从健康营养角度阐释产品，将品牌内涵进一步外延。

9. 绿色制造、智能制造

近年来，在国家有关部门的引导及大力支持下，绿色制造、智能制造已成为各个行业今后发展的必然方向，罐头行业也逐步进行转型升级，加大了对绿色制造、智能制造的重视，积极响应绿色可持续发展。

在绿色制造方面，近年来行业在生产中推广行业循环用水，如杀菌冷却时以冷却水内循环代替冷却水外循环，冷却水一直在系统内部循环，不与外界接触，不存在微生物污染的可能性，且冷却水用量少。另外在杀菌中最大程度减少蒸汽的无效排放，提高杀菌效率，节约能源。以上种种措施的实施，有助于在生产中起到节能节水、减少污水排放的作用。

在智能制造方面，行业立足自身特点，近年来不断推动智能化制造，不仅在生产中注意智能改造，在原料基地同样引进智能设备。如在蘑菇原料种植基地，企业引进自动化智能设备，对基地内生产环境进行智能调节，实现科技管理。

10. 包装与设备

（1）包装　罐头产品由于其独特的杀菌工艺，导致其对产品包装要求较高，产品主要分为硬（马口铁、玻璃、铝等金属）和软（高阻隔塑料、铝箔、利乐纸等）两种包装形式。

我国以金属、玻璃材料制罐的技术已日渐成熟，制罐装备生产已接近国际先进水平。近年来安全性较高的覆膜铁产品，由于其耐加工、耐腐蚀和阻隔性良好等优点，受到业内普遍重视，并被广泛认为是未来金属包装行业的升级品，目前国外部分国家其覆膜铁技术已基本成熟并已大范围推广使用，国内方面虽相关企业多、研发积极性高，但技术方面还有待更进一步提升，在推广方面还需注意降低成本。另外为环保和节约成本的材料减薄也一直是金属罐头包装的重要发展趋势。高阻隔塑料包装主要应用于水果罐头，水果类罐头由于其外观诱人，部分产品在销售中采用透明高阻隔包装材料，制成果杯或直立袋，携带方便且便于开启，如我国出口日本的水果罐头主要应用高阻隔塑料作为包装材料。不过果杯包装目前存在的主要问题是市场上高阻隔产品质量良莠不齐，不良包装产品会对罐头杀菌、封口乃至贮存和运输带来麻烦，影响食品质量。2017年中国罐头工业协会组织行业内相关企业共同制定了软包装产品及包装材料共三项行业标准，预计今后相关标准实施后必将促进我国软包装罐头产品提质升级。

（2）装备　罐头生产原料品种多、规格不一、规模效益低等问题一直是制约我国罐头生产装备发展的障碍，不过随着国内人工成本的不断攀升，企业对机械化、智能化设备越来越重视。罐头行业装备发展态势十分明显，高新技术得到逐步推广与应用，随着市场的需求和企业研发能力的增强，高新机械设备逐步替代以往人工操作，在罐头加工业中得到了较为广泛的应用，如原料分拣机、芦笋去皮机、黄桃去核机、柑橘去皮机等机械目前正在行业中被广泛地推广和使用。另外，为提升产品品质，目前异物检测等设备也不断受到企业重视而被引进使用。特别是随着国外先进设备的引进和消化，以及罐头加工产品的出口，对产品的质量和加工技术水平要求较高，推动了高新技术的广泛引进和应用，原料装备落后制约生产自动化进程较以往有所缓解，但和国际上先进的自动化生产还有较大差距。

11. 发展新亮点、新增长点

（1）餐饮集中供应带动罐头内销持续增长　以往我国罐头产品主要以外销为主，自2008年我国罐头产品内销量首次超过出口量以来，产品内销量逐年递增，至2017年罐头内销量已是出口量的3倍多。内销量近年来持续增长，主要是因为国民经济水平日益提升，对罐头消费需求增加。由于罐头食品具有方便、安全、便于运输及储存的优势，在供应餐饮消费方面提升较为明显。以午餐肉为代表的肉类罐头，在火锅等餐饮消费总体提升的带动下，行业产销量逐年提升；粥类由以往餐饮直接熬制变为由企业集中制成罐头，销往各个餐饮店，为餐厅节省时间及能源，且在安全等方面更加有保障；由于国内西餐的普及，带动蘑菇、芦笋、番茄酱、金枪鱼等罐头产品，销量有所增加。

（2）电商模式助力企业快速打开市场　近年来随着国内电商的快速发展，电商销售逐渐受到罐头企业青睐，成为罐头产品创品牌、提高销量的新亮点。产品在采用线上销售的模式时，更便于企业宣传和推广，同时线上销售模式又有利于针对新生消费群体的宣传。近年来国内罐头企业大都成立了电子销售渠道，目前虽处于起步阶段，但也起到了一定的宣传和推广罐头产品的效果。

二、行业面临的问题

（一）政策与市场

1. 季产年销果蔬类罐头产品受不合理销售规则制约，严重阻碍拓展国内市场

罐头产品由于其严谨的杀菌工艺和包装，使产品能够在常温下长期贮存而不影响质量，因此每年罐头行业消耗掉几百万t甚至上千万t当季难以储存的各种新鲜果蔬，在缺乏新鲜果蔬的季节或地区，罐头食品就能够发挥极大的补充膳食作用。果蔬类罐头产品属于典型的“季产年销”产品，在果蔬采收期加工制作成罐头，然后储存销售至次年果蔬采收期。在正常储运条件下，一般产品保质期均不低于12个月，其特性与寿命短、消费速度快的“快消品”是完全不同的，但目前由于国内大部分商超对罐头食品的不了解，将罐头视同“快消品”进行管理，采购进场时规定自生产日期起超过2个月的产品就拒绝收货，此种操作给罐头生产企业的正常生产和销售造成非常大的困扰。该现象不仅损害企业的利益，并且对果蔬罐头企业发展国内市场造成严重制约。

2. 国内健康舆论向好，但彻底消除消费者对罐头的误解依然任重道远

国内部分媒体由于对罐头产品缺乏了解和调查，听信一些谣言，误以为罐头产品在

安全性、营养方面欠妥，便以讹传讹对其进行报道宣传，导致消费者对罐头误解很深，普遍认为罐头产品不够新鲜且营养价值不高或对人体有害。近年来在国家有关政策的支持下，中国罐头工业协会和企业加大宣传科普力度，努力消除市场上对罐头产品的误解，对罐头产品的贮藏原理进一步进行科学解读，媒体舆论风向有所改善，虽然取得了一定效果，但目前看来仍需不断努力。

3. 原料基地建设需加强管理，建立根据市场定制使用农药的原料基地

我国果蔬类罐头产品涉及农产品和原料种类繁多，目前大多数企业没有自己的原料生产基地，大多由农户自己种植，在原料品质和农药监管方面很难控制，给产品品质的稳定性和安全控制带来风险，甚至影响产品出口。例如我国每年出口美国果蔬罐头约30 万 t，美国自 2011 年起对来自我国的果蔬罐头中农药多菌灵的最大残留量限制为0.01mg/kg，这一数值远远严格于我国及世界许多国家的现行标准，目前我国多菌灵使用十分普遍，这导致我国很多果蔬类罐头产品被拒绝进入美国。而如果我国相关部门和企业能够严格把控出口美国产品的原料，修订敏感农药的使用安全标准和规定，不仅有助于我国相关产品提高出口量，也有助于企业增强国际竞争力，免遭出口退柜损失。

（二）科技创新

1. 企业新品研发力度加大，但总体创新力依然不足

2017 年罐头行业在市场消费升级的拉动下，部分企业在新品研发、升级产品内容物、包装等方面均不同程度较以往加大了创新力度，并针对市场不同需求，开发出针对不同消费群体需求的产品，产品一经投放市场即取得不错的反响，对以往罐头产品缺少新包装、新口味的市场形象有所改善。但目前行业总体创新力依然不足，市场上的产品大多在包装、口味等方面缺乏创新，产品同质化竞争严重，缺乏差异化、新奇化，导致罐头国内市场对新生消费群体的吸引力度不够，虽然产品物美价廉，但难以开拓新兴消费群体。不过近年来随着国际市场的饱和，企业不断重视国内市场，对产品创新逐渐重视并进行大胆尝试，如近年来市场上的功能糖类水果罐头、果冻类罐头、功能性罐头及方便主食罐头等新口味产品，另外也推出很多精美的礼品包装产品。目前行业创新力正在逐步进行改善，也已取得部分成果，因此，加大创新、进行品牌培养成为促进产业发展的关键因素。

2. 农产品加工用果蔬原料品种有待进一步改良升级

果蔬类罐头产品的优良与否主要在于原料的品质，原料的好坏直接影响着最终产品。由于农产品改良需要投入大量的人力、物力、财力，并且需要很长的时间，品种改良困难重重。以国内黄桃种植为例，目前我国黄桃罐头加工所使用的桃原料与南非、希腊等国相比品种落后很多，黄桃原料品质无法与其相比，导致我国产黄桃罐头产品品质不如外国，国际竞争力不足。与此同时，好的品种助力行业向上发展，如近年来中国芦笋研究中心开发出的芦笋新品，在抗药性、产量等各项指标方面均非常优秀，位居国内外所有品种前列。新品种优质原料的供给，能够进一步提高我国罐头的加工质量，必将增强我国罐头产品在国际市场的竞争力。

三、发展趋势

2017 年罐头行业的各个方面都发生了深刻而积极的变化，预计今后该现象还将持续。纵观国际市场，虽然不确定因素很多，但我国罐头产品在国际市场上的地位已基本稳定，以国产番茄酱、黄桃、柑橘、蘑菇、芦笋等罐头产品为例，其在国际市场上的占有率基本维持在前十地位。国际市场已趋于饱和，

在增加出口方面很难再有大的发展，今后企业需在推进产品国际品牌方面做努力。内销方面虽然近几年市场发展良好，产品销量逐年提升，但依然存在着产品同质化严重等问题。预计在2018年，随着国内“三品”行动的推动，罐头行业也将逐步进行产业升级，在产品开发、工艺改进、新包装应用、食品安全和品牌培养等方面进行推动，提高产品附加值，增加产品科技含量，适应市场多样化的需求和拓展行业发展空间。罐头行业将逐步摆脱以往的低端同质化价格竞争局面，转为以创新、品质取胜的良性竞争。

2017年随着国内有关政策的调整，行业全面加大对环保的重视和投入，随着环保方面对落后产能的调整，行业集中度有所提升，预计行业下一步发展方向也将重点在节能环保方面，发展节能降耗，加大环保和废物综合利用。同时一些能耗浪费较大、环保设备薄弱的企业也将进一步被淘汰，行业集中度在今后还将进一步有所提升。

品种繁杂、产品附加值低导致罐头行业在机械化、智能化方面落后等情况在今后也将进一步改善，企业将加快机械化、智能化技术改造，提高生产效率，发展规模化、现代化的种植，建立自己的产业基地等。总之，今后罐头行业还将进一步发展壮大，行业集中度将进一步提升，企业机械化水平、产品附加值和知名度增高，行业将持续健康、平稳发展。

四、政策建议

（一）制定相关标准法规，促进国内罐头市场健康发展

根据罐头产品易于储存的特性，制定相关罐头产品流通类标准，对季产年销的果蔬类罐头产品在流通过程中的生产日期和临售保质期限加以阐释和规定，作为罐头食品销售中不同于“快消品”所遵循的依据。

（二）鼓励标准中对产品质量的划分，支持企业提升产品品质

中国罐头工业协会等有关单位在制定产品标准时对产品进行质量等级划分，支持企业努力提升产品品质，形成市场产品质量差异化竞争，抵制劣币驱逐良币的现象发生。

（三）支持行业环保改进

从资金、政策方面支持在环保改进方面做得好的企业，给予企业适当奖励。

（四）推广宣传罐藏食品工艺原理，消除民众对罐头食品的误解

向行业协会等组织提供资金等方面的支持，推广普及罐藏食品工艺原理，抵制市场上关于罐头的谣言和消除民众对罐头食品的误解，还罐头食品正身，为行业避免不必要的损失。

（五）支持出口企业应对技术性贸易壁垒

在出口企业面对国际贸易中出现的技术性贸易壁垒时，联合相关行业协会，为企业提供必要的政策、技术、信息及资金等方面的支持，避免企业单打独斗。

中国罐头工业协会

焙烤食品糖制品行业

2017年，虽然受国内外政治和经济等诸多因素影响，焙烤食品糖制品行业依然处在良性发展的轨道上，显现了本行业经过多年的发展，已经奠定了较为坚实的基础，也具备了一定的抗风险能力和持续发展的潜力。行业经过前几年的高速发展，目前已经整体走入了瓶颈调整阶段，面临转型升级与创新突破。

一、行业概况

据国家统计局统计及行业测算，2017年国内焙烤食品糖制品行业（含糕点/面包、饼干、糖果巧克力、蜜饯、方便面和冷冻饮品）规模以上企业共3102家，较上年同期增长89家，同比增长2.95%；主要产品产量合计约为3589.90万t，同比增长1.78%，增速较上年同期下降7.62%；主营业务收入7431.78亿元，同比增长8.29%，增速较上年同期略低0.41%；利润总额580.10亿元，同比增长4.71%，增速较上年同期下降4.29%；出口交货值200.10亿元，同比增长5.42%，增速较上年同期降低1.78%。

焙烤食品糖制品行业经过多年的积累和发展，具有以下特点。

（1）行业规模、实力都在不断增强　业内许多骨干企业的生产设备、检测水平和生产环境都有了较大改善，规范化管理意识逐步增强，为保证产品质量奠定了良好基础，也为为市场提供更多、更好、更安全的产品创造了先决条件，为行业的持续发展奠定了较为坚实的基础。

（2）产品质量稳定，提供安全优质的产品已成为行业的共识　近年来，在国家加强食品安全管理的政策方针指导下，在相关政府部门的监督指导下，业内的食品安全理念和意识不断增强。为消费者提供安全、优质的产品已成为行业共识。近年来，焙烤食品糖制品行业基本没有大的食品安全事故发生，日常抽检的合格率也在不断上升，并且产品质量保持稳定。

（3）品牌消费趋势明显　近年来，随着消费者文化层次、收入水平、消费观念的不断提升，“品牌消费”愈加明显，“品牌消费”正在成为中国消费市场最明显的特征，食品领域的品牌消费趋势更加明显。主要呈现以下几方面：①对品牌的差异化定位更加细分；②个性化成为品牌外在表现的新趋势；③时代感日益增强；④无界购物热度持续高涨；⑤安全健康成为主要消费诉求。

从以上行业数据及运行特点可以看出，全行业的产量、主营业务收入和利润总额都保持了较好的增长，但与前几年相比增长速度有所放缓，有一些子行业的利润同比呈下降趋势。

（一）主要经济指标

1. 主营业务收入

根据国家统计局提供的数据，2017年，焙烤食品糖制品行业规模以上企业主营业务收入为7431.78亿元，同比增长8.29%，增速较上年同期略低0.41%。从子行业来看，糕点面包和饼干业的主营业务收入较上年增速明显回落。其中，糕点面包业主营业务收入增长10.11%，2016年增长13.34%，增速回落3.23%；饼干业主营业务收入增长5.30%，2016年增长9.47%，增速回落4.17%。

2. 利润

2017年，焙烤食品糖制品行业规模以上企业实现利润580.10亿元，同比增长4.71%，增速较上年同期降低4.29%。其中，糕点面包业实现利润146.85亿元，同比增长3.84%，2016年增长21.53%，增速回落17.69%；饼干业实现利润126.23亿元，同比降低6.33%，2016年增长6.15%，增速回落12.48%；糖果巧克力业实现利润120.52亿元，同比增长6.05%；蜜饯业实现利润57.78亿元，同比增长23.18%；方便面业实现利润97.35亿元，同比增长8.33%；冷冻饮品业实现利润31.37亿元，同比增长14.41%，2016年增长15.67%，增速回落1.26%。从行业利润来看，糕点面包业与饼干业增速明显回落，冷冻饮品行业增速较上年略低，其他行业增速都较上年有所提高（见表1）。

表1　焙烤食品糖制品行业2017年经济运行情况

行业		焙烤糖制品	糕点面包	饼干	糖果巧克力	蜜饯	方便面	冷冻饮品
企业数量	累计	3102	902	759	441	379	436	185
	2017年	3013	829	744	433	385	427	195
产量/万t	累计	3589.90	(470)	(960)	331.37	(347)	1103.20	378.33
	同比增长/%	1.78	(9)	(-3)	0.74	(9)	3.31	7.24
主营业务收入/亿元	累计	7431.78	1316.23	1919.55	1394.46	694.99	1634.84	471.71
	同比增长/%	8.29	10.11	5.30	6.22	13.69	8.35	14.54
利润总额/亿元	累计	580.10	146.85	126.23	120.52	57.78	97.35	31.37
	同比增长/%	4.71	3.84	-6.33	6.05	23.18	8.33	14.41
出口交货值/亿元	累计	200.10	14.59	22.02	79.10	65.71	17.20	1.48
	同比增长/%	5.42	39.87	17.52	7.19	0.15	5.15	-5.13

数据来源：国家统计局规模以上企业数据统计（即年主营业务收入2000万元及以上工业法人企业）。

注：括号内数字是行业测算数据。

（二）行业发展分析

1. 价格

焙烤食品糖制品行业产品价格主要受原材料、流通成本及人工成本的影响。2017年度行业企业在人员成本增加、原材料价格上涨、环保投入力度加大、运输成本增加等多重压力之下，行业产品价格比2016年有所上涨。据行业企业测算，2017年油、糖、面等主要原材料与纸箱等包材的成本占比都较上年有明显增加。据行业推算，2017年焙烤食品糖制品行业产品价格涨幅在10%左右。

伴随着人均收入的提高和消费升级的持续，消费者对食品的需求已发生了质的变化，对食品的需求已经从温饱升级为健康、享受的层次，对食品消费的需求已经由“物美价廉”的阶段上升至“品质优先”的阶段。因此，行业食品价格的上涨对市场影响不大。

2. 市场

全球化的深度融合改变了人们对于传统中式面点的消费习惯，消费者对于口感更丰富、款式更多样的焙烤食品青睐有加。在庞大消费需求的拉动下，焙烤食品糖制品行业市场规模呈现出快速发展的势头。随着 80 后、90 后成长为主流消费人群，年轻消费群体成为我国食品消费市场的主体，其饮食习惯也因工作节奏的加快、生活质量的提升发生着转变，人们对焙烤食品糖制食品等休闲零食的消费逐渐增多，焙烤食品糖制品行业的市场规模随之稳步提升，在食品制造业中，焙烤食品糖制品行业已成为占比最大的行业，所占比重超过 25%。糕点、面包、糖果、巧克力、蜜饯、方便面、冰淇淋等休闲零食已成为人们日常消费中不可或缺的组成部分。

由于中西方国家饮食习惯的不同，西方国家多把面包、糕点等焙烤食品当作正餐食用，而中国则以面食、大米等为主食，中西方之间饮食习惯存在较大差异。中国焙烤食品的人均消费还远低于西方国家，未来存在较大的提升空间。目前，中国人均焙烤食品消费量正在呈逐年升高的趋势，据行业不完全测算，2017 年，中国人均焙烤食品消费量接近 7kg/人，远低于 18.7kg/人的世界平均水平。与饮食习惯相近的日本（18.6kg/人）、中国香港（12.4kg/人）和新加坡（10.1kg/人）相比，我国的人均消费量仍具有很大的增长空间。

3. 投资

焙烤食品糖制品行业 2017 年发展平稳，与 2016 年相比资本市场活跃度不高，是一个资本相对较少涉足的行业。从上市公司角度来看，目前焙烤食品行业在 A 股上市企业的主要有桃李面包、麦趣尔、元祖食品、来伊份等。在其他资本市场上市的企业主要有在中国台湾上市的 85 度 C、在中国香港上市的克莉丝汀和在新加坡上市的面包新语等。国内焙烤食品糖制品领域投融资并不十分活跃，虽然有原麦山丘、香颂、21cake 等获得过风险投资，但总体而言是一个创投与资本并不活跃的市场。不过随着消费升级以及品牌化经营业态的来临，预计未来焙烤食品糖制品行业将会逐渐成为资本关注的行业。

4. 行业集中度

（1）糕点、面包　由于行业门槛较低，糕点面包行业整体集中度较低，基本情况是规模以上大型企业占据一二线城市的中高端市场，占有较大市场份额，中小型企业的中低端产品通过批发流通渠道销往中小城镇和农村市场，覆盖全国各地。市场被众多中小品牌瓜分，不同层次品牌分割不同的市场。一线品牌如达利食品、盼盼食品、北京稻香村、桃李面包、好利来等年主营业务收入超过 10 亿元的大型企业市场占有率尚不足 10%。剩下的份额被二线及众多的三线品牌瓜分。对比成熟的日本市场来看，其市场份额第一的山崎面包占有率达到 30% 以上。因此，我国糕点面包行业虽然初具规模且快速增长，但行业还存在着整体规模偏小、经营分散化等问题，未来糕点面包行业集中度还有较大提升空间，市场容量及发展前景巨大。

（2）饼干　饼干因其产品具有较长保质期的特点，具有一定的区域集中特征。2017 年饼干行业从主营业务收入上看河南、湖北、山东、福建、河北、广东、上海位居前列，以上七省（市）主营业务收入占全国规模以上饼干行业主营业务收入总额的 70% 以上。

从市场占有率来看，外资和港台企业品牌占据市场的主要份额，如亿滋旗下的“奥利奥”和“太平”、顶新旗下的“康师傅”、雀巢旗下的“徐福记”等一线品牌市场占有率达到 60% 左右。

（3）果冻　我国果冻行业经过 30 多年的发展，目前已形成以喜之郎、蜡笔小新、亲亲等一批具有一定规模的骨干企业为主、中小企业为辅的行业格局。这些大型企业注重经营理念的创新，在产品研发、加工技术和生产装备水平等方面不断提升。果冻行业中骨干企业的产量和销售额约占果冻总量的60%以上，市场集中度较高。

（4）蜜饯 蜜饯产品生产企业的地域性较强，有些产区的产品只在本地区和周边地区销售，市场集中度较低。但技术工艺的提升、新产品的开发促进行业发展较快，使行业充满活力。近几年蜜饯行业的主营业务收入增长率持续保持在10%以上，在焙烤食品糖制品行业中一直处于领先地位。蜜饯行业同时为焙烤食品糖制品行业的整体出口交货值贡献了较大份额，近年来保持较好的出口形势。从蜜饯行业市场消费来看，梅子系列的蜜饯产品购买频率最高，也是产品最丰富的品类。

（5）糖果 全国糖果品牌集中度较高，生产企业主要集中在福建省、广东省和上海市，全国各地的销售分布比较均匀。

（6）巧克力 目前，巧克力产品基本上以外资品牌为主，占据绝对的中高端市场份额，国内巧克力生产企业主要以生产代可可脂巧克力产品为主，与大型外资企业相比不具有竞争力。

（7）膨化食品 一线城市销售的膨化食品基本以外资品牌为主，市场占有率达到70%以上，二、三线城市，特别是批发市场销售的产品以地域品牌居多。

（8）冷冻饮品 冷冻饮品行业经过多年的发展，已经基本形成了以伊利、蒙牛等国内大型企业以及和路雪、雀巢等外资企业为龙头，遍布各地的中小型企业产品为辅的行业格局，行业集中度较高。

5. 进出口

近年来，进口食品销售在我国呈连年上升趋势，产品从中高端消费逐渐向大众消费靠拢，焙烤食品糖制品也同样受到了进口同类产品的冲击。

在出口方面，我国焙烤食品糖制品行业的国际贸易状况一直不是很理想，出口量值始终不大。2017年，焙烤食品糖制品行业整体出口交货值有所上升，子行业出口交货值有升有降。除糖果巧克力和蜜饯出口交货值增幅略有下滑外，其余子行业出口交货值增幅都较上年有所提升。

6. 重点行业

近年来，在国家加强食品安全管理的政策方针指导下，在相关政府部门的监督指导下，业内的食品安全理念和意识不断增强，而且经过多年的积累和发展，业内许多骨干企业的生产设备、检测水平和生产环境都有了较大改善，规范化管理意识逐步增强，为保证产品质量奠定了良好基础，使得产品质量稳步提高，为消费者提供安全、优质的产品已成为行业共识。

（1）糕点面包 糕点面包是焙烤食品的重点行业，其特点是生产厂家数量多，遍布全国各地，其中大多数是中小型企业，产业集中度不高。行业以工业化工厂和饼店（面包坊）两种生产经营模式为主。糕点工厂是传统生产经营模式，而饼店业是改革开放后发展起来的经营模式，现已成为我国焙烤食品行业的重要组成部分，经营形式也逐步由前店后厂的生产作坊转变为由中央工厂统一配送、门店售卖的连锁型企业。

2017年全国规模以上糕点面包生产企业的总产量约为470万t（行业测算数据），同比增长9%，增速同比下降10%；主营业务收入1316.23亿元，同比增长10.11%，增速同比下降3.23%；利润总额146.85亿元，同比增长3.84%，增速同比下降17.69%；出口交货值14.59亿元，同比增长39.87%，增速同比上涨11.97%。从以上数据看出，2017年糕点面包行业受原材料价格及用工成本上升等因素影响较大，利润增速出现较明显下降趋势。

总体看，我国糕点面包行业经过多年的积累，已经奠定了较为坚实的基础，形成稳中向上的发展格局。当然，行业整体规模偏小，经营分散化、产品同质化、缺乏创新活力等问题，也在困扰着糕点面包行业的发展。如何看待行业所面临的机遇和挑战，如何从大趋势中把握创新方向，成为行业共同面对的问题。

（2）饼干业　2017 年全国规模以上饼干生产企业的总产量约为 960 万 t（行业测算数据），同比下降 3%，增速同比下降 13%；主营业务收入 1919.55 亿元，同比增长 5.3%，增速同比下降 4.17%；利润总额 126.23 亿元，同比下降 6.33%，增速同比下降 12.48%；出口交货值 22.02 亿元，同比增长 17.52%，增速同比上涨 29.42%。从以上数据看出，饼干行业 2017 年压力依然较大，除出口交货值有较大增长外，其余指标增速都较 2016 年出现不同程度下滑。这与人们消费水平持续升级，越来越追求口感丰富、款式多样、富于享受的食品有很大的关系。

饼干行业的主要特点是外资和港台企业占据中高端市场的主导地位，领跑行业；内资企业发展不乏亮点，竞争实力逐步增强。外资和港台企业如亿滋食品（上海）管理有限公司、康师傅控股集团、东莞徐记食品有限公司、好丽友食品有限公司等一些企业的产销量和市场占有率逐年增长，而且占据着国内饼干行业的高端市场，他们依托自身的雄厚实力和多年打造出来的品牌优势，不断加大投入力度，以占有更多的市场份额。国内的民营企业例如福建达利食品集团有限公司、东莞思朗食品有限公司、北京美丹食品有限公司等都已经具备了持续发展的实力和基础。但我们也应看到，与国外跨国公司相比，内资企业在人才引进和使用、企业管理、新品开发和市场营销等诸多方面还存在较大差距，若想实现超越和突破，仍需不断努力，任重道远。

7. “三品”战略实施情况

2016 年 5 月国务院办公厅印发了《关于开展消费品工业“三品”专项行动营造良好市场环境的若干意见》，部署开展消费品工业增品种、提品质、创品牌的“三品”专项行动，以便营造良好市场环境，更好地满足和创造消费需求，不断增强消费拉动经济的基础作用，促进消费品工业迈向中高端。“三品”专项行动成为食品工业迈向中高端、满足更高层次消费需求的又一重大举措，必将为焙烤食品糖制品行业的发展带来新机遇。中国焙烤食品糖制品工业协会极为重视此项工作，积极宣传推动，部署开展增品种、提品质、创品牌的“三品”专项行动，以便营造良好市场环境，更好地满足和创造消费需求，促进焙烤食品糖制品行业健康发展。

“三品”专项行动得到了行业的积极响应，也取得了较好的效果，总体看来，整个行业的变化主要体现在以下几方面。

（1）增品种　产品花色品种日益丰富，较好地满足了消费需求。随着消费理念的日益成熟，人们对食品的消费意识也在向着有利健康、安全营养、美味方便、适应个性化需要的方向转变。消费观念的更新推动了企业研发、生产的新思路。随着“三品”战略的推进，近年来，市场上焙烤食品糖制品的花色品种越来越丰富，较好地满足了消费需求。如：广东省焙烤食品产业技术创新联盟联合国内多家大专院校、研究院所、行业骨干企业共同参与新产品的开发，在冻干技术的基础上找到突破口，2017 年研发出一款创新产品——鲜果轻冻干月饼。鲜果轻冻干月饼由于采用的是天然水果和常温冰皮，不仅油脂、热量均远低于常规月饼，其天然水果的营养成分也得以保留，在 2017 年中秋期间获得了市场的认可。沈阳桃李面包股份有限公司一直积极研发新产品并不断丰富产品种类，2017年推出“脏面包”“肉松小贝”等网红产品以及红豆丹麦面包等高端产品，在丰富产品结构的同时也满足了消费者消费升级的需要。北京稻香村食品有限责任公司2017年新品上市多达60多个品种，新品占总品类约20%，新产品销售超过1亿元，约占总销售额的5%，新产品的上市，让老字号企业的产品推陈出新，生机勃勃。

（2）提品质　产品质量稳步提高，生产经营安全、营养的优质食品已成为行业的共识。行业规范化管理意识逐步增强，骨干企业的技术设备、生产环境得到了较大改善。随着国家进一步强化食品安全的日常监管，行业对于食品安全的重视程度和风险意识都有了空前的提高。骨干企业陆续引入ISO9001产品质量管理体系、ISO14001环境管理体系以及HACCP管理体系等管理模式，为保证产品质量奠定了良好基础，也为为市场提供更多、更好、更安全的食品创造了先决条件，为今后的持续发展和走向国际化奠定了基础。如内蒙古伊利实业股份有限公司在印度尼西亚设立研发机构，建立“质量领先3210战略”，将食品安全标准延伸至全球产业链条上的所有合作伙伴，并与全球著名质量检验机构SGS、劳氏、天祥共同升级全球质量管理体系。内蒙古蒙牛乳业（集团）股份有限公司对全程冷链进行准入评审并借助G7定位系统以及温度监测系统，实时监控运输轨迹及在途温度，保证全程冷链满足运输要求；为了预防在冷冻食品中可能出现的单增李斯特菌污染的风险，借助3M公司技术资源共同成立合作项目组，对各工艺环节进行风险调研、监测数据收集分析，制定监控计划加以控制。

（3）创品牌　积极增强品牌意识，提高品牌竞争力，推进品牌国际化。北京艾莱发喜食品有限公司于2016年在新西兰投资兴建了艾莱发喜新西兰食品有限公司。该公司采用新西兰当地优质奶源，生产纯乳脂冰淇淋和分离稀奶油，出口到中国，其中稀奶油用作艾莱发喜在国内生产的原料，进口冰淇淋由艾莱发喜在中国市场销售。内蒙古伊利实业股份有限公司持续开展线上线下的品牌建设，如“甄稀”总冠名腾讯首部网络综艺《拜托了冰箱3》，知名度大幅提升；冰工厂借势经典游戏IP魂斗罗，持续风格化打造，产品还出口到东南亚，受到市场欢迎。东莞徐记食品有限公司坚持创新与改良提升，每年汰旧换新，平均推出30种以上新品种及新口味产品。2017年积极研发营养健康食品，诞生了一个全新的健康子品牌自然予谷谷棒，上市销售仅8个月就获得了超过2000万元的销售额。

8. 包装与装备

（1）包装　行业内大型包装生产企业的综合实力逐渐增强，生产经营逐步走向专业化和大型化。骨干企业在引进国外先进生产设备的同时，对原有设备进行了技术改造和升级。目前，包装生产企业的生产环境、装备水平以及管理能力等方面都有了较大提高。在保证食品安全、保鲜、保质的同时，也使得焙烤食品糖制品行业的包装实现了专业化、多元化的格局，许多新颖、独具特色的包装层出不穷。这也在一定程度上促进了行业的提升和发展。

（2）装备　经过多年的积累和发展，行业内的骨干企业近年来在技术、设备的引进和对现有企业基础设施的改造等方面都投入了相当大的热情和力度，其整体装备水平都有了较大提高。行业的生产设施、装备水准和技术水平的整体情况可分为三个层次：龙头企业、大中型骨干企业、行业中小企业。

①行业龙头企业：主要包括一些大型外资或合资、港澳台资企业以及国内大型企业，

这些企业的生产设备、技术水平与国际同行业水平相当，代表了行业中最先进的设备和技术水准。这些企业数量虽然不是很多，但他们的产能较大，高端市场占有率较高，市场份额较高。

②行业大中型骨干企业：生产设施和装备仅次于少数龙头企业的是占比例较大的大中型内资企业，它们的生产环境已经得到了较大改善，装备水平是国产设备或部分进口设备，其设备技术水平应用在产品生产上，基本可以满足目前的消费需求，是目前行业装备水准的主流。与国际水准的外资企业相比，生产设施等硬件差距不是很大，主要是人员素质和技术管理水平差距较大，有待于逐步提高。

③行业中小企业：行业中一些规模以下的中小型企业，特别是小型企业，其生产设备水平较差，人员素质偏低，主要市场在偏远地区的中小城镇和农村，市场份额较小。随着行业的发展，预计这些企业将在不远的将来或被淘汰，或被兼并，经过改造整合，得以提升和发展。

9. 发展新亮点、新增长点

（1）家庭烘焙成为行业新增长点　近两年，随着人民生活水平不断提高，全球化融合加快，热爱在家里玩烘焙的人越来越多，经常在朋友圈里看到大家晒亲手制作的甜品和西点。家庭烘焙已经成为中国年轻消费者崇尚的潮流时尚和休闲减压的新选择，拥有巨大的市场发展空间。

连续 3 年，家庭用烤箱的销售增长率都超过 50%，市场容量 3 年翻了 2 番。家庭烘焙正在悄悄地蓬勃发展，如松下加大家庭烘焙的重视度与投入，海尔加速家庭智能厨房的布局，原料供应商安琪酵母收购了贝太厨房后，在电商平台增加对家庭烘焙的投入，还有应运而生的遍布在全国各地的大大小小的烘焙学校。家庭烘焙正成为行业关注的新增长点。

（2）短保质期食品成为网红　消费者不断更新的消费观念，以及营养健康知识不断渗透的结果使人们更加关注拥有较短保质期的新鲜食品。加之我国电子商务交易市场的迅猛发展，物流能力的不断升级，为短保质期食品成为畅销的网红食品提供了必要的保障。

2017 年走红的短保质期食品如脏脏包、半熟芝士、豆乳盒子等成为年轻消费者追捧的热点。

二、行业面临的问题分析

（一）产品同质化现象比较严重，差异化经营是行业的梦想，也是行业的痛点

焙烤食品糖制品行业门槛相对较低，企业固定资产投资相对较小，技术难度不高，市场消费受经济大环境影响不大。因此，导致小企业数量众多，众多中小企业甚至一些大企业创新乏力，奉行简单的拿来主义，仿冒跟风现象比较普遍，致使产品同质化现象比较严重。这必然导致市场的恶性竞争，面对市场竞争不断升级，企业机遇与挑战并存。目前我国焙烤食品糖制品企业尚处于发展阶段，与国外产品相比，在新品研发、口味多样化、包装个性化等方面都存在较大差距。因此，随着行业竞争升级，市场对焙烤食品糖制食品提出了更高的要求，只有不断创新和走差异化道路才是行业健康发展的方向。差异化经营是行业的梦想，也是行业的痛点。

（二）企业经营成本持续增加，中小企业经营状况艰难

2017 年，企业的原料成本、用工成本、运输成本以及经营成本呈持续上涨趋势，由于市场竞争激烈以及品牌劣势等因素，又很难提高产品价格，使得绝大部分中小型企业利润明显下降，经营状况比较艰难，发展壮大更是困难重重。

（三）众多中小企业实力不足，品牌消费和品牌培育的矛盾凸显

目前在我国焙烤食品糖制品行业中，中

小型企业占行业企业总数90%左右。行业里为数众多的小型企业，规模不经济，资源利用不合理，技术和管理水平不高，产品质量得不到可靠保证，人才相对缺乏，农产品价格及原辅料、交通、能源价格上涨，生产成本持续增加，小型食品企业获利艰难。另外，小企业信用等级低，信贷困难，普遍存在资金不足问题，严重制约企业技术创新的步伐。

随着品牌消费的理念越来越深入人心，大型跨国企业对中国市场的关注度和投入力度越来越大，市场占有率也日渐增加，而对于近年来崛起的大批民营企业来说，品牌培育的难度和艰辛可想而知，品牌消费和品牌培育的矛盾是整个行业进步和发展的“瓶颈”之一。

（四）转型升级是行业的共识，但真正实现突破任重道远

对于焙烤食品糖制品行业来讲，产品技术含量相对较低，真正创新难度较大，跨行业转型的难度和风险较大。近年来，屡屡出现跨行业投资转型失败的先例，使得许多行业企业对待跨界转型发展始终持谨慎乐观的态度。

近年来，随着我国人口结构变化及人力成本快速上升的影响，行业人工智能和自动化代替人工的经济性和安全性需求凸显。目前看，行业骨干企业在自动化升级改造方面投入逐年增长，但由于产品品类较多，单品产量较小，自动化人工智能升级难度较大。

转型升级是行业的共识，但真正实现突破难度较大，需要时间和探索，任重道远。

尽管如此，我们应该清醒地认识制造业转型升级的真正内涵。其实，企业的发展过程本身就是一个持续转型升级的过程，转型升级也绝没有一个标准化的路径，它是基于本企业的现状，借鉴其他企业的成功经验，不断探索出来的个性化的唯一。落实到具体实践中，其实是从很多小步骤开始不断转变的，如精益管理改善、经营方向转变、经营范围扩展等。至于到底转型升级到什么程度，还是要看企业自己的实际情况，不管是走一步还是两步、三步，对企业来说都是在进步。

三、发展趋势

我国焙烤食品糖制品行业的发展将紧密结合消费者需求的个性化、全面化以及消费内容的科学性和文化性，积极引领和创造消费，引导健康消费和经营模式的创新。

品牌的国际化程度、产业链控制的水平、专用装备与生产线的自主化能力、自主创新的深度依然是行业综合实力的重要标志，加快焙烤食品糖制品行业健康、有序的发展，是满足、丰富、提高我国人民物质文化生活需求、增强国际食品市场竞争力的重要体现。追求安全、营养、美味、时尚依然是我国焙烤食品糖制品行业未来发展的主要方向。

总之，在可预见的未来，我国焙烤食品糖制品行业还将进一步发展壮大，在设备、技术、管理水平、从业人员素质以及自主创新能力等各个方面将逐步缩小与发达国家的差距，在国际消费品市场上也将具有一定的竞争力。

四、政策建议

（一）出台关于食品安全谣言防控和治理的管理办法

近年来，时常有媒体、个别组织和个人在网络、微信等地方随意发布食品安全和营养方面的负面信息，或自己随意做的食品抽检结果等。经常是歪曲事实，甚至是极端言论，这非常不利于食品安全监管，并且严重影响了我国食品行业的健康发展。虽然国务院食安办于2017年7月14日下发了《国务院食品安全办等10部门关于加强食品安全谣言防控和治理工作的通知》（食安办〔2017〕23号），但没有出台具体的实施和处罚细则，行业企业遇到具体问题时，不知道找哪个部门，如何处理。建议有关职能部门严格监管，禁止媒体、别有用心的组织和个人散布谣言或随意发布不利于食品安全监管和影响行业健康发展的信息，并能尽快出台相关管理办法。

（二）避免企业不必要的资源浪费

近年来，由于相关政策、法规和标准等的变化，致使行业企业被迫对产品包装进行改版和更换的情况时有发生。众所周知，企业发展需要自身的努力经营和政府的大力扶持，希望政府相关部门今后在公布和实施相关政策、法规和标准时，应给予企业充分的准备和过渡时间，以避免造成企业的经济损失和资源的浪费。

中国焙烤食品糖制品工业协会

调味品制造业

2017年，对于调味品行业而言是充满机遇和挑战的一年。一方面，随着人民生活水平的提高，对调味品的需求在逐步增加，调味品品种更加丰富，品质不断提升。但同时，消费者的消费行为也发生了明显变化，电商、外卖等新的商业业态的快速发展都对调味品行业提出了新的课题。面对挑战，调味品企业迎难而上，以创新为驱动，在产品、市场、渠道等方面不断取得新的突破，从而保证了整个调味品行业的平稳发展。

一、行业概况

（一）主要经济指标

根据国家统计局对规模以上企业统计的数据分析，2017年调味品和发酵制品制造业主营业务收入3097.4亿元，同比增长8.9%；利润总额330.5亿元，同比增长12.9%，增速有所上升（见表1）。

表1　2017年调味品、发酵制品经济效益

类别	企业数量/个	主营业务收入/亿元	同比增长/%	利润总额/亿元	同比增长/%
调味品、发酵制品制造	1271.0	3097.4	8.9	330.5	12.9
味精制造	77.0	443.6	4.7	48.5	22.5
酱油、食醋及类似制品制造	426.0	1019.0	5.3	144.4	14.8
其他调味品发酵制品制造	768.0	1634.9	12.6	137.7	8.2

资料来源：国家统计局。

根据中国调味品协会对著名品牌100强企业（94家）的统计得知，2017年生产总量为1247.1万t，同比增长9.4%；销售总额为820.3亿元，同比增长9.5%。2017年总产量在10万t以上的调味品著名品牌企业有26家，占总数（94家）的28%；总产量在5万~10万t的企业有25家，占总数（94家）的27%（见图1）。

2017年调味品著名品牌企业100强企业统计分析显示：调味品行业总产量与总销售收入均保持9%以上的增长率，发展稳健（见图2）。百强企业生产产量的增速从2016年的7.1%提高到2017年的9.4%，销售收入的增速从2016年的6.1%提高到2017年的9.5%，发展形势趋好。统计分析的12个细分产类中，除味精产业仍然出现产量下滑之外，其余产业的产量均呈现稳步上升趋势，其中增速较快依次为蚝油、复合调味料、酱油、酱腌菜等分支产业（见图3）。

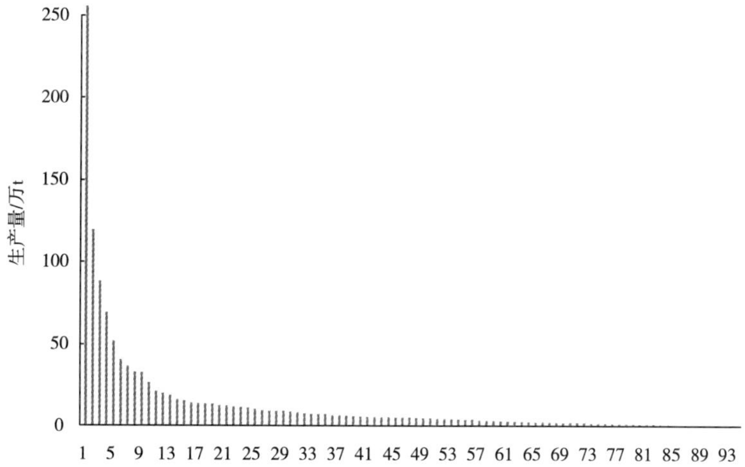

图 1　2017 调味品企业生产量明细

资料来源：中国调味品著名品牌企业 100 强 2017 年度数据统计汇总分析（94 家）。

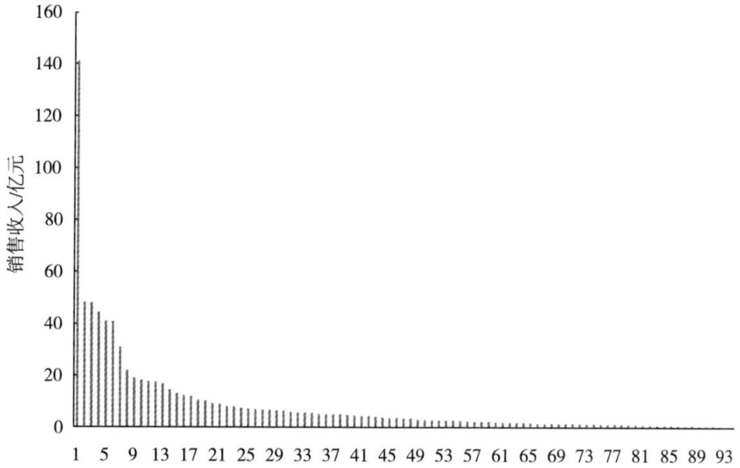

图 2　2017 调味品企业销售收入明细

资料来源：中国调味品著名品牌企业 100 强 2017 年度数据统计汇总分析（94 家）。

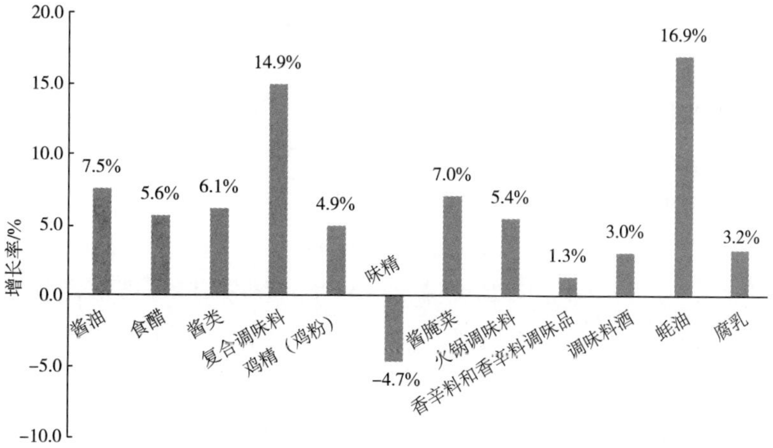

图 3　2017 年调味品行业重点细分产类产量增长率

资料来源：中国调味品著名品牌企业 100 强 2017 年度数据统计汇总分析（94 家）。

（二）行业发展分析

1. 价格

2017 年，调味品产品的平均价格延续 2016 年的增长趋势，略微上涨。行业内大型上市公司年报显示，复合调味料、酱油、酱类、食醋、酱腌菜等品类的产品在价格上都有不同程度的上扬。价格上涨的主因为消费升级的驱动。随着消费者消费理念和消费习惯的变化，高端产品和有附加值的产品占比提高，使调味品的平均价格有所提高。

2. 市场

调味品行业龙头企业营收和利润实现双增长，多家企业利润增幅超过 20%，其中恒顺醋业和涪陵榨菜利润增长同比超过 60%。

调味品龙头企业业绩的快速增长得益于以下几个因素。第一，随着国内经济的发展，人民生活水平的提高，国内消费升级趋势比较明显。调味品上市公司顺应发展趋势，大力研发新品，打造品牌形象，提升产品品质，取得了不错的效果。第二，随着调味品上市公司产能不断提升，规模化效应开始体现。大规模产业化生产降低了生产成本，使企业利润增长超过收入增长，调味品市场品牌集中度不断提高。第三，国内网络订餐市场发展迅猛，带动餐饮渠道调味品销售提升。第四，头部企业的新品开发更加注重消费者体验与客户需求，开发的适销对路的产品打开市场，促进了销量和利润的上升。

3. 投资

调味品企业内在价值受到资本市场的认可，跨界运营进一步深化，资本兼并与收购成为常态。2017 年的主要资本动态既有调味品上市公司的外延式收购，也有跨界资本的介入。例如，海天味业收购镇江丹和醋业，新希望并购成都金福猴公司，加加食品准备收购金枪鱼钓，涪陵榨菜公告筹划重大资产收购，北京首农食品集团重组成立。

4. 区域分布

据 2017 中国（国际）调味品及食品配料博览会的产品样本得出，调味品企业主要分布在华东、华北和华南地区，占比分别为 32.1%、18.9% 和 16.0%。与 2016 年相比，华东地区企业数量占比有所下降，而华北、西北和西南区域企业数量占比上升较快。从未来趋势来看，西部地区调味品企业数量占比还有增加趋势。

5. 行业集中度

中国调味品行业近三年产销量持续上升，增速相对趋缓，行业集中度提高明显，尤其表现在酱油、食醋、调味酱、复合调味料产业。大企业发展速度加快，中小企业的发展形势严峻。中国调味品著名品牌 100 强 2017 年度数据统计汇总分析（94 家）显示，企业生产总量首次突破 1000 万 t，产量在 5 万 t 以上的企业占 50% 以上；统计内的 14 家上市企业销售收入总量为 315.2 亿元，占统计总量的 38%；上市企业的销售收入同比增长 12.34%，高于平均增速。

6. 重点行业

2017 年，调味品行业中酱油、食醋、调味酱、复合调味料几个大细分品类发展稳健。

（1）酱油　酱油产业是我国调味品行业第一大产业，产销量和企业规模均居调味品行业首位，涌现出多家龙头企业。2017 年，酱油产业市场集中度进一步提高，上市公司效益良好。

2017 年调味品著名品牌企业 100 强中酱油（35 家）总产量达到 437 万 t，同比增长 7.5%；产量在 5 万 t 以上的企业占总数的 31%（见图 4）。产品产量上，排名前三位的企业为佛山市海天调味食品股份有限公司、广东美味鲜调味食品有限公司和李锦记（新会）食品有限公司，产量分别为 166.1 万 t、77 万 t 和 33.7 万 t；12 家企业出现了负增长，占总数的 34%（见图 5）。

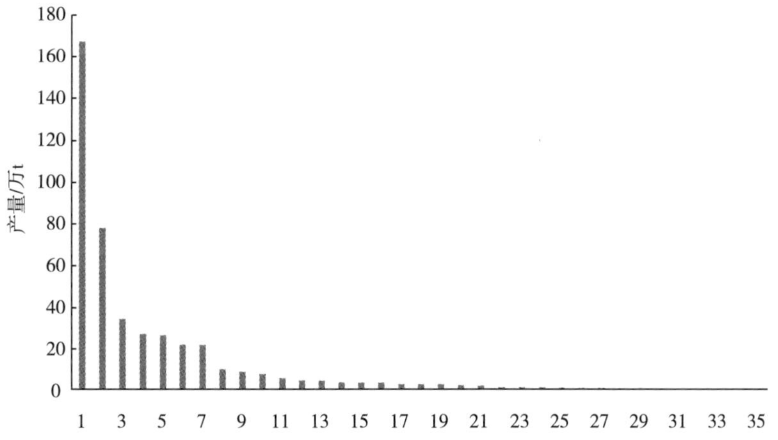

图 4　2017 年度酱油产量

资料来源：中国调味品著名品牌企业 100 强 2017 年度数据统计汇总分析（94 家）。

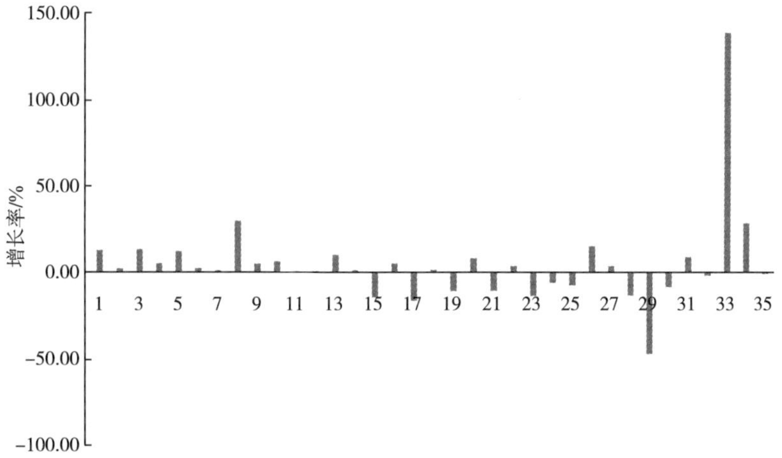

图 5　2017 年度酱油产量同比增幅

资料来源：中国调味品著名品牌企业 100 强 2017 年度数据统计汇总分析（94 家）。

（2）食醋　食醋企业近年来注重科技进步与新品研发，实现包装、功能、品种的多样化。

2017 年调味品品牌企业 100 强中食醋（36 家）总产量达到 154.2 万 t，同比增长 5.6%（见图6）；产量在5 万 t 以上的企业有 9 家，占总数的 25.7%。产品产量上，排名前三位的企业为江苏恒顺集团有限公司、山西水塔醋业股份有限公司和山西紫林醋业股份有限公司，产量分别为 31.5 万 t、16.1 万 t 和 15.4 万 t；7 家企业出现了负增长，占总数的 19%（见图 7）。

（3）酱类　随着国内人民群众消费水平的提高，调味酱的消费主体和消费理念都发生了明显的变化。“90 后”与“00 后”逐渐进入工作岗位，成为消费群体的重要组成部分，催生了新的消费喜好；生活方式发生变化以后，从餐厅回归到家庭，DIY 和新的消费体验更受欢迎。酱类产品的新品开发与迭代速度在各产类中表现突出。

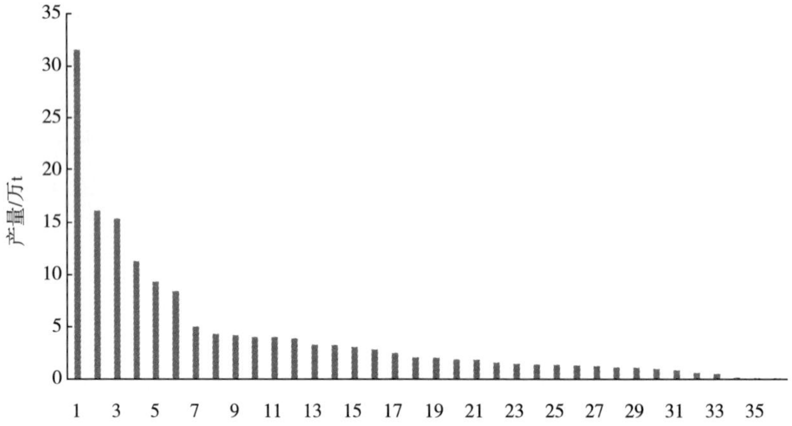

图6 2017年度食醋产量

资料来源：中国调味品著名品牌企业100强2017年度数据统计汇总分析（94家）。

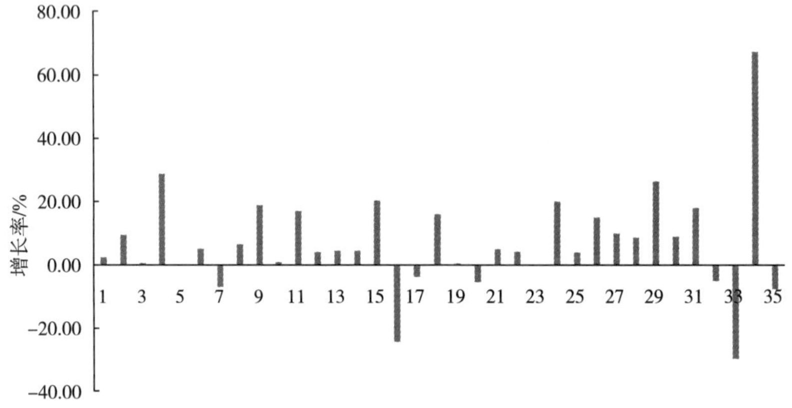

图7 2017年度食醋产量同比增幅

资料来源：中国调味品著名品牌企业100强2017年度数据统计汇总分析（94家）。

2017年调味品品牌企业100强中调味酱（29家）总产量达到81.5万t，同比增长6.1%（见图8）；产量在5万t以上的企业有7家，占总数的24%。产品产量上，排名前三位的企业为海天调味食品股份有限公司、天津市利民调料有限公司和鸡泽县天下红辣椒有限公司，产量分别为23.8万t、9.6万t和9.2万t；9家企业出现了负增长，占总数的31%（见图9）。

（4）复合调味料　轻餐饮的发展与网络订餐消费人群的增多，促进了复合调味料的发展。新的生活方式和消费喜好，也让便捷、美味的复合调味料有了更大的市场空间。

2017年调味品品牌企业100强中复合调味料（29家）总产量达到49.5万t，同比增长14.89%（见图10）。产品产量上，排名前三位的企业为李锦记（新会）食品有限公司、安徽强旺调味食品有限公司和鹤山市东古调味食品有限公司，产量分别为10.4万t、7.4万t和4.3万t；7家企业出现了负增长，占总数的24%（见图11）。

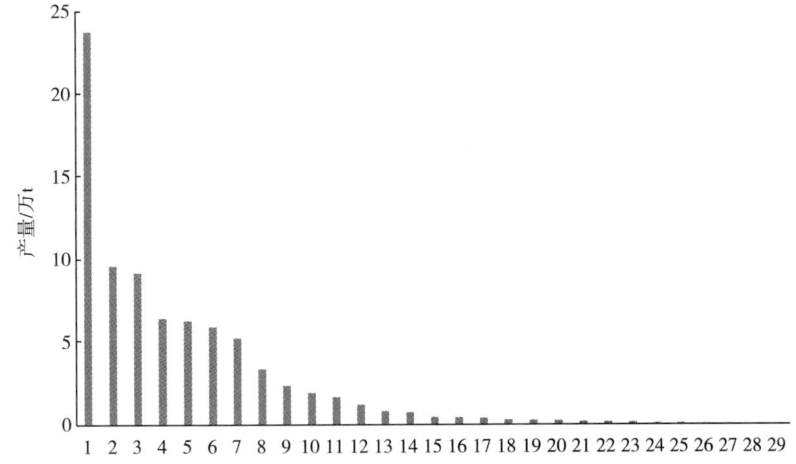

图 8　2017 年度酱类产量

资料来源：中国调味品著名品牌企业 100 强 2017 年度数据统计汇总分析（94 家）。

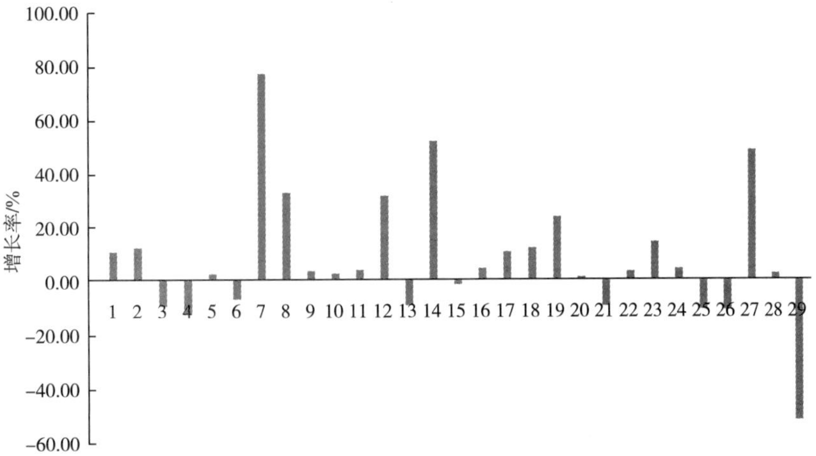

图 9　2017 年度酱类产量同比增幅

资料来源：中国调味品著名品牌企业 100 强 2017 年度数据统计汇总分析（94 家）。

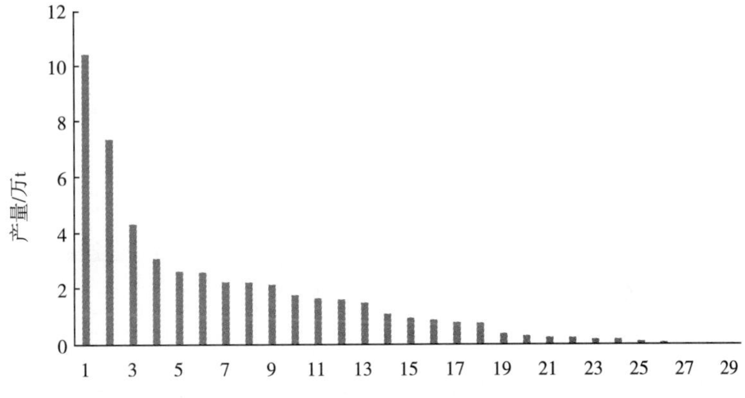

图 10　2017 年度复合调味料产量

资料来源：中国调味品著名品牌企业 100 强 2017 年度数据统计汇总分析（94 家）。

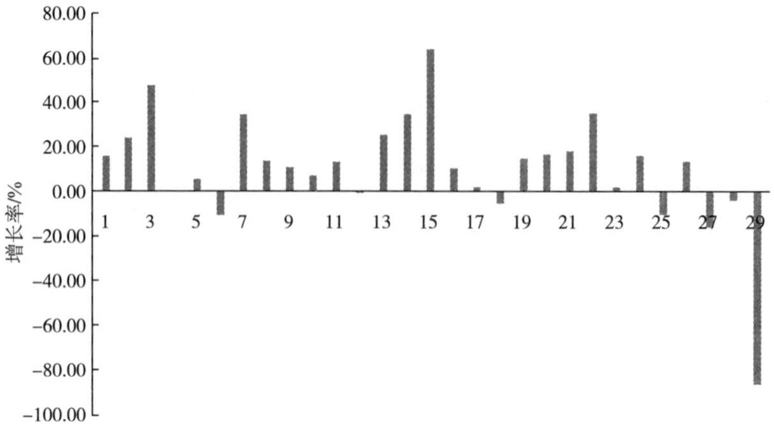

图 11　2017 年度复合调味料产量同比增幅

资料来源：中国调味品著名品牌企业 100 强 2017 年度数据统计汇总分析（94 家）。

7. “三品”战略实施情况和典型案例

2017 年，中国调味品协会积极落实“三品”战略，通过会议、座谈、宣传等多种形式推动行业内企业增品种、提品质、创品牌。值得一提的是，协会联合京东、阿里巴巴、腾讯，确定了以“味动中国”地方购物节的形式重点培育二三线城市品牌，以增加全国性品牌的数目。

（1）增品种　调味品企业的大单品战略向迭代新品战略转变，产品的更新换代加快，开发了不少迎合市场的新品种。

上海太太乐食品有限公司历时十年研发新产品——“原味鲜”鸡鲜调味料。自开创鸡精调味料之后，随着消费者对健康要求及饮食标准的不断提高，以九种原材料为主的新品种产品——鸡鲜调味料筹备上市。该产品主要从产品原料、产品定义、产品定位、产品技术等方面进行了创新，用专利的发酵提鲜技术提升口味、保障健康。

山西老陈醋在生产食醋产品的同时，开发了美容醋——白醋氨基酸皂，改变液态醋的固有状态，开创固体醋产品，主打健康与美容。白醋、氨基酸、花等原料以固体醋皂的形式展现，增加了食醋的品种。

（2）提品质　调味品行业始终注重食品安全、保证消费者的食用健康，在保证从源头到餐桌的品质安全的基础上追求美味。

调味品行业的大型企业引入先进技术，提高品质。行业龙头企业的生产从规模化、自动化生产向智能化、数字化生产转型升级，注重信息化建设，保证从源头到餐桌的食品品质。品牌企业致力于将科技成果转化为生产力，建立起完整的产品数据信息链，积极引入智能制造系统与可追溯系统。

（3）创品牌　经过多年的发展，调味品行业涌现出不少家喻户晓的品牌。2017 年 9 月，金砖国家领导人会晤，恒顺醋业、李锦记、涪陵榨菜、老恒和、海天味业、王守义十三香、烟台欣和、太太乐、安琪酵母等品牌企业为与会的各国领导人带来美味。各品类中，尤其是酱油、食醋、调味酱、复合调味料产业表现较为突出，他们注重品牌的宣传、社会影响力，将品牌力融入到消费者的消费理念。

作为中华老字号传统调味品品牌，海天味业高度重视智能化生产制造，并未坚持固有的模式不动摇，而是立足传统产业优势，全面提升海天酱油的醇厚品质。

目前，海天酱油在海天味业多年用心经营所打造的品牌口碑和美誉度的护航下，在调味品市场中的份额稳步提升，消费者需求黏性明显增强。同时，海天味业时刻关注当前消费市场的需求走势，率先抓住与信息化和人工智能接轨的有利时机，将传统单纯依靠人工的调味品行业向自动化、智能化转型，“智”造领先工艺适应时代发展趋势。

在海天酱油醇厚品质与智能化衔接方面，海天味业充分发挥供应链一体化优势。海天味业从原材料黄豆的拣选到压榨、酿晒、灌装、运输、销售等环节全程闭环管理，智能化控制，保证每一瓶海天酱油醇厚品质不打折扣。最重要的是，在引进德国先进生产线之后，酱油产量实现了翻番，生产效率和用人成本得到明显改善，为抢占更多的调味品市场份额赢得了时间。

食醋产业仍然呈现山西老陈醋、镇江香醋、阆中保宁醋、福建红曲醋四大名醋为主要品牌的格局，各区域中不乏代表性的企业，如恒顺醋业、山西老陈醋、水塔醋业、紫林醋业、四川保宁醋、福建永春等知名企业。

江苏恒顺醋业股份有限公司是食醋产业中产量领先的企业，于2001年上市，是调味品行业上市较早的企业。恒顺醋业在坚持科技创新、新思路经营的基础上，通过工业旅游的形式打造自身品牌，促进消费者对调味品的认知和信任。

2017年，恒顺醋业开启特色小镇建设，定位于历史经典、特色产业、健康养生、工业旅游示范为一体的恒顺香醋小镇已完成概念性规划、年度实施项目确定、特色小镇培育申报等工作。香醋小镇依托被列入首批国家级非物质文化遗产保护名录的“恒顺食醋固态发酵酿造技艺”和国家4A级景区“中国醋文化博物馆”，打造国家级非物质文化遗产保护基地和国家级工业旅游示范基地，力争建设一个融生产观光、非遗文化保护、工业旅游开发、健康养生拓展于一体的特色小镇，发挥对镇江香醋产业的带动作用和对文化旅游的辐射作用，推动丹徒新城建设特色化发展。据了解，恒顺醋业的香醋特色小镇3~5年将成为恒顺的产业集聚中心、研发中心，同时带动其工业旅游的进一步扩展。

调味酱产业的品牌企业较多，发展较好的品牌有海天味业、李锦记、天津利民、安庆胡玉美、香其酱业、北京丘比和四川远达等。其中，李锦记酱料集团的产品远销世界各地，该企业尤其注重产品质量和国际影响力。2017年，李锦记再一次以零缺陷通过美国食品和药物管理局（FDA）的审核。管理创新方面，李锦记酱料集团持续深化食品安全小组职能，当全球有最新食品安全要求、变化、风险时，进行风险识别、预警，完善公司的食品安全风险预警平台建设，始终走在行业的前端。在产品创新方面，李锦记开发了“减盐不减鲜，美味更健康”的健康酱油系列产品以及有机和无麸质等酱油产品。2017年年末，李锦记与深圳太空科技南方研究院合作研制的3D航天食品打印机研制成功，经过多方测试和试用后，已正式在太空科技南方研究院移交给李锦记酱料集团。3D航天食品打印机研制成功，不仅能在执行太空任务时大大地节约食材储存空间、有效地提升航天器的空间利用率，更能让航天员在太空环境中轻松地打印出各种美食，以更好的状态执行太空任务。

在复合调味料领域占有领先地位的上海太太乐食品有限公司，于2017年全面推广和普及《鲜味科学和鸡精调味料工艺概论》，为调味品行业从业人员提供了技术支持；在产品开发和科技领域，根据新的消费需求，推出了全新概念的“鸡鲜调味料”；在文化传播和品牌展示方面，升级改造了太太乐鲜味博物馆，为消费者带来新的体验，既展示了品牌，又传播了文化。

8. 绿色制造、智能制造

调味品企业普遍注重绿色生产、绿色制造，尤其是龙头企业起到了表率作用。如千禾味业在绿色生产、智能制造方面表现突出。实际操作层面表现在：千禾味业在制度层面明确环保职责，设立环境保护安全领导小组，严格实施环保管理和监督，持续加大环保投入和技术开发，同时加强环保数据监测和事件应急管理，建立健全环保培训体系。值得一提的是，千禾味业公司还对生产方式进行了绿色化升级，持续购置大量国内外领先的智能装备，引入供应、生产、物流等方面的配套软件系统，实现生产方式的智能化和绿色化升级，在生产效率有效提升的同时，污染物排放将大大减少。

近年来，为响应国家“中国制造2025规划”，调味品企业积极通过信息化、自动化的手段，构建新的生产流程乃至组织机构。虽然调味品行业的智能化建设起步不久，但后发先至。尤其是恒顺醋业、加加食品、海天味业、李锦记作为行业里的知名品牌企业，在智能制造方面成果斐然。他们纷纷打造“智造”工程，领先进入数字化、标准化和智能化时代。如恒顺醋业“加快转型升级，入围全国智能制造示范项目”；海天味业“智能制造，打造世界级的‘美味梦工厂’”；加加食品的“数字化工厂，开启酱油4.0时代”；李锦记具有采用人机界面的全自动酱油圆盘制曲装备。

以李锦记集团为例，该公司在调味品生产基本实现机械化的基础上，正在向生产过程自动化和智能化迈进，研发出一批在行业内处于领先地位的生产工艺和装备。如对广式酱油的主要原料——原粒黄豆，自入仓后就通过制造执行系统实现了数字化精细管理，具有可追溯性。引进和完善了一批具有国际或国内先进水平的装备，如采用具有人机界面的全自动酱油圆盘制曲装备；采用在线自动检测酱油氨基酸态氮的智能化酱油调配系统；采用物料确认追溯系统；采用防伪防窜货系统。信息化覆盖了主要管理流程，形成了适合自身发展的信息化体系，特别是运用信息化在食品质量与安全方面的管理取得了质的提升。

9. 发展新亮点、新增长点

（1）复合调味料产业拓展新渠道　“90后”与“00后”成为新的消费主力军，互联网渠道购买与网络订餐的兴起，在这一阶段衍生了新的消费方式，企业积极研发新兴渠道定制产品，使复合调味料的产销进一步增长。

（2）高端、有机产品迎来新机遇　消费者健康意识的增强，以及为迎合渠道需求而产生的新型高端消费，也为高档调味品消费量的上升提供了契机。传统微利的调味品行业，现在正是搭上消费升级便车的最好时机。高附加值、高端制造的调味酱产品会有很大的市场空间。

（3）定制调味品开始逐步被餐饮企业接受　企业产品的开发和生产从按单生产向按需求开发转变。连锁快餐店对食品安全的重视与严格要求，以及餐饮消费的占有率与对标准化制作的调料需求量的逐步攀升，使得调味品的消费量大幅度提升。

（4）产业集聚趋势明显，调味品小镇快速成长　全国共有各类以调味品为特色的小镇（县区）二十余个，超过半数小镇正活跃在市场上。主要分布在华东、华南、华北和西南地区。

二、行业面临的问题

（一）政策与市场

头部企业与中小型企业规模悬殊。行业里中小型企业的发展不容乐观，两极分化较为严重。头部企业在发展速度、科技创新、智能制造等方面的发展迅速，但领先的企业数目仍然较少，缺乏全国性的大品牌。各细分产类中的前三名企业与排序靠后的企业差距悬殊，形成“强者越强、弱者越弱”的局面。

（二）科技创新

调味品行业的大型企业在技术开发、科技进步方面发展良好。中小型企业因为资金压力、研发人员匮乏、先进经验获取困难等原因，整体科研创新能力仍然较弱。我国调味品行业科技型人才队伍的力量并未完全凝聚，产学研的结合范围仍然较为局限，科技力量的促进与应用还有待加强。

三、发展趋势

未来我国调味品行业有很大的发展空间，具体体现在以下几个方面。

（一）大单品战略开始向网络迭代产品战略转变

互联网与传统产业的结合、新零售的诞生，改变了消费者的购买行为和消费理念，也为我国调味品产业的消费升级带来了机遇。调味品不再是低附加值产品的代名词，而是成为了与消费者的生活与品位相关联的产品。传统的产品思维开始向用户思维转变，大单品战略也开始向网络迭代的产品战略转变，因此具有较高品质及能够不断创新迭代的产品成为调味品产业消费升级的主力。

（二）头部企业发展势头良好，优胜劣汰更加明显，行业集中度进一步提高

在创新求变的大趋势下，有良好软硬件基础的大型企业获得了更快的发展，因循守旧的小型企业生存空间变小，不排除倒闭的可能。

（三）互联网新零售为行业快速发展打开局面，企业将进入快速洗牌期

在阿里巴巴的新零售、京东的无界零售、腾讯的智慧零售大趋势下，调味品企业已经开始深度触网，走出为维系品牌名誉在线上开设利润并不乐观的店面的模式。下一阶段，即将进入打通线上线下、既有线上大数据指导又有线下场景体验的双赢模式，互为促进和融合。

（四）开发渠道定制产品，新增利润空间

近两年网络订餐方式的兴起，为调味品行业带来了新的市场和利润空间。如快餐类门店的专供调味包、附带在外卖套餐里的休闲调味酱、酱腌菜，与日常饮食中应用的调味品需求并不冲突，属于附加与新增消费。

四、政策建议

（一）严厉打击食品造假，增加消费者科普宣传

“民以食为天，食以安为先”。2017年年初，天津独流调味品造假事件曝光，敲响了调味品食品安全的警钟。由于调味品企业和品牌众多，销售渠道既有零售，也有餐饮和批发渠道，因此消费者对于假冒伪劣商品的识别能力不强，容易受到假冒伪劣调味品的危害。政府和行业组织应该加强调味品知识的宣传，提高人民群众识别假冒伪劣商品的能力。与相关机构合作，开通举报热线和信箱。鼓励和支持企业建立产品追溯系统。

（二）加快人才培养，支持在职培训工作

我国调味品人才队伍的匮乏是阻碍调味品产业健康发展的一个主要因素。人才总量不足，结构不合理，后备高素质人才缺乏。政府应该在重视相关高等人才培养的基础上，加快职业技术类职业院校的升级改造和在职工程技术人员的继续教育。加快调味品领域实训基地的建设，为接收实训的企业提供补贴及减免税政策。鼓励和支持调味品企业职工进行在职培训，对开展在职培训的机构给予适当的支持。

（三）加快培育调味品特色小镇，带动区域经济优化升级

国家早前就相继出台政策倡导以建设特

色小镇来提升区域经济发展。虽然全国各地以调味品产业作为特色的市县较多，但被国家层面认可的调味品特色小镇极少。建议政府对调味品产业区域集散地给予一定的政策支持，充分发挥调味品产业对新农村建设的辐射带动作用，促进农产品精深加工，增强农村发展内生动力。

（四）加大对调味品领域新技术、新模式应用的支持力度

中国制造2025、大数据、云计算等在调味品领域的应用刚刚起步，产业基础薄弱，缺乏全行业的应用平台。建议通过政策鼓励与扶持，支持协会和企业应用，支持平台建设。

中国调味品协会

茶加工业

2017年，中国茶叶产量产值进一步增长，产品质量持续向好，内销市场有所回暖，出口量和出口额在国际市场利好因素影响下再创新高，一二三产业融合发展速度加快。但同时，受宏观发展态势不明朗和政策面的影响，产业金融投资明显减弱，消费总量增速持续趋缓，去库存任务依然艰巨，传统销售渠道有待转型升级，新旧理念的磨合尚需时日。

一、行业概况

（一）主要经济指标

1. 茶园种植规模

2017年，全国茶园面积达到4588.7万亩①，比上年增加135万亩，增幅3.0%，其中可采摘面积3777.8万亩，占茶园总面积的82.3%。同时，茶园结构持续优化，无性系良种面积达到60.9%，有机茶园面积占比为7.5%，茶园平均亩产量60.3kg、平均亩产值3920多元，均上年略有增加（见图1）。

2. 茶叶产量产值

2017年，全国干毛茶产量为260.9万t，增幅6.1%（见表1）。其中，名优茶产量127.4万t，同比增长6.8%；大宗茶产量133.5万t，同比增长7.0%。全国干毛茶总产值达到1907.6亿元，同比增长13.4%。其中，名优茶产值1427.8亿元，同比增长10.42%；大宗茶产值479.8亿元，同比增长23.3%。名优茶与大宗茶产量占比分别为48.9%和51.1%，产值占比分别为74.8%和25.2%。

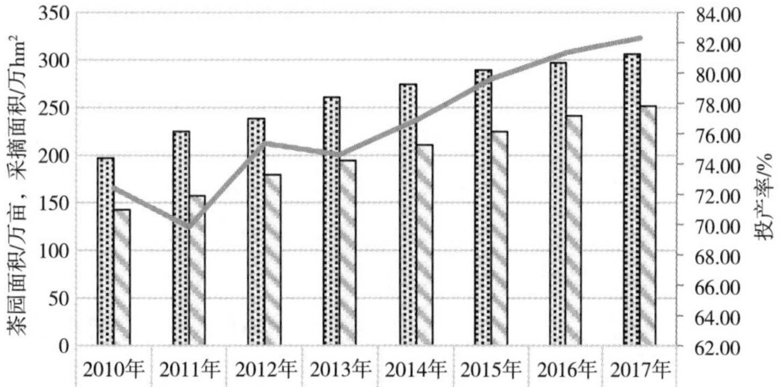

	2010年	2011年	2012年	2013年	2014年	2015年	2016年	2017年
茶园面积/万亩	197	225.1	238.5	260.7	274.2	289.2	296.9	305.9
采摘面积/万hm²	142.6	157.2	179.7	194.5	210.8	224.7	241.5	251.8
投产率/%	72.39	69.84	75.35	74.61	76.88	79.60	81.32	82.31

图1　2010—2017年全国茶园面积情况

数据来源：中国茶叶流通协会。

① 1亩 = 666.6m²。

表 1　2011—2017 年我国茶叶生产供应情况

年份	2011 年	2012 年	2013 年	2014 年	2015 年	2016 年	2017 年
产量/万 t	162.3	79	192.5	209.6	224.9	241.4	260.9

数据来源：国家统计局。

3. 主营业务收入

2017 年，茶叶内销量达到 190 万 t，较上一年增长 8 万 t，增幅为 4.40%；市场销售额达到 2353 亿元，同比增长 9.54%。

4. 利润

目前，我国茶行业企业纳税形式主要为一般纳税人，其中，行业百强企业年利税总额为 45.15 亿元，企均 4515 万元，年利税 1 亿元以上的茶企有 10 家。

（二）行业发展分析

1. 价格

2017 年，国内茶叶销售均价为 123.84 元/kg，同比增长 4.93%。高档茶价格平稳、销量略减，中低档茶的价格差距继续缩小，价格略升、销量稳增。

2. 市场

2017 年，中国茶叶消费市场各项主要指标向好，随着消费升级，供需关系发生变化，市场结构不断调整深化。从总体来看，国内市场依旧是拉动中国茶叶经济发展的主动力源。2017 年，绿茶仍是主导消费茶类，黑茶、红茶、白茶增速较快。各茶类的内销量占比分别是：绿茶 101.6 万 t，占 53.2%；黑茶 30.9 万 t，占 16.0%；乌龙茶 27.2 万 t，占 14.3%；红茶 23.7 万 t，占 10.5%；茉莉花茶 8.5 万 t，占 4.45%；白茶 2.4 万 t，占比上升至 1.2%；黄茶 0.57 万 t，占 0.3%。

（1）批发市场　2017 年，中国茶叶流通协会对全国茶叶批发市场进行的抽样调查显示：交易额下降的占 17.5%，同比平均降幅 11.3%；交易量下降的占 19.6%，同比平均降幅 10.8%，但原产地批发市场均呈现上升态势。在一线城市中，茶叶批发市场的行业无序竞争、租金持续走高、城市产业疏解及互联网电商渠道的持续挤压，使许多经营商户生存困难。但在二三线城市如济南、福州、郑州等地，茶叶批发市场仍能保持交易量平稳增长。随着消费升级，具有更优质服务、更健康环境的成功转型升级的优质茶叶交易平台将会成为主流。

（2）连锁门店　据 2017 年全国茶叶百强企业调查显示，企业销售渠道收入的 77.2% 均来自连锁经营门店。在与电商渠道寻求一个动态平衡后，连锁经营渠道形成了新零售模式。各大企业积极抢占优势市场，尤其是二三线城市，品牌茶叶门店遍地开花。北上广地区的竞争趋势更为激烈，茶叶门店及专柜多聚集在高级酒店、商场等密集商业群域周围。

（3）商场超市　2017 年，随着商超一体化发展的进程，许多大型商场和超市紧密合作，茶叶商超零售的份额也随之出现缓增。但由于两个渠道的消费群众画像重叠，且非茶叶销售的主渠道，因此销售情况相对固定，茶叶销售的量价额等数据指标与 2016 年持平。

（4）电子商务　2017 年，电商渠道发展进入自我调整期。随着劣质小型卖家被驱逐出这片红海，各茶类知名品牌稳稳占据优势地位；消费者更倾向于选择线下体验已经成熟的著名品牌。2017 年，网红经济注重品牌形象与消费者自我定位互动，催生新式茶饮异军突起。社交电商的兴起迎合了现今网络购物人群的部分需求，加上社交 APP 的用户规模和活跃度较高，更易使消费者融入度提升，形成“一对一”

互动式服务，“采购卖手”、教学销售结合、代理销售等行为十分普遍。尽管营销模式与手段各异，但以消费者为核心的现代营销理念已然形成。

2017 年，我国茶叶消费群体继续保持增长，预计将达到 4.9 亿，主要消费人群也从“中老年男性为主”向各类人群扩散。数据显示，互联网找茶、搜茶用户的年龄结构日趋年轻化。百度大数据给出的消费群体画像是有经济实力、热爱运动、崇尚健康、享受生活。数据显示，互联网找茶用户以男性为主，占 70.8%，且呈现高学历趋势，本科以上人群关注茶的人大于 84%。搜茶用户的年龄结构日趋年轻化，20～29 岁人群对茶的关注度最高，达到 63.4%，互联网找茶用户的新趋势值得关注。

3. 投资

2017 年，由于国家加强对金融资本的管控力度，外来金融资本的投资增速明显减缓。在基础建设方面，以政府为主导的“小镇经济”建设项目在各地纷纷上马；在股权交易市场，截至目前共有 52 家涉茶企业正式登陆新三板，其中，2017 年上市茶企 12 家，比 2016 年减少 4 家；在终端消费层面，以海归白领投资为主的现代茶饮店蓬勃发展。2017 年，30 余家茶叶金融交易平台中的绝大多数暂停交易、内部整改。

4. 区域分布

目前，茶叶企业主要集中于我国南方的各茶叶主产省中。在各级政府的扶持推动下，百强茶企在我国主要产茶省份的分布更为广泛，基本覆盖了全国主要产茶省份。30% 的百强企业分布于福建、浙江、广东等东南沿海省份，45% 集中在安徽、河南、湖南、湖北等中部省份，其中安徽省百强茶企数量最多，达到 23 家。同时，近 60% 的百强茶企分布于长江经济带沿线，40% 的百强茶企则位于“一带一路”战略中的国内重点区域。

茶叶消费方面，广东、山东、河南、云南、四川、河北等传统消费大省（区）延续市场规模上的优势，贡献了更高的茶叶消费量。从人均角度观测，除去边销茶消费区域生活习惯所产生的特例，省市间的差距正在逐步缩减。内销区域中，除广东、北京两省（市）人均消费量较高，超过 2kg/人，大多数省份都在 1.2～1.5kg/人的区间内浮动。茶叶产区茶叶消费水平的提升成为市场区域变化中新的亮点。安徽、湖北、四川三个传统的产茶省茶叶产品消费增长迅速。

5. 行业集中度

对于我国茶行业而言，企业规模小、生产集中度差一直是困扰茶加工业发展的实际问题。我国茶企总数已达到 6 万余家，其中规模以上茶企 1600 多家，仅占 2.7%，行业中绝大多数为中小企业。规模化茶叶企业生产资源占有率为 6 成，产品供应达到全行业的 70%。百强茶企的产品供应量、市场销售量和市场销售额均占到行业的 30% 左右。

6. 进出口

据我国海关数据，2017 年我国茶叶出口总量达 35.5 万 t，同比增长 8.1%；出口额达 16.1 亿美元，同比增长 8.7%；出口均价 4.54 美元/kg，与上年基本持平。其中，红茶、绿茶和花茶出口量均有较大幅度提升，增幅均在 6% 以上，普洱茶和乌龙茶出口量与上年相比变化幅度较小。总体来看，出口茶类中绿茶的出口量近 29.5 万 t，占出口总量的近 83%，红茶占 10%，而乌龙茶、花茶、普洱茶的出口量均较少，分别只占总量的 4.5%、1.7% 和 0.8%。

2017 年，我国茶叶出口至 128 个国家和地区。茶叶出口超过万吨的国家和地区为 12 个，占全年出口总量的 64.8%。在中国茶叶出口的传统大市场中，除塞内加尔和美国出口量出现较大幅度下降外，其他国家和地区较 2016 年均有所增长，其中，摩洛哥、乌兹别克斯坦、越南和马来西亚等国增幅较大。

7.“三品”战略实施情况和典型案例

随着人民生活水平日益提高，对高品质产品的需求旺盛，增品种、提品质、创品牌的“三品”战略契合了当下国民对于茶叶及相关制品类消费品的追求，对茶产业转型升级起到了促进作用。回顾我国茶叶行业2017年“三品”战略实施情况，具体有以下成果和特点。

（1）增品种　2017年，我国六大基本茶类中的红茶、黑茶和白茶均增产10%以上，产量分别达到34.0万t、36.3万t、2.8万t。绿茶增产4.5%，达到159万t（见图2）。茶类结构持续优化，比例更加均衡，绿茶、乌龙茶占总产量的比重持续下调，分别降为61.4%、10.6%；红茶、黑茶、白茶和黄茶占比继续上升，红茶和黑茶所占比例分别达到12.8%和13.0%。同时，柑普茶、柑红茶、花草茶等特色产品及超微茶粉、抹茶、茶饮料、茶保健品等茶叶精、深加工产品进一步增加。

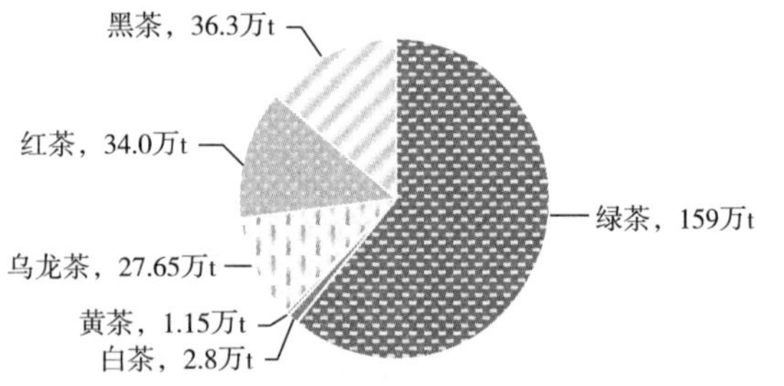

图2　2017年茶叶行业主要茶类结构

数据来源：国家统计局。

贵州省岑巩县作为我国西部茶区茶叶主产县代表，近年来，坚持以销定产、以效促管，实施品种、品质、品牌“三品”提升战略，改造提升传统名茶品牌，改变了茶产业“散、小、乱、差”的困局。全县围绕茶园提质增效目标，加强推进茶叶标准园区建设，主要推进茶叶基地向农业园区等优势区域集聚，全面提升基地生产能力，集中连片发展，将各乡镇已建茶园与新植茶园串珠式连成产业带，打造专业村、产业带、茶旅园区，最终形成万亩茶区。目前，岑巩县全县种茶面积达4.5万亩，较上年增长12.7%，其中，幼龄茶园面积1.79万亩，较上年增长19.3%；投产茶园面积2.71万亩，较上年增长8.4%。岑巩县坚持以销定产、以效促管，坚持稳规模、抓质量、增效益，按照“管好老茶园、稳健新茶园、延伸产业链”方式发展茶产业，以茶叶换产业，抱团发展、整顿市场，打造绿茶区域特色品牌。目前，岑巩县茶叶生产以绿茶品种为主，全县茶叶总产量370t，较上年增长13.85%；茶叶产值达3360万元，覆盖贫困户1286户、贫困人口5275人，在春夏采茶季节，每天可解决农民工就业达3000余人。

（2）提品质　2017年，全国各地大力推进标准化生产，着力打造一批绿色优质产品生产基地，创响一批有影响的茶叶公用品牌和知名品牌，促进质量效益提升。同时，大力推广物理防治、生物防治等绿色防控技术，减少农药用量；加快有机肥推广，减少化肥用量。2017年，农业部按季度组织开展了4次国家农产品质量安全例行监测（风险监测），共监测全国31个省（区、市）155个大中城市5大类产品109个品种，抽检样品42728个，总体抽检合格率为97.8%。其中，茶叶抽检合格率98.9%，高于蔬菜、水果、水产品，显示茶叶质量安全水平持续向好。

2017年，我国各茶叶主产区紧紧围绕“稳控面积、转型升级、提质增效”推动本地茶产业发展。湖北省恩施地区鹤峰县作为全国重点产茶县，近年来通过增品种、强品质、创品牌的“三品”之路，着力推动茶产业向绿色有机富硒的高端方向转型升级，努力将茶产业建设成为“立县之本、强县之柱、富民之根”。该县依托企业建基地，选择适合本县栽培的国家级茶树和本地特色良种，茶叶品种的多样性与市场及时对接。瞄准市场需求调整结构，加大了茶产品多元化开发力度，推动茶叶向有机富硒的方向升级发展。全县在坚持稳定面积、提高效益的前提下，进一步优化茶产业结构，不断调整茶树品种，优化茶园结构，改造好老茶园，提高无性系良种茶园面积比例。并以市场和消费者群体的需求为突破点，多元化开发红茶、黑茶、黄茶、白茶以及特种珍稀茶，扩大名优茶生产比例，使品种布局向调优、调特方向发展。2017年，全县茶类结构为绿茶70%、黑茶20%、红茶10%。截至目前，全县共有富硒生态茶园35万亩。2016年，实现茶叶产量26500t，农业产值7.6亿元，综合产值25亿元，外贸出口930万美元。截至2017年年底，全县有机认证企业达10家，7家茶企安装了视频监控系统，部分茶企还与高校合作，建立了来源可查、去向可追的农产品质量安全追溯系统。今后，鹤峰县将在继续扩大茶园面积的同时，进一步整合茶叶品牌，争创“全国有机茶基地示范县”，让茶产业成为鹤峰县的第一张“名片”。

（3）创品牌　企业是推动产业发展的重要引擎，作为生产和贸易流通的中坚力量，企业更承载着创新驱动产业供给侧结构性改革的重要使命和任务。目前，我国茶企总数达到6万余家，多为产销一体化，集中在茶叶优势主产区，呈现集群发展态势。其中，规模以上茶企1600多家，国家级农业产业化重点龙头企业30余家。全国各地区也相继培育了一批区域特色突出、产品特性明显、具有影响力的企业品牌。

云南省普洱市作为普洱茶的主产区，境内分布有26座古茶山，生长着2.8万亩目前世界上年代最久远、面积最大的栽培型古茶林，被誉为“茶树自然博物馆”。由于资源稀缺，景迈山古茶林普洱茶每年的产量不足300t，但市场上冠以“景迈”“景迈山”“景迈古茶”名义销售的茶叶却远远超过这个数字。最近，普洱市启动了普洱景迈山古茶林普洱茶品牌打造工作，通过构筑普洱景迈山古茶林普洱茶质量安全的四道防线，实现了从茶园到茶杯、从叶子到杯子的全过程质量追溯，使普洱景迈山古茶林普洱茶成为了一款有身份证、有履历、可查询、可追溯的普洱茶产品。

同时，随着市场经济不断发展，产业集群已经逐渐成为一种颇具特色的产业组织形式。产业集群在形成和发展过程中能够发挥巨大的规模经济效益，并具有强大的扩散和辐射效应，能够带动区域、行业甚至国家的经济增长。当前，在我国各地区、各行业领域出现了大量产业集群，也涌现出大量企业品牌，但是形成集群品牌的较少。从经济作用上来说，集群品牌相比于企业品牌，具有更持续的品牌效应。

8. 包装与装备

目前，我国茶叶产品包装呈现出重特色、绿色化、多功能的发展趋势。对包装特色的挖掘成为高端茶叶产品创新的重要方向，以单泡、单罐包装的茶叶产品为代表，包装趋势变化体现出高端产品包装材质精益求精和整体密封性、观赏性、便携性的提升。绿色化是大众消费产品包装发展的主要方向，牛皮纸等纸质材料成为新兴材质，具有自封口功能、适宜日常自饮消费产品的小规格自封袋伴随着中低端产品消费量的上涨成为新的主流包装。原先多在传统高端礼品中出现的木质、皮质大礼盒则逐渐退出包装市场。部分产品加大了以包装为媒介对消费者日常生活的渗入力度，兼具有笔记本、笔筒、纸巾盒等功能的包装成为产品丰富消费体验的另一途径。

二、行业面临的问题

（一）政策与市场

1. 产能的规模、结构与市场、消费需求之间的不对等

2017年全国茶叶产品总量已达到260.9万t，而茶叶消费水平仅为190万t，除去出口量，其中仍有超过20万t的产品库存积压。同时，受到之前产业扩张的余波影响，产品产量仍在逐年递增，产能增幅比例高于消费增幅比例，茶叶产能相对过剩形势日益严峻，并发展成为未来困扰产业发展的首要问题。同时，现有茶叶产品的产能消耗同样存疑，部分区域、部分品种库存积压现象严重，产品结构未能满足消费不断升级的实际需求，价格结构不合理，高价产品过剩严重，产品创新不足、自身禀赋挖掘不够，未能满足真正的高端消费需求，收益有限。

2. 成本上涨压缩企业利润空间，限制后续发展

茶加工业生产季节性特征鲜明，易出现季节性采工紧缺，影响原材料的供应，间接拉升生产成本。加之企业人工成本居高不下，财务成本、包装、运输成本压力逐步增加，生产成本控制困难重重，压缩企业利润空间，对企业规模扩张、产品研发、产业资源积聚、转型升级形成制约。

3. 行业经营理念落后，管理能力弱

目前，我国多数茶叶企业规模偏小、人才缺乏、创新不足、竞争力不强，部分企业管理落后，缺乏现代企业制度，仍以家庭式经营为主，造成行业整体经营能力弱，资源利用效率低下，全要素生产率偏低。一部分企业生产结构分散，在原料采摘、精制加工、产品储运等环节经营模式传统，形成“断链”，难以在整个生产链贯彻精准化管理，制约产业提质增效和可持续发展。

4. 市场营销能力有限，适应性不强

传统企业缺乏现代经营理念，营销方式单一，营销渠道不畅，电商网络平台尚不健全，加之市场需求不旺，价格低迷，导致企业销售困难，库存量不断上升。面对消费市场发展中出现的新趋势、新要求反应缓慢，应对自媒体风潮、职业打假人等新出现的市场现象方法有限，偏于被动。品牌建设能力弱，尚未建立起完善的多层及品牌互动建设模式，市场品牌消费意识不足，溢价能力有限。

（二）科技创新

茶叶生产加工技术水平和科研转化整体布局不够合理，科技研发与应用转化程度跟不上产业发展步伐；企业创新能力不强，行业整体知识产权意识弱，新产品互相模仿抄袭现象时有发生，导致产品同质化严重，抑制产品创新热情。以小青柑、柑普茶等为例，部分新产品、新服务缺少对应标准和管理制度，蜂拥而入后“红海”市场乱象频发，制约新产品后续发展，创新成效被弱化。茶叶产品的质量安全问题多源于原料种植环节，但近两年的抽检检测结果显示，食品添加剂的超范围使用在茶叶产品，尤其是红茶产品中有增加趋势。

三、发展趋势

（一）茶叶效益产能进一步提高

今后，我国茶园面积增速将继续放缓，预计2018年增幅应在2%左右；茶叶总产量小幅微升，预计2018年全国茶叶总产量为270万~280万t；预计2018年年底农业产值将达2000亿元左右。名优茶产量继续回调，大宗茶产量保持上升；名优茶产值增幅较上年有明显增加，大宗茶产值增幅较上年略有增加。

（二）茶叶质量安全水平继续提升

为迎合绿色、优质的市场消费趋势，茶叶产品的品质将继续向好发展。预计2018年及今后一段时期，茶叶质量安全形势仍将保持平稳提升态势，合格率保持在99%以上的维度。

（三）内销市场持续转型升级

高中低档茶产品结构调整到位，国内消费总量预计将接近 200 万 t，销售额突破 2400 亿元；库存将不会出现明显增减；以消费者为中心的创新产品、定制产品继续增多；以名优茶为主体的产品市场格局，注定了打造品牌是中国茶业的必由之路；连锁专卖门店在与互联网融合而形成新零售模式后出现转机；批发市场升级改造后出现复苏；茶业电商、微商业务量的增速继续变缓；终端消费主要模式从茶叶连锁店向现代茶饮店转变。

（四）外销市场恢复常态

由于中国茶叶出口市场仍以传统市场为主，虽然对“一带一路”国家的进口量有所增加，但考虑到成本因素预计 2018 年之后，总出口量将回归 33 万 t 左右水平，出口额重回 14 亿～15 亿美元。

（五）创新驱动产业发展

营销创新发展，方兴未艾；产品创新，重在优质；模式创新，各具特色；宣传创新，协调互动。在质量安全总体平稳的形势下，中国茶产业将以茶叶产业供应链升级为依托，以“乡村振兴”和“打造中国茶叶品牌年”为主线，通过资源整合，借助数字经济时代的新理念、新思维、新技术，跨界融通，共享合作，一个“和而不同”又“和谐统一”的茶业新时代已经来临。

四、政策建议

（一）加强生产源头管控，确保茶叶质量安全

各有关部门应研究制定茶叶质量安全综合治理具体工作方案，按照职责分工，密切配合，把污染物超标、农药残留问题作为重点，建立联防联控工作机制，构建覆盖茶叶种植、生产、经营等全过程的防控与监管体系。地方政府，特别是茶叶主产区，应定期对茶叶质量安全综合治理工作进行指导和检查，督促监管责任落实到位，各项措施落实到位。不断收集、汇总和分析工作进展情况，不断创新监管与防控模式，完善茶叶质量安全监管工作长效机制，倾力振兴茶叶产业，促进提升我国茶叶质量安全整体水平，保障广大人民群众“舌尖上的安全”。同时，加强茶叶标准化建设，让标准化贯穿茶叶生产、加工、流通全过程，提高产品质量，提升产品竞争力。推动茶叶质量安全风险预警体系建设，探索建立茶叶产品质量可追溯体系。

（二）为茶叶企业营造公平、和谐、有序的市场环境

首先，针对当前企业普遍面临的成本上升、利润下降、线上分流等实际经营困难和问题，各级政府从供给侧角度，通过政策配套措施引导茶叶零售企业打破区域格局，建立全国性“大市场”，拓展流通渠道；在监管方面，改革行政体制，实现简政放权，从制度层面降低流通成本。其次，政府在倡导鼓励“组织化社会服务”的同时，要从市场准入、税费减免、资金支持、购机补贴、人才引进等方面加大扶持力度，促进服务主体多元化、形式多样化、运行市场化。同时，要关注龙头企业新产品的创制和新市场的开发，积极为茶园增收后产品寻求出路，真正创造出茶农、企业和社会良性发展的局面。另外，着力培育新型茶叶生产经营主体，提高茶农集约化生产经营水平，增强抵御市场风险的能力，这是今后一段时间茶叶生产经营体制机制创新的重点内容。只有发展多种形式的新型合作组织和经营主体，因地制宜，大胆创新，大胆实践，努力激发茶叶生产经营主体活力、激励茶农生产经营热情，才能最终破解我国普遍存在的“茶园分散经营”难题，进而培育龙头企业形成企业集团，进一步推动茶产业转型升级。

（三）合理降低企业运营成本，减轻企业负担

对当前企业税收进行全面梳理，调整降

低茶叶企业增值税税率，研究将茶叶扩入免税产品范围的可行性，通过结构性减税，解决企业流通成本过高、税负过重的问题。

（四）调整企业扶持政策

确立相对集中的帮扶重点，有针对性地落实扶持有社会责任感的企业，打造一支专业化的“茶叶国家队”，将其定位为推动整个产业发展壮大的“火车头”和“引擎”。出台配套措施，提供人才、资金、技术、土地、金融等要素保障，按照创新模式、整合资金、集中投入，真正培育起中国茶企航母、全国茶企典范。同时，在更大范围内实施资源整合，推动企业抱团发展，带动整个中国茶产业做大做强、转型发展、创新发展，真正提升中国茶叶在国际市场的占有率和话语权。

（五）加大茶叶科研政策和经费扶持投入力度和比例

通过设立专项资金等措施，提升企业参与科技研发的积极性，推动科研成果转化，促进产业提质增效。同时，加大对茶文化的对外宣传推广力度，提升中国茶叶和品牌企业在国际市场的知名度和影响力。首先，以科技创新为引领，围绕“优质、高效、生态、安全”推动农业科技进步。实施茶叶品质提升、科技富民强企、科技进村入户、创新平台建设等农业科技创新四大工程，突出特色，建设载体，深化产学研结合，加速农业科技成果转化，提高茶叶生产与加工效率，降低成本。其次，以项目实施为抓手，引导行业和企业做好标准化技术，推进茶叶品质提升技术支撑工程。开展茶产业转型升级科技调研，开展茶叶高效栽培、大宗茶叶资源增值产品研发和名茶品质提升技术攻关，并争取科技专项支持。围绕茶产业关键技术研发和示范推广，促进企业科技水平提升。在茶叶良种选育推广、高效生态茶园建设、茶叶产品结构调整等方面提供技术服务。三是以产学研合作为载体，采取“引进来、走出去”的方式深化政产学研用结合。组织茶企与全国各大涉茶科研院所开展技术合作，提升产品、人才质量水平。

（六）加强龙头企业培育，构建产业集群

支持企业合理通过资本市场，有序吸收外资参与企业改革发展。引入外资参与企业改制、合资合作，鼓励通过海外并购、投融资合作、离岸金融等方式，充分利用国际市场、技术、人才等资源和要素，发展混合所有制经济，深度参与国际竞争和全球产业分工，提高资源全球化配置能力。同时，按照扩大开放与加强监管同步的要求，依照外商投资产业指导目录和相关安全审查规定，完善外资安全审查工作机制，切实加强风险防范。首先，鼓励支持通过企业并购重组，组建混合制企业。目的是整合各自优势，把原料资源优势、人才优势、设备优势、核心技术优势、渠道优势、资金优势、管理优势等集中起来，形成合力。以集团优势应对市场，降低各项成本，增加抗风险能力。对组建不久的集团茶企，政府应给予不同的支持，尤其要重点支持精准扶贫。新集团茶企，资产要尽可能“轻装化”，也一定要有强烈的社会责任感。其次，在遵循市场规律的基础上，依托龙头企业积极组建跨区域的大型茶叶集团公司，推行现代企业制度，进行并购或重组，组建股份制企业，优化企业结构，搭建产业发展平台。既有利于生产、加工、销售的全过程管理，又从根本上提高质量和生产率，降低生产成本，提高产品竞争力，充分发挥其龙头示范引领的作用。三是引导企业借助资本市场并购扩大产能。借助资本市场通过并购、重组等方式实现提升企业在行业中的地位。根据多家茶叶企业实现新三板融资的成功经验，“小额、快速、按需”的特点符合茶企借力资本市场加快企业实现并购、扩张的步伐。

（七）积极提升企业品牌和知识产权保护意识

引导企业运用知识产权制度参与市场竞争，尤其是国际市场竞争，突破国际商标壁垒。各级地方政府也应加大对具有地方特色的茶叶公共品牌的管理和保护力度。

中国茶叶流通协会

淀粉加工业

淀粉加工业包括淀粉、淀粉糖、糖醇及其制品，其用途十分广泛，用于食品、医药、发酵、纺织、造纸、粘胶、冶金、石油等工业中，是上千种产品的中间原料。淀粉加工是农产品加工的重要方面，发展淀粉加工业，对推进农业产业化、发展现代农业、促进粮食增产、拉动内需、带动农民增收、改善城乡居民生活具有重要意义。2017 年，在国家推行农业供给侧结构性改革、一二三产融合发展等政策引导下，以玉米淀粉加工为主的淀粉加工业继续得到快速发展，产能与产量得到释放，并保持了较好的开工率和加工利润，在国家玉米去库存中发挥了主力军作用。

一、行业概况

（一）主要经济指标

1. 总产量

2017 年，淀粉加工业在国家政策及生产加工补贴的引导下，全行业快速发展；受原料玉米市场化影响，国内淀粉及深加工产品成本优势明显，生产与消费均呈现大幅增长。据中国淀粉工业协会年报统计，全国各类淀粉总产量为 2720.11 万 t，同比增长 15.43%，2016 年增速为 9.13%；淀粉深加工产品总产量为 1450.78 万 t，同比增长 14.75%，2016 年增速为 13.68%（见图 1）。

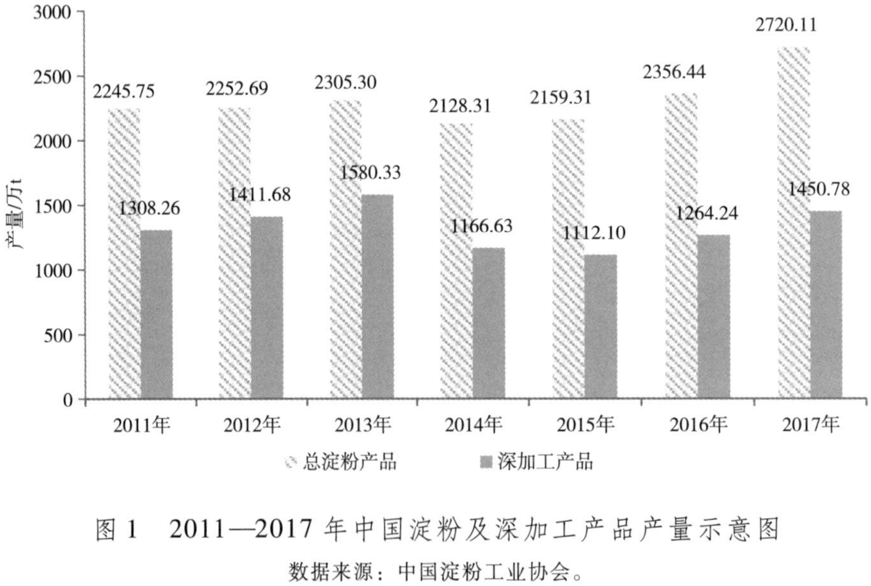

图 1　2011—2017 年中国淀粉及深加工产品产量示意图

数据来源：中国淀粉工业协会。

淀粉产品中，玉米淀粉产量 2595.08 万 t，同比增加 14.90%，产量占淀粉总产量的 95.40%；马铃薯淀粉、木薯淀粉、甘薯淀粉及小麦淀粉等产量分别为 53.70 万 t、32.93 万 t、26.30 万 t 和 12.10 万 t，其中木薯淀粉产量出现下滑，其他品种均实现快速增长。

深加工产品中，淀粉糖产量 1178.17 万 t，同比增长 15.28%，产量占深加工产品总产量的 81.21%；变性淀粉和糖醇产量分别为 170.55 万 t 和 102.06 万 t，均较上年有所增长（见表 1）。

表 1　2017 年淀粉及深加工主要产品产量

类别	产量/万 t	同比增长/%
玉米淀粉	2595.08	14.90
马铃薯淀粉	53.70	58.79
木薯淀粉	32.93	-9.77
甘薯淀粉	26.30	31.40
小麦淀粉及其他	12.10	61.00
总淀粉产品合计	2720.11	15.43
淀粉糖	1178.17	15.28
其中：F42 果糖	66.37	10.82
F55 果糖	328.37	72.89
麦芽糊精	102.86	6.57
结晶糖	279.63	-17.00
变性淀粉	170.55	15.19
糖醇	102.06	8.93
其中：山梨醇（70%）	70.23	8.60
总深加工产品合计	1450.78	14.75

数据来源：中国淀粉工业协会。

2. 出口量

受益于国内玉米价格与国际市场的接轨以及国家的鼓励政策，2017 年我国淀粉及深加工产品出口贸易量大幅增加。2017 年国内玉米淀粉出口退税率提高到 13%，出口量增加到 25.52 万 t，同比增长 92.14%；淀粉类产品出口总量约 29.78 万 t，同比增长 68.45%。

玉米原料价格下降，我国淀粉深加工产品在国际市场竞争力进一步增强。2017 年，我国淀粉深加工产品出口量为 187.46 万 t，同比增长 11.93%，淀粉糖、糖醇及变性淀粉出口量增幅分别为 9.65%、30.72% 和 50.72%。

（二）行业发展分析

1. 价格

（1）玉米淀粉　2010—2014 年，我国主要产区玉米淀粉平均销售价格在 2800 ~ 3000 元/t 波动，销区价格在 3000 ~ 3300 元/t，但 2015 年以后，随着玉米价格逐渐市场化，玉米淀粉生产成本大幅降低，玉米淀粉价格也随之走低。2017 年产区玉米淀粉平均价格为 2122 元/t，销区价格在 2307 元/t 左右，均是 2010 年以来最低价格水平。

从区域价格来看，华北黄淮地区因区域内玉米淀粉消费量大，且玉米成本相对较高，玉米淀粉价格一般最高，2017 年平均价格为 2154 元/t；东北地区除了满足本区域原料供应外，还主要供应华东和华南地区，且原料供应充足，淀粉平均价格最低，2017 年平均价格为 1957 元/t；从历史上看，西北地区玉米淀粉主要供应西南地区，淀粉价格介于上述两区域之间，但近年由于调减玉米种植面积，促使价格水平略高于华北地区，2017 年平均价格为 2256 元/t（见图 2）。

（2）淀粉糖　淀粉糖作为最重要的淀粉加工产品，2017 年总体价格弱势平稳。果糖价格高于上年，走势保持相对平稳，价格稳定在 2300 ~ 2500 元/t；糖浆价格略有下滑后回升，在 2200 元/t 左右；糊精价格弱势平稳，在 2700 元/t 左右（见图 3）。

（3）其他淀粉及深加工产品　其他淀粉品种价格变化特点各异。2017 年全国马铃薯淀粉产量大幅增加，全年产量 53.70 万 t，同比增长 58.79%。由于原料供应充足，市场消化能力增加有限，使得淀粉企业收购价格走低，导致 2017 年马铃薯淀粉市场价格偏低，且波动幅度相对往年略小。

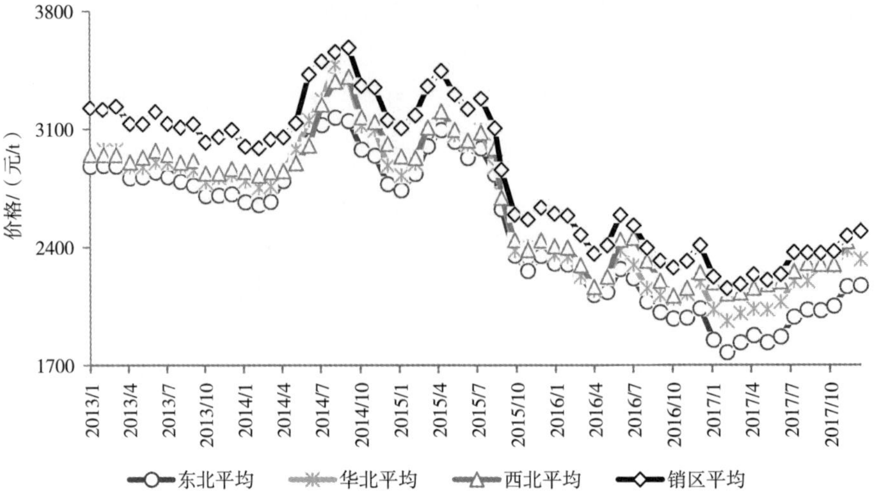

图 2　2013—2017 年中国主要区域玉米淀粉价格

数据来源：中国淀粉工业协会。

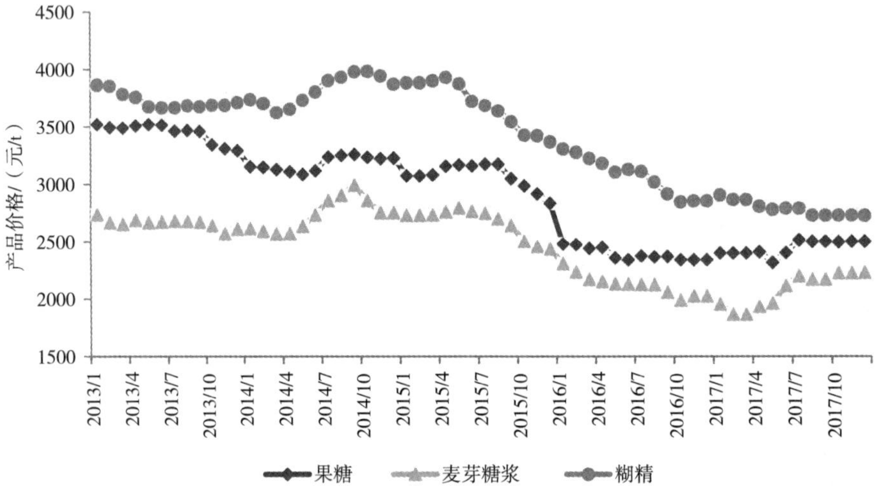

图 3　2013—2017 年中国淀粉糖主要产品价格走势

数据来源：中国淀粉工业协会。

木薯淀粉因国内木薯种植面积缩减、原料紧缺而供应紧张，导致 2017 年国产木薯淀粉价格持续上涨，木薯淀粉价格由上半年的 3000 元/t 上涨至年底的 4500 元/t 左右；进口木薯淀粉价格由 2600 元/t 飙升至 4000 元/t。

甘薯淀粉由于原料成本较高、环保压力加大，部分甘薯淀粉加工企业关停并转，甘薯淀粉市场供应略有减少，价格小幅上涨。甘薯淀粉平均销售价格由 2016 年的 7200 元/t 上涨至 2017 年的 7900 元/t。

其他深加工产品，如变性淀粉因产品类别、规格、用途及品质不同，价格差异较为明显。据中国淀粉工业协会年报统计，2017 年变性淀粉销售价格在 3000 ~ 10000 元/t，平均销售价格约 4780 元/t，较上年上涨 4.12%；糖醇生产受环保等方面压力影响，导致生产成本上升，2017 年销售价格普遍高于上一年，其中，山梨醇企业销售价格在 2800 ~

3850 元/t，价格上涨 300～1000 元/t；甘露醇价格在 15000～20000 元/t，价格上涨 5000 元/t 左右；木糖醇价格在 25000～30000 元/t，价格上涨 2000 元/t 左右。

2. 市场

（1）玉米淀粉　2017 年玉米供给侧改革效果明显，玉米价格的下降使得深加工企业效益良好并带动下游消费及出口。2017 年东北及华北黄淮主产区淀粉加工企业的平均收益达到 100 元/t，刺激企业保持较高的开工率，玉米淀粉产量在上年恢复性增长的基础上再次明显提高。2017 年，我国玉米淀粉行业平均开工水平在 65% 左右，玉米淀粉产量达到 2595.08 万 t，较上年增加 14.90%。消费方面，因下游食品、化工、医药、造纸等行业的需求旺盛，尤其是淀粉糖、造纸等行业的迅速发展、玉米淀粉在诸多新兴领域的开发应用，为玉米淀粉的消费增长带来动力；玉米淀粉价格回归，竞争优势明显，逐步抢占木薯等其他淀粉的市场份额。在国际市场上，因国内生产成本的下降，玉米淀粉出口享受 13% 的退税，玉米市场与国际市场差距逐步缩小，我国玉米淀粉出口竞争力明显增强，玉米淀粉出口量大幅提升。

（2）淀粉糖　近几年，我国含糖食品产量增速由 2015 年的 1.00% 提升至 2017 年的 4.80%，行业整体向好。同时，受国内食糖价格居高不下、居民对低糖食品的需求增加以及淀粉糖主要生产原料玉米市场化的多重影响，与食糖有补充作用的淀粉糖产能得到释放。据统计，2017 年食糖与果糖价差保持在 4000 元/t 上下（见图 4），淀粉糖价格优势明显。据中国淀粉工业协会年报统计，近两年淀粉糖产量保持 15% 左右的增速，其中以果葡糖浆为代表的液体淀粉糖增速较高，主要因为糖浆类产品在饮料、食品行业中对食糖的补充作用更加明显；另外，随着生产成本的下降，糖浆出口竞争力增强，国际贸易量有较大幅度的提升。虽然淀粉糖产销两旺，但因国家环保力度的不断增强，增加了企业的生产成本，淀粉糖行业加工利润整体保持弱势。

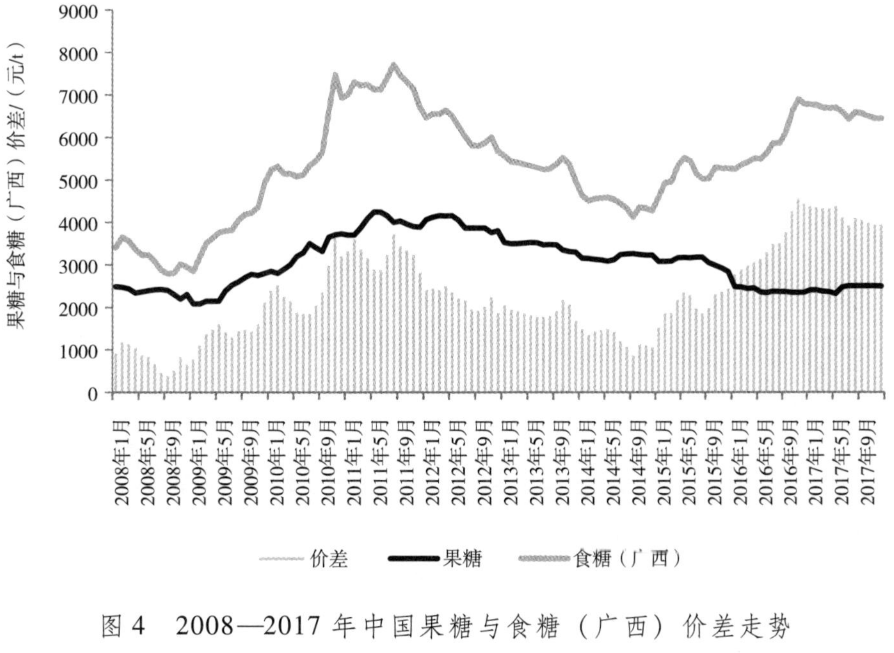

图 4　2008—2017 年中国果糖与食糖（广西）价差走势

数据来源：中国淀粉工业协会。

（3）其他淀粉及深加工产品　近年来，马铃薯淀粉在国家主粮化战略的引导下得到了快速发展，尤其是在“双反”政策保护下，马铃薯淀粉国内市场逐步趋好。2017 年产季期间，原料集中供应给大中规模生产企业，使得厂家开工率明显提升，产量增加 58.79%。同时进口马铃薯淀粉以及木薯淀粉价格起伏明显，市场对国产马铃薯淀粉的关注度较往年有所增加。另外价格波动幅度偏小，也使得下游需求相对稳定，投机购销活动减弱，整体需求量稳中略有小幅增加。

木薯淀粉因国内原料短缺而产量日益萎缩，但需求量保持波动增长态势。我国木薯淀粉存在巨大的供应缺口，进口量逐年增加，2017 年木薯淀粉对外依存度高达 88%。我国大部分木薯淀粉用于初加工成粉丝和粉条，其次深加工为变性淀粉、淀粉糖和糖醇等，在各个领域都有广泛的应用，但近两年因价格不及玉米淀粉而被抢占部分市场。

甘薯淀粉原料成本较高，玉米淀粉、木薯淀粉、小麦淀粉等替代品凭借价格优势抢占市场，导致甘薯淀粉消费量增长动力偏弱；由于环保压力加大，部分甘薯淀粉加工企业关停并转，甘薯淀粉市场供应略有减少，价格小幅上涨。我国甘薯淀粉多用于初加工成粉丝粉条，在各个领域均有广泛的应用。

变性淀粉行业经过 30 年的发展，单一的氧化淀粉、阳离子淀粉、磷酸酯淀粉等应用于纺织、造纸等行业的常用品种市场已相对饱和，变性淀粉行业进入微利时代。企业选择将工艺设备转型升级、提高产品的档次和附加值，产品系列化程度加大。同时，随着我国电商、食品等领域发展进入新阶段，对变性淀粉的需求增加了新的要求，为变性淀粉的发展带来机遇。

糖醇方面，目前糖醇产品的国内应用仍然是以功能性为主的小产品，还需要更加深入地发掘市场需求；国际市场糖醇消费已趋于饱和与稳定。近两年得益于玉米价格的下降，糖醇产品成本有所降低，糖醇的国内消费及出口量有所提升。糖醇不同品类市场逐渐出现两极分化，山梨醇、麦芽糖醇等产品因应用范围广、市场空间大而得到快速发展，而木糖醇因环保、效益等诸多原因逐渐萎缩。

3. 投资

为加快玉米“去库存”、调整供给结构，我国自 2016 年取消临储玉米收购政策，实施“市场化收购”加“补贴”的新机制，有效地缓解了玉米价格与国际倒挂的问题。同时在需求端通过补贴等政策增加下游玉米深加工企业生产积极性，对玉米深加工企业是极大的利好。与此同时，国家打破了近十年来对玉米深加工行业的限制政策：2017 年 4 月 17 日玉米深加工行业的政策门槛大幅降低，未来除新建燃料乙醇以外的玉米深加工项目将不需要事前审批，而是按照属地原则实行备案管理；2017 年 6 月取消了外资进入玉米深加工行业的限制。

在国家一系列鼓励政策的刺激下，玉米深加工行业进入产能扩张期，玉米淀粉及淀粉糖是投资新建的热点项目。据不完全统计，2017 年我国新增玉米深加工产能约 1700 万 t，其中玉米淀粉及淀粉糖新增玉米产能总计约 845 万 t，约占新增产能的 50%。

从地域上来看，淀粉及深加工产业有向玉米主产区和成本更低的东北区域集中的趋势，其中山东省新增产能约占总量的 40%，东北地区（黑龙江、吉林、内蒙古）新增产能约占总量的 33%，河北、河南和安徽分别占 17%、5% 和 5%（见图 5）。象屿集团和阜丰集团分别在黑龙江投资新建结晶葡萄糖产能，嘉吉生化公司在吉林新建结晶葡萄糖和果糖产能，打破淀粉糖生产由华东地区主导的格局，淀粉及深加工产业竞争格局正逐渐发生转变。

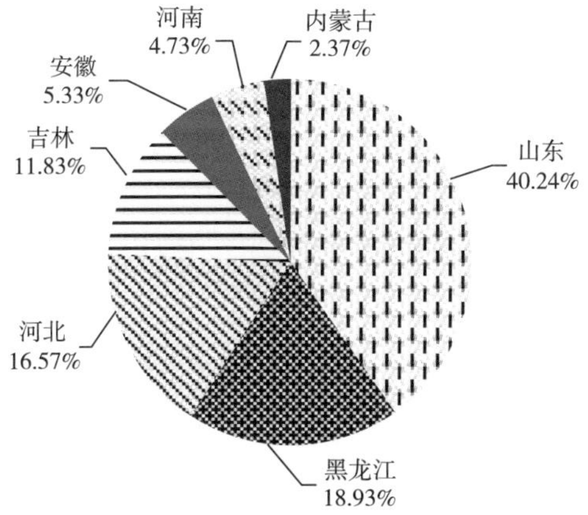

图 5　2017 年中国分区域新增玉米淀粉及深加工产能

注：数据截至 2017 年底已建成或投产的玉米深加工项目，为不完全统计。

数据来源：中国淀粉工业协会。

4. 区域分布

玉米淀粉是我国最为主要的淀粉品种，其产量占淀粉总产量的 95% 以上。玉米淀粉生产主要集中在山东、河北、吉林、黑龙江、宁夏和陕西等玉米种植区，这六个省份（自治区）产量占全国总产量的 91.73%（2017 年，见图 6）。山东是玉米淀粉生产大省，占全国总产量的 49.34%。值得注意的是，因近两年国家给予东北加工企业补贴政策刺激，东三省玉米深加工项目在两年内快速上马，产能在 2017 年得以释放，2017 年东三省玉米淀粉产量同比上年增长 46.29% 以上，三省产量占比达 22.30%，上年同期占比 16.92%，产业有逐步向东北地区扩张的趋势。

淀粉深加工生产同样以山东省为主要产区，约占总产量的 43.84%（见图 7），同比上年同期降低 7 个百分点，主要是山东近两年产量保持稳定，其他区域如吉林、广东、辽宁等省份产能增加抢占一部分份额。

5. 行业集中度

随着行业的不断变化，产业结构的调整，

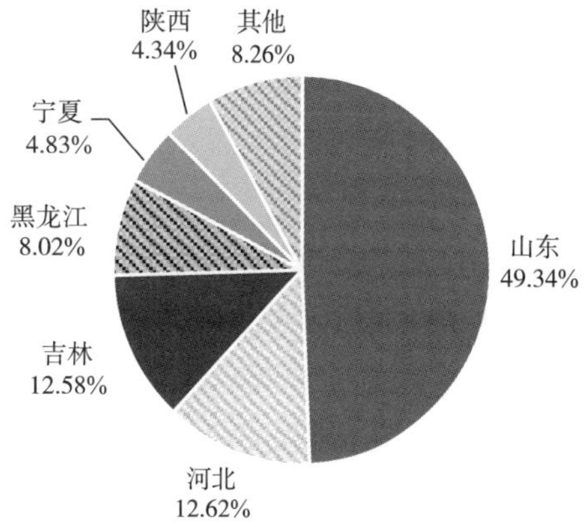

图 6　2017 年中国玉米淀粉产区分布

数据来源：中国淀粉工业协会。

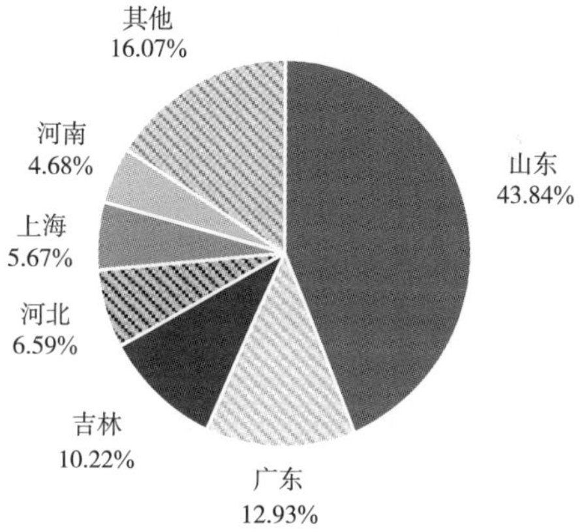

图 7　2017 年中国淀粉深加工产品产区分布

数据来源：中国淀粉工业协会。

淀粉及深加工行业逐步淘汰落后产能，产业不断向优势资源集中，产业集中度普遍有所提高。据 2017 年中国淀粉工业协会年报统计，玉米淀粉加工行业，产量 100 万 t 以上的企业数量为 8 家，合计产量 1315.67 万 t，占全国玉米淀粉总产量的 50.70%；产量 10 万 t 以上变性淀粉企业数量为 6 家，合计产量 84.23 万 t，占全国总产量的 49.39%；产量 50 万 t 以上淀粉糖企业数量为 6 家，合计产量 598.66 万 t，占全国总产量的 50.84%；糖醇产量前三家企业占总产量的 78.73%。

6. 进出口

（1）玉米淀粉　我国是玉米淀粉的净出

口国，进口量较少。2017年进口量为2303.21t，比2016年减少973.51t。出口方面，在玉米淀粉出口退税政策及玉米淀粉价格与国际市场逐步接轨的双重影响下，我国玉米淀粉出口量大幅增长。2017年我国玉米淀粉出口量为25.48万t，比2016年增加12.20万t，增幅91.92%；出口价格平均为307.75美元/t，比2016年的339.65美元/t下跌9.39%。

（2）马铃薯淀粉　中国淀粉工业协会多次组织了反倾销、反补贴调查，有效降低了欧盟低价马铃薯淀粉倾销的影响，控制了马铃薯淀粉的进口数量。2017年马铃薯淀粉进口量为6.23万t，比2016年增加2.02万t，增幅达48.08%。平均进口价格为767.91美元/t，比2016年的745.09美元/t上涨3.09%。近年来我国马铃薯淀粉出口量相对较小，近几年一直维持在2000t以下的水平。主要原因是人民币对美元大幅升值，导致出口亏损，出口外向型企业难以为继。

（3）木薯淀粉　我国是木薯淀粉净进口国，也是我国贸易量最大的淀粉品种，且进口量呈持续增长趋势。其原因，一方面是我国木薯种植面积持续萎缩，难以满足国内市场需求；另一方面，自2010年起中国－东盟自由贸易区全面启动，木薯淀粉实行零关税，促使进口量持续增长。2017年木薯淀粉进口量为233.10万t，比2016年增加12.45%，创历史最高纪录；平均进口价格为329.52美元/t，比2016年的351.68美元/t下跌6.25%。

（4）淀粉糖　受益于国内生产成本的降低，我国淀粉糖在国际市场上竞争力增强。从出口总量上看，2017年达169.59万t，同比上年增长9.65%；出口货值8.00亿美元，同比增长3.30%。我国淀粉糖出口目的国主要集中在东南亚等国家和地区，其中菲律宾是我国重要的淀粉糖出口国，但因从中国大量进口淀粉糖对其国内食糖产业造成冲击，菲律宾决定自2018年起，对从中国进口的淀粉糖加增关税，中国淀粉糖出口贸易将因此受到影响。进口方面，淀粉糖进口总量约4387.43t，同比增长25.39%。

（5）变性淀粉　我国是变性淀粉净进口国，主要是从欧盟等国家和地区进口高档变性淀粉以及从泰国进口低价变性淀粉。2017年净进口量为30.56万t，同比减少0.92%。根据海关数据，2017年中国进口变性淀粉38.94万t，同比增加6.98%；货值3.35亿美元，同比减少10.74%。变性淀粉出口量在连续下降三年之后，2017年出口量大幅增长，出口量8.38万t，同比增长50.82%；货值7599.55万美元，同比增长10.38%。

（6）糖醇　国内原料成本仍然处于低位，我国糖醇类产品竞争力优势明显，出口仍保持较快增长。2017年出口总量9.49万t，同比增长30.73%。其中，我国是山梨醇出口第一大国，出口量为5.32万t，同比增长54.29%。

7.“三品”战略实施情况和典型案例

2017年淀粉行业在“三品”战略方面，通过深入挖掘下游产业及客户需求，从供给端的科技投入提升产品的品种、品质、品牌，不断迎合市场需求、拉动消费，促进行业供给侧改革。

（1）增品种　根据不同的客户需求以及市场发展趋势，通过不断的实验和与客户交流，部分企业有针对性地研究开发了多个淀粉及深加工新品种。

在专用淀粉方面，细分领域市场是主攻方向。山东寿光巨能金玉米公司开发了专用生产粉丝、粉皮的淀粉，其制作的粉丝不易断丝、透亮、韧性好、口感好，提升了下游产品的品质；中粮生化开发了涵盖了低菌、低水、面粉、饲料等四类品种的特用淀粉，实现销量5.80万t；内蒙古华欧淀粉工业股份有限公司开发了酒店专用食用生粉，同时研发出无明矾马铃薯鲜粉条生产技术，取得了SC食品生产许可证书，于2017年年底上市。

在深加工产品方面，新型功能性产品成为焦点。德州汇洋生物科技有限公司开发的海藻糖，与普通食糖相比具有独特的生物活性，广泛应用于饮料、巧克力及糖果、烘烤制品、速冻食品和化妆品等，市场前景广阔；保龄宝生物股份有限公司围绕着食品行业向营养健康方向升级的现实需求，重点研究益生元产品在低糖食品和食盐领域的应用，并协助客户开发出多款无糖饮料、益生元盐等新产品，实现产品升级换代。

（2）提品质　行业内大部分生产企业都通过了质量管理体系（ISO9001）认证，食品相关企业均通过ISO22000/FSSC22000认证。部分产品通过知识产权（Intellectual Property，IP）产品认证、欧洲饲料添加剂和预混合饲料质量体系认证（FAMI－QS）、清真认证（HALAL认证）、犹太认证（KOSHER认证），夯实了质量管理的基础。

中粮生化总公司、山东西王集团、山东寿光巨能金玉米开发有限公司、诸城兴贸玉米开发有限公司等大型企业都设立了国家博士后科研工作站和国家认定企业技术中心，以及省级企业技术中心、淀粉衍生物企业重点实验室等，引进培养了一大批博士、硕士和高端技术人才，为新产品研发、产品质量提升奠定了坚实的人才基础。

同时在品控方面，经过不断的进步和创新，行业已在玉米淀粉生产领域积累了丰富的生产技术和管理经验，形成了一套具有特色的质量和成本控制管理体系。

（3）创品牌　淀粉行业各企业在品牌建设过程中逐渐转变观念，积极探索，不断提高品牌建设水平，全面推进企业品牌创建及Logo使用工作，重点打造企业核心品牌。

2017年中粮生化总公司在“中粮生化”品牌的建设费用投入400万元，通过品类品牌聚焦，建立“中粮生化”品牌在淀粉、淀粉糖、氨基酸、有机酸、酒精等关键产品中的行业品牌识别度，夯实品牌建设基础及强度，实现销售额152亿元目标；山东巨能金玉米公司经专家评审、技术机构测算、品牌评价发布工作委员会审定，公司品牌强度为884.7，品牌价值为7.44亿元；内蒙华欧马铃薯淀粉产品连续多年获得“国家质量达标食品”“全国食品安全示范单位”“内蒙古自治区名优特产品”等荣誉，2017年11月获得中国品牌研究会、《品牌观察》杂志社、内蒙古品牌大会颁发的“内蒙古名片百强品牌”，并给以“华欧”品牌价值评估5.05亿元的评估证书。

8. 发展新亮点、新增长点

淀粉产业产业链长，应用范围广，随着市场需求的转型升级，上游原料供给结构的转变带来了成本的有效降低，下游需求的增加带动企业的不断创新，淀粉加工行业也迎来新的发展机遇。

（1）低成本创造了新的需求　由于玉米临储政策的取消，玉米价格较上年有近30%的回落，使玉米淀粉及下游加工产品竞争力增强，不同领域的消费需求显著增长，主要表现在：首先，玉米淀粉替代品明显减少，当前玉米淀粉相比木薯淀粉竞争优势明显，玉米淀粉夺回被木薯淀粉挤占的市场，市场空间得到回归；第二，淀粉及淀粉糖的出口竞价优势提升，出口贸易量明显提高；第三，随着社会的不断进步与发展，淀粉及深加工制品的传统应用领域，如造纸、纺织、食品制造等的需求也有所增加；第四，低价直接刺激下游消费领域的新兴应用空间，如环保煤球、粉丝粉条、面粉、鱼料、饲料、塑料制品以及混凝土、建筑行业等方面，都增加了淀粉及深加工产品的使用。

（2）新需求带动新创新　随着人们环境

保护意识的增强以及对能源危机和资源约束认识的加深，环境友好型的生物质复合材料的研究受到极大的关注。淀粉是制备生物质材料的理想原料，生物质材料的制备和应用是淀粉及深加工行业发展的又一亮点。从玉米淀粉中制备乳酸，再合成高分子质量聚乳酸等新型的可生物降解塑料，已研制成功，并可实现工业化生产。但一直以来聚乳酸等材料存在成本高、耐热性差等诸多方面缺点，限制其大量应用，还需加大科研投入进行不断改进和创新。生物基材料是顺应社会发展趋势的产品，未来具有广阔的市场空间。

9. 绿色制造、智能制造

淀粉行业经过多年发展，工业总体实力显著增强，但与世界先进水平相比，仍然大而不强，资源环境问题是制约我国淀粉工业向强国发展的重要因素之一。在绿色发展的国际大趋势下，把握科技革命和产业变革的大方向，推行绿色制造，推进供给侧结构性改革，加快制造业绿色转型发展，促进工业平稳增长，是淀粉行业未来的发展方向。

目前国内淀粉行业存在高污染、高能耗、高水耗等制约发展的瓶颈问题，行业内的企业一直致力于环境友好型生产技术的提升和创新，如2017年中粮的“淀粉及其衍生物绿色高效制造关键技术与产业化”项目，实现了玉米生物浸泡分离、系统节能、系统节水等绿色高效制造关键技术的突破，实现了吨淀粉生产能耗降低48%，水耗降低56%，吨淀粉糖能耗降低50%，水耗降低63%，促进了行业快速绿色发展；山东寿光巨能金玉米开发有限公司通过搬迁吸取国内外最先进技术和经验，进行了工艺技术创新和设备优选，企业在节能减排、自动化控制等方面取得了较大的突破和提升，吨标准能耗比原来降低4% ~5%。

为规范淀粉废水治理工程的建设与运行，推动淀粉行业绿色发展，防治环境污染，保护环境和人体健康，淀粉全行业积极配合各项标准、规范的制定。2017年国家有关部门在淀粉工业企业的大力配合下，先后制定了《污染源源强核算技术指南　农副食品加工(淀粉)》、《排污许可证申请与核发技术规范　农副食品加工业——淀粉工业》、《排污单位自行监测技术指南——农副食品加工》和《淀粉、淀粉糖、变性淀粉、淀粉制品生产许可审查细则》等国家标准，并对《淀粉工业水污染物排放标准》(GB 25461—2010)进行评估。由于企业的参与，使标准更接地气和易于贯彻实施，这些都将进一步推动绿色制造的发展。

根据《中国制造2025》战略规划，行业还将继续编制《淀粉行业清洁生产评价指标体系》《马铃薯淀粉企业汁水还田技术规范》和《淀粉行业绿色工厂评价技术导则》等系列标准。

二、行业面临的问题

(一) 政策与市场

1. 玉米淀粉未列入农产品初加工目录，无法享受同等税收优惠政策

玉米淀粉加工是将玉米浸泡后，经过破碎、分离、洗涤、脱水、烘干制成玉米淀粉、玉米蛋白粉、玉米胚芽、玉米纤维等产品，整个生产过程是简单的物理加工过程，与其他粮食加工产品有相似之处，属于初级农产品加工范畴。在财税［2011］26号《关于享受企业所得税优惠的农产品初加工有关范围的补充通知》中，本应将全部淀粉产品列入农产品初加工目录中，因当时玉米加工正处于宏观调控之中，除玉米淀粉外，薯类淀粉均被列入农产品初加工目录。如今，在国家放开玉米加工行业限制、大力支持玉米加工行业发展的大环境下，应将玉米淀粉产品列入农产品初加工目录，与其他产品一样享受同等的相关优惠政策。

2. 产品同质化严重，深加工产业链短，下游需求开发不充分，产能过剩问题凸显

我国淀粉及深加工产品发展到今天，生产能力及加工设备工艺等已与世界先进水平接轨，但我们的产品从品种到应用与先进国家相比仍有一定的差距。具体表现在产品规格不细、品种不全、附加值不高、使用范围不广等问题。就整个淀粉加工行业而言，淀粉深加工比例较低，除玉米淀粉深加工比例在70%左右，其他薯类淀粉仍以初加工为主，产业链条短；新产品应用领域开发还不足，下游产品开发意识还不强，国家缺乏相应支持力度。

从市场形势看，同质化竞争严重，致使大部分产品供大于求，市场竞争激烈。随着玉米价格市场化及鼓励政策刺激，如今玉米淀粉及淀粉糖又进入新一轮的产能快速扩张阶段，产能过剩问题将日益凸显。

3. 节能环保，任重而道远

与国际水平相比，淀粉加工业的能耗、水耗和污染物排放指标都还有一定的差距。按照建设资源节约、环境友好型社会的要求，资源环境约束日益强化，运用新技术、新工艺、新材料、新装备推动淀粉加工业实现节能减排、资源综合利用的要求不断提高，加快转变发展方式尤为迫切。淀粉加工业中，生产规模较大的企业和新增产能企业具有较好的资金和技术实力来面对日益严格的环保要求，但个别产品类别、个别企业，如薯类淀粉加工企业，生产规模较小、生产技术和设备落后，生产周期短，部分企业根本没有环保设施，也无法在短期内通过设备改造或技术升级来满足环保要求，环保压力较大。

（二）科技创新

虽然行业中企业规模不断扩大，但科技创新仍然是企业的薄弱环节，主要表现为企业自主创新能力较弱，大中型淀粉加工企业研发经费投入较少，不能自主研发新产品；科技成果转化率低，跟不上产业发展速度；对新产品、新技术、新材料、新装备的重视程度不够。另一方面，应对国家对环保、绿色制造业与智能化提出更高要求的目标，虽然有部分企业在相关领域有所进展，但仍有不足，需要企业加大投入与研发力度。

三、发展趋势

随着国家供给侧改革的进一步深化，2017年淀粉加工业得到快速的发展，产业格局也悄然发生变化，全行业迎来了发展的新契机。

（一）政策引导下产业布局逐渐北移

国家取消临储政策后，实行了“市场化收购+补贴”的市场机制，致使玉米价格有所降低，东北地区逐渐恢复玉米原料优势，加之东北加工补贴政策的影响，淀粉加工业布局正在逐步北移，竞争格局将发生新一轮改变。

（二）价格体系的回归刺激消费领域新需求

玉米价格回归，刺激了下游消费新需求。从近两年消费情况看，玉米淀粉在夺回木薯淀粉市场份额的同时，下游产品不断丰富、应用领域持续扩大，除传统的食品、造纸、纺织等领域外，低价直接刺激下游消费领域的新兴应用空间，如环保煤球、粉丝粉条、面粉、鱼料、饲料、塑料制品以及混凝土、建筑行业等方面；另外，淀粉糖取代白糖的比例也在不断增加，这将加快产业的优化升级。同时，国内玉米淀粉产能迅猛增长，淀粉出口继续享受13%的出口退税政策，也将带动我国玉米淀粉的出口增长。

（三）生物材料是未来发展的重点领域

生物材料是国家战略性的新兴产业，有利于促进农业发展，节能减排，降低白色污染。淀粉基聚乳酸具有良好的生物相容性、可再生性和完全可生物降解的特性，具有广阔的发展潜力。用聚乳酸生产的塑料，二氧化碳的排放量更低；聚乳酸可以代替石油基

材料，在包装、农膜、纺织、工程塑料和医疗领域广泛应用，具有安全、可降解等特性。未来可再生、可降解、可规模化的生物质绿色材料将有广阔的市场空间，以聚乳酸为代表的生物材料将是行业下一步发展的重点。

（四）规模优势与研发驱动成为发展主动力，科技创新引领产业转型升级

随着市场的不断发展，企业的不断进步，全行业将发展成为以规模优势与科技发展为驱动力、以技术先导型商业模式为主的竞争格局。行业的产品规模将由小到大，研发投入比例从少到多；不断创新研发，保持科技领先，满足个性化需求，提供解决方案式营销将是未来行业的主要发展特征。

产品方案上，通过加大下游大宗产品转化和提高细分高附加值、个性化产品的组合化方案，提升淀粉的转化率，促进企业向创新驱动型升级发展。市场的消费需求将趋向营养、健康、保健、功能性，向食品添加剂领域延伸是产业转型升级的方向。

四、政策建议

（一）将玉米淀粉列入农产品初加工目录

玉米淀粉是粮食深加工的基础，是众多深加工产品的原料，对引导农业结构调整、促进农民增收、农业增效、改善人民生活、推动经济发展起到了积极的作用。基于玉米淀粉产品特性和生产过程，建议将玉米淀粉加工产品列入农产品初加工目录，享受与其他初加工企业相同的减、免、退税政策，从而促进玉米淀粉加工业的稳定发展。

（二）加大推进淀粉及深加工产品开发和应用的力度，优化产品结构

淀粉是重要的工业原料，可加工成的工业产品达3000多种，目前国内仅能生产100多种。为鼓励产品的研发和创新，建议鼓励产学研合作，针对淀粉及深加工产品设立科研专攻和攻关课题，鼓励重点科研院所、院校开展专项产品、专用设备研发；从政策、项目、资金上鼓励企业自主研发并同科研院所紧密结合，全力开展产品创新、技术创新，提高产品质量、增加高附加值产品种类；对创新产品和取代进口的新产品予以扶持或奖励政策，如在产品推广初期实行免征增值税或增值税返还等政策，通过各项举措促进淀粉及深加工产业的发展和普及，促进产品品质和经济效益提升，促进淀粉产业的加工利用能力，优化产品结构。

（三）加大对产业的技术与资金支持，助力绿色可持续发展，促进产业转型升级

淀粉加工行业发展迅速，但在当前全国积极共建“资源节约型”和“环境友好型”社会的背景下，全行业还存在生产规模小、装备水平低、高能耗、高污染、绿色制造和智能制造水平低等问题。建议加大技术及资金支持，尤其是在绿色制造和智能制造领域，鼓励加工企业不断增强自身的技术创新能力，提高产品科技含量，降低产品能耗，减少污染物排放，提高清洁生产，实现行业绿色可持续发展；出台相关政策，如清洁生产工艺研发的优惠政策，引导企业资金投入环保设备和先进的工艺设备；对带动力大、有突出贡献的企业进行投资补贴，增强企业的科研开发力量，促进其技术改造，以科技促环保，带动全行业的转型升级，加快资源节约型产业经济建设。

中国淀粉工业协会

食品装备业

2017年我国食品装备行业延续了2016年第三季度持续向上的增长动力，对食品工业的供给侧改革响应及时，适时调整产品策略，提供了更多个性化、智能化的产品和解决方案。

一、行业概况

从数据来看，2017年延续了2016年的上升趋势，继续向上保持了较高的行业增速，无论是在国际市场还是国内市场，我国各细分领域的食品装备都在逐渐摆脱质次价低的尴尬处境，开始向上发力。

（一）主要经济指标

2017年1—12月食品包装机械行业主要经济效益见表1。

表1　2017年1—12月食品包装机械行业主要经济效益数据

行业	主营业务收入/亿元	同比增长/%	主营业务成本/亿元	同比增长/%	利润总额/亿元	同比增长/%	利润率/%	资产负债率/%	总资产利润率/%
包装机械	378.74	12.93	307.83	12.68	25.76	42.82	6.80	43.46	6.53
食品机械	1217.15	5.76	1003.90	5.85	84.19	4.27	6.92	41.40	9.95
总计	1595.89	8.69	1311.73	7.38	109.95	11.31	6.89	42.06	8.86

数据来源：国家统计局。

（二）行业发展分析

当前，中国经济逐步进入新常态，食品工业和食品装备工业的转型升级过程明显加快，传统酿造、面食、肉类等领域食品生产的自动化、智能化水平不断提升，休闲食品蓬勃发展，新兴业态如公共餐饮的中央厨房化进程提速，液态食品领域的技术装备升级不断推进，与此同时，食品工业装备和食品工业的融合发展已经成为行业的主流。随着人工智能、大数据、云计算等信息技术快速进入到食品生产领域，行业的变革正在加快。食品工业和装备的智能制造、工艺与装备的深度融合发展、中央厨房工业化、液态食品包装技术装备的未来选择、食品工业生产的全面无菌化和产品的定制化等行业发展热点频现。

2017年，在新思维和各种新技术的推动下，我国食品工业在很多领域出现了新制造、新模式，成为推动我国食品工业增长的新动能。同时，食品工业装备也向着模块化、智能化、信息化的方向快速发展。食品工业新的增长模式表现在对传统意义上的食品工业生产进行了重新搭配组合，如中央厨房工厂将原有的餐饮设备从门店搬到工厂。餐饮设备工业化水平的提升，大幅提升了生产效率，降低了成本。各种高效率、大容量的净菜设备、切削设备、搅拌设备等大量应用，打破了原来应用的领域界限，被赋予全新的定义。在传统肉类制品、传统面食、烘焙制品、饮料、乳制品等领域也呈现出很多新的增长模式，拉动了食品装备领域的技术创新。

1. 供给侧改革推动食品装备行业整体发展持续向好

2017 年，由新消费导向的食品工业供给侧改革持续发力，在很多领域投资增速明显，调味品、传统肉制品、休闲食品、精酿啤酒、乳酸菌类饮品等都展现了前所未有的增长势头，带动相关领域的食品装备行业景气度持续提升，从而带动了整个食品装备制造业的稳定增长。

从行业数据来看，食品机械表现出较为强劲的增长势头。

2. 食品工业供给侧改革推动食品装备结构性调整

2017 年是“十三五”规划开局第二年，食品工业和食品装备工业积极适应经济发展新常态，通过共享经济、互联网、大数据、人工智能等新技术、新模式积极推动供给侧改革，餐饮行业的中央厨房工厂化、传统酿造行业借助新技术实现产业快速升级、啤酒饮料行业细分领域的指数增长、乳酸菌健康低温饮料的厚积薄发、地域性传统食品领域的休闲食品化、新技术装备推动的肉制品创新等成为中国食品工业创新增长点。食品装备业提高供给质量和效率，加大创新力度，加快转型升级。在消费需求不断升级的推动下，保持稳定健康发展。新思维、新技术带来的是行业的新动能，实现中国食品工业产业升级，构筑食品工业的新经济，有效实施了国家提出的战略部署。

2017 年，消费互联网推动了 O2O 模式发展。饿了么、盒马鲜生等新的商业模式带给食品工业很多革命性变化。

餐饮行业逐步向中央厨房化发展，在最新的智能供应链技术保障下实现了“工厂 + 门店 + 配送”的商业模式；智能装备、信息系统、自动导引运输车（AGV）、人工智能等新技术新装备推动传统白酒酿造实现了智能化生产，“智能酿造 + 智能包装 + 智能物流”使得传统白酒行业焕发新的生机；新思维、新消费、新零售，随着消费者消费理念的不断转变，精酿啤酒逐步成为消费者新宠，小众、社区化、个性化的啤酒产品成为很多高端消费者的首选，推动我国各类精酿啤酒装备的高速发展；消费者成熟的消费理念催生了乳品饮料行业向低温、健康方向发展，低温酸乳、低温乳酸菌类产品呈现出较快的发展势头，推动我国低温无菌灌装和包装设备近年来高速发展；消费互联网的日益成熟有力地推动了中国食品工业向着休闲食品方向快速发展，各类地域性食品在杀菌技术、无菌包装等技术装备保证下逐步发展成为门类复杂的休闲食品体系，休闲食品化是食品工业近年来发展的一个重大方向，各种给袋式包装机、真空包装机、机器人装袋和装箱、杀菌釜等装备都实现了高速增长。

调味品领域在新技术、新思维的推动下，其装备发展进入了一个新阶段。例如酱油生产，大型圆盘式制曲机的应用使得酱油制曲实现了全数字化，直接跨越到智能制造的阶段；在酱油发酵工段，大量借鉴啤酒等温控发酵罐发酵系统，引入 CIP 清洗等液态食品技术，使得酱油的发酵实现了数字化控制；在包装环节，引入成熟的饮料包装系统，在灌装、贴标、装箱、码垛等环节也实现了数字化。这些跨界的应用在酱油的酿造环节实现了新的融合，最终使得非常传统的酱油酿造一跃成为创新程度最高的智能化生产，这是食品工业和装备实行跨界融合创新的典范。

2017 年，自动化、智能化的粮食处理和酿造装备发展良好。据行业不完全统计，国内以粮食处理和酿造装备为主营业务的企业 2017 年增长率保持在 20% ~30%，为食品装备行业整体增长率的 3 倍以上。

3. 食品装备行业初具国际竞争力，贸易顺差持续扩大

2017 年，食品装备企业在产品结构上向多元化、优质化、功能化方向发展，高科技、高附加值产品的比例稳步提高，产品的综合性能逐步改善，部分装备产品填补了国内诸多领域的空白，缩短了我国食品装备技术与国际先进水平的差距，高端的关键装备、成套装备的技术水平与国际先进水平逐步接近，部分产品已替代进口并开拓国际市场，实现了关键成套装备从长期依赖进口到基本实现自主化并成套出口的跨越。2017 年我国食品装备行业进出口情况见表 2。

表 2　2017 年食品装备行业进出口相关数据

行业	出口交货值/亿美元	同比增长/%	进出口总额/亿美元	同比增长/%	出口总额/亿美元	同比增长/%	进口总额/亿美元	同比增长/%
我国食品装备行业	114.31	5.59	71.54	7.74	43.60	11.51	27.95	2.38
包装机械	37.15	5.91	42.89	5.46	23.79	6.48	19.10	4.20
食品机械	77.16	5.42	28.65	11.35	19.81	18.20	8.84	-1.45

从历史数据来看，经过食品装备行业多年的不懈努力，我国食品装备从 2015 年出现历史拐点，食品装备的出口额首次超越进口额，贸易顺差从 2015 年的 6.09 亿美元大幅提升至 2017 年的 15.65 亿美元。我国从食品装备的净进口国变为净出口国，这是一个行业的标志性事件。从 2017 年的数据来看，在国际经济形势保持谨慎的情况下，我国的食品装备依然保持了快速增长，进口额小幅上升，一方面显示出我国的食品工业依然在谨慎乐观的行业发展区间，另一方面也说明国产食品装备在大面积替代进口产品（见图 1）。

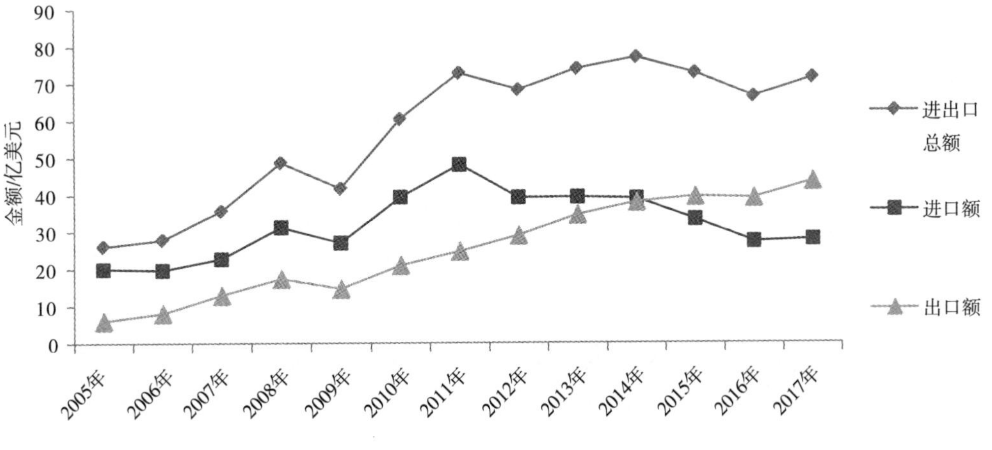

图 1　2005—2017 中国食品和包装机械进出口增长曲线

数据来源：国家海关总署。中国食品和包装机械工业协会整理制图。

从细分领域来看，包装机械，食品、酒、饮料及茶生产专用设备，商业、饮食、服务专用设备成为我国食品装备出口增长最快的三个细分行业。从另外一个角度来看，经过多年不断努力，我国的酿酒饮料装备已经初步具备了国际竞争力，而我国在商业、饮食、服务专用设备领域以多品种、定制化、服务性为竞争力的产品也获得了国际市场的认可。

在食品装备的诸多细分行业领域，食品装备以科技含量高、综合装备水平复杂著称，在加工材料、加工精度、装配水平等方面存在较高的行业门槛，是典型的高科技机电产品，也是一个国家综合实力的具体体现。随着国家“一带一路”战略的不断深入推进，我国的食品和包装机械工业将在国际上扮演越来越重要的角色。

4. 传统食品工业技术装备发展迅速

（1）食品工业供给侧改革推动传统食品工业技术装备创新　2017 年，传统食品企业开始改变大量人工生产方式。传统食品行业已经在产业升级的驱动下把采用自动化、智能化的食品装备作为最重要的课题。这给食品装备行业带来一个时代机遇：传统食品工业的自动化、智能化将是行业内未来几年一个最重要的增长点。

（2）传统食品的休闲化助推食品装备创新发展　2017 年，传统食品的休闲化是食品行业适应新的消费需求、不断转型升级的缩影。卤肉制品的休闲化，各类干果、各类生鲜、烘焙制品的小包装即食化，煲汤类自加热产品小包装等休闲食品发展迅猛，从而促进了食品装备行业的发展。杀菌装备、给袋式包装机、各类型真空包装机领域出现的爆发式增长印证了传统食品休闲化的发展。

随着传统食品休闲化进程的不断加快，对食品装备的创新也提出了越来越多要求，如工业化腌制设备的定制需求、不规则食材的自动化包装需求、各种食材的杀菌机等需求，要求食品装备行业提供更多创新的装备产品，食品装备行业将在休闲食品领域得到行业发展的机遇。

5. 马太效应在食品装备各细分领域渐次出现

在食品工业供给侧改革的不断深入推动下，食品制造业提供的产品品质不断提升。为之提供机械装备的行业也在不断竞争过程中优胜劣汰，食品制造业在我国食品装备行业的整体提升已经开始逐步摒弃低价低质的行业竞争氛围，行业转型升级的趋势明显。各细分领域渐次出现由同质化的低价恶性竞争逐步转变为以技术创新、高性价比、资本密集投入为导向的错位行业竞争态势。

2017 年，我国主营啤酒技术装备的企业数量已降到 100 家以内。企业的产品开始错位竞争，产品的技术创新逐渐向业内龙头企业聚集，在各细分领域实现了诸多创新型的上市企业，乐惠、威海远航等一批企业在各自领域实现行业垄断的竞争局面。

2017 年，随着饮料行业的不断转型升级，供给侧改革的不断深入，饮料装备以达意隆、新美星为代表的初具国际竞争力的行业优秀企业，其灌装产品、均质产品、数字化调配等整体解决方案日益科学完善。

2017 年，乳制品装备企业依然面对着与国际巨头的竞争。以杭州中亚、山东碧海、上海普丽盛为代表的行业骨干企业，在酸乳制品、液态乳无菌灌装、乳酸菌饮料等领域形成了较为全面的装备供应体系，虽然在诸多高端、高速、数字化程度较高的前处理方面，依然涉足不多，但是国内的企业已经开始发力，在国内加工材料、加工工艺水平、研发创新等不断提升的前提背景下，不断提升产品的品质，以口碑效应不断切分市场。

在白酒机械化、自动化、智能化不断升级的市场需求驱动下，国内几家白酒酿造装备生产企业和白酒灌装设备生产企业竞争已经进入到白热化的红海竞争阶段。以科技创新为导线的行业竞争格局将出现，一批缺乏核心竞争力的白酒装备制造企业将被兼并或者在市场上消失。

二、食品工业装备重点行业及“三品”战略实施情况

1. 乳制品技术装备

2017 年，乳品前处理领域单机方面，均质机、净乳系统、混料系统、干燥塔等核心设备国内产品均有所突破，但是性能和稳定性还有很大差距，高端阀门类依然需要大量进口。普丽盛、中轻机、龙强、立高等具有整线设计施工能力的企业发展迅速。但规模化工厂的整体设计、施工经验以及国际企业拥有的智能化、自动化较高的整线系统集成能力依然较弱。

2017 年，以普丽盛、碧海、铭慧机械为代表的国内纯牛乳高速无菌智能灌装设备发展迅速，市场份额不断攀升，缩短了与国外一流企业的差距。

以中亚为代表的酸乳、乳酸菌饮料高速智能无菌灌装设备，在智能化、信息化、自动化、整机性能、精度、稳定性等各方面，均代表了国内乳制品装备的最高水平。此外，粤东、永宏、廊坊百冠等企业在酸乳与乳酸菌饮料方面也可以提供较为全面的技术装备。

乳粉方面，中轻机、立高、普丽盛等在前处理方面有一定市场份额，仅一包装在乳粉的灌装方面已经做了大量突破，市场份额不断扩大。

后段包装领域，以杭州永创、武汉人天、广州万世德、北京永创、澳昆等为代表的国内企业已具备了一定的竞争实力，乳制品装箱、码垛等技术已非常成熟。

2. 酿酒工业装备

（1）白酒技术装备现状　目前，我国在清香白酒细分领域已经可以实现粮食前处理、酿造、包装等所有生产环节的自动化，甚至是局部的智能化。以智能机器人上甑为代表的白酒酿造装备代表了我国目前白酒装备智能化、信息化集成度的最高水平。国内一些著名的浓香型白酒生产企业已经开始小范围实验机器人上甑。

白酒的自动化包装是以标准化瓶型为前提。越来越多的企业意识到瓶型标准系列化优势之后，白酒智能灌装、贴标系统，智能装盒、装箱、码垛等智能包装生产线发展迅速，已经成为具有完整工业门类的技术装备产业。许多白酒生产企业已经实现自动化灌装、贴标、码垛等装备。白酒灌装、贴标等智能设备单机普遍可以达到 10000 瓶/h 左右的生产速度。白酒灌装领域已经非常成熟，山东地区齐鲁、鹏程、鼎正、耀宇以及博雅机械等都可以提供成熟的产品。

白酒装盒机作为自动化、信息化集成程度较高的装备，2017 年得到快速发展，目前白酒企业已经开始采用国产化设备。

（2）啤酒技术装备现状　以乐惠国际、杭州永创、威海远航、中集安瑞科、合肥中辰、秦皇岛中德等为代表的完整啤酒装备产业链已初具国际竞争力。

在规模化啤酒工厂，以威海远航为代表的啤酒原料前处理装备基本上占据了国内大部分市场份额，体现出过硬的产品品质；以乐惠、中集安瑞科为代表的智能糖化系统装备已经具备了国际竞争实力，多次中标百威、喜力等国际企业的交钥匙工程；以乐惠、广二轻、合肥中辰为代表的啤酒灌装设备也大量出现在全球各地的啤酒工程；以秦皇岛中德、山东德隆、潍坊现代、山东同力等为代表的啤酒贴标设备已经占据国内大部分市场份额；以杭州永创、北京永创通达为代表的后端包装已经非常成熟。

乐惠于 2017 年 11 月 13 日在上海证券交易所主板上市，标志着我国啤酒技术装备已经成为食品工业装备领域最具国际竞争力的

领域。除了高性价比的产品具有竞争实力之外，中国的啤酒装备之所以能够走出去，也得益于我们企业在整厂设计、基础设施建设等整线配套能力的提升。目前越来越多的国际啤酒企业选择性价比较高的中国啤酒装备商提供的交钥匙工程。

从技术指标来看，国内瓶装啤酒生产线最高可以达到 80000 瓶/h，易拉罐啤酒生产线可以达到 72000 罐/h。

随着啤酒消费市场的不断分化，部分高端消费群体对精酿啤酒的需求越来越旺盛，由此带动了精酿啤酒技术的迅速发展。宁波沪港、山东中德、哈尔滨汉德、乐惠、宁波中乳、南阳中德等企业相继推出了整套的精酿啤酒解决方案，目前发展已经非常成熟，精酿啤酒装备开拓海外市场方面也非常喜人。

（3）葡萄酒技术装备现状　与白酒装备和啤酒装备相比，我国在葡萄酒技术装备方面与国际先进水平差距较大。

前处理方面，以新乡地区企业为代表的葡萄破碎、压榨设备有所突破。

以鹏程包装机械为代表的国产葡萄酒智能灌装生产线目前已经开始在张裕、莫高等葡萄酒企业大量应用，效果反馈良好，成为葡萄酒装备领域具有代表性水平的装备。

葡萄酒包装方面，以山东菏泽地区为代表的玻璃瓶，以温州、青岛地区为代表的橡木塞、橡木桶是目前我国葡萄酒包装的主要来源。

后段包装方面，国内的设备基本上占据了 90% 以上的市场份额，以杭州永创为代表的国内包装装备在整个液态食品装备领域都大量应用。

2017 年，葡萄酒生产企业对国产设备的信任度增强，装备国产化率明显提高。我国很多葡萄酒装备生产企业重视客户的诸多特殊需求，通过不断的技术攻关，实现持续的非标、个性化服务。

3. 肉类加工装备

2017 年，我国肉类加工技术装备进步较快，不仅能够生产 90% 以上的肉类加工设备，屠宰、分割、肉制品、调理食品、综合利用等加工设备的技术改造和新产品研制都有很大发展，有些设备已经接近国外同类产品水平。

其中以济宁兴隆和吉林艾斯克为代表，先后研发成功二氧化碳致昏、真空采血、蒸汽式和喷淋式浸烫、螺旋式自动刨毛、光感定位火焰燎毛、立式剥皮、开肛开胸机器人、在线数控劈半、多动力快速预冷输送机以及多工位多层次数控分割输送机等一批拥有自主知识产权的先进生猪屠宰分割加工技术和设备。并且，随着屠宰行业对自动化和智能化水平要求越来越高，由原有的单机设备、简易生产线发展到自动化、成套的加工装备，在畜禽加工工艺、动物福利保护、改善畜禽加工环境、减少加工污染和畜禽交叉污染、节能环保等方面取得多项突破。

2017 年，肉制品加工和包装设备的技术升级得到发展。以河北晓进为代表的肉类加工装备已经开始得到欧洲客户的广泛认可，远销至北美、欧洲、非洲、中东、东南亚等 50 多个国家和地区；以小康机械为代表的国内全自动连续拉伸真空包装机等设备已经在市场占据一定份额。

2017 年，在屠宰和肉类加工技术方面，生猪胴体双指标分级技术研究应用、白条三段式预冷工艺研究应用、青藏高原牦牛肉及副产品加工技术创新与应用、牦牛屠宰加工关键技术研究与示范、肉牛胴体分级与分割增值技术研究与示范、优质植物蛋白与动物蛋白的 TG 交联技术研究及应用、川菜预调理肉制品工程化技术应用与产品开发、肉制品绿色制造技术与装备开发示范、低温高湿解冻关键技术在肉制品加工中的研究与应用等项目都在完善和推广中。

肉类加工领域的主要创新有冷热联供水器同质集成系统、多活塞真空灌装机、蛋皮肉卷（素卷）生产线、全自动油水分离连续式油炸机、微电脑智能控制劈半锯、高速长城卡封口机、热成型拉伸膜包装机、热成型拉伸膜包装机、禽类骨肉分离机、多功能全自动切块机、动物油脂精炼流水线、自动叠饼机、低温高湿空气解冻机、全自动低温高湿解冻系统等。

在品质控制、调味料研发和保鲜技术方面的创新有阳光猪肉健康全产业链品质控制技术、发酵大豆蛋白制备肉味香精的研究和复合生物保鲜剂在延长低温肉制品货架期的应用等。

4. 饮料工业及装备

2017 年，饮料装备已经全面进入到技术水平较高的无菌时代。我国部分饮料设备企业取得了突破性进展，打破了国外厂商对液态食品无菌冷灌装技术的垄断。

目前，以新美星、达意隆、廊坊百冠、合肥中辰为代表的企业在 PET 高速无菌吹灌旋一体机、无菌共挤材料灌装技术、无菌纸铝复合材料灌装技术领域已经达到或接近国际先进水平，其他领域如 PE 材质饮料灌装、高速易拉罐灌装等方面也进步很快，与国外先进水平的差距正在逐渐缩小，其中含气饮料灌装、无菌冷灌装、热灌装、含果粒高速灌装、高速饮用水灌装、PET 瓶高速吹灌旋包装设备等多类型的饮料灌装已经非常成熟，凭借明显的性价比优势初步具备了国际竞争力。

在含乳饮料灌装方面，中亚、普丽盛、碧海、粤东等少数国内领先的无菌乳制品包装机械生产企业通过多年来的技术积累和市场开拓，在市场上形成了一定的竞争优势，在挖掘和开拓潜在市场的同时，逐步开始参与国内高端市场的竞争。

5. 焙烤糖制品装备

2017 年，我国烘焙机械在智能机器人、智能机械手、智能控制系统的应用方面进步很大。在一些饼干生产车间里，除了分拣和包装环节由工人把关，配料、成型、烘烤等各环节已全部实现智能化、机械化。同时，在饼干定型、起发、上色、脱水四个环节中，能够灵活地掌控脱水环节，把饼干含水量控制在标准以下，既提高了生产效率，又保证了饼干产品的质量，成为烘焙机械领域的一大创新。

糖果装备方面，国内糖果技术装备企业以如皋机械、博川机械等为代表在引进合作、自主独创方面取得很大进步，在糖果设备方面先后推出充气奶糖生产线、胶体软糖自动线、超薄膜真空瞬时熬煮机组、棉花糖生产线等；包装机械有单扭结包装机、折叠式包装机、高速枕包机等。巧克力设备方面有多功能花色巧克力浇注线、巧克力复合制品自动生产线、巧克力挤出成型线、巧克力快速精磨机等。

6. 调味品工业装备

2017 年，调味品在发酵理论方面成果不断涌现。以酱油酿造技术进步为代表，对调味品行业产能提升、技术升级有很大的促进作用。加加酱油、李锦记等引入了日本酱油酿造工艺，实施连续蒸煮和圆盘制曲系统，仿照啤酒工业的技术标准，实施信息化程度较高的自动控制连续发酵系统，实现了酱油的连续性生产，大规模提高了生产效率，提升了产品的品质，为酱油酿造装备的大规模应用提供了现实的条件。

以宁波味华为代表的国内装备企业与加加等国内调味品龙头企业深入合作，以大型圆盘制曲为主要突破，以信息化程度较高的恒温发酵罐进行发酵，形成了目前国内最为先进的酱油酿造装备系统。其自动化、智能化程度已经达到新高度，进一步缩小了与调味品生产强国日本的差距。

在调味品生产中使用的装备大都是我国独有的，并没有国外先进的技术装备可以借鉴。因此，大量的技术水平提升只能依靠调味品企业与国内相关技术装备企业深入合作，共同研究工艺的定量和规范，在技术装备的技术提升上取得成绩。

7. 食品安全技术装备

食品工业对品控、在线控制、追溯等技术与设备的需求越来越大，涵盖的范围越来越广，技术等级的要求也越来越高。食品安全技术与装备领域在我国发展非常快，信息技术、激光技术、机器人技术、物联网技术等在食品安全领域的创新应用也越来越广泛。尤其在液态领域，国内明佳、浩克等企业可以提供很多技术装备。这一领域包括软硬件、耗材、服务等在内的整体市场规模在20亿元左右。

目前，通过大规模的互联网技术和大数据技术，食品安全追溯已经开始升级为食品大数据的综合服务，如在食品安全追溯体系的基础上衍生出的消费者兑奖、营销、目标客户分析、市场预测等多种衍生服务，为企业提供了营销和决策的技术和数据支持。尤其是在工业和信息化部的大力支持下，我国婴幼儿配方乳粉追溯体系建设标准最高，体系最全，法律、法规的配套也较为完善。

8. 为食品工业“三品”战略打好基础

在传统酿造领域传统白酒的酿造方面，国内劲酒等企业针对清香型白酒已经摸索出一套智能化较高的生产技术装备体系，以南通裕盛等为代表的企业在白酒自动化酿造方面已经积累了众多工艺和技术装备创新；调味品方面，宁波长荣酿造等在酱油酿造领域已经取得了众多科技成果；在酱类、腐乳类的灌装方面，潍坊现代等企业的装备已经在众多企业实现了规模化应用。未来，传统酿造领域将继续保持高速增长，其中工艺定量决定的定制化、模块化的发展路径将成为酿造领域装备企业保持行业高速发展的关键。

在肉制品领域，在传统肉类的加工领域，传统风味腊肉、禽类卤肉制品的标准化、工业化生产已经形成产业规模，其中杀菌技术的不断成熟已经解决了保质期的问题，当然也带动了诸城等地区杀菌板块的崛起。当前亟需解决的是不规则肉制品的自动化包装问题，尽管我国在真空包装领域已经很成熟，但是面对不规则肉制品的自动化包装，目前还没有较为成熟的解决方案。

在面食及烘焙制品领域，我国有着悠久的面食食用历史，各种类型的面制品琳琅满目，目不暇接。随着城市化进程不断推进，越来越多的年轻人不再有时间和精力在家里学习和制作面食制品，面食制品进行工业化生产已经形成庞大的产业规模，目前各大电商平台销售的各类型即食型和半成品型面食产品种类繁多，各种自动化、智能化面食装备也如雨后春笋般层出不穷，哈尔滨金美乐、河南万杰、石家庄晓进等都是业内成熟的企业。

在调味品装备领域，调味品是一个种类异常繁多的细分领域，有工业化程度较高的味精、鸡精等生产线，也有大量的酱类、火锅调料类的手工业作坊。随着食品消费需求的全国化和全球化，各类食品调味品也相继进入工业化生产阶段，如郫县豆瓣传统生产工艺的标准化、四川火锅底料的中央厨房化生产等。

在“三品”战略的提品质方面，食品工业对装备速度和性能越来越高的要求也同样要求食品装备行业在提品质方面不遗余力。以性能和精度要求较高的乳制品装备行业为例，以中亚、碧海、普丽盛、粤东等为代表的一批乳制品装备企业通过在生产过程中不断优化设计方案、提升各基础零部件的材料性能和加工精度、不断培训提升员工在装配阶段的工艺熟练程度，乳制品装备的品质快速提升，逐渐改变了一线乳制品企业不用国产设备的状况，在新建和改扩建生产线时，开始大量采用国产的乳制品装备，为我国的乳制品安全生产做出了行业贡献。

在“三品”的创品牌方面，一大批企业通过与欧洲企业的残酷市场竞争，逐渐成长起来，成为细分领域的领头羊品牌。如乐惠在啤酒装备领域，达意隆、新美星在饮料装备领域，中亚在乳制品装备领域等已经形成了细分领域良好的口碑和庞大的用户群体，通过市场竞争以及资本运作，这类企业已经在行业内形成强大的品牌效应。

近年来，随着国家“一带一路”战略的纵深实施，这类企业已经走出国门，不断参与国际市场，如乐惠、新美星、杭州中亚等企业海外市场的销售收入已经达到 30% 以上，在打造国际品牌方面走出了一条中国之路。

三、绿色制造、智能制造

2017 年，大数据、云计算、移动互联等技术催生了电子商务 O2O，移动支付、共享经济等迅速改变着中国人的生活方式，也对食品装备行业产生影响。

（一）互联网技术正在深刻改变食品工业的生产模式

现在，以工业 4.0 为对标的智能制造和智能工厂正在雨后春笋般出现，互联网技术与智能装备的迅速融合正在将智能生产变为现实，提高了生产线的自动化程度，实现了柔性生产、定制生产和智能生产，实现了生产资源要素的科学组织和调配。重要的是，以消费互联网和工业互联网融合为条件，生产与消费者之间建立起一对一数据信息传递所表现出的每一件产品的轨迹精准定位是工业 4.0 时代的典型特征。

2017 年，食品机械的智能化为智能生产线和智能工厂提供了可能，乐惠、中亚、普丽盛、碧海、新美星、达意隆、永创、百冠、中包公司等一大批可以实施整线的食品工业智能装备解决方案提供商为我国食品工业整体迈向 4.0 时代提供了坚实的装备基础。在此基础上，诸多的信息系统和应用加速部署到食品工业的生产、仓储、物流、线上线下销售等环节。

（二）互联网技术正在深刻改变食品工业的物流与供应链

应用了追溯系统的智能立体仓库正在大规模应用到食品生产领域，与庞大壮观的硬件体系相匹配的是高速、精准运行的软件信息系统，海量的数据正在与生产车间和消费者间建立无数的关联，这些数据成年累月的积累，利用模型和算法形成的数据报告正在精准地为工厂的智能决策系统提供最为科学的决策支撑。汤臣倍健等众多食品企业已经建立起实时的产品数据地图，可以多维、立体地呈现企业的产品正在像血液一样在全球市场高速流动。

基于一物一码的物联网典型应用同样正在同步产品流和信息流，消费者通过手机扫描二维码可以获得红包奖励，还可以看到所购买产品的全流程生产和物流轨迹，而食品生产者则通过大数据技术绘制产品的消费地图，这对生产者来说意义重大。

（三）产业互联网下的智能制造是实现中国制造 2025 的路径

当前食品行业的诸多创新都是互联网化的新思维与传统食品工业特征相结合的产物。新思维带来的是现象级、潮流式的跨界融合发展。新思维在食品工业的大量落地表明了新经济模式的旺盛生命力，加上资本和产业联合助推，食品工业诞生诸多“独角兽”将是大概率事件。

以电子商务、O2O 应用、共享经济等新经济模式为代表的中国式创新成为当前全球的一大亮点，在自身获得巨大成功的同时，也在快速地助推传统行业的转型升级。在食品领域，大量的外卖、订单式餐饮、订单生鲜等O2O应用如雨后春笋般有力地推动了我国中央厨房领域的发展，一大批自建、第三方中央厨房工厂投入使用，对提升我国的食品安全水平、提高食品产品的稳定性、促进行业形成新的增长点起到了很大作用。

工业云、大数据、人工智能等新一代通用技术的成熟和应用在食品行业显示出强劲的生命力，柔性生产、定制生产、智能产线以云计算和大数据为依托，以消费互联网和工业互联网融合为前提，以大数据技术的应用为条件，生产与消费者之间建立起一对一的数据信息传递，所表现出的每一件产品的轨迹精准定位不仅实时反馈每一件产品的运行轨迹，而且可以将消费者地图描绘出来，成为产品决策最直接的重要依据。

食品工业的互联网化已经开始在各细分领域渗透，休闲食品、餐饮、生鲜等领域的“互联网+”创新已经成为现象级的投资热点，食品工业的互联网化创新还体现在渠道模式的颠覆性革命和生产模式的个性化定制。

IT龙头企业正在进入食品行业，提供的智能制造解决方案+电子商务解决方案、为企业打造高效销售云平台等举措，带动了食品机械产品的信息化和智能化转型升级。以工业4.0为基础的智能云平台，可实现接单、设计、生产（IMES库存）、制造（柔性制造）、物流（智能物流）、营销（电商）和售后（预测服务）等全产业链的融合。

四、行业面临的问题

（一）乳制品装备行业

1. 企业规模普遍偏小，技术研发能力较弱

与欧洲的国际企业相比，我国的乳制品装备企业在规模、科研创新体系方面都存在巨大差距，在不断追赶的过程中，国际企业在新技术创新、系统集成方面已经有了下一代产品。乳制品装备在很多细分领域都涉及尖端的材料、控制、加工精度、工艺复杂等技术门槛，无论是产品的加工与装备还是创新开发，都需要大量资金和人才投入。我国乳制品装备企业规模普遍较小，创新实力较弱，企业不愿投入，科研机构又没有力量，长此以往，将会使中国与国际先进水平之间的差距越来越大。

2. 信息化、智能化集成度有待提高

我国的乳制品装备企业在信息化集成方面的短板是影响国内装备企业承接大型项目的门槛，无论是前处理领域还是在后段包装，高效率的信息化集成能够提升整线的效率、管控能力和预警能力。

3. 应以点突破，积极适应市场

我国乳品装备企业应当及时跟进最新的乳制品加工技术和工艺，适时推出相应的解决方案，对产品结构进行调整和更新，对关键单机进行攻关，积极在关键性核心单机上取得突破，从而使企业具有核心竞争产品。

（二）白酒装备行业

白酒装备产业发展时间短，起步低，在信息化集成、智能化控制方面与啤酒、乳制品、饮料等领域差距很大，技术门槛相对较低，而白酒行业的旺盛需求又吸引了大批白酒装备企业不断出现。白酒装备主要的加工工艺基本停留在机械加工方面，价格普遍偏低，再加上新产品很容易被模仿，因此行业存在较为严重的恶性竞争。从事白酒装备研发生产的企业普遍规模偏小，最大的企业年销售额也仅在1~2亿元，与啤酒、饮料、乳制品等细分领域的装备企业相比，显然规模要小得多。在这样的前提下，企业在新产品研发、创新、外观设计，新材料应用等方面投入不足，绝大部分白酒装备企业都在模仿、低价竞争，最终整个行业的销售利润下滑，造成研发投入缩减，使得整个行业的创新步伐趋缓。

（三）肉类加工装备

我国肉类加工装备尽管在性能和稳定性方面与国外产品还有一定差距，但在单机应用方面已经开始全面突破，不过在整线自动化和智能化应用方面差距还是很大。

（四）烘焙与糖制品装备

当前，我国烘焙糖制品装备主要产品还是以单机为主，以及以间断式作业为主要特征，可以满足大部分中小企业的生产需求。而融合高智能数控系统、编码器及数字控制组件，实现数据记忆调取、计数、无料停机的高附加值的生产线较少。

五、发展趋势

（一）食品装备制造更符合食品加工工艺的要求

工艺与装备脱节已经开始给我国的食品工业造成很大影响，尤其是国产装备的整线效率问题，已经成为行业的最重要课题。很多科研机构都意识到了这一问题，如西安交通大学成立食品装备学院、江南大学在发酵工程方面的诸多实践等，都是试图弥补当前的行业困境，一些优秀的装备企业也逐步意识到工艺的重要性，在不断摸索过程中试图为客户提供全面的工艺解决方案。也有很多独立的科研机构在工艺和装备的融合方面做了诸多努力。尽管如此，我国食品工业在工艺和装备的融合方面依然存在巨大问题，以至于在诸多细分领域的整线工艺设计、整线施工、整线智能方面依然与欧洲企业差距巨大，工艺和装备脱节是最主要的原因。

（二）提供标准化、模块化、定制化的解决方案

我国的食品工业细分门类异常繁杂，在未来的工业4.0模式下，标准化和模块化定制化解决方案存在一定的矛盾。

随着食品生产企业产品多样化和低成本投入、高效率产出的要求，可以柔性生产的模块化机组装备应运而生。国外一流食品装备制造企业几乎所有的单机都实现了标准化和模块化生产。对装备企业而言，标准化和模块化意味着更多零部件可以通用，更多的组装工艺相同，并且可以标准化生产。零部件的批量生产和整机的相同组装工艺大大降低了装备的生产成本，提高了生产效率，提高了售后服务水平，

（三）从单机走向整线智能化制造

未来，机器人在食品加工领域的大量应用将是一个重要趋势。信息化、智能化程度较高的食品加工和包装整线将成为食品装备行业发展主流。由连续式生产设备代替间歇式生产设备，由智能化生产设备代替现有普通生产设备是大的发展趋势。

（四）行业将呈现正态分布的均衡状态

未来我国食品装备行业将呈现完全正态分布的均衡状态。例如，国外两大啤酒装备制造企业错位竞争全球啤酒行业的整包工程，众多中小微企业在两侧提供大量单机或零部件，形成一个完整的行业正态分布的均衡状态。我们的路径和欧美一样，最终行业也同样会遵循正态分布的均衡状态。

未来，白酒装备、肉类加工装备、调味品装备和烘焙装备等领域发展一定是遵循正态分布。这就意味着绝大部分行业装备企业要么被并购，要么退出市场，尽管很残酷，但这一过程不可避免。

在达到正态分布均衡状态之前，一个最为重要的特征就是行业的高速发展。食品工业在高速发展阶段对食品机械装备的需求几乎是无进入门槛，众多企业的初始竞争几乎都是同质化的，即使这样，大部分企业也能够很好地存活。

当前，由消费者消费升级导向的食品工业的供给侧改革不断推进，食品工业生产的资本密集型、规模密集型属性越来越明显，在这样的行业背景下，食品装备行业的马太效应逐渐显现，越来越多的企业已经感受到

行业订单越来越集中到行业优势企业中，马太效应的最终结果一定是正态分布均衡状态。

六、政策建议

（一）海关和行业协会与重点企业对进口食品装备的关税政策定期交流

根据过去几年的经验，由于食品工业的发展迅速，食品产品的种类和样式变化很快，针对进口食品装备的各项政策经常出现不适应行业发展的要求。如对减税清单中中高速无菌灌装机的速度要求经常出现跟不上行业的发展速度的情况，造成了同等国产速度和性能的装备已经开始批量应用，而对进口同等性能的装备还存在减免关税的情况，造成对国内装备不利的市场竞争局面。此外，由于行业的信息与海关的清单不能及时同步，还造成一些关键的国外首台（套）装备因为未在清单内，投资的食品企业需要支付高额关税。

（二）统筹国家对装备领域的扶持政策

加大对科技含量较高、追赶国际先进水平的生产线制造装备的资金扶持力度，以行业协会的专家组成评审专家组，对食品装备企业真正用于补短板领域的装备研发直接实施补贴，提高政策资金有效利用率。统筹当前各项扶持政策，推动更加高效的扶持政策资金补贴方式。

（三）更多发挥专业行业协会的作用

我国行业协会在履行行业服务职能的同时，在行业监管、行业深入研究、与政府配合方面还存在一定问题。行业协会在行业政策的建议、了解行业细分领域的新技术趋势及应用等方面有着专业优势，因此，在政府部委出台和执行相关政策时，更多地让行业协会参与进来，更有利于各项政策推出的适时性和保障行业的长远健康发展。

（四）出台企业贯彻“一带一路”发展战略的支持政策

我国食品机械行业企业规模小，抗风险能力低，在“走出去”发展中遇到资金不足、信息不畅、人才缺乏等问题，企业对走出去疑虑很多。建议政府出台扶持中小企业实施“一带一路”发展战略的支持政策。在资金、信息、人才等方面对中小企业产品出口和对外投资给予帮助。如有些企业为了规避中美贸易纠纷带来的不利影响，已经在墨西哥等国投资建厂。希望政府提供相关政策和资金支持。

（五）对中国海关出口分类上的部分内容予以调整

食品机械产品在中国海关出口分类上有部分需要调整。比如：啤酒发酵罐退税幅度是5%（税则号：73090000），而啤酒灌装设备退税幅度是13%（税则号：8422301090）。企业在产品出口中希望退税率按上限调整一致。

（六）重新审议2013年修订的产业结构调整目录中限制生产18000瓶/h啤酒瓶灌装生产线、淘汰12000瓶/h以下啤酒瓶灌装生产线的规定

近几年，随着啤酒消费市场的不断分化，部分高端消费群体对精酿啤酒的需求越来越旺盛，由此带动了精酿啤酒市场的迅速发展。鉴于目前小型瓶装啤酒灌装生产线是一个市场需求热点，建议将生产能力12000瓶/h以下的啤酒瓶灌装生产线移出淘汰类产品序列，加强对其技术升级，满足国内市场需求和该产品出口的要求。

（七）缩小国有企业和民营企业在政策扶持、融资、监管力度等各方面的差距，给民营企业公平的竞争环境

中国食品和包装机械工业协会
中国轻工机械协会

附　录

附录一　食品行业重大法律法规和管理文件

《中华人民共和国反不正当竞争法》（主席令第七十七号）

《中华人民共和国标准化法》（主席令第七十八号）

全国人民代表大会常务委员会关于修改《中华人民共和国招标投标法》《中华人民共和国计量法》的决定

关于修改部分行政法规的决定（国务院令第69号）

关于修改《建设项目环境保护管理条例》的决定（国务院令第682号）

国务院印发《无证无照经营查处办法》（中华人民共和国国务院令第684号）

《中华人民共和国环境保护税法实施条例》（国务院令第693号）

关于修改《行政法规制定程序条例》的决定（国务院令第694号）

关于修改《规章制定程序条例》的决定（国务院令第695号）

国务院关于印发“十三五”国家食品安全规划和“十三五”国家药品安全规划的通知（国发〔2017〕12号）

国务院办公厅关于加快发展冷链物流保障食品安全促进消费升级的意见（国办发〔2017〕29号）

国务院办公厅关于印发2017年食品安全重点工作安排的通知（国办发〔2017〕28号）

国务院办公厅关于印发国民营养计划（2017—2030年）的通知（国办发〔2017〕60号）

国务院食品安全办等10部门关于加强食品安全谣言防控和治理工作的通知（食安办〔2017〕23号）

国务院食品安全委员会关于开展食品安全督查工作的通知（食安委〔2017〕3号）

国家发展改革委工业和信息化部关于促进食品工业健康发展的指导意见（发改产业〔2017〕19号）

国家发展改革委办公厅废止《关于玉米深加工项目管理有关事项的通知》的通知（发改办产业〔2017〕627号）

工业和信息化部办公厅关于印发2017年消费品工业“三品”专项行动计划的通知（工信厅消费〔2017〕24号）

交通运输部关于加快发展冷链物流保障食品安全促进消费升级的实施意见

《无规定动物疫病区评估管理办法》（农业部令2017年第2号）

农业部关于印发《粮改饲工作实施方案》的通知（农牧发〔2017〕8 号）

农业部关于印发《2017 年国家动物疫病强制免疫计划》的通知（农医发〔2017〕8 号）

农业部办公厅关于切实加强农药使用指导和市场监管的通知（农办农〔2017〕20 号）

《关于延长进口食糖保障措施调查期限的公告》（商务部公告 2017 年第 15 号）

《关于对进口食糖采取保障措施的公告》（商务部公告 2017 年第 26 号）

《关于延长进口食糖保障措施调查期限的公告》（商务部公告 2017 年第 15 号）

《关于对进口食糖采取保障措施的公告》（商务部公告 2017 年第 26 号）

商务部、工业和信息化部、公安部、农业部、质检总局、安全监管总局、食品药品监管总局关于推进重要产品信息化追溯体系建设的指导意见（商秩发〔2017〕53 号）

关于废止《母乳代用品销售管理办法》等 4 件部门规章的决定（委令第 17 号）

关于修改《新食品原料安全性审查管理办法》等 7 件部门规章的决定（委令第 18 号）

国家卫生计生委关于食品添加剂新品种碳酸铵、6 - 甲基庚醛等 9 种食品用香料新品种和焦亚硫酸钠等 2 种食品添加剂扩大使用范围的公告（2017 年第 1 号）

国家卫生计生委关于四［3 - （3，5 - 二叔丁基 - 4 - 羟基苯基）丙酸］季戊四醇酯等 2 种食品相关产品新品种的公告（2017 年第 2 号）

国家卫生计生委关于食品添加剂新品种氨基乙酸（羟基乙腈法）等的公告（2017 年第 3 号）

国家卫生计生委关于发布《食品安全国家标准食品中真菌毒素限量》（GB 2761—2017）等 2 项食品安全国家标准的公告（2017 年第 4 号）

国家卫生计生委关于发布《食品安全国家标准食品中铅的测定》（GB 5009. 12—2017）等 9 项食品安全国家标准的公告（2017 年第 5 号）

国家卫生计生委关于乳木果油等 10 种新食品原料的公告（2017 年第 7 号）

国家卫生计生委关于爱德万甜等 6 种食品添加剂新品种、食品添加剂环己基氨基磺酸钠（又名甜蜜素）等 6 种食品添加剂扩大用量和使用范围的公告（2017 年第 8 号）

国家卫生计生委关于富马酸化的 2，6 - 二甲基苯酚均聚物等 12 种食品相关产品新品种的公告（2017 年第 9 号）

国家卫生计生委关于食品用香料新品种 2 - 乙酰氧基 - 3 - 丁酮、食品添加剂 β - 环状糊精等 4 种扩大使用范围的公告（2017 年第 10 号）

国家卫生计生委关于丙烯酸与乙二醛和丙烯酰胺的聚合物等 6 种食品相关产品新品种的公告（2017 年第 11 号）

国家卫生计生委关于食品营养强化剂新品种 6S - 5 - 甲基四氢叶酸钙以及氮气等 8 种扩大使用范围的食品添加剂的公告（2017 年第 13 号）

国家卫生计生委办公厅关于规范进口尚无食品安全国家标准审查工作的通知（国卫办食品发〔2017〕14 号）

国家卫生计生委办公厅关于通报食品安全国家标准目录和食品相关标准清理整合结论的函（国卫办食品函〔2017〕697 号）

国家卫生计生委食品司关于做好食品安全标准跟踪评价工作的通知（国卫食品标便函〔2017〕126 号）

国家卫生计生委食品司关于进一步规范食品安全地方标准管理工作的通知（国卫食品评便函〔2017〕174号）

国家卫生计生委食品司关于菊粉有关问题的复函（国卫食品评便函〔2017〕257号）

工商总局关于发布《商标评审案件口头审理办法》的公告（工商办字〔2017〕65号）

工商总局关于印发《国家企业信用信息公示系统使用运行管理办法（试行）》的通知（工商办字〔2017〕104号）

工商总局关于印发《企业名称禁限用规则》《企业名称相同相近比对规则》的通知（工商企注字〔2017〕133号）

工商总局等十部门关于印发《严肃查处虚假违法广告维护良好广告市场秩序工作方案》的通知（工商广字〔2017〕150号）

《出口食品生产企业备案管理规定》（总局令第192号）

质检总局关于进一步规范和促进出口食品农产品企业内外销“同线同标同质”的公告（2017年第15号）

国家质量监督检验检疫总局关于进一步规范出口食品农产品企业内外销“同线同标同质”的公告（2017年第39号）

质检总局农业部关于解除瑞典、荷兰、比利时牛精液施马伦贝格病禁令的公告（2017年第49号）

质检总局食品药品监管总局关于进口婴幼儿配方乳粉产品配方注册执行日期的公告（2017年第101号）

质检总局关于废止修订特种设备行政许可相关安全技术规范及文件的公告（2017年第102号）

质检总局农业部关于解除意大利牛精液施马伦贝格病禁令的公告（2017年第112号）

质检总局关于印发《出入境检验检疫流程管理规定》的通知（国质检通〔2017〕437号）

质检总局国家标准委民政部关于印发《团体标准管理规定（试行）》的通知（国质检标联〔2017〕536号）

《食品生产许可管理办法》（国家食品药品监督管理总局令第16号）

《食品经营许可管理办法》（国家食品药品监督管理总局令第17号）

国家食品药品监督管理总局关于修改部分规章的决定（总局令第37号）《关于进一步加强食品药品案件查办工作的意见》（总局令第192号）

总局关于保健食品备案管理有关事项的通告（2017年第16号）

总局关于动物源性食品生产经营环节兽药残留若干管理规定的公告（2017年第17号）

总局关于发布食品生产经营企业建立食品安全追溯体系若干规定的公告（2017年第39号）

总局关于发布《婴幼儿配方乳粉产品配方注册申请材料项目与要求（试行）（2017修订版）》的公告（2017年第65号）

总局关于发布《婴幼儿配方乳粉产品配方注册标签规范技术指导原则（试行）》的公告（2017年第66号）

总局关于保健食品备案信息系统上线运行的通告（2017年第68号）

总局关于全面推进食品药品监管政务公开工作的实施意见（食药监〔2017〕109号）

食品药品监管总局财政部关于印发食品药品违法行为举报奖励办法的通知（食药监稽〔2017〕67号）

总局关于进一步加强食品药品案件查办工作的意见（食药监法〔2017〕69号）

总局关于实行“谁执法谁普法”普法责任制的实施意见（食药监法〔2017〕119号）

总局关于新保健食品注册管理信息系统上线运行的通告（2017年第122号）

总局关于印发食品药品安全监管信息公开管理办法的通知（食药监法〔2017〕125号）

总局关于发布《保健食品中75种非法添加化学药物的检测》等3项食品补充检验方法的公告（2017年第138号）

总局关于规范食品快速检测方法使用管理的意见（食药监科〔2017〕49号）

总局关于印发食品检验工作规范的通知（食药监科〔2016〕170号）

总局办公厅关于做好食品安全标准工作的通知（食药监办科〔2017〕7号）

总局办公厅关于印发食品快速检测方法评价技术规范的通知（食药监办科〔2017〕43号）

总局办公厅关于印发食品补充检验方法工作规定的通知（食药监办科〔2016〕175号）

总局关于进一步加强茶叶质量安全监管工作的通知（食药监食监一〔2017〕29号）

总局关于贯彻实施《食品生产许可管理办法》有关问题的通知（食药监食监一〔2017〕53号）

总局关于贯彻落实《国务院办公厅关于进一步加强农药兽药管理保障食品安全的通知》的通知（食药监食监二〔2017〕81号）

总局关于进一步加强监督抽检不合格食品风险防控和核查处置工作的通知（食药监食监三〔2017〕42号）

总局办公厅关于落实婴幼儿辅助食品生产许可审查细则严格生产许可工作的通知（食药监办食监一〔2017〕47号）

总局办公厅关于千道味鲜烤鱿鱼丝等产品中苹果酸标注有关问题的复函（食药监办食监一函〔2017〕661号）

总局办公厅关于预包装食品中掺入印刷物问题的复函（食药监办食监一函〔2017〕735号）

总局关于印发《保健食品备案产品可用辅料及其使用规定（试行）》《保健食品备案产品主要生产工艺（试行）》的通知（食药监特食管〔2017〕36号）

总局关于印发保健食品备案工作指南（试行）的通知（食药监特食管〔2017〕37号）

总局办公厅关于印发食品、保健食品欺诈和虚假宣传整治工作实施方案的通知（食药监办特食管〔2017〕149号）

总局办公厅关于明确进口特殊医学用途配方食品和婴幼儿配方乳粉产品配方注册管理过渡期执行日期问题的复函（食药监办特食管函〔2017〕466号）

总局关于进一步加强监督抽检不合格食品风险防控和核查处置工作的通知（食药监食监三〔2017〕42号）

总局办公厅关于印发国家食品安全监督抽检实施细则（2017年版）的通知（食药监办食监三〔2017〕19号）

总局关于印发食品药品行政处罚案件信息公开实施细则的通知（食药监稽〔2017〕121号）

附录二　食品标准技术规范

一、肉类加工业

GB 20799—2016　《肉和肉制品经营卫生规范》

GB 12694—2016　《畜禽屠宰加工卫生规范》

二、制糖工业

GB/T 15108—2017　《原糖》

HJ 860. 1—2017　《排污许可证申请与核发技术规范》

QB/T 5006—2016　《姜汁（粉）红糖》

GB 31640—2016　《食用酒精》

三、发酵工业

GB/T 35545—2017　《低聚木糖》

GB/T 35546—2017　《工业用衣康酸》

QB/T 5188—2017　《酿造红曲》

QB/T 5189—2017　《γ-聚谷氨酸》

QB/T 5187—2017　《柠檬酸氢钙》

T/CBFIA 03001—2017　《葡萄糖酸》

T/CBFIA 01001—2017　《酵母调味料》

T/CBFIA 08003—2017　《食用植物酵素》

T/CBFIA 07001—2017　《甜菜碱及其盐》

T/CBFIA 14001—2017　《厌氧颗粒污泥》

四、酿酒工业

GB/T 34268—2017　《啤酒玻璃瓶灌装生产线通用技术要求》

GB/T 35576—2017　《节水型企业 啤酒行业》

五、茶加工业

序号	标准号	标准名称	标准类别
1	GB/T 33915—2017	农产品追溯要求　茶叶	基础标准
2	GB/T 13738. 1—2017	红茶　第 1 部分：红碎茶	产品标准
3	GB/T 13738. 2—2017	红茶　第 2 部分：工夫红茶	产品标准

续表

序号	标准号	标准名称	标准类别
4	GB/T 14456. 1—2017	绿茶　第 1 部分：基本要求	产品标准
5	GB/T 30357. 6—2017	乌龙茶　第 6 部分：单丛	产品标准
6	GB/T 30357. 7—2017	乌龙茶　第 7 部分：佛手	产品标准
7	GB/T 22291—2017	白茶	产品标准
8	GB/T 22292—2017	茉莉花茶	产品标准
9	GB/T 34778—2017	抹茶	产品标准
10	GB/T 18798. 1—2017	固态速溶茶　第 1 部分：取样	产品标准
11	GB/T 30357. 7—2017	乌龙茶第 7 部分：佛手	产品标准
12	GB/T 30357. 6—2017	乌龙茶第 6 部分：单丛	产品标准
13	GB/T 14487—2017	茶叶感官审评术语	方法标准
14	GB/T 23193—2017	茶叶中茶氨酸的测定　高效液相色谱法	方法标准
15	GB/T 34779—2017	茉莉花茶加工技术规范	技术规范
16	SN/T 4777—2017	出口茶叶中蒽醌残留量的检测方法　气相色谱 - 质谱/质谱法	方法标准
17	NY/T 3173—2017	茶叶中 9，10 - 蒽醌含量测定　气相色谱 - 串联质谱法	方法标准
18	NY/T 3168—2017	茶叶良好农业规范	技术规范

六、淀粉加工业

序号	标准编号	标准名称	发布日期	实施日期
1	DB64/T 1472—2017	马铃薯淀粉渣加工调制技术规程	2017/1/19	2017/4/19
2	GB/T 34321—2017	食用甘薯淀粉	2017/9/7	2018/4/1
3	GB/T 34267—2017	食用淀粉及淀粉制品生产管理规范	2017/9/7	2018/4/1
4	GB/T 20883—2017	麦芽糖	2017/12/29	2018/7/1
5	GB/T 8885—2017	食用玉米淀粉	2017/12/29	2018/7/1
6	GB/T 8883—2017	食用小麦淀粉	2017/12/29	2018/7/1
7	GB/T 8884—2017	食用马铃薯淀粉	2017/12/29	2018/7/1

附录三　现行食品安全国家标准

序号	标准编号	标准名称	标准类别
1	GB 13432—2013	食品安全国家标准　预包装特殊膳食用食品标签	01. 通用标准
2	GB 14880—2012	食品安全国家标准　食品营养强化剂使用标准	01. 通用标准
3	GB 2760—2014	食品安全国家标准　食品添加剂使用标准	01. 通用标准
4	GB 2761—2017	食品安全国家标准　食品中真菌毒素限量（2017－9－17 实施）	01. 通用标准
5	GB 2762—2017	食品安全国家标准　食品污染物限量（2017－9－17 实施）	01. 通用标准
6	GB 2763—2016	食品安全国家标准　食品中农药最大残留限量（2017－6－18 实施）	01. 通用标准
7	GB 28050—2011	食品安全国家标准　预包装食品营养标签通则	01. 通用标准
8	GB 29921—2013	食品安全国家标准　食品中致病菌限量	01. 通用标准
9	GB 29924—2013	食品安全国家标准　食品添加剂标识通则	01. 通用标准
10	GB 7718—2011	食品安全国家标准　预包装食品标签通则	01. 通用标准
11	GB 9685—2016	食品安全国家标准　食品接触材料及制品用添加剂使用标准	01. 通用标准
12	GB 10133—2014	食品安全国家标准　水产调味品	02. 食品产品
13	GB 10136—2015	食品安全国家标准　动物性水产制品	02. 食品产品
14	GB 10146—2015	食品安全国家标准　食用动物油脂	02. 食品产品
15	GB 11674—2010	食品安全国家标准　乳清粉和乳清蛋白粉	02. 食品产品
16	GB 13102—2010	食品安全国家标准　炼乳	02. 食品产品
17	GB 13104—2014	食品安全国家标准　食糖	02. 食品产品
18	GB 14884—2016	食品安全国家标准　蜜饯	02. 食品产品
19	GB 14932—2016	食品安全国家标准　食品加工用粕类	02. 食品产品
20	GB 14963—2011	食品安全国家标准　蜂蜜	02. 食品产品

续表

序号	标准编号	标准名称	标准类别
21	GB 14967—2015	食品安全国家标准　胶原蛋白肠衣	02. 食品产品
22	GB 15196—2015	食品安全国家标准　食用油脂制品	02. 食品产品
23	GB 15203—2014	食品安全国家标准　淀粉糖	02. 食品产品
24	GB 16740—2014	食品安全国家标准　保健食品	02. 食品产品
25	GB 17325—2015	食品安全国家标准　食品工业用浓缩液（汁、浆）	02. 食品产品
26	GB 17399—2016	食品安全国家标准　糖果	02. 食品产品
27	GB 17400—2015	食品安全国家标准　方便面	02. 食品产品
28	GB 17401—2014	食品安全国家标准　膨化食品	02. 食品产品
29	GB 19295—2011	食品安全国家标准　速冻面米制品	02. 食品产品
30	GB 19298—2014	食品安全国家标准　包装饮用水	02. 食品产品
31	GB 19299—2015	食品安全国家标准　果冻	02. 食品产品
32	GB 19300—2014	食品安全国家标准　坚果与籽类食品	02. 食品产品
33	GB 19301—2010	食品安全国家标准　生乳	02. 食品产品
34	GB 19302—2010	食品安全国家标准　发酵乳	02. 食品产品
35	GB 19640—2016	食品安全国家标准　冲调谷物制品	02. 食品产品
36	GB 19641—2015	食品安全国家标准　食用植物油料	02. 食品产品
37	GB 19643—2016	食品安全国家标准　藻类及其制品	02. 食品产品
38	GB 19644—2010	食品安全国家标准　乳粉	02. 食品产品
39	GB 19645—2010	食品安全国家标准　巴氏杀菌乳	02. 食品产品
40	GB 19646—2010	食品安全国家标准　稀奶油、奶油和无水奶油	02. 食品产品
41	GB 20371—2016	食品安全国家标准　食品加工用植物蛋白	02. 食品产品
42	GB 25190—2010	食品安全国家标准　灭菌乳	02. 食品产品
43	GB 25191—2010	食品安全国家标准　调制乳	02. 食品产品
44	GB 25192—2010	食品安全国家标准　再制干酪	02. 食品产品
45	GB 25595—2010	食品安全国家标准　乳糖	02. 食品产品
46	GB 26878—2011	食品安全国家标准　食用盐碘含量	02. 食品产品
47	GB 2707—2016	食品安全国家标准　鲜（冻）畜、禽产品	02. 食品产品
48	GB 2711—2014	食品安全国家标准　面筋制品	02. 食品产品
49	GB 2712—2014	食品安全国家标准　豆制品	02. 食品产品
50	GB 2713—2015	食品安全国家标准　淀粉制品	02. 食品产品
51	GB 2714—2015	食品安全国家标准　酱腌菜	02. 食品产品
52	GB 2715—2016	食品安全国家标准　粮食	02. 食品产品
53	GB 2718—2014	食品安全国家标准　酿造酱	02. 食品产品

续表

序号	标准编号	标准名称	标准类别
54	GB 2720—2015	食品安全国家标准　味精	02. 食品产品
55	GB 2721—2015	食品安全国家标准　食用盐	02. 食品产品
56	GB 2726—2016	食品安全国家标准　熟肉制品	02. 食品产品
57	GB 2730—2015	食品安全国家标准　腌腊肉制品	02. 食品产品
58	GB 2733—2015	食品安全国家标准　鲜、冻动物性水产品	02. 食品产品
59	GB 2749—2015	食品安全国家标准　蛋与蛋制品	02. 食品产品
60	GB 2757—2012	食品安全国家标准　蒸馏酒及其配制酒	02. 食品产品
61	GB 2758—2012	食品安全国家标准　发酵酒及其配制酒	02. 食品产品
62	GB 2759—2015	食品安全国家标准　冷冻饮品和制作料	02. 食品产品
63	GB 31602—2015	食品安全国家标准　干海参	02. 食品产品
64	GB 31636—2016	食品安全国家标准　花粉	02. 食品产品
65	GB 31637—2016	食品安全国家标准　食用淀粉	02. 食品产品
66	GB 31638—2016	食品安全国家标准　酪蛋白	02. 食品产品
67	GB 31639—2016	食品安全国家标准　食品加工用酵母	02. 食品产品
68	GB 31640—2016	食品安全国家标准　食用酒精（2017-6-23实施）	02. 食品产品
69	GB 5420—2010	食品安全国家标准　干酪	02. 食品产品
70	GB 7096—2014	食品安全国家标准　食用菌及其制品	02. 食品产品
71	GB 7098—2015	食品安全国家标准　罐头食品	02. 食品产品
72	GB 7099—2015	食品安全国家标准　糕点面包	02. 食品产品
73	GB 7100—2015	食品安全国家标准　饼干	02. 食品产品
74	GB 7101—2015	食品安全国家标准　饮料	02. 食品产品
75	GB 9678. 2—2014	食品安全国家标准　巧克力、代可可脂巧克力及其制品	02. 食品产品
76	GB 10765—2010	食品安全国家标准　婴儿配方食品	03. 特殊膳食食品
77	GB 10767—2010	食品安全国家标准　较大婴儿和幼儿配方食品	03. 特殊膳食食品
78	GB 10769—2010	食品安全国家标准　婴幼儿谷类辅助食品	03. 特殊膳食食品
79	GB 10770—2010	食品安全国家标准　婴幼儿罐装辅助食品	03. 特殊膳食食品
80	GB 22570—2014	食品安全国家标准　辅食营养补充品	03. 特殊膳食食品
81	GB 24154—2015	食品安全国家标准　运动营养食品通则	03. 特殊膳食食品
82	GB 25596—2010	食品安全国家标准　特殊医学用途婴儿配方食品通则	03. 特殊膳食食品
83	GB 29922—2013	食品安全国家标准　特殊医学用途配方食品通则	03. 特殊膳食食品

续表

序号	标准编号	标准名称	标准类别
84	GB 31601—2015	食品安全国家标准　孕妇及乳母营养补充食品	03. 特殊膳食食品
85	GB 10287—2012	食品安全国家标准　食品添加剂　松香甘油酯和氢化松香甘油酯	04. 食品添加剂
86	GB 13481—2011	食品安全国家标准　食品添加剂　山梨醇酐单硬脂酸酯（司盘60）	04. 食品添加剂
87	GB 13482—2011	食品安全国家标准　食品添加剂　山梨醇酐单油酸酯（司盘80）	04. 食品添加剂
88	GB 14750—2010	食品安全国家标准　食品添加剂　维生素A	04. 食品添加剂
89	GB 14751—2010	食品安全国家标准　食品添加剂　维生素 B_1（盐酸硫胺）	04. 食品添加剂
90	GB 14752—2010	食品安全国家标准　食品添加剂　维生素 B_2（核黄素）	04. 食品添加剂
91	GB 14753—2010	食品安全国家标准　食品添加剂　维生素 B_6（盐酸吡哆醇）	04. 食品添加剂
92	GB 14754—2010	食品安全国家标准　食品添加剂　维生素C（抗坏血酸）	04. 食品添加剂
93	GB 14755—2010	食品安全国家标准　食品添加剂　维生素 D_2（麦角钙化醇）	04. 食品添加剂
94	GB 14756—2010	食品安全国家标准　食品添加剂　维生素E（*dl*—*α*—醋酸生育酚）	04. 食品添加剂
95	GB 14757—2010	食品安全国家标准　食品添加剂　烟酸	04. 食品添加剂
96	GB 14758—2010	食品安全国家标准　食品添加剂　咖啡因	04. 食品添加剂
97	GB 14759—2010	食品安全国家标准　食品添加剂　牛磺酸	04. 食品添加剂
98	GB 14888. 1—2010	食品安全国家标准　食品添加剂　新红	04. 食品添加剂
99	GB 14888. 2—2010	食品安全国家标准　食品添加剂　新红铝色淀	04. 食品添加剂
100	GB 15570—2010	食品安全国家标准　食品添加剂　叶酸	04. 食品添加剂
101	GB 15571—2010	食品安全国家标准　食品添加剂　葡萄糖酸钙	04. 食品添加剂
102	GB 17512. 1—2010	食品安全国家标准　食品添加剂　赤藓红	04. 食品添加剂
103	GB 17512. 2—2010	食品安全国家标准　食品添加剂　赤藓红铝色淀	04. 食品添加剂
104	GB 17779—2010	食品安全国家标准　食品添加剂　L－苏糖酸钙	04. 食品添加剂
105	GB 1886. 100—2015	食品安全国家标准　食品添加剂　乙二胺四乙酸二钠	04. 食品添加剂
106	GB 1886. 101—2016	食品安全国家标准　食品添加剂　硬脂酸（又名十八烷酸）	04. 食品添加剂

续表

序号	标准编号	标准名称	标准类别
107	GB 1886.10—2015	食品安全国家标准　食品添加剂　冰乙酸（又名冰蜡酸）	04. 食品添加剂
108	GB 1886.102—2016	食品安全国家标准　食品添加剂　硬脂酸钙	04. 食品添加剂
109	GB 1886.103—2015	食品安全国家标准　食品添加剂　微晶纤维素	04. 食品添加剂
110	GB 1886.104—2015	食品安全国家标准　食品添加剂　喹啉黄	04. 食品添加剂
111	GB 1886.105—2016	食品安全国家标准　食品添加剂　辣椒橙	04. 食品添加剂
112	GB 1886.106—2015	食品安全国家标准　食品添加剂　罗望子多糖胶	04. 食品添加剂
113	GB 1886.107—2015	食品安全国家标准　食品添加剂　柠檬酸一钠	04. 食品添加剂
114	GB 1886.108—2015	食品安全国家标准　食品添加剂　偶氮甲酰胺	04. 食品添加剂
115	GB 1886.109—2015	食品安全国家标准　食品添加剂　羟丙基甲基纤维素（HPMC）	04. 食品添加剂
116	GB 1886.110—2015	食品安全国家标准　食品添加剂　天然苋菜红	04. 食品添加剂
117	GB 1886.111—2015	食品安全国家标准　食品添加剂　甜菜红	04. 食品添加剂
118	GB 1886.11—2016	食品安全国家标准　食品添加剂　亚硝酸钠	04. 食品添加剂
119	GB 1886.112—2015	食品安全国家标准　食品添加剂　聚氧乙烯木糖醇酐单硬脂酸酯	04. 食品添加剂
120	GB 1886.113—2015	食品安全国家标准　食品添加剂　菊花黄浸膏	04. 食品添加剂
121	GB 1886.114—2015	食品安全国家标准　食品添加剂　紫胶（又名虫胶）	04. 食品添加剂
122	GB 1886.115—2015	食品安全国家标准　食品添加剂　黑豆红	04. 食品添加剂
123	GB 1886.116—2015	食品安全国家标准　食品添加剂　木糖醇酐单硬脂酸酯	04. 食品添加剂
124	GB 1886.117—2015	食品安全国家标准　食品添加剂　羟基香茅醛	04. 食品添加剂
125	GB 1886.118—2015	食品安全国家标准　食品添加剂　杭白菊花浸膏	04. 食品添加剂
126	GB 1886.119—2015	食品安全国家标准　食品添加剂　1，8－桉叶素	04. 食品添加剂
127	GB 1886.1—2015	食品安全国家标准　食品添加剂　碳酸钠	04. 食品添加剂
128	GB 1886.120—2015	食品安全国家标准　食品添加剂　己酸	04. 食品添加剂
129	GB 1886.121—2015	食品安全国家标准　食品添加剂　丁酸	04. 食品添加剂
130	GB 1886.12—2015	食品安全国家标准　食品添加剂　丁基羟基茴香醚（BHA）	04. 食品添加剂
131	GB 1886.122—2015	食品安全国家标准　食品添加剂　桃醛（又名γ－十一烷内酯）	04. 食品添加剂
132	GB 1886.123—2015	食品安全国家标准　食品添加剂　α－己基肉桂醛	04. 食品添加剂

续表

序号	标准编号	标准名称	标准类别
133	GB 1886.124—2015	食品安全国家标准　食品添加剂　广藿香油	04. 食品添加剂
134	GB 1886.125—2015	食品安全国家标准　食品添加剂　肉桂醇	04. 食品添加剂
135	GB 1886.126—2015	食品安全国家标准　食品添加剂　乙酸芳樟酯	04. 食品添加剂
136	GB 1886.127—2016	食品安全国家标准　食品添加剂　山楂核烟熏香味料Ⅰ号、Ⅱ号	04. 食品添加剂
137	GB 1886.128—2015	食品安全国家标准　食品添加剂　甲基环戊烯醇酮（又名3-甲基-2-羟基-2-环戊烯-1-酮）	04. 食品添加剂
138	GB 1886.129—2015	食品安全国家标准　食品添加剂　丁香酚	04. 食品添加剂
139	GB 1886.130—2015	食品安全国家标准　食品添加剂　庚酸乙酯	04. 食品添加剂
140	GB 1886.131—2015	食品安全国家标准　食品添加剂　α-戊基肉桂醛	04. 食品添加剂
141	GB 1886.13—2015	食品安全国家标准　食品添加剂　高锰酸钾	04. 食品添加剂
142	GB 1886.132—2015	食品安全国家标准　食品添加剂　己酸烯丙酯	04. 食品添加剂
143	GB 1886.133—2015	食品安全国家标准　食品添加剂　枣子酊	04. 食品添加剂
144	GB 1886.134—2015	食品安全国家标准　食品添加剂　γ-壬内酯	04. 食品添加剂
145	GB 1886.135—2015	食品安全国家标准　食品添加剂　苯甲醇	04. 食品添加剂
146	GB 1886.136—2015	食品安全国家标准　食品添加剂　丁酸苄酯	04. 食品添加剂
147	GB 1886.137—2015	食品安全国家标准　食品添加剂　十六醛（又名杨梅醛）	04. 食品添加剂
148	GB 1886.138—2015	食品安全国家标准　食品添加剂　2-乙酰基吡嗪	04. 食品添加剂
149	GB 1886.139—2015	食品安全国家标准　食品添加剂　百里香酚	04. 食品添加剂
150	GB 1886.140—2015	食品安全国家标准　食品添加剂　八角茴香油	04. 食品添加剂
151	GB 1886.141—2016	食品安全国家标准　食品添加剂　*d*-核糖	04. 食品添加剂
152	GB 1886.14—2015	食品安全国家标准　食品添加剂　没食子酸丙酯	04. 食品添加剂
153	GB 1886.142—2015	食品安全国家标准　食品添加剂　α-紫罗兰酮	04. 食品添加剂
154	GB 1886.143—2015	食品安全国家标准　食品添加剂　γ-癸内酯	04. 食品添加剂
155	GB 1886.144—2015	食品安全国家标准　食品添加剂　γ-己内酯	04. 食品添加剂
156	GB 1886.145—2015	食品安全国家标准　食品添加剂　δ-癸内酯	04. 食品添加剂
157	GB 1886.146—2015	食品安全国家标准　食品添加剂　δ-十二内酯	04. 食品添加剂
158	GB 1886.147—2015	食品安全国家标准　食品添加剂　二氢香芹醇	04. 食品添加剂
159	GB 1886.148—2015	食品安全国家标准　食品添加剂　芳樟醇	04. 食品添加剂
160	GB 1886.149—2015	食品安全国家标准　食品添加剂　己醛	04. 食品添加剂
161	GB 1886.150—2015	食品安全国家标准　食品添加剂　甲酸香茅酯	04. 食品添加剂
162	GB 1886.151—2015	食品安全国家标准　食品添加剂　甲酸香叶酯	04. 食品添加剂

续表

序号	标准编号	标准名称	标准类别
163	GB 1886.15—2015	食品安全国家标准　食品添加剂　磷酸	04. 食品添加剂
164	GB 1886.152—2015	食品安全国家标准　食品添加剂　辛酸乙酯	04. 食品添加剂
165	GB 1886.153—2015	食品安全国家标准　食品添加剂　乙酸 2－甲基丁酯	04. 食品添加剂
166	GB 1886.154—2015	食品安全国家标准　食品添加剂　乙酸丙酯	04. 食品添加剂
167	GB 1886.155—2015	食品安全国家标准　食品添加剂　乙酸橙花酯	04. 食品添加剂
168	GB 1886.156—2015	食品安全国家标准　食品添加剂　乙酸松油酯	04. 食品添加剂
169	GB 1886.157—2015	食品安全国家标准　食品添加剂　乙酸香叶酯	04. 食品添加剂
170	GB 1886.158—2015	食品安全国家标准　食品添加剂　异丁酸乙酯	04. 食品添加剂
171	GB 1886.159—2015	食品安全国家标准　食品添加剂　异戊酸 3－己烯酯	04. 食品添加剂
172	GB 1886.160—2015	食品安全国家标准　食品添加剂　正癸醛（又名癸醛）	04. 食品添加剂
173	GB 1886.161—2015	食品安全国家标准　食品添加剂　棕榈酸乙酯	04. 食品添加剂
174	GB 1886.16—2015	食品安全国家标准　食品添加剂　香兰素	04. 食品添加剂
175	GB 1886.162—2015	食品安全国家标准　食品添加剂　2，6－二甲基－5－庚烯醛	04. 食品添加剂
176	GB 1886.163—2015	食品安全国家标准　食品添加剂　2－甲基－4－戊烯酸	04. 食品添加剂
177	GB 1886.164—2015	食品安全国家标准　食品添加剂　2－甲基丁酸 2－甲基丁酯	04. 食品添加剂
178	GB 1886.165—2015	食品安全国家标准　食品添加剂　2－甲基丁酸 3－己烯酯	04. 食品添加剂
179	GB 1886.166—2015	食品安全国家标准　食品添加剂　γ－庚内酯	04. 食品添加剂
180	GB 1886.167—2015	食品安全国家标准　食品添加剂　大茴香脑	04. 食品添加剂
181	GB 1886.168—2015	食品安全国家标准　食品添加剂　γ－十二内酯	04. 食品添加剂
182	GB 1886.169—2016	食品安全国家标准　食品添加剂　卡拉胶	04. 食品添加剂
183	GB 1886.170—2016	食品安全国家标准　食品添加剂　5′－鸟苷酸二钠	04. 食品添加剂
184	GB 1886.171—2016	食品安全国家标准　食品添加剂　5′－呈味核苷酸二钠（又名呈味核苷酸二钠）	04. 食品添加剂
185	GB 1886.17—2015	食品安全国家标准　食品添加剂　紫胶红（又名虫胶红）	04. 食品添加剂
186	GB 1886.172—2016	食品安全国家标准　食品添加剂　迷迭香提取物	04. 食品添加剂

续表

序号	标准编号	标准名称	标准类别
187	GB 1886.173—2016	食品安全国家标准　食品添加剂　乳酸	04. 食品添加剂
188	GB 1886.174—2016	食品安全国家标准　食品添加剂　食品工业用酶制剂	04. 食品添加剂
189	GB 1886.175—2016	食品安全国家标准　食品添加剂　亚麻籽胶（又名富兰克胶）	04. 食品添加剂
190	GB 1886.176—2016	食品安全国家标准　食品添加剂　异构化乳糖液	04. 食品添加剂
191	GB 1886.177—2016	食品安全国家标准　食品添加剂　D－甘露糖醇	04. 食品添加剂
192	GB 1886.179—2016	食品安全国家标准　食品添加剂　硬脂酰乳酸钙	04. 食品添加剂
193	GB 1886.180—2016	食品安全国家标准　食品添加剂　β－环状糊精	04. 食品添加剂
194	GB 1886.181—2016	食品安全国家标准　食品添加剂　红曲红	04. 食品添加剂
195	GB 1886.18—2015	食品安全国家标准　食品添加剂　糖精钠	04. 食品添加剂
196	GB 1886.182—2016	食品安全国家标准　食品添加剂　异麦芽酮糖	04. 食品添加剂
197	GB 1886.183—2016	食品安全国家标准　食品添加剂　苯甲酸	04. 食品添加剂
198	GB 1886.184—2016	食品安全国家标准　食品添加剂　苯甲酸钠	04. 食品添加剂
199	GB 1886.185—2016	食品安全国家标准　食品添加剂　琥珀酸单甘油酯	04. 食品添加剂
200	GB 1886.186—2016	食品安全国家标准　食品添加剂　山梨酸	04. 食品添加剂
201	GB 1886.187—2016	食品安全国家标准　食品添加剂　山梨糖醇和山梨糖醇液	04. 食品添加剂
202	GB 1886.188—2016	食品安全国家标准　食品添加剂　田菁胶	04. 食品添加剂
203	GB 1886.189—2016	食品安全国家标准　食品添加剂　3－环己基丙酸烯丙酯	04. 食品添加剂
204	GB 1886.190—2016	食品安全国家标准　食品添加剂　乙酸乙酯	04. 食品添加剂
205	GB 1886.191—2016	食品安全国家标准　食品添加剂　柠檬醛	04. 食品添加剂
206	GB 1886.19—2015	食品安全国家标准　食品添加剂　红曲米	04. 食品添加剂
207	GB 1886.192—2016	食品安全国家标准　食品添加剂　苯乙醇	04. 食品添加剂
208	GB 1886.193—2016	食品安全国家标准　食品添加剂　丙酸乙酯	04. 食品添加剂
209	GB 1886.194—2016	食品安全国家标准　食品添加剂　丁酸乙酯	04. 食品添加剂
210	GB 1886.195—2016	食品安全国家标准　食品添加剂　丁酸异戊酯	04. 食品添加剂
211	GB 1886.196—2016	食品安全国家标准　食品添加剂　己酸乙酯	04. 食品添加剂
212	GB 1886.197—2016	食品安全国家标准　食品添加剂　乳酸乙酯	04. 食品添加剂
213	GB 1886.198—2016	食品安全国家标准　食品添加剂　α－松油醇	04. 食品添加剂

续表

序号	标准编号	标准名称	标准类别
214	GB 1886.199—2016	食品安全国家标准　食品添加剂　天然薄荷脑	04. 食品添加剂
215	GB 1886.200—2016	食品安全国家标准　食品添加剂　香叶油（又名玫瑰香叶油）	04. 食品添加剂
216	GB 1886.201—2016	食品安全国家标准　食品添加剂　乙酸苄酯	04. 食品添加剂
217	GB 1886.20—2016	食品安全国家标准　食品添加剂　氢氧化钠	04. 食品添加剂
218	GB 1886.202—2016	食品安全国家标准　食品添加剂　乙酸异戊酯	04. 食品添加剂
219	GB 1886.203—2016	食品安全国家标准　食品添加剂　异戊酸异戊酯	04. 食品添加剂
220	GB 1886.204—2016	食品安全国家标准　食品添加剂　亚洲薄荷素油	04. 食品添加剂
221	GB 1886.205—2016	食品安全国家标准　食品添加剂　*d*－香芹酮	04. 食品添加剂
222	GB 1886.206—2016	食品安全国家标准　食品添加剂　*l*－香芹酮	04. 食品添加剂
223	GB 1886.207—2016	食品安全国家标准　食品添加剂　中国肉桂油	04. 食品添加剂
224	GB 1886.208—2016	食品安全国家标准　食品添加剂　乙基麦芽酚	04. 食品添加剂
225	GB 1886.209—2016	食品安全国家标准　食品添加剂　正丁醇	04. 食品添加剂
226	GB 1886.210—2016	食品安全国家标准　食品添加剂　丙酸	04. 食品添加剂
227	GB 1886.211—2016	食品安全国家标准　食品添加剂　茶多酚（又名维多酚）	04. 食品添加剂
228	GB 1886.21—2016	食品安全国家标准　食品添加剂　乳酸钙	04. 食品添加剂
229	GB 1886.212—2016	食品安全国家标准　食品添加剂　酪蛋白酸钠（又名酪朊酸钠）	04. 食品添加剂
230	GB 1886.213—2016	食品安全国家标准　食品添加剂　二氧化硫	04. 食品添加剂
231	GB 1886.214—2016	食品安全国家标准　食品添加剂　碳酸钙（包括轻质和重质碳酸钙）	04. 食品添加剂
232	GB 1886.215—2016	食品安全国家标准　食品添加剂　白油（又名液体石蜡）	04. 食品添加剂
233	GB 1886.216—2016	食品安全国家标准　食品添加剂　氧化镁（包括重质和轻质）	04. 食品添加剂
234	GB 1886.217—2016	食品安全国家标准　食品添加剂　亮蓝	04. 食品添加剂
235	GB 1886.218—2016	食品安全国家标准　食品添加剂　亮蓝铝色淀	04. 食品添加剂
236	GB 1886.219—2016	食品安全国家标准　食品添加剂　苋菜红铝色淀	04. 食品添加剂
237	GB 1886.2—2015	食品安全国家标准　食品添加剂　碳酸氢钠	04. 食品添加剂
238	GB 1886.220—2016	食品安全国家标准　食品添加剂　胭脂红	04. 食品添加剂
239	GB 1886.221—2016	食品安全国家标准　食品添加剂　胭脂红铝色淀	04. 食品添加剂
240	GB 1886.22—2016	食品安全国家标准　食品添加剂　柠檬油	04. 食品添加剂

续表

序号	标准编号	标准名称	标准类别
241	GB 1886. 222—2016	食品安全国家标准　食品添加剂　诱惑红	04. 食品添加剂
242	GB 1886. 223—2016	食品安全国家标准　食品添加剂　诱惑红铝色淀	04. 食品添加剂
243	GB 1886. 224—2016	食品安全国家标准　食品添加剂　日落黄铝色淀	04. 食品添加剂
244	GB 1886. 225—2016	食品安全国家标准　食品添加剂　乙氧基喹	04. 食品添加剂
245	GB 1886. 226—2016	食品安全国家标准　食品添加剂　海藻酸丙二醇酯	04. 食品添加剂
246	GB 1886. 227—2016	食品安全国家标准　食品添加剂　吗啉脂肪酸盐果蜡	04. 食品添加剂
247	GB 1886. 228—2016	食品安全国家标准　食品添加剂　二氧化碳	04. 食品添加剂
248	GB 1886. 229—2016	食品安全国家标准　食品添加剂　硫酸铝钾（又名钾明矾）	04. 食品添加剂
249	GB 1886. 230—2016	食品安全国家标准　食品添加剂　抗坏血酸棕榈酸酯	04. 食品添加剂
250	GB 1886. 231—2016	食品安全国家标准　食品添加剂　乳酸链球菌素	04. 食品添加剂
251	GB 1886. 23—2015	食品安全国家标准　食品添加剂　小花茉莉浸膏	04. 食品添加剂
252	GB 1886. 232—2016	食品安全国家标准　食品添加剂　羧甲基纤维素钠	04. 食品添加剂
253	GB 1886. 233—2016	食品安全国家标准　食品添加剂　维生素 E	04. 食品添加剂
254	GB 1886. 234—2016	食品安全国家标准　食品添加剂　木糖醇	04. 食品添加剂
255	GB 1886. 235—2016	食品安全国家标准　食品添加剂　柠檬酸	04. 食品添加剂
256	GB 1886. 236—2016	食品安全国家标准　食品添加剂　丙二醇脂肪酸酯	04. 食品添加剂
257	GB 1886. 237—2016	食品安全国家标准　食品添加剂　植酸（又名肌醇六磷酸）	04. 食品添加剂
258	GB 1886. 238—2016	食品安全国家标准　食品添加剂　改性大豆磷脂	04. 食品添加剂
259	GB 1886. 239—2016	食品安全国家标准　食品添加剂　琼脂	04. 食品添加剂
260	GB 1886. 240—2016	食品安全国家标准　食品添加剂　甘草酸一钾	04. 食品添加剂
261	GB 1886. 241—2016	食品安全国家标准　食品添加剂　甘草酸三钾	04. 食品添加剂
262	GB 1886. 24—2015	食品安全国家标准　食品添加剂　桂花浸膏	04. 食品添加剂
263	GB 1886. 242—2016	食品安全国家标准　食品添加剂　甘草酸铵	04. 食品添加剂
264	GB 1886. 243—2016	食品安全国家标准　食品添加剂　海藻酸钠（又名褐藻酸钠）	04. 食品添加剂
265	GB 1886. 244—2016	食品安全国家标准　食品添加剂　紫甘薯色素	04. 食品添加剂
266	GB 1886. 245—2016	食品安全国家标准　食品添加剂　复配膨松剂	04. 食品添加剂
267	GB 1886. 246—2016	食品安全国家标准　食品添加剂　滑石粉	04. 食品添加剂
268	GB 1886. 247—2016	食品安全国家标准　食品添加剂　碳酸氢钾	04. 食品添加剂

续表

序号	标准编号	标准名称	标准类别
269	GB 1886.248—2016	食品安全国家标准　食品添加剂　稳定态二氧化氯	04. 食品添加剂
270	GB 1886.249—2016	食品安全国家标准　食品添加剂　4-己基间苯二酚	04. 食品添加剂
271	GB 1886.250—2016	食品安全国家标准　食品添加剂　植酸钠	04. 食品添加剂
272	GB 1886.251—2016	食品安全国家标准　食品添加剂　氧化铁黑	04. 食品添加剂
273	GB 1886.25—2016	食品安全国家标准　食品添加剂　柠檬酸钠	04. 食品添加剂
274	GB 1886.252—2016	食品安全国家标准　食品添加剂　氧化铁红	04. 食品添加剂
275	GB 1886.253—2016	食品安全国家标准　食品添加剂　羟基硬脂精（又名氧化硬脂精）	04. 食品添加剂
276	GB 1886.254—2016	食品安全国家标准　食品添加剂　刺梧桐胶	04. 食品添加剂
277	GB 1886.255—2016	食品安全国家标准　食品添加剂　活性炭	04. 食品添加剂
278	GB 1886.256—2016	食品安全国家标准　食品添加剂　甲基纤维素	04. 食品添加剂
279	GB 1886.257—2016	食品安全国家标准　食品添加剂　溶菌酶	04. 食品添加剂
280	GB 1886.258—2016	食品安全国家标准　食品添加剂　正己烷	04. 食品添加剂
281	GB 1886.259—2016	食品安全国家标准　食品添加剂　蔗糖聚丙烯醚	04. 食品添加剂
282	GB 1886.260—2016	食品安全国家标准　食品添加剂　橙皮素	04. 食品添加剂
283	GB 1886.261—2016	食品安全国家标准　食品添加剂　根皮素	04. 食品添加剂
284	GB 1886.26—2016	食品安全国家标准　食品添加剂　石蜡	04. 食品添加剂
285	GB 1886.262—2016	食品安全国家标准　食品添加剂　柚苷（柚皮甙提取物）	04. 食品添加剂
286	GB 1886.263—2016	食品安全国家标准　食品添加剂　玫瑰净油	04. 食品添加剂
287	GB 1886.264—2016	食品安全国家标准　食品添加剂　小花茉莉净油	04. 食品添加剂
288	GB 1886.265—2016	食品安全国家标准　食品添加剂　桂花净油	04. 食品添加剂
289	GB 1886.266—2016	食品安全国家标准　食品添加剂　红茶酊	04. 食品添加剂
290	GB 1886.267—2016	食品安全国家标准　食品添加剂　绿茶酊	04. 食品添加剂
291	GB 1886.268—2016	食品安全国家标准　食品添加剂　罗汉果酊	04. 食品添加剂
292	GB 1886.269—2016	食品安全国家标准　食品添加剂　黄芥末提取物	04. 食品添加剂
293	GB 1886.270—2016	食品安全国家标准　食品添加剂　茶树油（又名互叶白千层油）	04. 食品添加剂
294	GB 1886.271—2016	食品安全国家标准　食品添加剂　香茅油	04. 食品添加剂
295	GB 1886.27—2015	食品安全国家标准　食品添加剂　蔗糖脂肪酸酯	04. 食品添加剂
296	GB 1886.272—2016	食品安全国家标准　食品添加剂　大蒜油	04. 食品添加剂
297	GB 1886.273—2016	食品安全国家标准　食品添加剂　丁香花蕾油	04. 食品添加剂
298	GB 1886.274—2016	食品安全国家标准　食品添加剂　杭白菊花油	04. 食品添加剂

续表

序号	标准编号	标准名称	标准类别
299	GB 1886.275—2016	食品安全国家标准 食品添加剂 白兰花油	04. 食品添加剂
300	GB 1886.276—2016	食品安全国家标准 食品添加剂 白兰叶油	04. 食品添加剂
301	GB 1886.277—2016	食品安全国家标准 食品添加剂 树兰花油	04. 食品添加剂
302	GB 1886.278—2016	食品安全国家标准 食品添加剂 椒样薄荷油	04. 食品添加剂
303	GB 1886.279—2016	食品安全国家标准 食品添加剂 洋茉莉醛（又名胡椒醛）	04. 食品添加剂
304	GB 1886.280—2016	食品安全国家标准 食品添加剂 2-甲基戊酸乙酯	04. 食品添加剂
305	GB 1886.281—2016	食品安全国家标准 食品添加剂 香茅醛	04. 食品添加剂
306	GB 1886.28—2016	食品安全国家标准 食品添加剂 D-异抗坏血酸钠	04. 食品添加剂
307	GB 1886.282—2016	食品安全国家标准 食品添加剂 麦芽酚	04. 食品添加剂
308	GB 1886.283—2016	食品安全国家标准 食品添加剂 乙基香兰素	04. 食品添加剂
309	GB 1886.284—2016	食品安全国家标准 食品添加剂 覆盆子酮（又名悬钩子酮）	04. 食品添加剂
310	GB 1886.285—2016	食品安全国家标准 食品添加剂 丙酸苄酯	04. 食品添加剂
311	GB 1886.286—2016	食品安全国家标准 食品添加剂 丁酸丁酯	04. 食品添加剂
312	GB 1886.287—2016	食品安全国家标准 食品添加剂 异戊酸乙酯	04. 食品添加剂
313	GB 1886.288—2016	食品安全国家标准 食品添加剂 苯甲酸乙酯	04. 食品添加剂
314	GB 1886.289—2016	食品安全国家标准 食品添加剂 苯甲酸苄酯	04. 食品添加剂
315	GB 1886.290—2016	食品安全国家标准 食品添加剂 2-甲基吡嗪	04. 食品添加剂
316	GB 1886.291—2016	食品安全国家标准 食品添加剂 2，3-二甲基吡嗪	04. 食品添加剂
317	GB 1886.29—2015	食品安全国家标准 食品添加剂 生姜油	04. 食品添加剂
318	GB 1886.292—2016	食品安全国家标准 食品添加剂 2，3，5-三甲基吡嗪	04. 食品添加剂
319	GB 1886.293—2016	食品安全国家标准 食品添加剂 5-羟乙基-4-甲基噻唑	04. 食品添加剂
320	GB 1886.294—2016	食品安全国家标准 食品添加剂 2-乙酰基噻唑	04. 食品添加剂
321	GB 1886.295—2016	食品安全国家标准 食品添加剂 2，3，5，6-四甲基吡嗪	04. 食品添加剂
322	GB 1886.296—2016	食品安全国家标准 食品添加剂 柠檬酸铁铵	04. 食品添加剂
323	GB 1886.30—2015	食品安全国家标准 食品添加剂 可可壳色	04. 食品添加剂

续表

序号	标准编号	标准名称	标准类别
324	GB 1886.31—2015	食品安全国家标准　食品添加剂　对羟基苯甲酸乙酯	04. 食品添加剂
325	GB 1886.3—2016	食品安全国家标准　食品添加剂　磷酸氢钙	04. 食品添加剂
326	GB 1886.32—2015	食品安全国家标准　食品添加剂　高粱红	04. 食品添加剂
327	GB 1886.33—2015	食品安全国家标准　食品添加剂　桉叶油（蓝桉油）	04. 食品添加剂
328	GB 1886.34—2015	食品安全国家标准　食品添加剂　辣椒红	04. 食品添加剂
329	GB 1886.35—2015	食品安全国家标准　食品添加剂　山苍子油	04. 食品添加剂
330	GB 1886.36—2015	食品安全国家标准　食品添加剂　留兰香油	04. 食品添加剂
331	GB 1886.37—2015	食品安全国家标准　食品添加剂　环己基氨基磺酸钠（又名甜蜜素）	04. 食品添加剂
332	GB 1886.38—2015	食品安全国家标准　食品添加剂　薰衣草油	04. 食品添加剂
333	GB 1886.39—2015	食品安全国家标准　食品添加剂　山梨酸钾	04. 食品添加剂
334	GB 1886.40—2015	食品安全国家标准　食品添加剂　L－苹果酸	04. 食品添加剂
335	GB 1886.41—2015	食品安全国家标准　食品添加剂　黄原胶	04. 食品添加剂
336	GB 1886.4—2015	食品安全国家标准　食品添加剂　六偏磷酸钠	04. 食品添加剂
337	GB 1886.42—2015	食品安全国家标准　食品添加剂　*dl*－酒石酸	04. 食品添加剂
338	GB 1886.43—2015	食品安全国家标准　食品添加剂　抗坏血酸钙	04. 食品添加剂
339	GB 1886.44—2016	食品安全国家标准　食品添加剂　抗坏血酸钠	04. 食品添加剂
340	GB 1886.45—2016	食品安全国家标准　食品添加剂　氯化钙	04. 食品添加剂
341	GB 1886.46—2015	食品安全国家标准　食品添加剂　低亚硫酸钠	04. 食品添加剂
342	GB 1886.47—2016	食品安全国家标准　食品添加剂　天门冬酰苯丙氨酸甲酯（又名阿斯巴甜）	04. 食品添加剂
343	GB 1886.48—2015	食品安全国家标准　食品添加剂玫瑰油	04. 食品添加剂
344	GB 1886.49—2016	食品安全国家标准　食品添加剂　D－异抗坏血酸	04. 食品添加剂
345	GB 1886.50—2015	食品安全国家标准　食品添加剂　2－甲基－3－巯基呋喃	04. 食品添加剂
346	GB 1886.51—2015	食品安全国家标准　食品添加剂　2，3－丁二酮	04. 食品添加剂
347	GB 1886.5—2015	食品安全国家标准　食品添加剂　硝酸钠	04. 食品添加剂
348	GB 1886.52—2015	食品安全国家标准　食品添加剂　植物油抽提溶剂（又名己烷类溶剂）	04. 食品添加剂
349	GB 1886.53—2015	食品安全国家标准　食品添加剂　己二酸	04. 食品添加剂
350	GB 1886.54—2015	食品安全国家标准　食品添加剂　丙烷	04. 食品添加剂
351	GB 1886.55—2015	食品安全国家标准　食品添加剂　丁烷	04. 食品添加剂

续表

序号	标准编号	标准名称	标准类别
352	GB 1886.56—2015	食品安全国家标准 食品添加剂 1－丁醇（正丁醇）	04. 食品添加剂
353	GB 1886.57—2016	食品安全国家标准 食品添加剂 单辛酸甘油酯	04. 食品添加剂
354	GB 1886.58—2015	食品安全国家标准 食品添加剂 乙醚	04. 食品添加剂
355	GB 1886.59—2015	食品安全国家标准 食品添加剂 石油醚	04. 食品添加剂
356	GB 1886.60—2015	食品安全国家标准 食品添加剂 姜黄	04. 食品添加剂
357	GB 1886.61—2015	食品安全国家标准 食品添加剂 红花黄	04. 食品添加剂
358	GB 1886.6—2016	食品安全国家标准 食品添加剂 硫酸钙	04. 食品添加剂
359	GB 1886.62—2015	食品安全国家标准 食品添加剂 硅酸镁	04. 食品添加剂
360	GB 1886.63—2015	食品安全国家标准 食品添加剂 膨润土	04. 食品添加剂
361	GB 1886.64—2015	食品安全国家标准 食品添加剂 焦糖色	04. 食品添加剂
362	GB 1886.65—2015	食品安全国家标准 食品添加剂 单，双甘油脂肪酸酯	04. 食品添加剂
363	GB 1886.66—2015	食品安全国家标准 食品添加剂 红曲黄色素	04. 食品添加剂
364	GB 1886.67—2015	食品安全国家标准 食品添加剂 皂荚糖胶	04. 食品添加剂
365	GB 1886.68—2015	食品安全国家标准 食品添加剂 二甲基二碳酸盐（又名维果灵）	04. 食品添加剂
366	GB 1886.69—2016	食品安全国家标准 食品添加剂 天门冬酰苯丙氨酸甲酯乙酰磺胺酸	04. 食品添加剂
367	GB 1886.70—2015	食品安全国家标准 食品添加剂 沙蒿胶	04. 食品添加剂
368	GB 1886.71—2015	食品安全国家标准 食品添加剂 1，2－二氯乙烷	04. 食品添加剂
369	GB 1886.7—2015	食品安全国家标准 食品添加剂 焦亚硫酸钠	04. 食品添加剂
370	GB 1886.72—2016	食品安全国家标准 食品添加剂 聚氧乙烯聚氧丙烯胺醚	04. 食品添加剂
371	GB 1886.73—2015	食品安全国家标准 食品添加剂 不溶性聚乙烯聚吡咯烷酮	04. 食品添加剂
372	GB 1886.74—2015	食品安全国家标准 食品添加剂 柠檬酸钾	04. 食品添加剂
373	GB 1886.75—2016	食品安全国家标准 食品添加剂 L－半胱氨酸盐酸盐	04. 食品添加剂
374	GB 1886.76—2015	食品安全国家标准 食品添加剂 姜黄素	04. 食品添加剂
375	GB 1886.77—2016	食品安全国家标准 食品添加剂 罗汉果甜苷	04. 食品添加剂
376	GB 1886.78—2016	食品安全国家标准 食品添加剂 番茄红素（合成）	04. 食品添加剂

续表

序号	标准编号	标准名称	标准类别
377	GB 1886.79—2015	食品安全国家标准　食品添加剂　硫代二丙酸二月桂酯	04. 食品添加剂
378	GB 1886.80—2015	食品安全国家标准　食品添加剂　乙酰化单、双甘油脂肪酸酯	04. 食品添加剂
379	GB 1886.81—2015	食品安全国家标准　食品添加剂　月桂酸	04. 食品添加剂
380	GB 1886.8—2015	食品安全国家标准　食品添加剂　亚硫酸钠	04. 食品添加剂
381	GB 1886.83—2016	食品安全国家标准　食品添加剂　铵磷脂	04. 食品添加剂
382	GB 1886.84—2015	食品安全国家标准　食品添加剂　巴西棕榈蜡	04. 食品添加剂
383	GB 1886.85—2016	食品安全国家标准　食品添加剂　冰乙酸（低压羰基化法）	04. 食品添加剂
384	GB 1886.86—2015	食品安全国家标准　食品添加剂　刺云实胶	04. 食品添加剂
385	GB 1886.87—2015	食品安全国家标准　食品添加剂　蜂蜡	04. 食品添加剂
386	GB 1886.88—2015	食品安全国家标准　食品添加剂　富马酸一钠	04. 食品添加剂
387	GB 1886.89—2015	食品安全国家标准　食品添加剂　甘草抗氧化物	04. 食品添加剂
388	GB 1886.90—2015	食品安全国家标准　食品添加剂　硅酸钙	04. 食品添加剂
389	GB 1886.91—2016	食品安全国家标准　食品添加剂　硬脂酸镁	04. 食品添加剂
390	GB 1886.9—2016	食品安全国家标准　食品添加剂　盐酸	04. 食品添加剂
391	GB 1886.92—2016	食品安全国家标准　食品添加剂　硬脂酰乳酸钠	04. 食品添加剂
392	GB 1886.93—2015	食品安全国家标准　食品添加剂　乳酸脂肪酸甘油酯	04. 食品添加剂
393	GB 1886.94—2016	食品安全国家标准　食品添加剂　亚硝酸钾	04. 食品添加剂
394	GB 1886.95—2015	食品安全国家标准　食品添加剂　聚甘油蓖麻醇酸酯（PGPR）	04. 食品添加剂
395	GB 1886.96—2016	食品安全国家标准　食品添加剂　松香季戊四醇酯	04. 食品添加剂
396	GB 1886.97—2015	食品安全国家标准　食品添加剂　5′-肌苷酸二钠	04. 食品添加剂
397	GB 1886.98—2016	食品安全国家标准　食品添加剂　乳糖醇（又名4-β-D吡喃半乳糖-D-山梨醇）	04. 食品添加剂
398	GB 1886.99—2015	食品安全国家标准　食品添加剂　L-α-天冬氨酰-*N*-（2，2，4，4-四甲基-3-硫化三亚甲基）-D-丙氨酰胺（又名阿力甜）	04. 食品添加剂
399	GB 1888—2014	食品安全国家标准　食品添加剂　碳酸氢铵	04. 食品添加剂
400	GB 1900—2010	食品安全国家标准　食品添加剂　二丁基羟基甲苯（BHT）	04. 食品添加剂

续表

序号	标准编号	标准名称	标准类别
401	GB 25531—2010	食品安全国家标准　食品添加剂　三氯蔗糖	04. 食品添加剂
402	GB 25532—2010	食品安全国家标准　食品添加剂　纳他霉素	04. 食品添加剂
403	GB 25533—2010	食品安全国家标准　食品添加剂　果胶	04. 食品添加剂
404	GB 25534—2010	食品安全国家标准　食品添加剂　红米红	04. 食品添加剂
405	GB 25535—2010	食品安全国家标准　食品添加剂　结冷胶	04. 食品添加剂
406	GB 25536—2010	食品安全国家标准　食品添加剂　萝卜红	04. 食品添加剂
407	GB 25537—2010	食品安全国家标准　食品添加剂　乳酸钠（溶液）	04. 食品添加剂
408	GB 25538—2010	食品安全国家标准　食品添加剂　双乙酸钠	04. 食品添加剂
409	GB 25539—2010	食品安全国家标准　食品添加剂　双乙酰酒石酸单双甘油酯	04. 食品添加剂
410	GB 25540—2010	食品安全国家标准　食品添加剂　乙酰磺胺酸钾	04. 食品添加剂
411	GB 25541—2010	食品安全国家标准　食品添加剂　聚葡萄糖	04. 食品添加剂
412	GB 25542—2010	食品安全国家标准　食品添加剂　甘氨酸（氨基乙酸）	04. 食品添加剂
413	GB 25543—2010	食品安全国家标准　食品添加剂　L－丙氨酸	04. 食品添加剂
414	GB 25544—2010	食品安全国家标准　食品添加剂　DL－苹果酸	04. 食品添加剂
415	GB 25545—2010	食品安全国家标准　食品添加剂　L（＋）－酒石酸	04. 食品添加剂
416	GB 25546—2010	食品安全国家标准　食品添加剂　富马酸	04. 食品添加剂
417	GB 25547—2010	食品安全国家标准　食品添加剂　脱氢乙酸钠	04. 食品添加剂
418	GB 25548—2010	食品安全国家标准　食品添加剂　丙酸钙	04. 食品添加剂
419	GB 25549—2010	食品安全国家标准　食品添加剂　丙酸钠	04. 食品添加剂
420	GB 25550—2010	食品安全国家标准　食品添加剂　L－肉碱酒石酸盐	04. 食品添加剂
421	GB 25551—2010	食品安全国家标准　食品添加剂　山梨醇酐单月桂酸酯	04. 食品添加剂
422	GB 25552—2010	食品安全国家标准　食品添加剂　山梨醇酐单棕榈酸酯	04. 食品添加剂
423	GB 25553—2010	食品安全国家标准　食品添加剂　聚氧乙烯（20）山梨醇酐单	04. 食品添加剂
424	GB 25554—2010	食品安全国家标准　食品添加剂　聚氧乙烯（20）山梨醇酐单油	04. 食品添加剂
425	GB 25555—2010	食品安全国家标准　食品添加剂　L－乳酸钙	04. 食品添加剂

续表

序号	标准编号	标准名称	标准类别
426	GB 25556—2010	食品安全国家标准　食品添加剂　酒石酸氢钾	04. 食品添加剂
427	GB 25557—2010	食品安全国家标准　食品添加剂　焦磷酸钠	04. 食品添加剂
428	GB 25558—2010	食品安全国家标准　食品添加剂　磷酸三钙	04. 食品添加剂
429	GB 25559—2010	食品安全国家标准　食品添加剂　磷酸二氢钙	04. 食品添加剂
430	GB 25560—2010	食品安全国家标准　食品添加剂　磷酸二氢钾	04. 食品添加剂
431	GB 25561—2010	食品安全国家标准　食品添加剂　磷酸氢二钾	04. 食品添加剂
432	GB 25562—2010	食品安全国家标准　食品添加剂　焦磷酸四钾	04. 食品添加剂
433	GB 25563—2010	食品安全国家标准　食品添加剂　磷酸三钾	04. 食品添加剂
434	GB 25564—2010	食品安全国家标准　食品添加剂　磷酸二氢钠	04. 食品添加剂
435	GB 25565—2010	食品安全国家标准　食品添加剂　磷酸三钠	04. 食品添加剂
436	GB 25566—2010	食品安全国家标准　食品添加剂　三聚磷酸钠	04. 食品添加剂
437	GB 25567—2010	食品安全国家标准　食品添加剂　焦磷酸二氢二钠	04. 食品添加剂
438	GB 25568—2010	食品安全国家标准　食品添加剂　磷酸氢二钠	04. 食品添加剂
439	GB 25569—2010	食品安全国家标准　食品添加剂　磷酸二氢铵	04. 食品添加剂
440	GB 25570—2010	食品安全国家标准　食品添加剂　焦亚硫酸钾	04. 食品添加剂
441	GB 25571—2011	食品安全国家标准　食品添加剂　活性白土	04. 食品添加剂
442	GB 25572—2010	食品安全国家标准　食品添加剂　氢氧化钙	04. 食品添加剂
443	GB 25573—2010	食品安全国家标准　食品添加剂　过氧化钙	04. 食品添加剂
444	GB 25574—2010	食品安全国家标准　食品添加剂　次氯酸钠	04. 食品添加剂
445	GB 25575—2010	食品安全国家标准　食品添加剂　氢氧化钾	04. 食品添加剂
446	GB 25576—2010	食品安全国家标准　食品添加剂　二氧化硅	04. 食品添加剂
447	GB 25577—2010	食品安全国家标准　食品添加剂　二氧化钛	04. 食品添加剂
448	GB 25579—2010	食品安全国家标准　食品添加剂　硫酸锌	04. 食品添加剂
449	GB 25581—2010	食品安全国家标准　食品添加剂　亚铁氰化钾（黄血盐钾）	04. 食品添加剂
450	GB 25582—2010	食品安全国家标准　食品添加剂　硅酸钙铝	04. 食品添加剂
451	GB 25583—2010	食品安全国家标准　食品添加剂　硅铝酸钠	04. 食品添加剂
452	GB 25584—2010	食品安全国家标准　食品添加剂　氯化镁	04. 食品添加剂
453	GB 25585—2010	食品安全国家标准　食品添加剂　氯化钾	04. 食品添加剂
454	GB 25586—2010	食品安全国家标准　食品添加剂　碳酸氢三钠（倍半碳酸钠）	04. 食品添加剂
455	GB 25587—2010	食品安全国家标准　食品添加剂　碳酸镁	04. 食品添加剂
456	GB 25588—2010	食品安全国家标准　食品添加剂　碳酸钾	04. 食品添加剂

续表

序号	标准编号	标准名称	标准类别
457	GB 25590—2010	食品安全国家标准　食品添加剂　亚硫酸氢钠	04. 食品添加剂
458	GB 25592—2010	食品安全国家标准　食品添加剂　硫酸铝铵	04. 食品添加剂
459	GB 25593—2010	食品安全国家标准　食品添加剂　*N*，2，3-三甲基-2-异丙基丁酰胺	04. 食品添加剂
460	GB 26400—2011	食品安全国家标准　食品添加剂　二十二碳六烯酸油脂（发酵法）	04. 食品添加剂
461	GB 26401—2011	食品安全国家标准　食品添加剂　花生四烯酸油脂（发酵法）	04. 食品添加剂
462	GB 26402—2011	食品安全国家标准　食品添加剂　碘酸钾	04. 食品添加剂
463	GB 26403—2011	食品安全国家标准　食品添加剂　特丁基对苯二酚	04. 食品添加剂
464	GB 26404—2011	食品安全国家标准　食品添加剂　赤藓糖醇	04. 食品添加剂
465	GB 26405—2011	食品安全国家标准　食品添加剂　叶黄素	04. 食品添加剂
466	GB 26406—2011	食品安全国家标准　食品添加剂　叶绿素铜钠盐	04. 食品添加剂
467	GB 26687—2011	食品安全国家标准　复配食品添加剂　通则	04. 食品添加剂
468	GB 28301—2012	食品安全国家标准　食品添加剂　核黄素5′-磷酸钠	04. 食品添加剂
469	GB 28302—2012	食品安全国家标准　食品添加剂　辛，癸酸甘油酯	04. 食品添加剂
470	GB 28303—2012	食品安全国家标准　食品添加剂　辛烯基琥珀酸淀粉钠	04. 食品添加剂
471	GB 28304—2012	食品安全国家标准　食品添加剂　可得然胶	04. 食品添加剂
472	GB 28305—2012	食品安全国家标准　食品添加剂　乳酸钾	04. 食品添加剂
473	GB 28306—2012	食品安全国家标准　食品添加剂　L-精氨酸	04. 食品添加剂
474	GB 28307—2012	食品安全国家标准　食品添加剂　麦芽糖醇和麦芽糖醇液	04. 食品添加剂
475	GB 28308—2012	食品安全国家标准　食品添加剂　植物炭黑	04. 食品添加剂
476	GB 28309—2012	食品安全国家标准　食品添加剂　酸性红（偶氮玉红）	04. 食品添加剂
477	GB 28310—2012	食品安全国家标准　食品添加剂　β-胡萝卜素（发酵法）	04. 食品添加剂
478	GB 28311—2012	食品安全国家标准　食品添加剂　栀子蓝	04. 食品添加剂
479	GB 28312—2012	食品安全国家标准　食品添加剂　玫瑰茄红	04. 食品添加剂
480	GB 28313—2012	食品安全国家标准　食品添加剂　葡萄皮红	04. 食品添加剂
481	GB 28314—2012	食品安全国家标准　食品添加剂　辣椒油树脂	04. 食品添加剂

续表

序号	标准编号	标准名称	标准类别
482	GB 28315—2012	食品安全国家标准　食品添加剂　紫草红	04. 食品添加剂
483	GB 28316—2012	食品安全国家标准　食品添加剂　番茄红	04. 食品添加剂
484	GB 28317—2012	食品安全国家标准　食品添加剂　靛蓝	04. 食品添加剂
485	GB 28318—2012	食品安全国家标准　食品添加剂　靛蓝铝色淀	04. 食品添加剂
486	GB 28319—2012	食品安全国家标准　食品添加剂　庚酸烯丙酯	04. 食品添加剂
487	GB 28320—2012	食品安全国家标准　食品添加剂　苯甲醛	04. 食品添加剂
488	GB 28321—2012	食品安全国家标准　食品添加剂　十二酸乙酯（月桂酸乙酯）	04. 食品添加剂
489	GB 28322—2012	食品安全国家标准　食品添加剂　十四酸乙酯（肉豆蔻酸乙酯）	04. 食品添加剂
490	GB 28323—2012	食品安全国家标准　食品添加剂　乙酸香茅酯	04. 食品添加剂
491	GB 28324—2012	食品安全国家标准　食品添加剂　丁酸香叶酯	04. 食品添加剂
492	GB 28325—2012	食品安全国家标准　食品添加剂　乙酸丁酯	04. 食品添加剂
493	GB 28326—2012	食品安全国家标准　食品添加剂　乙酸己酯	04. 食品添加剂
494	GB 28327—2012	食品安全国家标准　食品添加剂　乙酸辛酯	04. 食品添加剂
495	GB 28328—2012	食品安全国家标准　食品添加剂　乙酸癸酯	04. 食品添加剂
496	GB 28329—2012	食品安全国家标准　食品添加剂　顺式-3-己烯醇乙酸酯（乙酸叶醇酯）	04. 食品添加剂
497	GB 28330—2012	食品安全国家标准　食品添加剂　乙酸异丁酯	04. 食品添加剂
498	GB 28331—2012	食品安全国家标准　食品添加剂　丁酸戊酯	04. 食品添加剂
499	GB 28332—2012	食品安全国家标准　食品添加剂　丁酸己酯	04. 食品添加剂
500	GB 28333—2012	食品安全国家标准　食品添加剂　顺式-3-己烯醇丁酸酯（丁酸叶醇酯）	04. 食品添加剂
501	GB 28334—2012	食品安全国家标准　食品添加剂　顺式-3-己烯醇己酸酯（己酸叶醇酯）	04. 食品添加剂
502	GB 28335—2012	食品安全国家标准　食品添加剂　2-甲基丁酸乙酯	04. 食品添加剂
503	GB 28336—2012	食品安全国家标准　食品添加剂　2-甲基丁酸	04. 食品添加剂
504	GB 28337—2012	食品安全国家标准　食品添加剂　乙酸薄荷酯	04. 食品添加剂
505	GB 28338—2012	食品安全国家标准　食品添加剂　乳酸 l-薄荷酯	04. 食品添加剂
506	GB 28339—2012	食品安全国家标准　食品添加剂　二甲基硫醚	04. 食品添加剂
507	GB 28340—2012	食品安全国家标准　食品添加剂　3-甲硫基丙醇	04. 食品添加剂
508	GB 28341—2012	食品安全国家标准　食品添加剂　3-甲硫基丙醛	04. 食品添加剂

续表

序号	标准编号	标准名称	标准类别
509	GB 28342—2012	食品安全国家标准　食品添加剂　3-甲硫基丙酸甲酯	04. 食品添加剂
510	GB 28343—2012	食品安全国家标准　食品添加剂　3-甲硫基丙酸乙酯	04. 食品添加剂
511	GB 28344—2012	食品安全国家标准　食品添加剂　乙酰乙酸乙酯	04. 食品添加剂
512	GB 28345—2012	食品安全国家标准　食品添加剂　乙酸肉桂酯	04. 食品添加剂
513	GB 28346—2012	食品安全国家标准　食品添加剂　肉桂醛	04. 食品添加剂
514	GB 28347—2012	食品安全国家标准　食品添加剂　肉桂酸	04. 食品添加剂
515	GB 28348—2012	食品安全国家标准　食品添加剂　肉桂酸甲酯	04. 食品添加剂
516	GB 28349—2012	食品安全国家标准　食品添加剂　肉桂酸乙酯	04. 食品添加剂
517	GB 28350—2012	食品安全国家标准　食品添加剂　肉桂酸苯乙酯	04. 食品添加剂
518	GB 28351—2012	食品安全国家标准　食品添加剂　5-甲基糠醛	04. 食品添加剂
519	GB 28352—2012	食品安全国家标准　食品添加剂　苯甲酸甲酯	04. 食品添加剂
520	GB 28353—2012	食品安全国家标准　食品添加剂　茴香醇	04. 食品添加剂
521	GB 28354—2012	食品安全国家标准　食品添加剂　大茴香醛	04. 食品添加剂
522	GB 28355—2012	食品安全国家标准　食品添加剂　水杨酸甲酯（柳酸甲酯）	04. 食品添加剂
523	GB 28356—2012	食品安全国家标准　食品添加剂　水杨酸乙酯（柳酸乙酯）	04. 食品添加剂
524	GB 28357—2012	食品安全国家标准　食品添加剂　水杨酸异戊酯（柳酸异戊酯）	04. 食品添加剂
525	GB 28358—2012	食品安全国家标准　食品添加剂　丁酰乳酸丁酯	04. 食品添加剂
526	GB 28359—2012	食品安全国家标准　食品添加剂　乙酸苯乙酯	04. 食品添加剂
527	GB 28360—2012	食品安全国家标准　食品添加剂　苯乙酸苯乙酯	04. 食品添加剂
528	GB 28361—2012	食品安全国家标准　食品添加剂　苯乙酸乙酯	04. 食品添加剂
529	GB 28362—2012	食品安全国家标准　食品添加剂　苯氧乙酸烯丙酯	04. 食品添加剂
530	GB 28363—2012	食品安全国家标准　食品添加剂　二氢香豆素	04. 食品添加剂
531	GB 28364—2012	食品安全国家标准　食品添加剂　2-甲基-2-戊烯酸（草莓酸）	04. 食品添加剂
532	GB 28365—2012	食品安全国家标准　食品添加剂　4-羟基-2，5-二甲基-3（2H）呋喃酮	04. 食品添加剂
533	GB 28366—2012	食品安全国家标准　食品添加剂　2-乙基-4-羟基-5-甲基-3（2H）-呋喃酮	04. 食品添加剂

续表

序号	标准编号	标准名称	标准类别
534	GB 28367—2012	食品安全国家标准　食品添加剂　4－羟基－5－甲基－3（2H）呋喃酮	04. 食品添加剂
535	GB 28368—2012	食品安全国家标准　食品添加剂　2，3－戊二酮	04. 食品添加剂
536	GB 28401—2012	食品安全国家标准　食品添加剂　磷脂	04. 食品添加剂
537	GB 28402—2012	食品安全国家标准　食品添加剂　普鲁兰多糖	04. 食品添加剂
538	GB 28403—2012	食品安全国家标准　食品添加剂　瓜尔胶	04. 食品添加剂
539	GB 29201—2012	食品安全国家标准　食品添加剂　氨水	04. 食品添加剂
540	GB 29202—2012	食品安全国家标准　食品添加剂　氮气	04. 食品添加剂
541	GB 29203—2012	食品安全国家标准　食品添加剂　碘化钾	04. 食品添加剂
542	GB 29204—2012	食品安全国家标准　食品添加剂　硅胶	04. 食品添加剂
543	GB 29205—2012	食品安全国家标准　食品添加剂　硫酸	04. 食品添加剂
544	GB 29206—2012	食品安全国家标准　食品添加剂　硫酸铵	04. 食品添加剂
545	GB 29207—2012	食品安全国家标准　食品添加剂　硫酸镁	04. 食品添加剂
546	GB 29208—2012	食品安全国家标准　食品添加剂　硫酸锰	04. 食品添加剂
547	GB 29209—2012	食品安全国家标准　食品添加剂　硫酸钠	04. 食品添加剂
548	GB 29210—2012	食品安全国家标准　食品添加剂　硫酸铜	04. 食品添加剂
549	GB 29211—2012	食品安全国家标准　食品添加剂　硫酸亚铁	04. 食品添加剂
550	GB 29212—2012	食品安全国家标准　食品添加剂　羰基铁粉	04. 食品添加剂
551	GB 29213—2012	食品安全国家标准　食品添加剂　硝酸钾	04. 食品添加剂
552	GB 29214—2012	食品安全国家标准　食品添加剂　亚铁氰化钠	04. 食品添加剂
553	GB 29215—2012	食品安全国家标准　食品添加剂　植物活性炭（木质活性炭）	04. 食品添加剂
554	GB 29216—2012	食品安全国家标准　食品添加剂　丙二醇	04. 食品添加剂
555	GB 29217—2012	食品安全国家标准　食品添加剂　环己基氨基磺酸钙	04. 食品添加剂
556	GB 29218—2012	食品安全国家标准　食品添加剂　甲醇	04. 食品添加剂
557	GB 29220—2012	食品安全国家标准　食品添加剂　山梨醇酐三硬脂酸酯（司盘65）	04. 食品添加剂
558	GB 29221—2012	食品安全国家标准　聚氧乙烯（20）　山梨醇酐单月桂酸酯（吐温20）	04. 食品添加剂
559	GB 29222—2012	食品安全国家标准　聚氧乙烯（20）　山梨醇酐单棕榈酸酯（吐温40）	04. 食品添加剂
560	GB 29223—2012	食品安全国家标准　食品添加剂　脱氢乙酸	04. 食品添加剂

续表

序号	标准编号	标准名称	标准类别
561	GB 29225—2012	食品安全国家标准　食品添加剂　凹凸棒粘土	04. 食品添加剂
562	GB 29226—2012	食品安全国家标准　食品添加剂　天门冬氨酸钙	04. 食品添加剂
563	GB 29227—2012	食品安全国家标准　食品添加剂　丙酮	04. 食品添加剂
564	GB 29925—2013	食品安全国家标准　食品添加剂　醋酸酯淀粉	04. 食品添加剂
565	GB 29926—2013	食品安全国家标准　食品添加剂　磷酸酯双淀粉	04. 食品添加剂
566	GB 29927—2013	食品安全国家标准　食品添加剂　氧化淀粉	04. 食品添加剂
567	GB 29928—2013	食品安全国家标准　食品添加剂　酸处理淀粉	04. 食品添加剂
568	GB 29929—2013	食品安全国家标准　食品添加剂　乙酰化二淀粉磷酸酯	04. 食品添加剂
569	GB 29930—2013	食品安全国家标准　食品添加剂　羟丙基淀粉	04. 食品添加剂
570	GB 29931—2013	食品安全国家标准　食品添加剂　羟丙基二淀粉磷酸酯	04. 食品添加剂
571	GB 29932—2013	食品安全国家标准　食品添加剂　乙酰化双淀粉己二酸酯	04. 食品添加剂
572	GB 29933—2013	食品安全国家标准　食品添加剂　氧化羟丙基淀粉	04. 食品添加剂
573	GB 29934—2013	食品安全国家标准　食品添加剂　辛烯基琥珀酸铝淀粉	04. 食品添加剂
574	GB 29935—2013	食品安全国家标准　食品添加剂　磷酸化二淀粉磷酸酯	04. 食品添加剂
575	GB 29936—2013	食品安全国家标准　食品添加剂　淀粉磷酸酯钠	04. 食品添加剂
576	GB 29937—2013	食品安全国家标准　食品添加剂　羧甲基淀粉钠	04. 食品添加剂
577	GB 29938—2013	食品安全国家标准　食品用香料通则	04. 食品添加剂
578	GB 29939—2013	食品安全国家标准　食品添加剂　琥珀酸二钠	04. 食品添加剂
579	GB 29940—2013	食品安全国家标准　食品添加剂　柠檬酸亚锡二钠	04. 食品添加剂
580	GB 29941—2013	食品安全国家标准　食品添加剂　脱乙酰甲壳素（壳聚糖）	04. 食品添加剂
581	GB 29942—2013	食品安全国家标准　食品添加剂　维生素 E（*dl*－α－生育酚）	04. 食品添加剂
582	GB 29943—2013	食品安全国家标准　食品添加剂　棕榈酸视黄酯（棕榈酸维生素 A）	04. 食品添加剂
583	GB 29944—2013	食品安全国家标准　食品添加剂　*N*－［*N*－（3，3－二甲基丁基）］－L－α－天门冬氨－L－苯丙氨酸 1－甲酯（纽甜）	04. 食品添加剂

续表

序号	标准编号	标准名称	标准类别
584	GB 29945—2013	食品安全国家标准　食品添加剂　槐豆胶（刺槐豆胶）	04. 食品添加剂
585	GB 29946—2013	食品安全国家标准　食品添加剂　纤维素	04. 食品添加剂
586	GB 29947—2013	食品安全国家标准　食品添加剂　萜烯树脂	04. 食品添加剂
587	GB 29948—2013	食品安全国家标准　食品添加剂　聚丙烯酸钠	04. 食品添加剂
588	GB 29949—2013	食品安全国家标准　食品添加剂　阿拉伯胶	04. 食品添加剂
589	GB 29950—2013	食品安全国家标准　食品添加剂　甘油	04. 食品添加剂
590	GB 29951—2013	食品安全国家标准　食品添加剂　柠檬酸脂肪酸甘油酯	04. 食品添加剂
591	GB 29952—2013	食品安全国家标准　食品添加剂　γ - 辛内酯	04. 食品添加剂
592	GB 29953—2013	食品安全国家标准　食品添加剂　δ - 辛内酯	04. 食品添加剂
593	GB 29954—2013	食品安全国家标准　食品添加剂　δ - 壬内酯	04. 食品添加剂
594	GB 29955—2013	食品安全国家标准　食品添加剂　δ - 十一内酯	04. 食品添加剂
595	GB 29956—2013	食品安全国家标准　食品添加剂　δ - 突厥酮	04. 食品添加剂
596	GB 29957—2013	食品安全国家标准　食品添加剂　二氢 - β - 紫罗兰酮	04. 食品添加剂
597	GB 29958—2013	食品安全国家标准　食品添加剂　l - 薄荷醇丙二醇碳酸酯	04. 食品添加剂
598	GB 29959—2013	食品安全国家标准　食品添加剂　d，l - 薄荷酮甘油缩酮	04. 食品添加剂
599	GB 29960—2013	食品安全国家标准　食品添加剂　二烯丙基硫醚	04. 食品添加剂
600	GB 29961—2013	食品安全国家标准　食品添加剂　4，5 - 二氢 - 3（2H）噻吩酮（四氢噻吩 - 3 - 酮）	04. 食品添加剂
601	GB 29962—2013	食品安全国家标准　食品添加剂　2 - 巯基 - 3 - 丁醇	04. 食品添加剂
602	GB 29963—2013	食品安全国家标准　食品添加剂　3 - 巯基 - 2 - 丁酮（3 - 巯基 - 丁 - 2 - 酮）	04. 食品添加剂
603	GB 29964—2013	食品安全国家标准　食品添加剂　二甲基二硫醚	04. 食品添加剂
604	GB 29965—2013	食品安全国家标准　食品添加剂　二丙基二硫醚	04. 食品添加剂
605	GB 29966—2013	食品安全国家标准　食品添加剂　烯丙基二硫醚	04. 食品添加剂
606	GB 29967—2013	食品安全国家标准　食品添加剂　柠檬酸三乙酯	04. 食品添加剂
607	GB 29968—2013	食品安全国家标准　食品添加剂　肉桂酸苄酯	04. 食品添加剂
608	GB 29969—2013	食品安全国家标准　食品添加剂　肉桂酸肉桂酯	04. 食品添加剂

续表

序号	标准编号	标准名称	标准类别
609	GB 29970—2013	食品安全国家标准　食品添加剂　2，5－二甲基吡嗪	04. 食品添加剂
610	GB 29971—2013	食品安全国家标准　食品添加剂　苯甲醛丙二醇缩醛	04. 食品添加剂
611	GB 29972—2013	食品安全国家标准　食品添加剂　乙醛二乙缩醛	04. 食品添加剂
612	GB 29973—2013	食品安全国家标准　食品添加剂　2－异丙基－4－甲基噻唑	04. 食品添加剂
613	GB 29974—2013	食品安全国家标准　食品添加剂　糠基硫醇（咖啡醛）	04. 食品添加剂
614	GB 29975—2013	食品安全国家标准　食品添加剂　二糠基二硫醚	04. 食品添加剂
615	GB 29976—2013	食品安全国家标准　食品添加剂　1－辛烯－3－醇	04. 食品添加剂
616	GB 29977—2013	食品安全国家标准　食品添加剂　2－乙酰基吡咯	04. 食品添加剂
617	GB 29978—2013	食品安全国家标准　食品添加剂　2－己烯醛（叶醛）	04. 食品添加剂
618	GB 29979—2013	食品安全国家标准　食品添加剂　氧化芳樟醇	04. 食品添加剂
619	GB 29980—2013	食品安全国家标准　食品添加剂　异硫氰酸烯丙酯	04. 食品添加剂
620	GB 29981—2013	食品安全国家标准　食品添加剂　*N*－乙基－2－异丙基－5－甲基－环己烷甲酰胺	04. 食品添加剂
621	GB 29982—2013	食品安全国家标准　食品添加剂　δ－己内酯	04. 食品添加剂
622	GB 29983—2013	食品安全国家标准　食品添加剂　δ－十四内酯	04. 食品添加剂
623	GB 29984—2013	食品安全国家标准　食品添加剂　四氢芳樟醇	04. 食品添加剂
624	GB 29985—2013	食品安全国家标准　食品添加剂　叶醇（顺式－3－己烯－1－醇）	04. 食品添加剂
625	GB 29986—2013	食品安全国家标准　食品添加剂　6－甲基－5－庚烯－2－酮	04. 食品添加剂
626	GB 29987—2014	食品安全国家标准　食品添加剂　胶基及其配料	04. 食品添加剂
627	GB 29988—2013	食品安全国家标准　食品添加剂　海藻酸钾（褐藻酸钾）	04. 食品添加剂
628	GB 30601—2014	食品安全国家标准　食品添加剂　对羟基苯甲酸甲酯钠	04. 食品添加剂
629	GB 30602—2014	食品安全国家标准　食品添加剂　对羟基苯甲酸乙酯钠	04. 食品添加剂
630	GB 30603—2014	食品安全国家标准　食品添加剂　乙酸钠	04. 食品添加剂

续表

序号	标准编号	标准名称	标准类别
631	GB 30605—2014	食品安全国家标准　食品添加剂　甘氨酸钙	04. 食品添加剂
632	GB 30606—2014	食品安全国家标准　食品添加剂　甘氨酸亚铁	04. 食品添加剂
633	GB 30607—2014	食品安全国家标准　食品添加剂　酶解大豆磷脂	04. 食品添加剂
634	GB 30608—2014	食品安全国家标准　食品添加剂　DL－苹果酸钠	04. 食品添加剂
635	GB 30609—2014	食品安全国家标准　食品添加剂　聚氧乙烯聚氧丙烯季戊四醇醚	04. 食品添加剂
636	GB 30610—2014	食品安全国家标准　食品添加剂　乙醇	04. 食品添加剂
637	GB 30611—2014	食品安全国家标准　食品添加剂　异丙醇	04. 食品添加剂
638	GB 30612—2014	食品安全国家标准　食品添加剂　聚二甲基硅氧烷及其乳液	04. 食品添加剂
639	GB 30613—2014	食品安全国家标准　食品添加剂　磷酸氢二铵	04. 食品添加剂
640	GB 30614—2014	食品安全国家标准　食品添加剂　氧化钙	04. 食品添加剂
641	GB 30615—2014	食品安全国家标准　食品添加剂　竹叶抗氧化物	04. 食品添加剂
642	GB 30616—2014	食品安全国家标准　食品用香精	04. 食品添加剂
643	GB 3150—2010	食品安全国家标准　食品添加剂　硫磺	04. 食品添加剂
644	GB 31619—2014	食品安全国家标准　食品添加剂　决明胶	04. 食品添加剂
645	GB 31620—2014	食品安全国家标准　食品添加剂　β－阿朴－8′－胡萝卜素醛	04. 食品添加剂
646	GB 31622—2014	食品安全国家标准　食品添加剂　杨梅红	04. 食品添加剂
647	GB 31623—2014	食品安全国家标准　食品添加剂　硬脂酸钾	04. 食品添加剂
648	GB 31624—2014	食品安全国家标准　食品添加剂　天然胡萝卜素	04. 食品添加剂
649	GB 31625—2014	食品安全国家标准　食品添加剂　二氢茉莉酮酸甲酯	04. 食品添加剂
650	GB 31626—2014	食品安全国家标准　食品添加剂　水杨酸苄酯（柳酸苄酯）	04. 食品添加剂
651	GB 31627—2014	食品安全国家标准　食品添加剂　香芹酚	04. 食品添加剂
652	GB 31628—2014	食品安全国家标准　食品添加剂　高岭土	04. 食品添加剂
653	GB 31629—2014	食品安全国家标准　食品添加剂　聚丙烯酰胺	04. 食品添加剂
654	GB 31630—2014	食品安全国家标准　食品添加剂　聚乙烯醇	04. 食品添加剂
655	GB 31631—2014	食品安全国家标准　食品添加剂　氯化铵	04. 食品添加剂
656	GB 31632—2014	食品安全国家标准　食品添加剂　镍	04. 食品添加剂
657	GB 31633—2014	食品安全国家标准　食品添加剂　氢气	04. 食品添加剂
658	GB 31634—2014	食品安全国家标准　食品添加剂　珍珠岩	04. 食品添加剂

续表

序号	标准编号	标准名称	标准类别
659	GB 31635—2014	食品安全国家标准　食品添加剂　聚苯乙烯	04. 食品添加剂
660	GB 4479. 1—2010	食品安全国家标准　食品添加剂　苋菜红	04. 食品添加剂
661	GB 4481. 1—2010	食品安全国家标准　食品添加剂　柠檬黄	04. 食品添加剂
662	GB 4481. 2—2010	食品安全国家标准　食品添加剂　柠檬黄铝色淀	04. 食品添加剂
663	GB 6227. 1—2010	食品安全国家标准　食品添加剂　日落黄	04. 食品添加剂
664	GB 6783—2013	食品安全国家标准　食品添加剂　明胶	04. 食品添加剂
665	GB 7912—2010	食品安全国家标准　食品添加剂　栀子黄	04. 食品添加剂
666	GB 8270—2014	食品安全国家标准　食品添加剂　甜菊糖苷	04. 食品添加剂
667	GB 8820—2010	食品安全国家标准　食品添加剂　葡萄糖酸锌	04. 食品添加剂
668	GB 8821—2011	食品安全国家标准　食品添加剂　β－胡萝卜素	04. 食品添加剂
669	GB 1886. 82—2015	食品安全国家标准　食品营养强化剂　5′－尿苷酸二钠	05. 食品营养强化剂
670	GB 1903. 10—2015	食品安全国家标准　食品营养强化剂　葡萄糖酸亚铁	05. 食品营养强化剂
671	GB 1903. 11—2015	食品安全国家标准　食品营养强化剂　乳酸锌	05. 食品营养强化剂
672	GB 1903. 1—2015	食品安全国家标准　食品营养强化剂　L－盐酸赖氨酸	05. 食品营养强化剂
673	GB 1903. 12—2015	食品安全国家标准　食品营养强化剂　L－硒－甲基硒代半胱氨酸	05. 食品营养强化剂
674	GB 1903. 13—2016	食品安全国家标准　食品营养强化剂　左旋肉碱（L－肉碱）	05. 食品营养强化剂
675	GB 1903. 14—2016	食品安全国家标准　食品营养强化剂　柠檬酸钙	05. 食品营养强化剂
676	GB 1903. 15—2016	食品安全国家标准　食品营养强化剂　醋酸钙（乙酸钙）	05. 食品营养强化剂
677	GB 1903. 16—2016	食品安全国家标准　食品营养强化剂　焦磷酸铁	05. 食品营养强化剂
678	GB 1903. 17—2016	食品安全国家标准　食品营养强化剂　乳铁蛋白	05. 食品营养强化剂
679	GB 1903. 19—2016	食品安全国家标准　食品营养强化剂　骨粉	05. 食品营养强化剂
680	GB 1903. 20—2016	食品安全国家标准　食品营养强化剂　硝酸硫胺素	05. 食品营养强化剂
681	GB 1903. 21—2016	食品安全国家标准　食品营养强化剂　富硒酵母	05. 食品营养强化剂
682	GB 1903. 2—2015	食品安全国家标准　食品营养强化剂　甘氨酸锌	05. 食品营养强化剂
683	GB 1903. 22—2016	食品安全国家标准　食品营养强化剂　富硒食用菌粉	05. 食品营养强化剂
684	GB 1903. 23—2016	食品安全国家标准　食品营养强化剂　硒化卡拉胶	05. 食品营养强化剂

续表

序号	标准编号	标准名称	标准类别
685	GB 1903. 24—2016	食品安全国家标准　食品营养强化剂　维生素 C 磷酸酯镁	05. 食品营养强化剂
686	GB 1903. 25—2016	食品安全国家标准　食品营养强化剂　D－生物素	05. 食品营养强化剂
687	GB 1903. 3—2015	食品安全国家标准　食品营养强化剂　5′单磷酸腺苷	05. 食品营养强化剂
688	GB 1903. 4—2015	食品安全国家标准　食品营养强化剂　氧化锌	05. 食品营养强化剂
689	GB 1903. 5—2016	食品安全国家标准　食品营养强化剂　5′－胞苷酸二钠	05. 食品营养强化剂
690	GB 1903. 6—2015	食品安全国家标准　食品营养强化剂　维生素 E 琥珀酸钙	05. 食品营养强化剂
691	GB 1903. 7—2015	食品安全国家标准　食品营养强化剂　葡萄糖酸锰	05. 食品营养强化剂
692	GB 1903. 8—2015	食品安全国家标准　食品营养强化剂　葡萄糖酸铜	05. 食品营养强化剂
693	GB 1903. 9—2015	食品安全国家标准　食品营养强化剂　亚硒酸钠	05. 食品营养强化剂
694	GB 1908. 18—2016	食品安全国家标准　食品营养强化剂　柠檬酸苹果酸钙	05. 食品营养强化剂
695	GB 30604—2015	食品安全国家标准　食品营养强化剂　1，3－二油酸－2－棕榈酸甘油三酯	05. 食品营养强化剂
696	GB 31617—2014	食品安全国家标准　食品营养强化剂　酪蛋白磷酸肽	05. 食品营养强化剂
697	GB 31618—2014	食品安全国家标准　食品营养强化剂　棉子糖	05. 食品营养强化剂
698	GB 14930. 1—2015	食品安全国家标准　洗涤剂	06. 食品相关产品
699	GB 14930. 2—2012	食品安全国家标准　消毒剂	06. 食品相关产品
700	GB 14934—2016	食品安全国家标准　消毒餐（饮）具	06. 食品相关产品
701	GB 31604. 1—2015	食品安全国家标准　食品接触材料及制品迁移试验通则	06. 食品相关产品
702	GB 4806. 10—2016	食品安全国家标准　食品接触用涂料及涂层	06. 食品相关产品
703	GB 4806. 11—2016	食品安全国家标准　食品接触用橡胶材料及制品	06. 食品相关产品
704	GB 4806. 1—2016	食品安全国家标准　食品接触材料及制品通用安全要求	06. 食品相关产品
705	GB 4806. 2—2015	食品安全国家标准　奶嘴	06. 食品相关产品
706	GB 4806. 3—2016	食品安全国家标准　搪瓷制品	06. 食品相关产品
707	GB 4806. 4—2016	食品安全国家标准　陶瓷制品	06. 食品相关产品
708	GB 4806. 5—2016	食品安全国家标准　玻璃制品	06. 食品相关产品

续表

序号	标准编号	标准名称	标准类别
709	GB 4806.6—2016	食品安全国家标准　食品接触用塑料树脂	06. 食品相关产品
710	GB 4806.7—2016	食品安全国家标准　食品接触用塑料材料及制品	06. 食品相关产品
711	GB 4806.8—2016	食品安全国家标准　食品接触用纸和纸板材料及制品	06. 食品相关产品
712	GB 4806.9—2016	食品安全国家标准　食品接触用金属材料及制品	06. 食品相关产品
713	GB 12693—2010	食品安全国家标准　乳制品良好生产规范	07. 生产经营规范
714	GB 12694—2016	食品安全国家标准　畜禽屠宰加工卫生规范	07. 生产经营规范
715	GB 12695—2016	食品安全国家标准　饮料生产卫生规范	07. 生产经营规范
716	GB 12696—2016	食品安全国家标准　发酵酒及其配制酒生产卫生规范	07. 生产经营规范
717	GB 13122—2016	食品安全国家标准　谷物加工卫生规范	07. 生产经营规范
718	GB 14881—2013	食品安全国家标准　食品生产通用卫生规范	07. 生产经营规范
719	GB 17403—2016	食品安全国家标准　糖果巧克力生产卫生规范	07. 生产经营规范
720	GB 17404—2016	食品安全国家标准　膨化食品生产卫生规范	07. 生产经营规范
721	GB 18524—2016	食品安全国家标准　食品辐照加工卫生规范	07. 生产经营规范
722	GB 20799—2016	食品安全国家标准　肉和肉制品经营卫生规范	07. 生产经营规范
723	GB 20941—2016	食品安全国家标准　水产制品生产卫生规范	07. 生产经营规范
724	GB 21710—2016	食品安全国家标准　蛋与蛋制品生产卫生规范	07. 生产经营规范
725	GB 22508—2016	食品安全国家标准　原粮储运卫生规范	07. 生产经营规范
726	GB 23790—2010	食品安全国家标准　粉状婴幼儿配方食品良好生产规范	07. 生产经营规范
727	GB 29923—2013	食品安全国家标准　特殊医学用途配方食品良好生产规范	07. 生产经营规范
728	GB 31603—2015	食品安全国家标准　食品接触材料及制品生产通用卫生规范	07. 生产经营规范
729	GB 31621—2014	食品安全国家标准　食品经营过程卫生规范	07. 生产经营规范
730	GB 31641—2016	食品安全国家标准　航空食品卫生规范	07. 生产经营规范
731	GB 8950—2016	食品安全国家标准　罐头食品生产卫生规范	07. 生产经营规范
732	GB 8951—2016	食品安全国家标准　蒸馏酒及其配制酒生产卫生规范	07. 生产经营规范
733	GB 8952—2016	食品安全国家标准　啤酒生产卫生规范	07. 生产经营规范
734	GB 8954—2016	食品安全国家标准　食醋生产卫生规范	07. 生产经营规范
735	GB 8955—2016	食品安全国家标准　食用植物油及其制品生产卫生规范	07. 生产经营规范

续表

序号	标准编号	标准名称	标准类别
736	GB 8956—2016	食品安全国家标准　蜜饯生产卫生规范	07. 生产经营规范
737	GB 8957—2016	食品安全国家标准　糕点、面包卫生规范	07. 生产经营规范
738	GB 14883.10—2016	食品安全国家标准　食品中放射性物质铯 - 137 的测定	08. 理化检验方法
739	GB 14883.1—2016	食品安全国家标准　食品中放射性物质检验　总则	08. 理化检验方法
740	GB 14883.2—2016	食品安全国家标准　食品中放射性物质氢 - 3 的测定	08. 理化检验方法
741	GB 14883.3—2016	食品安全国家标准　食品中放射性物质锶 - 89 和锶 - 90 的测定	08. 理化检验方法
742	GB 14883.4—2016	食品安全国家标准　食品中放射性物质钷 - 147 的测定	08. 理化检验方法
743	GB 14883.5—2016	食品安全国家标准　食品中放射性物质钋 - 210 的测定	08. 理化检验方法
744	GB 14883.6—2016	食品安全国家标准　食品中放射性物质镭 - 226 和镭 - 228 的测定	08. 理化检验方法
745	GB 14883.7—2016	食品安全国家标准　食品中放射性物质天然钍和铀的测定	08. 理化检验方法
746	GB 14883.8—2016	食品安全国家标准　食品中放射性物质钚 - 239、钚 - 240 的测定	08. 理化检验方法
747	GB 14883.9—2016	食品安全国家标准　食品中放射性物质碘 - 131 的测定	08. 理化检验方法
748	GB 21703—2010	食品安全国家标准　乳和乳制品中苯甲酸和山梨酸的测定	08. 理化检验方法
749	GB 21926—2016	食品安全国家标准　含脂类辐照食品鉴定　2 - 十二烷基环丁酮的气相色谱 - 质谱分析法	08. 理化检验方法
750	GB 22031—2010	食品安全国家标准　干酪及加工干酪制品中添加的柠檬酸盐的测定	08. 理化检验方法
751	GB 22255—2014	食品安全国家标准　食品中三氯蔗糖（蔗糖素）的测定	08. 理化检验方法
752	GB 23748—2016	食品安全国家标准　辐照食品鉴定　筛选法	08. 理化检验方法
753	GB 28404—2012	食品安全国家标准　保健食品中 α - 亚麻酸、二十碳五烯酸、二十二碳、五烯酸和二十二碳六烯酸的测定	08. 理化检验方法

续表

序号	标准编号	标准名称	标准类别
754	GB 29989—2013	食品安全国家标准　婴幼儿食品和乳品中左旋肉碱的测定	08. 理化检验方法
755	GB 31604.10—2016	食品安全国家标准　食品接触材料及制品　2，2－二（4－羟基苯基）丙烷（双酚A）迁移量的测定	08. 理化检验方法
756	GB 31604.11—2016	食品安全国家标准　食品接触材料及制品　1，3－苯二甲胺迁移量的测定	08. 理化检验方法
757	GB 31604.12—2016	食品安全国家标准　食品接触材料及制品　1，3－丁二烯的测定和迁移量的测定	08. 理化检验方法
758	GB 31604.13—2016	食品安全国家标准　食品接触材料及制品　11－氨基十一酸迁移量的测定	08. 理化检验方法
759	GB 31604.14—2016	食品安全国家标准　食品接触材料及制品　1－辛烯和四氢呋喃迁移量的测定	08. 理化检验方法
760	GB 31604.15—2016	食品安全国家标准　食品接触材料及制品　2，4，6－三氨基－1，3，5－三嗪（三聚氰胺）迁移量的测定	08. 理化检验方法
761	GB 31604.16—2016	食品安全国家标准　食品接触材料及制品　苯乙烯和乙苯的测定	08. 理化检验方法
762	GB 31604.17—2016	食品安全国家标准　食品接触材料及制品　丙烯腈的测定和迁移量的测定	08. 理化检验方法
763	GB 31604.18—2016	食品安全国家标准　食品接触材料及制品　丙烯酰胺迁移量的测定	08. 理化检验方法
764	GB 31604.19—2016	食品安全国家标准　食品接触材料及制品　己内酰胺的测定和迁移量的测定	08. 理化检验方法
765	GB 31604.20—2016	食品安全国家标准　食品接触材料及制品　醋酸乙烯酯迁移量的测定	08. 理化检验方法
766	GB 31604.21—2016	食品安全国家标准　食品接触材料及制品　对苯二甲酸迁移量的测定	08. 理化检验方法
767	GB 31604.2—2016	食品安全国家标准　食品接触材料及制品　高锰酸钾消耗量的测定	08. 理化检验方法
768	GB 31604.22—2016	食品安全国家标准　食品接触材料及制品　发泡聚苯乙烯成型品中二氟二氯甲烷的测定	08. 理化检验方法
769	GB 31604.23—2016	食品安全国家标准　食品接触材料及制品　复合食品接触材料中二氨基甲苯的测定	08. 理化检验方法

续表

序号	标准编号	标准名称	标准类别
770	GB 31604.24—2016	食品安全国家标准　食品接触材料及制品　镉迁移量的测定	08. 理化检验方法
771	GB 31604.25—2016	食品安全国家标准　食品接触材料及制品　铬迁移量的测定	08. 理化检验方法
772	GB 31604.26—2016	食品安全国家标准　食品接触材料及制品　环氧氯丙烷的测定和迁移量的测定	08. 理化检验方法
773	GB 31604.27—2016	食品安全国家标准　食品接触材料及制品　塑料中环氧乙烷和环氧丙烷的测定	08. 理化检验方法
774	GB 31604.28—2016	食品安全国家标准　食品接触材料及制品　己二酸二（2-乙基）己酯的测定和迁移量的测定	08. 理化检验方法
775	GB 31604.29—2016	食品安全国家标准　食品接触材料及制品　甲基丙烯酸甲酯迁移量的测定	08. 理化检验方法
776	GB 31604.30—2016	食品安全国家标准　食品接触材料及制品　邻苯二甲酸酯的测定和迁移量的测定	08. 理化检验方法
777	GB 31604.31—2016	食品安全国家标准　食品接触材料及制品　氯乙烯的测定和迁移量的测定	08. 理化检验方法
778	GB 31604.3—2016	食品安全国家标准　食品接触材料及制品　树脂干燥失重的测定	08. 理化检验方法
779	GB 31604.32—2016	食品安全国家标准　食品接触材料及制品　木质材料中二氧化硫的测定	08. 理化检验方法
780	GB 31604.33—2016	食品安全国家标准　食品接触材料及制品　镍迁移量的测定	08. 理化检验方法
781	GB 31604.34—2016	食品安全国家标准　食品接触材料及制品　铅的测定和迁移量的测定	08. 理化检验方法
782	GB 31604.35—2016	食品安全国家标准　食品接触材料及制品　全氟辛烷磺酸（PFOS）和全氟辛酸（PFOA）的测定	08. 理化检验方法
783	GB 31604.36—2016	食品安全国家标准　食品接触材料及制品　软木中杂酚油的测定	08. 理化检验方法
784	GB 31604.37—2016	食品安全国家标准　食品接触材料及制品　三乙胺和三正丁胺的测定	08. 理化检验方法
785	GB 31604.38—2016	食品安全国家标准　食品接触材料及制品　砷的测定和迁移量的测定	08. 理化检验方法
786	GB 31604.39—2016	食品安全国家标准　食品接触材料及制品　食品接触用纸中多氯联苯的测定	08. 理化检验方法

续表

序号	标准编号	标准名称	标准类别
787	GB 31604.40—2016	食品安全国家标准　食品接触材料及制品　顺丁烯二酸及其酸酐迁移量的测定	08. 理化检验方法
788	GB 31604.41—2016	食品安全国家标准　食品接触材料及制品　锑迁移量的测定	08. 理化检验方法
789	GB 31604.4—2016	食品安全国家标准　食品接触材料及制品　树脂中挥发物的测定	08. 理化检验方法
790	GB 31604.42—2016	食品安全国家标准　食品接触材料及制品　锌迁移量的测定	08. 理化检验方法
791	GB 31604.43—2016	食品安全国家标准　食品接触材料及制品　乙二胺和己二胺迁移量的测定	08. 理化检验方法
792	GB 31604.44—2016	食品安全国家标准　食品接触材料及制品　乙二醇和二甘醇迁移量的测定	08. 理化检验方法
793	GB 31604.45—2016	食品安全国家标准　食品接触材料及制品　异氰酸酯的测定	08. 理化检验方法
794	GB 31604.46—2016	食品安全国家标准　食品接触材料及制品　游离酚的测定和迁移量的测定	08. 理化检验方法
795	GB 31604.47—2016	食品安全国家标准　食品接触材料及制品　纸、纸板及纸制品中荧光增白剂的测定	08. 理化检验方法
796	GB 31604.48—2016	食品安全国家标准　食品接触材料及制品　甲醛迁移量的测定	08. 理化检验方法
797	GB 31604.49—2016	食品安全国家标准　食品接触材料及制品　砷、镉、铬、铅的测定和砷、镉、铬、镍、铅、锑、锌迁移量的测定	08. 理化检验方法
798	GB 31604.5—2016	食品安全国家标准　食品接触材料及制品　树脂中提取物的测定	08. 理化检验方法
799	GB 31604.6—2016	食品安全国家标准　食品接触材料及制品　树脂中灼烧残渣的测定	08. 理化检验方法
800	GB 31604.7—2016	食品安全国家标准　食品接触材料及制品　脱色试验	08. 理化检验方法
801	GB 31604.8—2016	食品安全国家标准　食品接触材料及制品　总迁移量的测定	08. 理化检验方法
802	GB 31604.9—2016	食品安全国家标准　食品接触材料及制品　食品模拟物中重金属的测定	08. 理化检验方法

续表

序号	标准编号	标准名称	标准类别
803	GB 31642—2016	食品安全国家标准　辐照食品鉴定　电子自旋共振波谱法	08. 理化检验方法
804	GB 31643—2016	食品安全国家标准　含硅酸盐辐照食品的鉴定　热释光法	08. 理化检验方法
805	GB 5009. 111—2016	食品安全国家标准　食品中脱氧雪腐镰刀菌烯醇及其乙酰化衍生物的测定	08. 理化检验方法
806	GB 5009. 11—2014	食品安全国家标准　食品中总砷及无机砷的测定	08. 理化检验方法
807	GB 5009. 118—2016	食品安全国家标准　食品中 T－2 毒素的测定	08. 理化检验方法
808	GB 5009. 120—2016	食品安全国家标准　食品中丙酸钠、丙酸钙的测定	08. 理化检验方法
809	GB 5009. 121—2016	食品安全国家标准　食品中脱氢乙酸的测定	08. 理化检验方法
810	GB 5009. 12—2017	食品安全国家标准　食品中铅的测定（2017－10－6 实施）	08. 理化检验方法
811	GB 5009. 123—2014	食品安全国家标准　食品中铬的测定	08. 理化检验方法
812	GB 5009. 124—2016	食品安全国家标准　食品中氨基酸的测定	08. 理化检验方法
813	GB 5009. 128—2016	食品安全国家标准　食品中胆固醇的测定	08. 理化检验方法
814	GB 5009. 13—2017	食品安全国家标准　食品中铜的测定（2017－10－6 实施）	08. 理化检验方法
815	GB 5009. 137—2016	食品安全国家标准　食品中锑的测定	08. 理化检验方法
816	GB 5009. 138—2017	食品安全国家标准　食品中镍的测定（2017－10－6 实施）	08. 理化检验方法
817	GB 5009. 139—2014	食品安全国家标准　饮料中咖啡因的测定	08. 理化检验方法
818	GB 5009. 141—2016	食品安全国家标准　食品中诱惑红的测定	08. 理化检验方法
819	GB 5009. 14—2017	食品安全国家标准　食品中锌的测定（2017－10－6 实施）	08. 理化检验方法
820	GB 5009. 148—2014	食品安全国家标准　植物性食品中游离棉酚的测定	08. 理化检验方法
821	GB 5009. 149—2016	食品安全国家标准　食品中栀子黄的测定	08. 理化检验方法
822	GB 5009. 150—2016	食品安全国家标准　食品中红曲色素的测定	08. 理化检验方法
823	GB 5009. 15—2014	食品安全国家标准　食品中镉的测定	08. 理化检验方法
824	GB 5009. 153—2016	食品安全国家标准　食品中植酸的测定	08. 理化检验方法
825	GB 5009. 154—2016	食品安全国家标准　食品中维生素 B6 的测定	08. 理化检验方法
826	GB 5009. 156—2016	食品安全国家标准　食品接触材料及制品迁移试验预处理方法通则	08. 理化检验方法
827	GB 5009. 157—2016	食品安全国家标准　食品中有机酸的测定	08. 理化检验方法

续表

序号	标准编号	标准名称	标准类别
828	GB 5009. 158—2016	食品安全国家标准　食品中维生素 K_1 的测定	08. 理化检验方法
829	GB 5009. 16—2014	食品安全国家标准　食品中锡的测定	08. 理化检验方法
830	GB 5009. 168—2016	食品安全国家标准　食品中脂肪酸的测定	08. 理化检验方法
831	GB 5009. 169—2016	食品安全国家标准　食品中牛磺酸的测定	08. 理化检验方法
832	GB 5009. 17—2014	食品安全国家标准　食品中总汞及有机汞的测定	08. 理化检验方法
833	GB 5009. 179—2016	食品安全国家标准　食品中三甲胺的测定	08. 理化检验方法
834	GB 5009. 181—2016	食品安全国家标准　食品中丙二醛的测定	08. 理化检验方法
835	GB 5009. 182—2017	食品安全国家标准　食品中铝的测定（2017 - 10 - 6 实施）	08. 理化检验方法
836	GB 5009. 185—2016	食品安全国家标准　食品中展青霉素的测定	08. 理化检验方法
837	GB 5009. 189—2016	食品安全国家标准　食品中米酵菌酸的测定	08. 理化检验方法
838	GB 5009. 190—2014	食品安全国家标准　食品中指示性多氯联苯含量的测定	08. 理化检验方法
839	GB 5009. 191—2016	食品安全国家标准　食品中氯丙醇及其脂肪酸酯含量的测定	08. 理化检验方法
840	GB 5009. 198—2016	食品安全国家标准　贝类中失忆性贝类毒素的测定	08. 理化检验方法
841	GB 5009. 202—2016	食品安全国家标准　食用油中极性组分（PC）的测定	08. 理化检验方法
842	GB 5009. 204—2014	食品安全国家标准　食品中丙烯酰胺的测定	08. 理化检验方法
843	GB 5009. 205—2013	食品安全国家标准　食品中二噁英及其类似物毒性当量的测定	08. 理化检验方法
844	GB 5009. 206—2016	食品安全国家标准　水产品中河豚毒素的测定	08. 理化检验方法
845	GB 5009. 208—2016	食品安全国家标准　食品中生物胺的测定	08. 理化检验方法
846	GB 5009. 209—2016	食品安全国家标准　食品中玉米赤霉烯酮的测定	08. 理化检验方法
847	GB 5009. 210—2016	食品安全国家标准　食品中泛酸的测定	08. 理化检验方法
848	GB 5009. 211—2014	食品安全国家标准　食品中叶酸的测定	08. 理化检验方法
849	GB 5009. 212—2016	食品安全国家标准　贝类中腹泻性贝类毒素的测定	08. 理化检验方法
850	GB 5009. 213—2016	食品安全国家标准　贝类中麻痹性贝类毒素的测定	08. 理化检验方法
851	GB 5009. 215—2016	食品安全国家标准　食品中有机锡的测定	08. 理化检验方法
852	GB 5009. 2—2016	食品安全国家标准　食品相对密度的测定	08. 理化检验方法
853	GB 5009. 22—2016	食品安全国家标准　食品中黄曲霉毒素 B 族和 G 族的测定	08. 理化检验方法
854	GB 5009. 222—2016	食品安全国家标准　食品中桔青霉素的测定	08. 理化检验方法

续表

序号	标准编号	标准名称	标准类别
855	GB 5009. 223—2014	食品安全国家标准　食品中氨基甲酸乙酯的测定	08. 理化检验方法
856	GB 5009. 224—2016	食品安全国家标准　大豆制品中胰蛋白酶抑制剂活性的测定	08. 理化检验方法
857	GB 5009. 225—2016	食品安全国家标准　酒中乙醇浓度的测定	08. 理化检验方法
858	GB 5009. 226—2016	食品安全国家标准　食品中过氧化氢残留量的测定	08. 理化检验方法
859	GB 5009. 227—2016	食品安全国家标准　食品中过氧化值的测定	08. 理化检验方法
860	GB 5009. 228—2016	食品安全国家标准　食品中挥发性盐基氮的测定	08. 理化检验方法
861	GB 5009. 229—2016	食品安全国家标准　食品中酸价的测定	08. 理化检验方法
862	GB 5009. 230—2016	食品安全国家标准　食品中羰基价的测定	08. 理化检验方法
863	GB 5009. 231—2016	食品安全国家标准　水产品中挥发酚残留量的测定	08. 理化检验方法
864	GB 5009. 232—2016	食品安全国家标准　水果、蔬菜及其制品中甲酸的测定	08. 理化检验方法
865	GB 5009. 233—2016	食品安全国家标准　食醋中游离矿酸的测定	08. 理化检验方法
866	GB 5009. 234—2016	食品安全国家标准　食品中铵盐的测定	08. 理化检验方法
867	GB 5009. 235—2016	食品安全国家标准　食品中氨基酸态氮的测定	08. 理化检验方法
868	GB 5009. 236—2016	食品安全国家标准　动植物油脂水分及挥发物的测定	08. 理化检验方法
869	GB 5009. 237—2016	食品安全国家标准　食品 pH 值的测定	08. 理化检验方法
870	GB 5009. 238—2016	食品安全国家标准　食品水分活度的测定	08. 理化检验方法
871	GB 5009. 239—2016	食品安全国家标准　食品酸度的测定	08. 理化检验方法
872	GB 5009. 240—2016	食品安全国家标准　食品中伏马毒素的测定	08. 理化检验方法
873	GB 5009. 241—2017	食品安全国家标准　食品中镁的测定（2017 - 10 - 6 实施）	08. 理化检验方法
874	GB 5009. 24—2016	食品安全国家标准　食品中黄曲霉毒素 M 族的测定	08. 理化检验方法
875	GB 5009. 242—2017	食品安全国家标准　食品中锰的测定（2017 - 10 - 6 实施）	08. 理化检验方法
876	GB 5009. 243—2016	食品安全国家标准　高温烹调食品中杂环胺类物质的测定	08. 理化检验方法
877	GB 5009. 244—2016	食品安全国家标准　食品中二氧化氯的测定	08. 理化检验方法
878	GB 5009. 245—2016	食品安全国家标准　食品中聚葡萄糖的测定	08. 理化检验方法
879	GB 5009. 246—2016	食品安全国家标准　食品中二氧化钛的测定	08. 理化检验方法
880	GB 5009. 247—2016	食品安全国家标准　食品中纽甜的测定	08. 理化检验方法
881	GB 5009. 248—2016	食品安全国家标准　食品中叶黄素的测定	08. 理化检验方法

续表

序号	标准编号	标准名称	标准类别
882	GB 5009.249—2016	食品安全国家标准　铁强化酱油中乙二胺四乙酸铁钠的测定	08. 理化检验方法
883	GB 5009.250—2016	食品安全国家标准　食品中乙基麦芽酚的测定	08. 理化检验方法
884	GB 5009.251—2016	食品安全国家标准　食品中1，2－丙二醇的测定	08. 理化检验方法
885	GB 5009.25—2016	食品安全国家标准　食品中杂色曲霉素的测定	08. 理化检验方法
886	GB 5009.252—2016	食品安全国家标准　食品中乙酰丙酸的测定	08. 理化检验方法
887	GB 5009.253—2016	食品安全国家标准　动物源性食品中全氟辛烷磺酸（PFOS）和全氟辛酸（PFOA）的测定	08. 理化检验方法
888	GB 5009.254—2016	食品安全国家标准　动植物油脂中聚二甲基硅氧烷的测定	08. 理化检验方法
889	GB 5009.255—2016	食品安全国家标准　食品中果聚糖的测定	08. 理化检验方法
890	GB 5009.256—2016	食品安全国家标准　食品中多种磷酸盐的测定	08. 理化检验方法
891	GB 5009.257—2016	食品安全国家标准　食品中反式脂肪酸的测定	08. 理化检验方法
892	GB 5009.258—2016	食品安全国家标准　食品中棉子糖的测定	08. 理化检验方法
893	GB 5009.259—2016	食品安全国家标准　食品中生物素的测定	08. 理化检验方法
894	GB 5009.260—2016	食品安全国家标准　食品中叶绿素铜钠的测定	08. 理化检验方法
895	GB 5009.261—2016	食品安全国家标准　贝类中神经性贝类毒素的测定	08. 理化检验方法
896	GB 5009.26—2016	食品安全国家标准　食品中*N*－亚硝胺类化合物的测定	08. 理化检验方法
897	GB 5009.262—2016	食品安全国家标准　食品中溶剂残留量的测定	08. 理化检验方法
898	GB 5009.263—2016	食品安全国家标准　食品中阿斯巴甜和阿力甜的测定	08. 理化检验方法
899	GB 5009.264—2016	食品安全国家标准　食品中乙酸苄酯的测定	08. 理化检验方法
900	GB 5009.265—2016	食品安全国家标准　食品中多环芳烃的测定	08. 理化检验方法
901	GB 5009.266—2016	食品安全国家标准　食品中甲醇的测定	08. 理化检验方法
902	GB 5009.267—2016	食品安全国家标准　食品中碘的测定	08. 理化检验方法
903	GB 5009.268—2016	食品安全国家标准　食品中多元素的测定	08. 理化检验方法
904	GB 5009.269—2016	食品安全国家标准　食品中滑石粉的测定	08. 理化检验方法
905	GB 5009.270—2016	食品安全国家标准　食品中肌醇的测定	08. 理化检验方法
906	GB 5009.271—2016	食品安全国家标准　食品中邻苯二甲酸酯的测定	08. 理化检验方法
907	GB 5009.27—2016	食品安全国家标准　食品中苯并（a）芘的测定	08. 理化检验方法
908	GB 5009.272—2016	食品安全国家标准　食品中磷脂酰胆碱、磷脂酰乙醇胺、磷脂酰肌醇的测定	08. 理化检验方法

续表

序号	标准编号	标准名称	标准类别
909	GB 5009.273—2016	食品安全国家标准　水产品中微囊藻毒素的测定	08. 理化检验方法
910	GB 5009.274—2016	食品安全国家标准　水产品中西加毒素的测定	08. 理化检验方法
911	GB 5009.275—2016	食品安全国家标准　食品中硼酸的测定	08. 理化检验方法
912	GB 5009.276—2016	食品安全国家标准　食品中葡萄糖酸 – δ – 内酯的测定	08. 理化检验方法
913	GB 5009.277—2016	食品安全国家标准　食品中双乙酸钠的测定	08. 理化检验方法
914	GB 5009.278—2016	食品安全国家标准　食品中乙二胺四乙酸盐的测定	08. 理化检验方法
915	GB 5009.279—2016	食品安全国家标准　食品中木糖醇、山梨醇、麦芽糖醇、赤藓糖醇的测定	08. 理化检验方法
916	GB 5009.28—2016	食品安全国家标准　食品中苯甲酸、山梨酸和糖精钠的测定	08. 理化检验方法
917	GB 5009.31—2016	食品安全国家标准　食品中对羟基苯甲酸酯类的测定	08. 理化检验方法
918	GB 5009.3—2016	食品安全国家标准　食品中水分的测定	08. 理化检验方法
919	GB 5009.32—2016	食品安全国家标准　食品中 9 种抗氧化剂的测定	08. 理化检验方法
920	GB 5009.33—2016	食品安全国家标准　食品中亚硝酸盐与硝酸盐的测定（2017 – 6 – 23 实施）	08. 理化检验方法
921	GB 5009.34—2016	食品安全国家标准　食品中二氧化硫的测定	08. 理化检验方法
922	GB 5009.35—2016	食品安全国家标准　食品中合成着色剂的测定	08. 理化检验方法
923	GB 5009.36—2016	食品安全国家标准　食品中氰化物的测定	08. 理化检验方法
924	GB 5009.4—2016	食品安全国家标准　食品中灰分的测定	08. 理化检验方法
925	GB 5009.42—2016	食品安全国家标准　食盐指标的测定	08. 理化检验方法
926	GB 5009.43—2016	食品安全国家标准　味精中麸氨酸钠（谷氨酸钠）的测定	08. 理化检验方法
927	GB 5009.44—2016	食品安全国家标准　食品中氯化物的测定	08. 理化检验方法
928	GB 5009.5—2016	食品安全国家标准　食品中蛋白质的测定（2017 – 6 – 23 实施）	08. 理化检验方法
929	GB 5009.6—2016	食品安全国家标准　食品中脂肪的测定	08. 理化检验方法
930	GB 5009.7—2016	食品安全国家标准　食品中还原糖的测定	08. 理化检验方法
931	GB 5009.74—2014	食品安全国家标准　食品添加剂中重金属限量试验	08. 理化检验方法
932	GB 5009.75—2014	食品安全国家标准　食品添加剂中铅的测定	08. 理化检验方法
933	GB 5009.76—2014	食品安全国家标准　食品添加剂中砷的测定	08. 理化检验方法

续表

序号	标准编号	标准名称	标准类别
934	GB 5009.8—2016	食品安全国家标准　食品中果糖、葡萄糖、蔗糖、麦芽糖、乳糖的测定	08. 理化检验方法
935	GB 5009.82—2016	食品安全国家标准　食品中维生素 A、D、E 的测定	08. 理化检验方法
936	GB 5009.83—2016	食品安全国家标准　食品中胡萝卜素的测定	08. 理化检验方法
937	GB 5009.84—2016	食品安全国家标准　食品中维生素 B_1 的测定	08. 理化检验方法
938	GB 5009.85—2016	食品安全国家标准　食品中维生素 B_2 的测定	08. 理化检验方法
939	GB 5009.86—2016	食品安全国家标准　食品中抗坏血酸的测定	08. 理化检验方法
940	GB 5009.87—2016	食品安全国家标准　食品中磷的测定	08. 理化检验方法
941	GB 5009.88—2014	食品安全国家标准　食品中膳食纤维的测定	08. 理化检验方法
942	GB 5009.89—2016	食品安全国家标准　食品中烟酸和烟酰胺的测定	08. 理化检验方法
943	GB 5009.90—2016	食品安全国家标准　食品中铁的测定	08. 理化检验方法
944	GB 5009.91—2017	食品安全国家标准　食品中钾、钠的测定（2017-10-6 实施）	08. 理化检验方法
945	GB 5009.9—2016	食品安全国家标准　食品中淀粉的测定	08. 理化检验方法
946	GB 5009.92—2016	食品安全国家标准　食品中钙的测定	08. 理化检验方法
947	GB 5009.93—2017	食品安全国家标准　食品中硒的测定（2017-10-6 实施）	08. 理化检验方法
948	GB 5009.94—2012	食品安全国家标准　植物性食品中稀土元素的测定	08. 理化检验方法
949	GB 5009.96—2016	食品安全国家标准　食品中赭曲霉毒素 A 的测定	08. 理化检验方法
950	GB 5009.97—2016	食品安全国家标准　食品中环己基氨基磺酸钠的测定	08. 理化检验方法
951	GB 5413.11—2010	食品安全国家标准　婴幼儿食品和乳品中维生素 B_1 的测定	08. 理化检验方法
952	GB 5413.14—2010	食品安全国家标准　婴幼儿食品和乳品中维生素 B_{12} 的测定	08. 理化检验方法
953	GB 5413.16—2010	食品安全国家标准　婴幼儿食品和乳品中叶酸（叶酸盐活性）	08. 理化检验方法
954	GB 5413.17—2010	食品安全国家标准　婴幼儿食品和乳品中泛酸的测定	08. 理化检验方法
955	GB 5413.18—2010	食品安全国家标准　婴幼儿食品和乳品中维生素 C 的测定	08. 理化检验方法
956	GB 5413.20—2013	食品安全国家标准　婴幼儿食品和乳品中胆碱的测定	08. 理化检验方法

续表

序号	标准编号	标准名称	标准类别
957	GB 5413.24—2010	食品安全国家标准　婴幼儿食品和乳品中氯的测定	08. 理化检验方法
958	GB 5413.29—2010	食品安全国家标准　婴幼儿食品和乳品溶解性的测定	08. 理化检验方法
959	GB 5413.30—2016	食品安全国家标准　乳和乳制品杂质度的测定（2017-6-23 实施）	08. 理化检验方法
960	GB 5413.31—2013	食品安全国家标准　婴幼儿食品和乳品中脲酶的测定	08. 理化检验方法
961	GB 5413.36—2010	食品安全国家标准　婴幼儿食品和乳品中反式脂肪酸的测定	08. 理化检验方法
962	GB 5413.38—2016	食品安全国家标准　生乳冰点的测定	08. 理化检验方法
963	GB 5413.39—2010	食品安全国家标准　乳和乳制品中非脂乳固体的测定	08. 理化检验方法
964	GB 5413.40—2016	食品安全国家标准　婴幼儿食品和乳品中核苷酸的测定	08. 理化检验方法
965	GB 5413.5—2010	食品安全国家标准　婴幼儿食品和乳品中乳糖、蔗糖的测定	08. 理化检验方法
966	GB 5413.6—2010	食品安全国家标准　婴幼儿食品和乳品中不溶性膳食纤维的测定	08. 理化检验方法
967	GB 8538—2016	食品安全国家标准　饮用天然矿泉水检验方法	08. 理化检验方法
968	GB 4789.10—2016	食品安全国家标准　食品微生物学检验　金黄色葡萄球菌检验（2017-6-23 实施）	09. 微生物学检验方法
969	GB 4789.11—2014	食品安全国家标准　β 型溶血性链球菌检验	09. 微生物学检验方法
970	GB 4789.1—2016	食品安全国家标准　食品微生物学检验　总则（2017-6-23 实施）	09. 微生物学检验方法
971	GB 4789.12—2016	食品安全国家标准　食品微生物学检验　肉毒梭菌及肉毒毒素检验	09. 微生物学检验方法
972	GB 4789.13—2012	食品安全国家标准　食品微生物学检验　产气荚膜梭菌检验	09. 微生物学检验方法
973	GB 4789.14—2014	食品安全国家标准　蜡样芽孢杆菌检验	09. 微生物学检验方法
974	GB 4789.15—2016	食品安全国家标准　食品微生物学检验　霉菌和酵母计数	09. 微生物学检验方法
975	GB 4789.16—2016	食品安全国家标准　食品微生物学检验　常见产毒霉菌的形态学鉴定	09. 微生物学检验方法

续表

序号	标准编号	标准名称	标准类别
976	GB 4789.18—2010	食品安全国家标准　食品微生物学检验　乳与乳制品检验	09. 微生物学检验方法
977	GB 4789.2—2016	食品安全国家标准　食品微生物学检验　菌落总数测定（2017-6-23 实施）	09. 微生物学检验方法
978	GB 4789.26—2013	食品安全国家标准　食品微生物学检验　商业无菌检验	09. 微生物学检验方法
979	GB 4789.28—2013	食品安全国家标准　食品微生物学检验　培养基和试剂的质量要求	09. 微生物学检验方法
980	GB 4789.30—2016	食品安全国家标准　食品微生物学检验　单核细胞增生李斯特氏菌检验（2017-6-23 实施）	09. 微生物学检验方法
981	GB 4789.31—2013	食品安全国家标准　食品微生物学检验　沙门氏菌、志贺氏菌和致泻大肠埃希氏菌	09. 微生物学检验方法
982	GB 4789.3—2016	食品安全国家标准　食品微生物学检验　大肠菌群计数（2017-6-23 实施）	09. 微生物学检验方法
983	GB 4789.34—2016	食品安全国家标准　食品微生物学检验　双歧杆菌检验（2017-6-23 实施）	09. 微生物学检验方法
984	GB 4789.35—2016	食品安全国家标准　食品微生物学检验　乳酸菌检验（2017-6-23 实施）	09. 微生物学检验方法
985	GB 4789.36—2016	食品安全国家标准　食品微生物学检验　大肠埃希氏菌 O157：H7/NM 检验（2017-6-23 实施）	09. 微生物学检验方法
986	GB 4789.38—2012	食品安全国家标准　食品微生物学检验　大肠埃希氏菌计数	09. 微生物学检验方法
987	GB 4789.39—2013	食品安全国家标准　食品微生物学检验　粪大肠菌群计数	09. 微生物学检验方法
988	GB 4789.40—2016	食品安全国家标准　食品微生物学检验　克罗诺杆菌属（阪崎肠杆菌）检验（2017-6-23 实施）	09. 微生物学检验方法
989	GB 4789.41—2016	食品安全国家标准　食品微生物学检验　肠杆菌科检验	09. 微生物学检验方法
990	GB 4789.4—2016	食品安全国家标准　食品微生物学检验　沙门氏菌检验（2017-6-23 实施）	09. 微生物学检验方法
991	GB 4789.42—2016	食品安全国家标准　食品微生物学检验　诺如病毒检验（2017-6-23 实施）	09. 微生物学检验方法
992	GB 4789.43—2016	食品安全国家标准　食品微生物学检验　微生物源酶制剂抗菌活性的测定（2017-6-23 实施）	09. 微生物学检验方法

续表

序号	标准编号	标准名称	标准类别
993	GB 4789. 5—2012	食品安全国家标准　食品微生物学检验　志贺氏菌检验	09. 微生物学检验方法
994	GB 4789. 6—2016	食品安全国家标准　食品微生物学检验　致泻大肠埃希氏菌检验（2017 - 6 - 23 实施）	09. 微生物学检验方法
995	GB 4789. 7—2013	食品安全国家标准　食品微生物学检验　副溶血性弧菌检验	09. 微生物学检验方法
996	GB 4789. 8—2016	食品安全国家标准　食品微生物学检验　小肠结肠炎耶尔森氏菌检验	09. 微生物学检验方法
997	GB 4789. 9—2014	食品安全国家标准　空肠弯曲菌检验	09. 微生物学检验方法
998	GB 15193. 10—2014	食品安全国家标准　体外哺乳类细胞 DNA 损伤修复（非程序性 DNA 合成）试验	10. 毒理学检验方法
999	GB 15193. 11—2015	食品安全国家标准　果蝇伴性隐性致死试验	10. 毒理学检验方法
1000	GB 15193. 1—2014	食品安全国家标准　食品安全性毒理学评价程序	10. 毒理学检验方法
1001	GB 15193. 12—2014	食品安全国家标准　体外哺乳类细胞 HGPRT 基因突变试验	10. 毒理学检验方法
1002	GB 15193. 13—2015	食品安全国家标准　90 天经口毒性试验	10. 毒理学检验方法
1003	GB 15193. 14—2015	食品安全国家标准　致畸试验	10. 毒理学检验方法
1004	GB 15193. 15—2015	食品安全国家标准　生殖毒性试验	10. 毒理学检验方法
1005	GB 15193. 16—2014	食品安全国家标准　毒物动力学试验	10. 毒理学检验方法
1006	GB 15193. 17—2015	食品安全国家标准　慢性毒性和致癌合并试验	10. 毒理学检验方法
1007	GB 15193. 18—2015	食品安全国家标准　健康指导值	10. 毒理学检验方法
1008	GB 15193. 19—2015	食品安全国家标准　致突变物、致畸物和致癌物的处理方法	10. 毒理学检验方法
1009	GB 15193. 20—2014	食品安全国家标准　体外哺乳类细胞 TK 基因突变试验	10. 毒理学检验方法
1010	GB 15193. 21—2014	食品安全国家标准　受试物试验前处理方法	10. 毒理学检验方法
1011	GB 15193. 2—2014	食品安全国家标准　食品毒理学实验室操作规范	10. 毒理学检验方法
1012	GB 15193. 22—2014	食品安全国家标准　28 天经口毒性试验	10. 毒理学检验方法
1013	GB 15193. 23—2014	食品安全国家标准　体外哺乳类细胞染色体畸变试验	10. 毒理学检验方法
1014	GB 15193. 24—2014	食品安全国家标准　食品安全性毒理学评价中病理学检查技术要求	10. 毒理学检验方法
1015	GB 15193. 25—2014	食品安全国家标准　生殖发育毒性试验	10. 毒理学检验方法

续表

序号	标准编号	标准名称	标准类别
1016	GB 15193.26—2015	食品安全国家标准　慢性毒性试验	10. 毒理学检验方法
1017	GB 15193.27—2015	食品安全国家标准　致癌试验	10. 毒理学检验方法
1018	GB 15193.3—2014	食品安全国家标准　急性经口毒性试验	10. 毒理学检验方法
1019	GB 15193.4—2014	食品安全国家标准　细菌回复突变试验	10. 毒理学检验方法
1020	GB 15193.5—2014	食品安全国家标准　哺乳动物红细胞微核试验	10. 毒理学检验方法
1021	GB 15193.6—2014	食品安全国家标准　哺乳动物骨髓细胞染色体畸变试验	10. 毒理学检验方法
1022	GB 15193.8—2014	食品安全国家标准　小鼠精原细胞或精母细胞染色体畸变试验	10. 毒理学检验方法
1023	GB 15193.9—2014	食品安全国家标准　啮齿类动物显性致死试验	10. 毒理学检验方法
1024	GB 23200.100—2016	食品安全国家标准　蜂王浆中多种菊酯类农药残留量的测定　气相色谱法	11. 农兽残检验方法
1025	GB 23200.101—2016	食品安全国家标准　蜂王浆中多种杀螨剂残留量的测定　气相色谱-质谱法	11. 农兽残检验方法
1026	GB 23200.10—2016	食品安全国家标准　桑枝、金银花、枸杞子和荷叶中488种农药及相关化学品残留量的测定　气相色谱-质谱法	11. 农兽残检验方法
1027	GB 23200.102—2016	食品安全国家标准　蜂王浆中杀虫脒及其代谢产物残留量的测定　气相色谱-质谱法	11. 农兽残检验方法
1028	GB 23200.103—2016	食品安全国家标准　蜂王浆中双甲脒及其代谢产物残留量的测定　气相色谱-质谱法	11. 农兽残检验方法
1029	GB 23200.104—2016	食品安全国家标准　肉及肉制品中2甲4氯及2甲4氯丁酸残留量的测定　液相色谱-质谱法	11. 农兽残检验方法
1030	GB 23200.105—2016	食品安全国家标准　肉及肉制品中甲萘威残留量的测定　液相色谱-柱后衍生荧光检测法	11. 农兽残检验方法
1031	GB 23200.106—2016	食品安全国家标准　肉及肉制品中残杀威残留量的测定　气相色谱法	11. 农兽残检验方法
1032	GB 23200.11—2016	食品安全国家标准　桑枝、金银花、枸杞子和荷叶中413种农药及相关化学品残留量的测定　液相色谱-质谱法	11. 农兽残检验方法
1033	GB 23200.1—2016	食品安全国家标准　除草剂残留量检测方法　第1部分：气相色谱-质谱法测定　粮谷及油籽中酰胺类除草剂残留量	11. 农兽残检验方法

续表

序号	标准编号	标准名称	标准类别
1034	GB 23200. 12—2016	食品安全国家标准　食用菌中 440 种农药及相关化学品残留量的测定液相色谱 - 质谱法	11. 农兽残检验方法
1035	GB 23200. 13—2016	食品安全国家标准　茶叶中 448 种农药及相关化学品残留量的测定液相色谱 - 质谱法	11. 农兽残检验方法
1036	GB 23200. 14—2016	食品安全国家标准　果蔬汁和果酒中 512 种农药及相关化学品残留量的测定液相色谱 - 质谱法	11. 农兽残检验方法
1037	GB 23200. 15—2016	食品安全国家标准　食用菌中 503 种农药及相关化学品残留量的测定气相色谱 - 质谱法	11. 农兽残检验方法
1038	GB 23200. 16—2016	食品安全国家标准　水果和蔬菜中乙烯利残留量的测定　液相色谱法	11. 农兽残检验方法
1039	GB 23200. 17—2016	食品安全国家标准　水果和蔬菜中噻菌灵残留量的测定　液相色谱法	11. 农兽残检验方法
1040	GB 23200. 18—2016	食品安全国家标准　蔬菜中非草隆等 15 种取代脲类除草剂残留量的测定液相色谱法	11. 农兽残检验方法
1041	GB 23200. 19—2016	食品安全国家标准　水果和蔬菜中阿维菌素残留量的测定　液相色谱法	11. 农兽残检验方法
1042	GB 23200. 20—2016	食品安全国家标准　食品中阿维菌素残留量的测定液相色谱 - 质谱/质谱法	11. 农兽残检验方法
1043	GB 23200. 21—2016	食品安全国家标准　水果中赤霉酸残留量的测定液相色谱 - 质谱/质谱法	11. 农兽残检验方法
1044	GB 23200. 2—2016	食品安全国家标准　除草剂残留量检测方法　第 2 部分：气相色谱 - 质谱法测定　粮谷及油籽中二苯醚类除草剂残留量	11. 农兽残检验方法
1045	GB 23200. 22—2016	食品安全国家标准　坚果及坚果制品中抑芽丹残留量的测定　液相色谱法	11. 农兽残检验方法
1046	GB 23200. 23—2016	食品安全国家标准　食品中地乐酚残留量的测定液相色谱 - 质谱/质谱法	11. 农兽残检验方法
1047	GB 23200. 24—2016	食品安全国家标准　粮谷和大豆中 11 种除草剂残留量的测定气相色谱 - 质谱法	11. 农兽残检验方法
1048	GB 23200. 25—2016	食品安全国家标准　水果中噁草酮残留量的检测方法	11. 农兽残检验方法
1049	GB 23200. 26—2016	食品安全国家标准　茶叶中 9 种有机杂环类农药残留量的检测方法	11. 农兽残检验方法

续表

序号	标准编号	标准名称	标准类别
1050	GB 23200. 27—2016	食品安全国家标准　水果中4，6-二硝基邻甲酚残留量的测定　气相色谱-质谱法	11. 农兽残检验方法
1051	GB 23200. 28—2016	食品安全国家标准　食品中多种醚类除草剂残留量的测定　气相色谱-质谱法	11. 农兽残检验方法
1052	GB 23200. 29—2016	食品安全国家标准　水果和蔬菜中唑螨酯残留量的测定　液相色谱法	11. 农兽残检验方法
1053	GB 23200. 30—2016	食品安全国家标准　食品中环氟菌胺残留量的测定　气相色谱-质谱法	11. 农兽残检验方法
1054	GB 23200. 31—2016	食品安全国家标准　食品中丙炔氟草胺残留量的测定　气相色谱-质谱法	11. 农兽残检验方法
1055	GB 23200. 3—2016	食品安全国家标准　除草剂残留量检测方法　第3部分：液相色谱-质谱/质谱法测定　食品中环己酮类除草剂残留量	11. 农兽残检验方法
1056	GB 23200. 32—2016	食品安全国家标准　食品中丁酰肼残留量的测定　气相色谱-质谱法	11. 农兽残检验方法
1057	GB 23200. 33—2016	食品安全国家标准　食品中解草嗪、莎稗磷、二丙烯草胺等110种农药残留量的测定　气相色谱-质谱法	11. 农兽残检验方法
1058	GB 23200. 34—2016	食品安全国家标准　食品中涕灭砜威、吡唑醚菌酯、嘧菌酯等65种农药残留量的测定　液相色谱-质谱/质谱法	11. 农兽残检验方法
1059	GB 23200. 35—2016	食品安全国家标准　植物源性食品中取代脲类农药残留量的测定　液相色谱-质谱法	11. 农兽残检验方法
1060	GB 23200. 36—2016	食品安全国家标准　植物源性食品中氯氟吡氧乙酸、氟硫草定、氟吡草腙和噻唑烟酸除草剂残留量的测定液相色谱-质谱/质谱法	11. 农兽残检验方法
1061	GB 23200. 37—2016	食品安全国家标准　食品中烯啶虫胺、呋虫胺等20种农药残留量的测定　液相色谱-质谱/质谱法	11. 农兽残检验方法
1062	GB 23200. 38—2016	食品安全国家标准　植物源性食品中环己烯酮类除草剂残留量的测定　液相色谱-质谱/质谱法	11. 农兽残检验方法
1063	GB 23200. 39—2016	食品安全国家标准　食品中噻虫嗪及其代谢物噻虫胺残留量的测定　液相色谱-质谱/质谱法	11. 农兽残检验方法

续表

序号	标准编号	标准名称	标准类别
1064	GB 23200. 40—2016	食品安全国家标准　可乐饮料中有机磷、有机氯农药残留量的测定　气相色谱法	11. 农兽残检验方法
1065	GB 23200. 41—2016	食品安全国家标准　食品中噻节因残留量的检测方法	11. 农兽残检验方法
1066	GB 23200. 4—2016	食品安全国家标准　除草剂残留量检测方法　第4部分：气相色谱－质谱/质谱法测定　食品中芳氧苯氧丙酸酯类除草剂残留量	11. 农兽残检验方法
1067	GB 23200. 42—2016	食品安全国家标准　粮谷中氟吡禾灵残留量的检测方法	11. 农兽残检验方法
1068	GB 23200. 43—2016	食品安全国家标准　粮谷及油籽中二氯喹磷酸残留量的测定　气相色谱法	11. 农兽残检验方法
1069	GB 23200. 44—2016	食品安全国家标准　粮谷中二硫化碳、四氯化碳、二溴乙烷残留量的检测方法	11. 农兽残检验方法
1070	GB 23200. 45—2016	食品安全国家标准　食品中除虫脲残留量的测定　液相色谱－质谱法	11. 农兽残检验方法
1071	GB 23200. 46—2016	食品安全国家标准　食品中嘧霉胺、嘧菌胺、腈菌唑、嘧菌酯残留量的测定　气相色谱－质谱法	11. 农兽残检验方法
1072	GB 23200. 47—2016	食品安全国家标准　食品中四螨嗪残留量的测定　气相色谱－质谱法	11. 农兽残检验方法
1073	GB 23200. 48—2016	食品安全国家标准　食品中野燕枯残留量的测定　气相色谱－质谱法	11. 农兽残检验方法
1074	GB 23200. 49—2016	食品安全国家标准　食品中苯醚甲环唑残留量的测定　气相色谱－质谱法	11. 农兽残检验方法
1075	GB 23200. 50—2016	食品安全国家标准　食品中吡啶类农药残留量的测定　液相色谱－质谱/质谱法	11. 农兽残检验方法
1076	GB 23200. 51—2016	食品安全国家标准　食品中呋虫胺残留量的测定　液相色谱－质谱/质谱法	11. 农兽残检验方法
1077	GB 23200. 5—2016	食品安全国家标准　除草剂残留量检测方法　第5部分：液相色谱－质谱/质谱法测定　食品中硫代氨基甲酸酯类除草剂残留量	11. 农兽残检验方法
1078	GB 23200. 52—2016	食品安全国家标准　食品中嘧菌环胺残留量的测定　气相色谱－质谱法	11. 农兽残检验方法

续表

序号	标准编号	标准名称	标准类别
1079	GB 23200. 53—2016	食品安全国家标准　食品中氟硅唑残留量的测定　气相色谱－质谱法	11. 农兽残检验方法
1080	GB 23200. 54—2016	食品安全国家标准　食品中甲氧基丙烯酸酯类杀菌剂残留量的测定　气相色谱－质谱法	11. 农兽残检验方法
1081	GB 23200. 55—2016	食品安全国家标准　食品中21种熏蒸剂残留量的测定顶空气相色谱法	11. 农兽残检验方法
1082	GB 23200. 56—2016	食品安全国家标准　食品中喹氧灵残留量的检测方法	11. 农兽残检验方法
1083	GB 23200. 57—2016	食品安全国家标准　食品中乙草胺残留量的检测方法	11. 农兽残检验方法
1084	GB 23200. 58—2016	食品安全国家标准　食品中氯酯磺草胺残留量的测定　液相色谱－质谱/质谱法	11. 农兽残检验方法
1085	GB 23200. 59—2016	食品安全国家标准　食品中敌草腈残留量的测定　气相色谱－质谱法	11. 农兽残检验方法
1086	GB 23200. 60—2016	食品安全国家标准　食品中炔草酯残留量的检测方法	11. 农兽残检验方法
1087	GB 23200. 61—2016	食品安全国家标准　食品中苯胺灵残留量的测定　气相色谱－质谱法	11. 农兽残检验方法
1088	GB 23200. 6—2016	食品安全国家标准　除草剂残留量检测方法　第6部分：液相色谱－质谱/质谱法测定　食品中杀草强残留量	11. 农兽残检验方法
1089	GB 23200. 62—2016	食品安全国家标准　食品中氟烯草酸残留量的测定　气相色谱－质谱法	11. 农兽残检验方法
1090	GB 23200. 63—2016	食品安全国家标准　食品中噻酰菌胺残留量的测定　液相色谱－质谱/质谱法	11. 农兽残检验方法
1091	GB 23200. 64—2016	食品安全国家标准　食品中吡丙醚残留量的测定　液相色谱－质谱/质谱法	11. 农兽残检验方法
1092	GB 23200. 65—2016	食品安全国家标准　食品中四氟醚唑残留量的检测方法	11. 农兽残检验方法
1093	GB 23200. 66—2016	食品安全国家标准　食品中吡螨胺残留量的测定　气相色谱－质谱法	11. 农兽残检验方法
1094	GB 23200. 67—2016	食品安全国家标准　食品中炔苯酰草胺残留量的测定　气相色谱－质谱法	11. 农兽残检验方法

续表

序号	标准编号	标准名称	标准类别
1095	GB 23200.68—2016	食品安全国家标准　食品中啶酰菌胺残留量的测定　气相色谱－质谱法	11. 农兽残检验方法
1096	GB 23200.69—2016	食品安全国家标准　食品中二硝基苯胺类农药残留量的测定　液相色谱－质谱/质谱法	11. 农兽残检验方法
1097	GB 23200.70—2016	食品安全国家标准　食品中三氟羧草醚残留量的测定　液相色谱－质谱/质谱法	11. 农兽残检验方法
1098	GB 23200.71—2016	食品安全国家标准　食品中二缩甲酰亚胺类农药残留量的测定　气相色谱－质谱法	11. 农兽残检验方法
1099	GB 23200.7—2016	食品安全国家标准　蜂蜜、果汁和果酒中 497 种农药及相关化学品残留量的测定　气相色谱－质谱法	11. 农兽残检验方法
1100	GB 23200.72—2016	食品安全国家标准　食品中苯酰胺类农药残留量的测定　气相色谱－质谱法	11. 农兽残检验方法
1101	GB 23200.73—2016	食品安全国家标准　食品中鱼藤酮和印楝素残留量的测定　液相色谱－质谱/质谱法	11. 农兽残检验方法
1102	GB 23200.74—2016	食品安全国家标准　食品中井冈霉素残留量的测定　液相色谱－质谱/质谱法	11. 农兽残检验方法
1103	GB 23200.75—2016	食品安全国家标准　食品中氟啶虫酰胺残留量的检测方法	11. 农兽残检验方法
1104	GB 23200.76—2016	食品安全国家标准　食品中氟苯虫酰胺残留量的测定　液相色谱－质谱/质谱法	11. 农兽残检验方法
1105	GB 23200.77—2016	食品安全国家标准　食品中苄螨醚残留量的检测方法	11. 农兽残检验方法
1106	GB 23200.78—2016	食品安全国家标准　肉及肉制品中巴毒磷残留量的测定　气相色谱法	11. 农兽残检验方法
1107	GB 23200.79—2016	食品安全国家标准　肉及肉制品中吡菌磷残留量的测定　气相色谱法	11. 农兽残检验方法
1108	GB 23200.80—2016	食品安全国家标准　肉及肉制品中双硫磷残留量的检测方法	11. 农兽残检验方法
1109	GB 23200.81—2016	食品安全国家标准　肉及肉制品中西玛津残留量的检测方法	11. 农兽残检验方法
1110	GB 23200.8—2016	食品安全国家标准　水果和蔬菜中 500 种农药及相关化学品残留量的测定　气相色谱－质谱法	11. 农兽残检验方法

续表

序号	标准编号	标准名称	标准类别
1111	GB 23200. 82—2016	食品安全国家标准　肉及肉制品中乙烯利残留量的检测方法	11. 农兽残检验方法
1112	GB 23200. 83—2016	食品安全国家标准　食品中异稻瘟净残留量的检测方法	11. 农兽残检验方法
1113	GB 23200. 84—2016	食品安全国家标准　肉品中甲氧滴滴涕残留量的测定　气相色谱-质谱法	11. 农兽残检验方法
1114	GB 23200. 85—2016	食品安全国家标准　乳及乳制品中多种拟除虫菊酯农药残留量的测定　气相色谱-质谱法	11. 农兽残检验方法
1115	GB 23200. 86—2016	食品安全国家标准　乳及乳制品中多种有机氯农药残留量的测定　气相色谱-质谱/质谱法	11. 农兽残检验方法
1116	GB 23200. 87—2016	食品安全国家标准　乳及乳制品中噻菌灵残留量的测定　荧光分光光度法	11. 农兽残检验方法
1117	GB 23200. 88—2016	食品安全国家标准　水产品中多种有机氯农药残留量的检测方法	11. 农兽残检验方法
1118	GB 23200. 89—2016	食品安全国家标准　动物源性食品中乙氧喹啉残留量的测定　液相色谱法	11. 农兽残检验方法
1119	GB 23200. 90—2016	食品安全国家标准　乳及乳制品中多种氨基甲酸酯类农药残留量的测定　液相色谱-质谱法	11. 农兽残检验方法
1120	GB 23200. 91—2016	食品安全国家标准　动物源性食品中 9 种有机磷农药残留量的测定气相色谱法	11. 农兽残检验方法
1121	GB 23200. 9—2016	食品安全国家标准　粮谷中 475 种农药及相关化学品残留量的测定　气相色谱-质谱法	11. 农兽残检验方法
1122	GB 23200. 92—2016	食品安全国家标准　动物源性食品中五氯酚残留量的测定　液相色谱-质谱法	11. 农兽残检验方法
1123	GB 23200. 93—2016	食品安全国家标准　食品中有机磷农药残留量的测定　气相色谱-质谱法	11. 农兽残检验方法
1124	GB 23200. 94—2016	食品安全国家标准　动物源性食品中敌百虫、敌敌畏、蝇毒磷残留量的测定　液相色谱-质谱/质谱法	11. 农兽残检验方法
1125	GB 23200. 95—2016	食品安全国家标准　蜂产品中氟胺氰菊酯残留量的检测方法	11. 农兽残检验方法
1126	GB 23200. 96—2016	食品安全国家标准　蜂蜜中杀虫脒及其代谢产物残留量的测定　液相色谱-质谱/质谱法	11. 农兽残检验方法

续表

序号	标准编号	标准名称	标准类别
1127	GB 23200.97—2016	食品安全国家标准　蜂蜜中 5 种有机磷农药残留量的测定气相色谱法	11. 农兽残检验方法
1128	GB 23200.98—2016	食品安全国家标准　蜂王浆中 11 种有机磷农药残留量的测定气相色谱法	11. 农兽残检验方法
1129	GB 23200.99—2016	食品安全国家标准　蜂王浆中多种氨基甲酸酯类农药残留量的测定　液相色谱－质谱/质谱法	11. 农兽残检验方法
1130	GB 29681—2013	食品安全国家标准　牛奶中左旋咪唑残留量的测定高效液相色谱法	11. 农兽残检验方法
1131	GB 29682—2013	食品安全国家标准　水产品中青霉素类药物多残留的测定高效液相色谱法	11. 农兽残检验方法
1132	GB 29683—2013	食品安全国家标准　动物性食品中对乙酰氨基酚残留量的测定高效液相色谱法	11. 农兽残检验方法
1133	GB 29684—2013	食品安全国家标准　水产品中红霉素残留量的测定液相色谱—串联质谱法	11. 农兽残检验方法
1134	GB 29685—2013	食品安全国家标准　动物性食品中林可霉素、克林霉素和大观霉素多残留的测定气相色谱—质谱法	11. 农兽残检验方法
1135	GB 29686—2013	食品安全国家标准　猪可食性组织中阿维拉霉素残留量的测定	11. 农兽残检验方法
1136	GB 29687—2013	食品安全国家标准　水产品中阿苯达唑及其代谢物多残留的测定	11. 农兽残检验方法
1137	GB 29688—2013	食品安全国家标准　牛奶中氯霉素残留量的测定	11. 农兽残检验方法
1138	GB 29689—2013	食品安全国家标准　牛奶中甲砜霉素残留量的测定	11. 农兽残检验方法
1139	GB 29690—2013	食品安全国家标准　动物性食品中尼卡巴嗪残留标志物残留量	11. 农兽残检验方法
1140	GB 29691—2013	食品安全国家标准　鸡可食性组织中尼卡巴嗪残留量的测定	11. 农兽残检验方法
1141	GB 29692—2013	食品安全国家标准　牛奶中喹诺酮类药物多残留的测定	11. 农兽残检验方法
1142	GB 29693—2013	食品安全国家标准　动物性食品中常山酮残留量的测定	11. 农兽残检验方法
1143	GB 29694—2013	食品安全国家标准　动物性食品中 13 种磺胺类药物多残留的	11. 农兽残检验方法

续表

序号	标准编号	标准名称	标准类别
1144	GB 29695—2013	食品安全国家标准 水产品中阿维菌素和伊维菌素多残留的测定	11. 农兽残检验方法
1145	GB 29696—2013	食品安全国家标准 牛奶中阿维菌素类药物多残留的测定	11. 农兽残检验方法
1146	GB 29697—2013	食品安全国家标准 动物性食品中地西泮和安眠酮多残留的测定	11. 农兽残检验方法
1147	GB 29698—2013	食品安全国家标准 奶及奶制品中17β—雌二醇、雌三醇、炔雌	11. 农兽残检验方法
1148	GB 29699—2013	食品安全国家标准 鸡肌肉组织中氯羟吡啶残留量的测定	11. 农兽残检验方法
1149	GB 29700—2013	食品安全国家标准 牛奶中氯羟吡啶残留量的测定	11. 农兽残检验方法
1150	GB 29701—2013	食品安全国家标准 鸡可食性组织中地克珠利残留量的测定	11. 农兽残检验方法
1151	GB 29702—2013	食品安全国家标准 水产品中甲氧苄啶残留量的测定	11. 农兽残检验方法
1152	GB 29703—2013	食品安全国家标准 动物性食品中呋喃苯烯酸钠残留量的测定	11. 农兽残检验方法
1153	GB 29704—2013	食品安全国家标准 动物性食品中环丙氨嗪及代谢物三聚氰胺多	11. 农兽残检验方法
1154	GB 29705—2013	食品安全国家标准 水产品中氯氰菊酯、氰戊菊酯、溴氰菊酯	11. 农兽残检验方法
1155	GB 29706—2013	食品安全国家标准 动物性食品中氨苯砜残留量的测定	11. 农兽残检验方法
1156	GB 29707—2013	食品安全国家标准 牛奶中双甲脒残留标志物残留量的测定	11. 农兽残检验方法
1157	GB 29708—2013	食品安全国家标准 动物性食品中五氯酚钠残留量的测定	11. 农兽残检验方法
1158	GB 29709—2013	食品安全国家标准 动物性食品中氮哌酮及代谢物多残留的测定	11. 农兽残检验方法

数据来源：国家食品安全风险评估中心官方网站，截至2018年4月25日。

附录四　2017 年食品工业统计数据

表 1　2017 年食品工业经济效益指标和投资情况

行业	主营业务收入/亿元	同比增长/%	利润总额/亿元	同比增长/%	主营业务收入利润率/%	成本费用利润率/%	完成投资/亿元	同比增长/%
食品工业总计	105204.6	6.6	7015.6	8.5	6.7	7.2	21662.7	1.3
农副食品加工业	64449.4	5.8	3147.0	4.5	4.9	5.1	11986.0	3.6
食品制造业	23118.1	8.3	1851.1	6.7	8.0	8.7	5842.8	1.7
酒、饮料和精制茶制造业	17637.0	7.7	2017.5	17.5	11.4	13.3	3833.9	-5.9

表 2　2017 年食品工业主要产品产量

产品	全年产量	同比增长/%
小麦粉/万 t	13801.44	1.77
大米/万 t	12583.92	4.25
精制食用植物油/万 t	6071.82	2.00
成品糖/万 t	1463.73	3.28
鲜、冷藏肉/万 t	3254.88	5.06
冷冻水产品/万 t	863.11	6.70
糖果/万 t	331.37	0.74
速冻米面食品/万 t	568.16	5.90
方便面/万 t	1103.20	3.31
乳制品/万 t	2935.04	4.17
其中：液体乳/万 t	2691.66	4.53
乳粉/万 t	120.72	1.04
罐头/万 t	1239.56	3.75
酱油/万 t	856.68	-3.72
冷冻饮品/万 t	378.33	7.24

续表

产品	全年产量	同比增长/%
食品添加剂/万 t	851.39	2.12
发酵酒精/万 t	1027.29	19.63
白酒（折65度，商品量）/万 kL	1198.06	6.86
啤酒/万 kL	4401.49	-0.66
葡萄酒/万 t	100.11	-5.25
软饮料/万 t	18051.23	4.59
其中：碳酸饮料类（汽水）/万 t	1744.41	6.07
包装饮用水类/万 t	9535.73	3.20
果汁和蔬菜汁饮料类/万 t	2228.50	4.06
精制茶/万 t	246.03	4.31

表 3　2017 年食品工业主营业务收入及其地位与其他行业的比较

行业	主营业务收入/亿元	占比/%
总计	1164623.8	100
煤炭开采和洗选业	25444.9	2.2
石油和天然气开采业	7628.3	0.7
黑色金属矿采选业	5723.2	0.5
有色金属矿采选业	5301.1	0.5
非金属矿采选业	4696.5	0.4
开采辅助活动	1592.1	0.1
其他采矿业	39.6	0.0
食品工业	105204.5	9.0
烟草制品业	8898.2	0.8
纺织业	37976.7	3.3
纺织服装、服饰业	21903.9	1.9
皮革、毛皮、羽毛及其制品和制鞋业	14693.4	1.3
木材加工和木、竹、藤、棕、草制品业	13962.4	1.2
家具制造业	9056	0.8
造纸和纸制品业	15203	1.3
印刷和记录媒介复制业	8090	0.7
文教、工美、体育和娱乐用品制造业	16568.4	1.4

续表

行业	主营业务收入/亿元	占比/%
石油加工、炼焦和核燃料加工业	40763	3.5
化学原料和化学制品制造业	87109.3	7.5
医药制造业	28185.5	2.4
化学纤维制造业	7905.8	0.7
橡胶和塑料制品业	31656.9	2.7
非金属矿物制品业	61525.5	5.3
黑色金属冶炼和压延加工业	67429.6	5.8
有色金属冶炼和压延加工业	55142.4	4.7
金属制品业	37097.7	3.2
通用设备制造业	46980.7	4.0
专用设备制造业	36634.8	3.1
汽车制造业	85333.3	7.3
铁路、船舶、航空航天和其他运输设备制造业	14606.8	1.3
电气机械和器材制造业	73290.7	6.3
计算机、通信和其他电子设备制造业	105525	9.1
仪器仪表制造业	9558.4	0.8
其他制造业	2347.6	0.2
废弃资源综合利用业	4061.3	0.3
金属制品、机械和设备修理业	1055.3	0.1
电力、热力生产和供应业	57874.7	5.0
燃气生产和供应业	6202.6	0.5
水的生产和供应业	2354.7	0.2

表 4　2017 年食品工业各行业构成情况表

行业	主营业务收入/亿元	同比增长/%	占比/%	利润总额/亿元	同比增长/%	占比/%
食品工业总计	105204.58	6.64	100.00	7015.57	8.54	100.00
农副食品加工业	64449.44	5.75	61.26	3147.04	4.46	44.86
谷物磨制	12685.70	7.25	12.06	593.36	7.942504	8.46
饲料加工	11244.17	7.24	10.69	555.31	10.08036	7.92
食用植物油加工	9630.05	7.25	9.15	313.99	−0.84382	4.48

续表

行业	主营业务收入/亿元	同比增长/%	占比/%	利润总额/亿元	同比增长/%	占比/%
非食用植物油加工	201.26	-1.13	0.19	7.69	-15.3308	0.11
制糖业	1120.06	11.65	1.06	114.55	33.09367	1.63
牲畜屠宰	5192.68	6.09	4.94	239.89	-0.22737	3.42
禽类屠宰	3163.19	3.70	3.01	118.67	-5.38145	1.69
肉制品及副产品加工	4720.01	5.03	4.49	265.05	2.901344	3.78
水产品冷冻加工	3770.11	6.47	3.58	202.45	5.903114	2.89
鱼糜制品及水产品干腌制加工	760.98	1.50	0.72	43.92	2.642923	0.63
水产饲料制造	555.91	1.08	0.53	38.57	-0.98292	0.55
鱼油提取及制品制造	41.28	25.84	0.04	1.96	54.85832	0.03
其他水产品加工	222.94	-2.33	0.21	14.73	-5.08687	0.21
蔬菜加工	3655.59	3.98	3.47	231.03	0.352044	3.29
水果和坚果加工	1928.62	5.89	1.83	124.90	3.755111	1.78
淀粉及淀粉制品制造	2674.69	7.94	2.54	118.18	22.43665	1.68
豆制品制造	948.77	11.46	0.90	54.28	9.668941	0.77
蛋品加工	334.81	11.76	0.32	18.84	0.603354	0.27
其他未列明农副食品加工	1598.65	2.53	1.52	89.65	2.085675	1.28
食品制造业	23118.13	8.35	21.97	1851.07	6.73	26.39
糕点、面包制造	1316.23	10.11	1.25	146.85	3.838076	2.09
饼干及其他焙烤食品制造	1919.55	5.30	1.82	126.23	-6.32985	1.80
糖果、巧克力制造	1394.46	6.22	1.33	120.52	6.050359	1.72
蜜饯制作	694.99	13.69	0.66	57.78	23.17722	0.82
米、面制品制造	1246.27	15.23	1.18	71.58	13.70894	1.02
速冻食品制造	1040.12	7.97	0.99	59.53	2.555565	0.85
方便面及其他方便食品制造	1634.84	8.35	1.55	97.35	8.326578	1.39
乳制品制造	3590.41	6.77	3.41	244.87	-3.26587	3.49
肉、禽类罐头制造	341.54	10.42	0.32	18.59	4.305949	0.26
水产品罐头制造	129.76	2.59	0.12	7.25	6.931176	0.10
蔬菜、水果罐头制造	1133.40	4.19	1.08	63.69	7.487577	0.91
其他罐头食品制造	149.19	7.02	0.14	10.73	4.303457	0.15
味精制造	443.56	4.65	0.42	48.45	22.28028	0.69

续表

行业	主营业务收入/亿元	同比增长/%	占比/%	利润总额/亿元	同比增长/%	占比/%
酱油、食醋及类似制品制造	1018.97	5.31	0.97	144.44	14.84165	2.06
其他调味品、发酵制品制造	1634.89	12.57	1.55	137.65	8.168377	1.96
营养食品制造	937.97	10.78	0.89	93.55	7.016538	1.33
保健食品制造	857.15	4.61	0.81	143.78	10.74949	2.05
冷冻饮品及食用冰制造	471.71	14.54	0.45	31.37	14.41218	0.45
盐加工	136.34	13.05	0.13	6.07	−21.1316	0.09
食品及饲料添加剂制造	2119.47	8.58	2.01	154.68	13.42659	2.20
其他未列明食品制造	907.31	10.54	0.86	66.11	13.80672	0.94
酒、饮料和精制茶制造业	17637.01	7.75	16.76	2017.46	17.53	28.76
酒精制造	801.16	14.98	0.76	46.94	83.29828	0.67
白酒制造	5654.42	14.42	5.37	1028.48	35.79139	14.66
啤酒制造	1766.45	2.30	1.68	129.15	−9.83006	1.84
黄酒制造	195.85	3.13	0.19	20.74	13.03819	0.30
葡萄酒制造	421.37	−9.00	0.40	42.28	−11.5501	0.60
其他酒制造	400.34	15.31	0.38	46.44	15.20275	0.66
碳酸饮料制造	766.53	0.80	0.73	59.87	46.57719	0.85
瓶（罐）装饮用水制造	1307.71	4.87	1.24	112.01	−0.93446	1.60
果菜汁及果菜汁饮料制造	1082.99	2.76	1.03	75.37	−11.4009	1.07
含乳饮料和植物蛋白饮料制造	1164.66	4.97	1.11	133.58	−12.1609	1.90
固体饮料制造	644.50	9.45	0.61	45.80	11.79492	0.65
茶饮料及其他饮料制造	1158.17	−1.62	1.10	102.86	16.44822	1.47
精制茶加工	2272.88	10.02	2.16	173.94	6.417309	2.48

附录五　参与编写单位简介

中国食品科学技术学会

中国食品科学技术学会（Chinese Institute of Food Science and Technology）是中国食品科技工作者的学术性群众团体，是中国科学技术协会的组成部分。

历史

中国食品科学技术学会于1980年11月成立。1984年9月以有代表性的全国性学会名义参加国际食品科学技术联盟（IUFoST），成为正式成员，为中国食品科技界在国际食品科学技术联盟中的唯一代表。

活动

中国食品科学技术学会作为国家食品科技界的唯一代表，参与组织有关中国食品工业与科技发展的政府决策咨询、科技评价、科技奖励等工作，同时深度参与中国食品安全的风险评估与风险交流，是食品科技学术交流的主渠道；食品科普工作的主力军；民间食品国际交流的主要代表。目前下设20个分会、5个工作委员会，对分布于全国各省（自治区、直辖市）的地方学会具有业务上的指导关系。

出版物

中国食品科学技术学会编辑出版《中国食品学报》，合作编辑出版《中外食品》《食品与机械》等。受工业和信息化部消费品工业司委托，按年度牵头组织出版《食品工业发展报告》。

秘书处联系方式

通讯地址：北京市海淀区阜成路北三街6号轻苑大厦三层

邮政编码：100048

联系电话：010－65265375，65265376

传真：010－65264731

电子邮箱：cifst@vip.126.com

网址：http://www.cifst.org.cn

中轻食品工业管理中心

中心概况

中轻食品工业管理中心是经中央机构编制委员会批准，于2001年成立的事业单位（简称食品中心）。食品中心的主要职能是配合政府部门开展食品行业管理、协调和服务工作，即组织制定食品工业的产业规划、开展食品工业管理基础工作，对各食品行业协会工作进行规范和指导；为协会服务，研究和协调解决协会工作中的共性问题。中国轻工业联合会代管中轻食品工业管理中心。

组织机构

根据工作需要，食品中心共设立办公室（行政人事、财务）、生产科技处、行业管理处、咨询服务处、食品企业融资服务办公室和食品企业电商服务办公室等。除直属处（室）之外，食品中心还负责联络八个食品行业协会、一个学会和八个食品标准化技术委员会。

八个食品行业协会包括：中国酒业协会、中国糖业协会、中国生物发酵产业协会、中国食品添加剂和配料协会、中国焙烤食品糖制品工业协会、中国罐头工业协会、中国乳制品工业协会、中国饮料工业协会。

一个学会：中国食品科学技术学会。

八个食品标准化技术委员会包括：全国食品工业标准化技术委员会（TC64）、全国食品标签标准化技术委员会（TC473）、全国酿酒标准化技术委员会（TC471）、全国白酒标准化技术委员会（TC358）、全国制糖标准化技术委员会（TC373）、全国饮料标准化技术委员会（TC275）、全国乳制品标准化技术委员会、中国焙烤食品糖制品工业协会法规与技术委员会。

业务范围

1. 组织提出食品行业发展规划和相关政策、法规建议；开展食品行业信息统计，收集、调查、分析和发布行业信息，实行行业指导，为食品企业服务。

2. 接受委托参与制定、修订食品行业的有关国家标准、行业标准和行业管理规范以及产品生产许可证、质量认证和环境认证方面的工作；组织食品企业贯彻、实施标准和管理规范，配合有关部门对执行情况进行监督检查。

3. 接受委托为食品企业发展、重组和兼并提供投融资服务。

4. 开展食品行业特色区域和产业集群共建活动。

5. 组织食品企业负责人培训。

6. 开展国际经济技术合作与交流活动，组织食品行业的国内外专业展览会、订货会，参与培育国内市场。

7. 发布食品行业产品质量信息，推荐行业名优、新特产品。

8. 承担各食品行业协会外事工作的综合、初审和申报工作。

9. 接受委托组织对食品行业重大项目进行评审和推荐，对食品行业新技术、新产品进行鉴定。

10. 接受委托承办专家选拔、推荐和专业技术职称、工人技术等级以及其他职业资格的考核评审工作。

11. 完成有关部门交办的其他工作。

网址：www. nfmccli. org
电话：010－68396507
传真：010－68396507
邮箱：manage@ nfmccli. org
地址：北京市西城区阜外大街乙 22 号
邮编：100833

中国食品工业协会

中国食品工业协会，简称中国食协，英文名称 China National Food Industry Association，缩写为 CNFIA。是经国务院批准于 1981 年 10 月 29 日成立的全国食品工业的自律性行业管理组织。主要职能和任务综合为：统筹、规划、协调、指导、服务。多年来，中国食协密切联系食品工业企业，在推动我国食品工业持续、稳定、协调发展等方面做了大量卓有成效的工作。

中国食品工业协会的最高权力机构为会员代表大会，其日常执行机构为理事会。

主要工作

（一）履行统筹、规划职能

（二）发布运行信息，引导行业发展

（三）推动食品工业科技进步

（四）与地方政府合作共建，推动食品工业特色园区发展

（五）努力抓好产品质量和食品安全

（六）参与食品安全法律法规和标准体系建设

（七）健全行业规范，加强行业自律

网址：http://www.cnfia.cn

电话：010－63265394　63315494

地址：北京市丰台区太平桥东里 5 号

邮编：100073

中国食品发酵工业研究院

中国食品发酵工业研究院（以下简称研究院）是中国轻工集团公司所属全资子公司。是北京市科委认定高新技术企业，是科学技术部、国务院国资委和中华全国总工会认定的“国家第三批创新型企业试点企业”；是国家级“国际科技合作基地”，是北京市科技研究开发机构、北京市“食品生物技术国际科技合作基地”。

研究院秉承“创新发展、服务行业”的理念，依托研究院在食品科技和产业发展中的历史沉淀和综合实力，形成了独具科技创新体系、食品质量安全保障、技术贸易和产业示范为一体的组合优势，搭建了多个具有核心竞争力的技术和服务平台。研究院拥有国家食品质量监督检验中心，中国工业微生物菌种保藏管理中心，全国食品发酵标准化中心，国家级“酒类品质与安全国际联合研究中心”，工信部“食品生产企业质量安全检测技术示范中心”，北京市蛋白功能肽工程技术研究中心；研究院设有食品工程研发部、发酵工程研发部、酿酒工程研发部、食品安全研发部、标准信息研发部、功能肽产业化研发部、国际合作与贸易部和特殊医用配方食品合作研究开发中心；研究院下设全资子公司北京食发科贸有限公司、北京东光兴业科技发展有限公司、发酵行业生产力促进中心（事业单位），控股子公司广东中食营科生物科技有限公司（控股公司）。

建院60年来，研究院围绕国家食品行业中长期规划和产业政策，以建设国际一流的科研开发机构为目标，积极开展食品行业共性和关键性技术的科研攻关、产学研合作、国际合作，承担国家863计划、科技支撑计划、国家自然基金、北京市科技计划、北京市自然基金等项目，国际科技合作等项目（课题），科研成果和产业化示范均取得了显著的成效。在食品工业微生物资源利用、传统酿造工程技术、食品新资源和功能性配料开发、食品安全保障技术和标准化技术等领域居国内领先地位。在国家食品安全预警和突发事件处置，食品市场准入和食品标准制定等方面发挥重要的作用，是发酵工程专业硕士学位授予单位。

网址：www. cnif. cn
电话：010－53218288
传真：010－53218297
邮箱：office@ cnif. cn　ffkj@ cnif. cn
地址：北京市朝阳区酒仙桥中路24号院6号楼
邮编：100015

中国电子信息产业发展研究院

中国电子信息产业发展研究院（赛迪工业和信息化研究院），是直属于国家工业和信息化部的一类科研事业单位。成立二十多年来，一直致力于面向政府、面向企业、面向社会提供媒体传播、研究咨询、评测认证与技术研发等专业服务。形成了政府决策与软科学研究、传媒与网络服务、咨询与外包服务、评测与认证服务、软件开发与信息技术服务五业并举发展的业务格局。

赛迪工业和信息化研究院总部设在北京，并在上海、重庆、广州、深圳等地设有分支机构。现有员工2000余人，其中各类专业技术人员1200余人（含高级职称人员110人）。

赛迪工业和信息化研究院旗下的赛迪智库贯彻“面向政府，服务决策”的宗旨，围绕工业化和信息化领域的热点、难点和重点问题，开展基础研究、预先研究和对策研究，致力于为政府提供高水平决策咨询服务。赛迪智库下属消费品工业研究所成立于2011年，是专业从事消费品行业重点、热点问题研究的智库型研究机构。研究所依托政府及行业资源，以开展前瞻性、战略性、综合性研究为目标，以扎实的行业研究能力为基础，以强大的媒体平台和丰富的数据来源为支撑，凭借实践经验丰富的研究团队，致力于为中央及地方政府部门提供有关行业发展的政策建议，为行业协会和消费品生产企业提供相关发展战略、规划服务等，研究领域覆盖食品、医药、轻工、纺织的多个行业。消费品工业研究所以业界资深专家为顾问，研究人员多数拥有博士及以上学历，专业涉及产业经济学、管理科学与工程、国际贸易、技术经济、纺织工程等领域，形成了一支实力雄厚、实践经验丰富的研究队伍。目前，研究所承担并完成了多项重大项目，为政府部门建言献策、为消费品企业出谋划策。

网址：www. ccidgroup. com
电话：010－88558855
传真：010－88558833
地址：北京市海淀区紫竹院路66号
邮编：100048

中国肉类协会

中国肉类协会于1993年6月成立，是经中华人民共和国民政部批准注册登记的全国性肉类生产流通行业社团组织。

中国肉协是由全国肉类（禽蛋）生产、经营、屠宰、加工、冷藏、冷冻、肉制品加工、批发、配送、机械制造等企业及相关科研、设计、大专院校、新闻单位、地方社团自愿结成的跨地区、跨部门、不受所有制限制的非营利性的具有法人资格的全国性社会团体，是世界肉类组织秘书处理事和执委会委员，现有800余家团体会员。

中国肉协的宗旨是：坚持改革开放，坚持科学发展，遵守国家法律，遵守社会公德，为全体会员服务，为行业发展服务，为满足人民群众肉食消费需求服务。

中国肉协的主要职责：一是加强行业自律管理。宣传贯彻国家政策法令，制定行规行约，开展行评行检，规范行业行为，反映企业诉求，维护企业合法权益不受侵犯。发挥行业整体优势，协调指导各分支机构及地方肉类协会开展工作。二是为行业企业服务。在生产经营、市场营销、信息交流、企业管理、科学技术、政策法规、经营决策、人才培训等方面为企业提供全方位服务；办好协会主办或联办的刊物、杂志、年鉴及信息网络；举办全国性肉类食品及加工设备交易会、展示会、信息发布会、研讨会和技术经验交流会；表彰先进企业，推动优秀科技成果的普及应用，提高企业素质，促进产业和产品升级。开展国际交往活动，组织企业与国外同行业的经济、贸易、技术交流。

中国肉协总部及常设机构秘书处设在北京。协会下设猪业分会、禽业分会、牛羊业分会、天然肠衣分会；肉类加工机械与装备专业委员会、肉类食品包装专业委员会、肉类食品添加剂与调味品专业委员会、肉类冷链物流专业委员会、肉类科技与标准化专业委员会；投诉调处工作委员会和信用体系建设工作委员会。

网址：www. info - cma. org
电话：010 - 66095157
传真：010 - 66033686
邮箱：chinameat@ sina. com
地址：北京市西城区复兴门内大街45号2号楼7层
邮编：100801

中国乳制品工业协会

中国乳制品工业协会是经原中华人民共和国轻工业部批准，1994 年 7 月 6 日获准在中华人民共和国民政部登记注册，并于 1995 年 6 月 6 日正式成立的行业性社会团体。业务上接受国家发展与改革委员会、中国轻工业联合会的指导。

中国乳制品工业协会是跨地区、跨部门，不分经济性质的全国性行业组织，目前拥有 580 多个会员，基本包括了中国所有大中型乳制品加工企业。中国乳制品工业协会广泛开展国际合作，已于 1995 年正式加入国际乳品联合会（International Dairy Federation，IDF），成为该组织的正式成员。协会还与国际上许多乳品发达国家，如澳大利亚、新西兰、丹麦、荷兰、芬兰、德国、法国、瑞典、美国、日本等十几个国家的有关组织保持密切的合作关系。

中国乳制品工业协会编辑出版的期刊有：《中国乳品工业》杂志、《中国乳制品工业通讯》(内刊)，定期向会员单位提供国内外乳业发展的有关政策和信息。协会编制的年度公报和《乳制品企业经济技术指标汇编》是行业内重要的参考资料。协会举办的年会、乳品技术精品展示会和多个专业会议已成为我国乳制品行业规模最大、最权威、最重要的行业活动。

多年来中国乳制品工业协会在国家主管部门的领导下，在广大会员单位的支持下，认真开展工作，努力为行业、企业和政府服务。协会的凝聚力、知名度逐步得到加强和提高，协会的力量不断得到发展和壮大，为我国乳制品工业的健康、快速发展起到了积极的推动作用，做出了自己应有的贡献。

网址：www. cdia. org. cn
电话：010 - 68396513
传真：010 - 68396665
邮箱：ruzhipin@ 163. com
地址：北京市西城区阜外大街乙 22 号
邮编：100833

中国水产流通与加工协会

中国水产流通与加工协会成立于1994年，隶属农业部，是由全国范围内从事水产品生产、加工、流通、贸易的企业以及为水产业服务的相关机构和渔业工作者自愿组成的社团组织。2013年被民政部授予全国4A级行业协会。2015年被评为全国先进社会组织。

协会以完善行业自律机制、规范市场经营秩序、维护企业合法权益为宗旨，积极开展行业内及国际间的交流与合作，提高行业的技术和管理水平，增强行业诚信意识，提升水产品质量安全水平，促进水产品市场的繁荣与稳定及渔业可持续发展。

业务范围主要有：（一）开展政策调研，协助并参与政府主管部门制定水产品流通与加工的发展规划，协调行业发展，行使政府授权委托的有关行业管理职能。（二）协助配合有关部门制定水产行业国家标准及行业标准；根据市场需求，开展团体标准制定宣贯工作。（三）针对产业发展现状分析问题，提出产业发展思路，预警产业发展危机；协调解决企业在生产经营、技术合作和竞争中出现的问题；制定行业自律措施，维护公平贸易；鼓励会员企业实施国内外认证，促进水产品产业链可追溯体系的构建；结合行业的热点、难点，举办相关产业研讨会。（四）开展国家水产行业企业信用等级评价工作，向社会推荐水产行业信用良好企业，增加商业机会。（五）实施品牌战略，帮助和鼓励会员企业创立自主品牌；推广、宣传品牌产品，提高品牌产品在国内外市场的认知度；积极推动地方特色水产品发展；进行全国品牌水产品、优秀企业的评选与推介。（六）与国际同行业组织建立合作伙伴关系，组织安排经贸洽谈与考察；牵头应对国际贸易争端；承担重点贸易品种调研、渔业生产方式改进等相关国际项目，推动产业向可持续生产与消费方向转型。（七）搜集、整理、分析国内外水产行业信息，进行水产品质量安全舆论监测；通过会刊《中国水产品》及网站、微信公众号发布行业动态、解读政策动向、反映行业呼声，搭建水产品采购平台。（八）主办亚太水产养殖展览会，打造亚太地区乃至全球水产养殖企业展示交流平台；组织企业参加国内外重要专业展会，开拓国内外市场；举办展销会、产品推介会活动，促进水产品国内市场消费。（九）办理出口水产品认证审核；负责CITES附录中鲨鱼、蝠鲼经营的注册备案。

协会下设水产品市场分会、罗非鱼分会、贝类分会、对虾分会、鱼粉鱼油分会、银鱼分会、海参分会、来进料工作委员会、水产资源高值化利用工作委员会、墨鱼分会、鱼糜及其制品分会、大菱鲆分会、卤虫分会、全国冻品联盟、鲨鱼保护与利用工作委员会、鲍鱼分会、鲶鱼产业分会以及内陆天然水域产销联盟、小龙虾分会等二十余个分支机构。

网址：www. cappma. org
电话：010－65067227

传真：010 －65005270
邮箱：cappma@ 163. com
地址：北京市朝阳区麦子店街40 号富丽华园 A －101
邮编：100125

中国饮料工业协会

中国饮料工业协会成立于1993年，是饮料及相关行业的企事业单位自愿参加的非营利性、全国性社团组织，是民政部批准的国家一级协会，办公地点位于北京，活动区域为全国。协会现有会员单位500余家，其饮料总产量占全国总产量的80%以上。2013年，经全面考核，中国饮料工业协会被民政部授予4A级社会组织。此外，中国饮料工业协会作为国际饮料协会和国际瓶装水协会理事会成员，还积极参与国际间的行业工作与活动。

协会的定位为服务、引导。饮料协会是企业与政府的桥梁和纽带，是企业与消费者的桥梁和纽带。饮料协会以促进中国饮料行业健康发展为宗旨，以为消费者生产安全健康的饮料为己任，以引导全行业提升社会责任为目标，为企业服务、为消费者服务、为政府服务。

协会接受民政部的业务指导和监督管理，在各项工作中遵守国家法律、法规及各项政策，遵守社会公德。

协会下设包装饮用水分会、天然矿泉水分会、果蔬汁分会、碳酸饮料分会、固体饮料分会、供应商分会、咖啡和茶饮料专业委员会、技术工作委员会等分支机构。

网址：www. chinabeverage. org
电话：010－84464668
传真：010－84464236
邮箱：zyx@ chinabeverage. org
微信：中国饮料工业协会
地址：北京市朝阳区东三环北路丙2号天元港中心B1702室
邮编：100027

中国糖业协会

中国糖业协会是1992年6月在民政部注册登记的社团法人组织，1992年10月8日正式成立。

中国糖业协会以农民增收、企业增效、行业稳定发展为己任，以做好协调、服务工作为宗旨。团结全体会员，为企业服务，反映会员愿望，维护会员的合法权利；根据行业发展的实际情况，向国务院有关部委提出行业发展意见和建议，协助政府进行宏观调控与决策；积极贯彻国家发展糖业的方针、政策、法令。成立25年来，中国糖业协会在建立产销衔接机制、加强食糖市场宏观调控、推动糖业结构调整、实施糖业扭亏解困、加强国际交流与合作、促进全行业技术进步、发展循环经济、限产限销高倍化学合成甜味剂、扩大食糖消费、打击食糖走私、促进食糖产销体制改革等方面做了大量卓有成效的工作，得到了全体会员单位和国务院有关部委的一致好评。

中国糖业协会的最高权利机构是会员代表大会。理事长领导下的理事会对代表大会负责。秘书处是协会的常设机构，负责协会的日常工作。

中国糖业协会设甘蔗糖专业委员会、甜菜糖专业委员会、综合利用多种经营专业委员会、糖机设备应用专业委员会、食糖消费促进工作委员会、原糖进口加工专业委员会等。受政府有关管理部门委托，设立全国糖精产销协作组办公室，负责糖精限产限销管理协调工作。

中国糖业协会的会员包括工、农、商、贸、科研、教育、设计安装、设备制造、投资公司等与糖业有关的企事业单位，现有会员单位466家，其中有336家甘蔗、甜菜制糖和原糖进口加工企业，61家商业流通企业，15家制糖科研机构、设计院及设有制糖专业的大专院校，12家糖机制造厂，其他42家。

中国糖业协会现有工作人员17人，分设会员管理部、财务部、办公室、信息部、国际合作部、科技装备部、糖精产销协作办公室（临时）等部门。

电话：010－58568971　58568972　58568984

传真：010－58568983　58568974

E－mail：csa@ chinasugar. org. cn

地址：北京市西城区月坛北街26号恒华国际商务中心C座1801－1805

邮编：100045

中国生物发酵产业协会

中国生物发酵产业协会，英文：China Biotech Fermentation Industry Association，英文缩写：CBFIA，前身是中国发酵工业协会，经国家民政部于1990年1月批准成立，2011年3月，根据行业发展需要，经国家民政部批准，更名为中国生物发酵产业协会。中国生物发酵产业协会是由应用现代生物技术的发酵生产企业及科研院校等相关单位自愿参加、共同组成的全国性非营利性社会组织，是跨地区、跨部门、不分所有制形式的全行业组织，是会员利益的共同代表，是具有独立法人资格的社会团体。

中国生物发酵产业协会在政府主管部门的指导和企业的支持下，发挥桥梁和纽带作用，接受政府委托，反映行业愿望与要求，搞好行业管理，促进行业自律，推动全行业健康快速发展。

生物产业是国家重点支持的战略性新兴产业，中国生物发酵产业协会将致力于提高全行业整体创新能力、转变生产方式、优化产业结构，淘汰落后产能，促进产业升级，进一步加快节能减排、资源综合利用步伐，推动资源节约型、环境友好型企业建设。为此，中国生物发酵产业协会愿意与世界各地的相关行业组织、生产企业以及科研机构等取得广泛联系，开展技术交流与合作，增进相互了解，创造商贸机会，为建设生物制造强国而共同努力奋斗。

目前中国生物发酵产业协会下设氨基酸分会、有机酸分会、淀粉糖分会、多元醇分会、酶制剂分会、酵母分会、功能发酵制品分会、酵素分会、微生物育种分会、装备与环保分会、发酵工程技术工作委员会等分支机构以及技术标准部、科技发展部等业务部门。随着产业规模的不断扩大和延伸，为了更好地服务行业，今后，中国生物发酵产业协会还将根据社会和行业发展的需要，适时调整内设机构。

网址：http：//www. cbfia. org. cn
电话：010－68396504
传真：010－68396561
邮箱：cbfia@ cfia. org. cn
地址：北京市西城区阜成门外大街乙22号
邮编：100833
官方微信：中国生物发酵产业协会

中国酒业协会

中国酒业协会（社证字第3266号），英文名称：China Alcoholic Drinks Association（英文缩写CADA），原名“中国酿酒工业协会”，是由应用生物工程技术和有关技术的酿酒企业及为其服务的相关单位自愿结成的行业性的全国性的非营利性社会组织。于1992年6月22日经原中华人民共和国轻工业部审查同意，由中华人民共和国民政部登记注册成立。2012年4月，经中华人民共和国民政部批准，原“中国酿酒工业协会”更名为“中国酒业协会”。协会接受登记管理机关中华人民共和国民政部和业务主管单位国务院国有资产监督管理委员会的业务指导和监督管理。

中国酒业协会秘书处下设酒精分会、啤酒分会、白酒分会、黄酒分会、葡萄酒分会、果露酒分会、科教设计装备委员会、饲料及综合利用委员会、技术委员会、市场专业委员会、啤酒原料专业委员会、名酒收藏委员会和文化委员会13个分支机构，以及办公室、信息部、会员部、政策研究室等职能部门。中国酒业协会自1992年成立以来，至今已有二十余年。长期以来，协会严格按照党和国家经济建设的总方针，结合本行业特点和具体情况，紧紧围绕扩大就业、繁荣市场、服务三农、促进区域经济建设和带动相关产业发展的指导思想，研究行业发展过程中的问题，向政府部门提出产业政策及行业立法建议，制定行业发展规划，引导行业发展方向。在开展行业调查统计、信息咨询和发布，参与行业标准、国家标准制修订及宣贯，参与行业科技成果评价，组织行业培训鉴定工作，培育市场、维护会员合法权益，组织国内外行业展会、开展国际交流与合作等方面开展了大量工作。为推动行业进步、促进行业发展、维护会员利益作出了应有的贡献。

网址：www. cada. cc
电话：010－57811300
传真：010－57811309
邮箱：office@ cada. cc
地址：北京市海淀区三里河路11号6层
邮编：100831

中国食品添加剂和配料协会

中国食品添加剂和配料协会（原名中国食品添加剂生产应用工业协会）是经国家批准注册的全国食品添加剂和食品配料行业唯一的全行业组织，是由食品添加剂、食品配料行业的科研、生产、经销、应用企事业单位自愿组成的非营利性的社会团体。1994 年在北京成立。现有国内会员单位 800 多个，国外会员 100 个。

协会以为食品添加剂和食品配料行业服务为宗旨，以促进行业稳定、健康发展为目的，发挥政府与企业之间的桥梁与纽带作用。主要职责和任务是：协助政府制定行业法规和产业政策；受政府委托制定行业发展规划，对重要项目进行论证，为政府决策提供服务；协助政府制订各种标准；协助政府进行质量监督和市场准入等项工作；协调制定行规行约；倾听会员意见，反映会员要求，代表行业利益与有关方面沟通与交流；促进新技术、新产品的开发和应用，推动行业的创新与发展；促进国内外食品添加剂和配料行业的交流与合作。

协会下设十二个专业委员会，每年定期开展的主要活动包括：每年分别召开各个专业委员会的行业大会，研究行业发展和自律等重要问题，反映会员单位呼声，维护行业和会员的权益，推动行业创新发展。组织制定食品安全标准，协调各行业生产及市场运行机制。每年春季在中国上海举办食品添加剂行业世界知名的品牌展会——中国国际食品添加剂展（FIC）。每年秋季轮流在不同城市举办全国秋季食品添加剂和配料展（FIC－秋季展），春秋两季的展会形成了本行业中国会展经济的主流。每年组织中国企业到国外参加专业展览，并与有关国际组织和国外同行交流，推动行业出口和国际合作的开展。编辑出版国内外公开发行的双核心期刊《中国食品添加剂》杂志和为会员提供的《中国食品添加剂快报》，二者形成了促进产品的研发、生产、应用和行业健康发展的有效交流平台。

网址：www. cfaa. cn
电话：010－59795833
传真：010－59071335
地址：北京市朝阳区朝外大街甲 6 号万通中心 3 座 1402 室
邮编：100020

中国保健协会

2003年11月4日，经卫生部、民政部审核并报国务院批准，中国保健科技学会正式更名为中国保健协会。

中国保健协会是由中国健康产业内具有代表性的大中型企业为核心组成的行业机构，是真正由企业自己当家作主维护行业自身权益的组织。中国保健协会将坚持“服务政府、服务企业、服务消费者”的宗旨，致力于健康产业的发展和科技的进步，在法律规范、产品研发、市场管理、行业自律及标准化建设等各个方面为中国的健康产业提供全方位的服务，成为代表行业公信力的权威机构。

协会的业务范围包括：多方面的为会员企业服务；自律、协调、监督和维护会员企业合法权益；协助政府部门加强行业管理，具体业务是：

1. 开展行业、市场调查，研究本行业国内外发展情况，分析行业形势，提出行业发展和技术进步规划或预测方面的意见和建议；2. 接受政府委托承办或根据市场和行业发展需要举办与本行业相关的展览、论坛、经政府有关部门批准的表彰和奖励等活动；组织人才、技术、职业培训、开展咨询；依照有关规定创办刊物；3. 帮助企业改善经营管理；4. 接受委托组织开展行业信用等级评价及维护行业信誉等工作；5. 经政府有关部门批准组织科技成果评价、鉴定和推广应用；6. 开展国内外有关保健技术的交流与合作；7. 制定并监督执行行规行约，规范行业行为，协调同行价格争议，维护公平竞争；协助会员开展反倾销、反垄断申诉应诉，以及相应的调查工作；8. 反映会员要求，协调会员关系，维护其合法权益；9. 经政府部门委托，参与制订行业规划，对行业内重大的技术改造、技术引进、投资与开发项目进行论证；10. 受政府部门委托，参与制定、修订国家标准和行业标准，组织贯彻实施并进行监督；11. 经政府部门授权参与行业生产、经营许可证发放的有关工作，参与资质审查；12. 承担政府部门委托的其他任务等。

网址：http：//www. chc. org. cn/

电话：010－59817438

传真：010－59817468 转 6133

地址：北京市朝阳区潘家园南里19号人卫大厦B座6层

邮编：100021

中国罐头工业协会

中国罐头工业协会（简称 CCFIA）成立于 1995 年 8 月 28 日，是在民政部注册登记的 3A 级独立社团法人组织，是中国罐头行业的唯一全国性行业组织。包括全国主要的罐头生产、经营企业以及科研、检测、设备制造、相关材料供应和管理部门等单位。中国罐头工业协会最高权力机构是会员代表大会，理事长领导下的理事会对代表大会负责。常设机构为秘书处，会址在北京。

协会是全体会员单位共同利益的代表，宗旨为促进中国罐头工业发展，为罐头行业和全体会员服务。

主要职能有：

开展行业、地区经济发展调查研究，提出有关经济政策和立法方面的意见和建议；工厂代号的发放与管理；进行行业统计，收集、分析，发布行业信息；创办刊物，开展咨询，组织人才、技术、职业培训；组织展销会、展览会，指导、帮助企业改善经营管理；参与制定、修订国家标准和行业标准，参与质量管理和监督工作，科技成果推广应用；开展国内外经济技术交流与合作；制定并监督执行行规行约，规范行业行为，协调同行价格争议，维护公平竞争；反映会员要求，协调会员关系，维护其合法权益；发展行业和社会公益事业。

罐头在中国是主要出口产品，行销世界许多国家。中国罐头产品质优价廉，进一步扩大出口的潜力巨大。目前中国罐头行业正在努力开发国内市场，帮助企业生产适合中国市场的产品。为促进罐头工业的发展，中国罐头工业协会愿意与世界各地的相关行业组织、商会、生产和经营企业，以及科研机构等取得广泛的联系，开展经常性的交流和合作，增进相互了解，进行信息和技术交流，创造贸易机会，为人类社会奉献卫生、营养、健康的罐头食品。

网址：www. topcanchina. org

电话：010 －68396414

邮箱：bj6839@ 163. com

地址：北京市西城区阜外大街乙 22 号

邮编：100833

中国焙烤食品糖制品工业协会

中国焙烤食品糖制品工业协会（简称：中焙糖协），英文名称：China Association of Bakery and Confectionery Industry。协会于 1993 年 12 月经国家民政部批准登记注册成立。是由饼干、面包、糕点、糖果巧克力、冷冻饮品等生产企业及相关食品机械、原辅材料、科研院所等企事业单位及个人自愿结成的全国行业性、非营利性社会团体，国家一级协会。协会接受登记管理机关国家民政部和业务主管单位国务院国有资产监督管理委员会的业务指导和监督管理。

目前，协会下设 20 个专业委员会。现有企业会员单位 1400 多家，基本涵盖了国内焙烤食品糖制品行业大中型骨干企业。

协会的宗旨是维护会员的合法权益，维护行业的全局利益，促进全行业经济技术和管理水平的不断提高，推动全行业健康发展。

协会的业务范围是：对行业的重大问题进行研究，向政府提出有关产业政策、经济技术政策、立法等方面的意见和建议。开展政策法规、知识产权保护等方面的咨询和服务工作；受政府部门委托，参与制定行业规划和计划；推动行业内外多种形式的联合，协调行业内部企业间关系，促进行业的技术进步和经营管理水平提高；根据授权进行行业统计，做好信息交流和发布工作。依照有关规定办好协会刊物和网站；为行业培训各类专业人才，提高科技、经济管理人员的素质；开展国内外相关合作、交流，举办展览展销等活动；经政府部门授权，组织或参与相关食品标准，以及与本行业有关的法律、法规及管理办法等的制修订工作；经政府部门委托，开展行业诚信体系建设，组织制定行规行约，建立行业自律机制，维护行业公平竞争，维护行业整体利益和会员的合法权益；反映会员要求，组织发展行业公益事业，承担政府及会员单位委托的其他工作；经政府有关部门批准，开展行业内评比、评选、表彰等活动。

网址：www. china - bakery. com. cn
电话：010 - 68396530
传真：010 - 68396567
地址：北京市西城区阜外大街乙 22 号
邮编：100833

中国调味品协会

中国调味品协会由全国酱油、食醋、酱类、酱腌菜、腐乳、烹调料酒和各种调味料生产经营及相关的企业、事业单位组成。是跨地区、跨部门、不分所有制的全国性、非盈利性行业组织，是国家一级协会，具有法人资格的社会团体，业务上归国务院国有资产管理委员会指导。它是根据自愿参加、平等互利的原则组成，按照民主协调原则开展工作。

协会的宗旨是：在国家方针、政策指导下，为促进调味品工业生产经营和科技进步、管理水平的提高，振兴中国调味品工业做贡献。

协会的主要任务是：在政府主管部门的指导下开展工作，在协会会员和政府之间发挥桥梁和纽带作用，既反映调味品行业的愿望和要求，为企业服务，又接受政府部门委托做好行业管理工作，推动调味品行业发展。

协会的目标是：在社会主义的计划经济向市场经济的转变过程中，承前（部门管理）启后（行业管理），理清思路；承上（各级政府）启下（各类企业），理顺关系。千方百计做好调味品行业管理工作，为中国调味品工业的发展振兴和走向世界奋斗。

协会的会训是：立足行业、凝聚会员、面向市场、服务企业

总机：010－51921726/28/51921215/59/73

传真：010－51921087

单位地址：北京市海淀区复兴路47号天行建商务大厦605室

中国茶叶流通协会

中国茶叶流通协会成立于1992年，是原商业部茶畜局适应当时改革需要而组建的全国性茶叶行业组织。目前，中国茶叶流通协会现有会员3000多家，涉及茶行业各个领域，会员每年的茶叶销售额占到全国茶叶行业的70%以上，控制的茶叶资源占到全国的60%左右。2005年协会加入国际茶叶委员会，成为唯一代表中国茶叶行业的成员单位；2009年被民政部评定为第一批“国家4A级行业社团组织”；2010年被民政部评为“全国先进社会组织”；2014年协会边茶委被国务院授予“全国民族团结进步模范集体”。

中国茶叶流通协会以“发挥行业中介职能，服务中国茶叶事业”为宗旨，密切联系茶叶行业，团结广大会员，大胆改革，努力创新，积极探索协会服务的新模式，不断加强协会的制度建设、队伍建设和能力建设。服务范围包括：代表行业利益，维护行业合法权益；负责茶叶行业的协调和管理工作，协助和承担政府主管部门委托的部分行政管理职能；向国家有关部门反映茶叶生产、流通各个环节的新情况和存在的问题，编制本行业的发展规划，提出制定行业方针、政策、制度、法规等方面的意见和建议；组织商品交易，拓展茶产品市场，协调和增进会员之间的联系，促进行业内部各种形式的合作和经济联合；组织收集、整理和传递国内外茶叶经济信息和科学技术信息，进行市场分析、预测，开展信息交流活动和咨询服务，为企业的生产和经营提供决策依据；组织茶叶技术交流、产品质量论证和科技项目论证，组织技术技能竞赛和产品推荐，促进行业技术进步，提高企业管理水平；组织茶叶质量审评，茶艺茶道、茶叶生产、加工等专业技术、技能培训和企业管理人员培训，提高从业人员素质；组织制（修）定国家茶叶标准，并对质量标准执行情况进行自律性管理；编辑、出版《茶世界》及书刊，普及茶叶商品知识、宣传茶叶饮用价值，弘扬祖国茶文化。自2009年起开始向全国推出《中国茶叶行业发展报告》；参与和承担协调加入WTO后茶叶国际贸易中遇到的问题，开拓市场，增强竞争能力，并加强与国内外同行业组织的联系，组织国内外茶叶企业开展各种交流活动。

目前协会内设5个部门，拥有包括茶叶质量安全工作委员会、边销茶专业委员会、茶馆专业委员会、名茶专业委员会、茶叶市场专业委员会等18个分支机构，已经建立起决策民主、制度健全、服务高效、网络健全的服务体系。

地　　址：北京市西城区复兴门内大街45号

邮　　编：100801

联系电话：010－66095015/5013

传　　真：010－66018165

电子邮箱：ctma_ tid@ 163. com

网　　址：http：//www. ctma. com. cn

中国淀粉工业协会

中国淀粉工业协会是1992年经民政部批准成立的跨地区、跨部门的全国性行业组织，是由淀粉、淀粉糖、淀粉衍生物及为其服务的企事业单位和有关部门自愿组成的非营利性社会组织，下设玉米、马铃薯、木薯、甘薯、变性淀粉、淀粉糖和糖醇七个专业委员会。现有会员300余家，其中常务理事单位36家，理事单位106家。

协会以加强行业管理、规范会员单位的生产经营、促进淀粉工业科学发展为己任，充分调动产学研协同创新，转变经济发展方式，进一步支持新技术、新产品的开发与应用，扩大和延长淀粉产业链条，加强节能环保、绿色健康，提升质量和效益，逐步淘汰落后产能，并制定和修订相关标准，维护会员合法权益，为我国经济发展做出新的更大贡献。

行业经过30多年的发展，一批现代化集团企业成长为行业中坚，淀粉产量提高了60多倍，位居亚洲首位。其中：商品淀粉产量居世界第一；结晶葡萄糖、淀粉糖和功能性糖醇等主要产品的产量均实现数十倍的飞跃式增长；聚乳酸、1，3－丙二醇、聚羟基脂肪酸酯等基于生物技术的新产品不断涌现，成为行业新增长点。淀粉及其衍生物的快速发展也促进了我国食品、医药、生物、化工等领域产业的进步，通过精深加工提高了农产品附加值，延长了产业链条和价值链的提升，有效调动了农民种粮积极性，对引导农业结构调整、促进农民增收、农业增效、改善人民对饮食安全营养健康的需求、确保食品安全、推动我国经济发展起到了积极的作用。

实施创新驱动，推动淀粉加工业转型升级，促进农村一二三产业融合发展，是人民的愿望、时代的要求、历史的必然，更是我们淀粉人的使命。我们要以时不我待、只争朝夕的精神，锐意进取、撸起袖子加油干，为推进淀粉加工业兴旺发达、实现人民对美好生活的向往做出新的更大贡献！

网址：www. siacn. org
电话：010－85966807
传真：010－85983697
邮箱：dfxhbgs@ aliyun. com
地址：北京市东城区建国门内大街8号中粮广场A座七层
邮编：100005

中国食品和包装机械工业协会

中国食品和包装机械工业协会（CFPMA）是经中华人民共和国民政部批准登记的国家级社团组织，总部及常设机构设于北京。

CFPMA 是由跨部门、跨地区的食品机械和包装机械制造厂、公司、科研院所、大专院校、新闻单位、地方社团自愿组织起来的全国性行业组织，具有社会团体法人资格。

CFPMA 的宗旨：在国家方针、政策、法律、法令的指导下，坚持为食品机械和包装机械行业单位服务，促进全行业的发展。并在政府与企事业单位之间、行业单位与用户之间、国内外同行业企事业之间发挥桥梁纽带作用。

CFPMA 的职责：受政府委托，承担全行业情况的调研，规范行业行为，反映企业意见和要求，制定行业标准，行业发展规划，对重大设备技术改造、引进、投资与开发项目进行论证；为政府宏观决策提供信息、统计数据、分析报告，为企业提供技术咨询；举办国际性食品加工和包装机械展览会、展示会、信息发布会、研讨会、技术交流会，开展国际交流活动。

CFPMA 是国际包装机械协会联盟（C. O. P. A. M. A.）成员，同美、英、德、法、意、日、韩、西班牙、荷兰、瑞士、捷克、俄罗斯、澳大利亚等十三个国家的同行业协会建立了双边或多边的合作关系。共同商讨行业中的国际性问题。

CFPMA 现有团体会员六百多家，下设机构有：包装机械委员会、食品机械专业协会、专家委员会、肉类加工机械专业委员会、薯类食品加工机械专业委员会、纸浆模机械及制品分会、冷食机械分会、纸容器机械分会、方便食品机械分会、饮料灌装机械分会、果蔬保鲜加工机械分会、自动售货机分会等。

CFPMA 办事机构有：秘书处、财务部、对外联络部、企业发展部、会员管理部、展览部、信息部（编辑部）。

CFPMA 愿与海内外热心发展食品和包装机械行业的各界人士、各国同行业的制造业、有关团体和经销代理商建立广泛联系，为生产、技术和贸易方面的交流与合作提供各项服务。

网址：www. chinafpma. org
电话：010－68518589　64883972　64883974
传真：010－68533077
邮箱：cfpma@263. net
地址：北京市朝阳区北沙滩一号48信箱

中国轻工机械协会

中国轻工机械协会（CLIMA）成立于1989年，是中国轻工业联合会（原国家轻工业部）批准、国家民政部注册登记的全国性轻工机械行业国家级社团组织。总部和秘书处在北京。

中国轻工机械协会的会员，包括在中国境内从事轻工机械（主要包括：制浆造纸、橡胶塑料、酿酒饮料乳品、制糖、罐头、制革制鞋、日用玻璃、服装、工业洗涤、陶瓷、木工家具、刀片等专用设备）生产、销售、设计和检测的企事业单位，大专院校和科研院所，以及地方行业协会和其他与轻工机械行业有关的跨地区、跨行业社团组织。

协会宗旨：遵守国家法律法规，发挥广泛的行业代表性，承担政府和企业间桥梁和纽带，加强国际间的交流与合作，全方位为会员服务，促进中国轻工机械行业技术、经济、管理水平的不断提高，为轻工业生产的发展和技术进步做出贡献。

协会职责：接受政府主管部门的委托，参与制定并组织实施行业发展规划；为政府制定行业相关政策和法规提出意见和建议，对行业发展进行调研，开展行业信息统计工作；组织开展行业新技术的推广应用和科技成果的鉴定，开展国内、国际间经济技术合作与交流活动，举办专业技术及设备展览会；组织轻工机械行业技术标准和管理标准的制修订和宣贯实施工作；协调和沟通轻工机械行业与轻工各行业的横向联系，协调轻工机械行业各地区间和各企业间的关系；反映会员要求，维护其合法权益，加强行业自律，规范行业行为，维护公平竞争。

中国轻工机械协会下设制浆造纸纸制品装备分会、食品装备分会、洗涤装备分会、制革制鞋毛皮皮件装备分会、玻璃装备分会、科学教育分会、陶瓷装备分会、服装装备分会、木工家具装备分会等轻工机械分会。

网址：www. clima. org. cn

电话：010 - 68396008

邮箱：xy_ 123@ 163. com

地址：北京市西城区阜成门外大街乙22号

邮编：100833